感谢教育部人文社科基金一般项目(管理层股权激励的动机识别及实施效果的差异化研究,项目批准号:16YJC630009)、浙江省自然科学基金青年项目(股权激励的动机差异对公司投融资行为偏好的影响及其经济后果——基于行为心理学的逻辑,项目批准号:LQ17G020005)以及浙江财经大学会计与经济发展研究院高层次培育项目孵化课题的资助。

股权激励动机差异
对企业投资决策的影响研究

陈效东／著

图书在版编目(CIP)数据

股权激励动机差异对企业投资决策的影响研究 / 陈效东著. —上海:立信会计出版社,2018.6
ISBN 978 - 7 - 5429 - 5869 - 3

Ⅰ.①股… Ⅱ.①陈… Ⅲ.①股权激励—影响—企业管理—投资决策—研究 Ⅳ.①F275.1

中国版本图书馆 CIP 数据核字(2018)第 156743 号

策划编辑　张巧玲
责任编辑　秦思慧
封面设计　南房间

股权激励动机差异对企业投资决策的影响研究

出版发行	立信会计出版社	
地　　址	上海市中山西路 2230 号	邮政编码　200235
电　　话	(021)64411389	传　　真　(021)64411325
网　　址	www.lixinaph.com	电子邮箱　lxaph@sh163.net
网上书店	www.shlx.net	电　　话　(021)64411071
经　　销	各地新华书店	
印　　刷	江苏凤凰数码印务有限公司	
开　　本	710 毫米×1000 毫米　　1/16	
印　　张	18　　　　　　插　页　1	
字　　数	326 千字	
版　　次	2018 年 6 月第 1 版	
印　　次	2018 年 6 月第 1 次	
书　　号	ISBN 978 - 7 - 5429 - 5869 - 3/F	
定　　价	58.00 元	

如有印订差错,请与本社联系调换

前　言

高管人员股权激励计划如何影响公司的投资决策已成为现代公司金融和公司治理研究的热点话题之一。一方面，作为一种重要的财务管理活动，公司的投资决策不仅影响公司未来的现金流量，而且是形成企业价值的重要源泉；另一方面，为了降低高管人员与股东之间因信息不对称和利益不一致导致的代理问题，最优契约理论的支持者认为，授予高管人员一定数量的股票（或一定份额的股票期权）的股权激励制度具有满足高管人员的人力资本享有剩余索取权的诉求、保留公司优秀的经营管理人才以及将高管人员的私人利益与股东利益趋于一致等优点。

在我国，以 2005 年 12 月 31 日证监会颁布《上市公司股权激励计划实施办法（试行）》为标志，股权激励制度步入正规化轨道。CSMAR 数据库数据显示，截至 2017 年 12 月 31 日，发布股权激励计划草案的上市公司高达 1 625 家，其中发布超过 2 次的有 346 家。这种被业界誉为"金手铐"的激励制度，在西方国家（尤其是美国）的公司中曾获得过巨大的成功。但随着轰动全球的安然事件、代价昂贵的伊利股份高管人员股权激励计划以及 AIG 天价高管薪酬的事件后，学者们才逐渐意识到股权激励制度中也存在广泛的非激励型动机。在我国上市公司已公告的股权激励计划草案中，部分草案具有明显的激励期限短、行权价格较低以及行权条件容易实现等非激励性特点（吕长江等，2009；吴育辉和吴世农，2010；王烨等，2012）。不仅如此，我国的上市公司股权激励制度也可能成为大股东赎买高管的一种工具（陈仕华和李维安，2012）。这表明，我国上市公司制定的高管人员股权激励计划同时存在激励型和非激励型两类动机。于是引发笔者的如下思考：怎样识别公司制定高管人员股权激励计划的动机？不同动机下的股权激励对公司投资决策的影响是否存在差异？差异化动机下的高管人员股权激励如何影响公司的投资决策偏好？

笔者相信，对上述问题的研究将有助于推进股权激励机制相关问题的深入研究，有助于投资者有效识别上市公司推出股权激励计划的动机，并加深对股权激励制度的理解和认识，形成对公司价值增长的正确预期；同时，也希望给监管部门在制定上市公司股权激励计划相关规定以及监督和规范股权激励计划实施过程提供有价值的参考，促进股权激励制度在我国健康发展。

本书提出了"动机—中介路径—经济效果"的研究思路,以我国上市公司推出高管人员股权激励计划的动机为视角,比较不同动机下高管人员股权激励对公司投资决策的影响差异,并试图寻找高管人员股权激励的动机差异对公司投资决策影响的中介路径,最终检验高管人员股权激励的动机差异对公司资本配置效率的影响。具体而言:首先,本书的第二章分析了我国股权激励制度出台的背景及股权激励动机的理论,在此基础上,结合证监会发布的《上市公司股权激励管理办法(试行)》,第三章选择2006年1月1日至2013年12月31日首次推出股权激励计划草案的475家非金融类上市公司为基础样本,综合考虑股权激励计划草案中的行权价格、行权条件以及公司的治理结构,最终将样本划分为234家激励型样本、127家赎买型样本和114家福利型样本。

其次,第三章探讨在提高高管人员承担风险水平方面,股权激励制度与高管过度自信及晋升机制三者之间的互补或替代关系,并且考虑上市公司基于不同动机股权激励计划的差异。笔者以2007—2012年非金融行业上市公司为样本,研究高管过度自信与股票期权激励能否提升高管承担风险水平,重点研究对过度自信的高管实施股权激励计划后,高管所承担的风险水平以及公司的研发水平将会如何变化。研究发现:无论是实施高管股权激励计划还是聘任过度自信的高管均提高了高管所承担的风险水平;对过度自信的高管实施股权激励计划后,高管承担的风险水平显著增加,公司的研发水平也存在较大幅度的提升。这表明,对高管人员实施股权激励计划和聘任过度自信的高管均能提升高管承担风险能力,尤其是对过度自信的高管实施股权激励提升高管承担风险能力的作用更加明显,两者起到互补的作用。笔者以2006—2013年沪深A股非金融业上市公司为样本,研究副手高管的晋升激励、股票期权激励与公司风险水平之间的关系,重点检验在激发高管承担更高风险水平方面,股票期权与职务晋升两种激励机制之间的关系。研究发现,副手高管的晋升激励机制与股票期权激励机制均激发高管承担风险能力而降低公司的风险水平,并且对于实施副手高管职务晋升激励的上市公司同时授予高管一定份额的股票期权激励反而会抵消高管承担风险的能力。这表明在风险承担方面两种激励机制呈替代关系。同时,这也为那些具有较强职务晋升激励的公司实施股票期权激励计划并非一定提高风险承担水平提供一定的证据。

再次,在区分高管人员股权激励三类动机的基础上,第四章对比三类动机的企业投资方式的选择偏好,并检验两类非激励型股权激励引致企业的投资方式选择对控制人收益的影响差异。研究发现:第一,基于不同动机而实施股权激励计划的企业具有不同的投资方式偏好:基于激励型动机而实施股权激励计划(以下简称激励型股权激励)的企业更加倾向于风险性项目的投资;基于赎买型动机而实施股权激励计划(以下简称赎买型股权激励)的企业更加倾向于外部并购;基于福利型动机而实施股权激励计划(以下简称福利型股权激励)的企业则更加倾向于内部投资。第二,基于两种非激励型动机而实施股权激励(以下简称非激励型股权激励)的企业通过影响企业投资方式而实现提高控制人收益的目的。赎买型股权激励所引发企业的外部并购最终增加了控制性大股东的掏空行为,而福利型股权激励引发企业的内部投资提高了高管人员的在职消费水平。第三,相比于非激励型样本,激励型股权激励提高公司的风险承担水平。相比于福利型样本,激励型样本公司内部的研发水平更高;相比于赎买型样本,激励型样本公司外部的从众投资趋势更加偏向于高新技术行业。

最后,第五章检验三类动机下高管人员股权激励通过各自的中介路径最终引致公司资本配置效率和公司未来业绩的差异。笔者研究发现:激励型股权激励通过激发高管人员承担风险而抑制公司的非效率投资并提高公司的业绩;赎买型股权激励通过大股东掏空行为而影响公司的非效率投资;福利型股权激励通过提高高管的在职消费而加重了公司的非效率投资且显著降低公司的业绩水平。

当前,我国股权激励制度的相关法律法规依然不够完善,并且在我国特有的"混合型"公司治理模式所带来的公司治理机制较为薄弱的背景下,公司制定的股权激励计划有可能在"合法性"外衣的包裹下,成为公司实际控制人攫取控制权收益的一种新型手段。甚至,这些机会主义的做法很可能产生较强的负外部性效应。这不仅将给投资者带来价值方面的损失,也显然违背了实施股权激励计划有助于协调高管人员与股东的利益、留住高才能的高管人员以及缓解高管人员的短视化问题的初衷。因此,监管部门要实现促进我国股权激励制度健康发展的目标,尽量做到"惩恶扬善",即在监管和规范上市公司实施股权激励计划的过程中,"惩治"那些基于非激励型动机而制定的股权激励计划,鼓励上市公司结合实际情况实施激励型动机的股权激励计划。于是,识别或区分我国上市公司实施股权激励计划的动机将显得尤为重要。笔者在划分股权激励动机的基础上,对比不同动机下的高管人员股权激励如何影响公司投资决策。这不仅为研究股权激励与投资决策之间的关系提供新的视角,而且有助于投资者深刻领会股权激励机制可能带来差异性的经济结果。

由于笔者水平有限,错误或不当之处在所难免,诚恳地欢迎同行专家和读者批评指正,并提出宝贵的意见。

目 录

第一章　导论 …………………………………………………………… 1
　第一节　研究背景及意义 …………………………………………… 1
　第二节　研究思路、内容和方法 …………………………………… 3
　　一、研究思路 ………………………………………………………… 3
　　二、研究内容 ………………………………………………………… 4
　　三、研究方法 ………………………………………………………… 5
　第三节　国内外研究现状 …………………………………………… 5
　　一、股权激励动机的研究 …………………………………………… 6
　　二、投资效率的影响因素研究 ……………………………………… 8
　　三、上市公司股权激励对公司投融资行为的影响研究 ………… 13

第二章　制度背景与理论分析 ……………………………………… 16
　第一节　股份合作制与内部职工股的产生和发展 ……………… 16
　　一、计划经济下国有企业代理人的激励机制 …………………… 16
　　二、市场化初期下代理人的激励机制 …………………………… 17
　　三、后股权分置改革的股权激励制度 …………………………… 24
　　四、监管办法部分条款解读 ……………………………………… 25
　第二节　股权激励制度的相关理论 ……………………………… 27
　　一、人力资本理论 ………………………………………………… 27
　　二、利益相关者理论 ……………………………………………… 29
　　三、激励理论 ……………………………………………………… 30
　第三节　股权激励动机的理论分析 ……………………………… 32
　　一、最优契约理论 ………………………………………………… 34
　　二、管理层权力理论 ……………………………………………… 37
　　三、大股东赎买理论 ……………………………………………… 39

第三章 股权激励的动机差异与风险承担 …… 41
第一节 股权激励动机的识别与划分 …… 42
一、激励型动机与非激励型动机的划分 …… 44
二、赎买型动机与福利型动机的划分 …… 48
第二节 高管过度自信、股票期权激励与风险承担水平 …… 50
一、高管过度自信与风险承担水平 …… 53
二、股票期权激励与风险承担 …… 54
三、研究设计 …… 56
四、实证检验及分析 …… 58
五、进一步分析 …… 70
六、研究结论与政策建议 …… 81
第三节 职位晋升、股票期权与风险承担 …… 87
一、高管职业晋升与风险承担 …… 90
二、股票期权激励与风险承担 …… 91
三、高管职业晋升、股票期权激励与风险承担 …… 92
四、研究设计 …… 93
五、进一步研究 …… 98
六、小结与展望 …… 111

第四章 股权激励影响投资决策的中介路径 …… 114
第一节 假设的提出 …… 117
一、激励型股权激励与风险性项目的投资 …… 117
二、赎买型股权激励、投资方式与控股股东掏空 …… 119
三、福利型股权激励、投资方式与高管在职消费 …… 121
第二节 研究设计 …… 122
一、模型及变量的定义 …… 122
二、样本的选择与数据的来源 …… 127
第三节 实证检验 …… 127
一、激励型股权激励与企业风险性项目投资 …… 127
二、非激励型股权激励与企业投资方式 …… 131
三、非激励型股权激励与控制人收益 …… 134
四、非激励型股权激励、企业投资方式与控制人收益 …… 137
第四节 稳健性检验 …… 140

一、非效率投资的判定 ……………………………………………… 140
　　　二、内生性检验 …………………………………………………… 145
　第五节　进一步分析 …………………………………………………… 148
　　　一、股权激励的动机差异与企业内部的研发投资水平 …………… 148
　　　二、股权激励的动机差异与企业外部的从众投资趋势 …………… 169
　第六节　小结 …………………………………………………………… 183

第五章　股权激励的动机差异与投资决策的经济后果 ………………… 184
　第一节　研究假设的提出 ……………………………………………… 186
　　　一、激励型股权激励、风险项目投资与资本配置效率 …………… 186
　　　二、赎买型股权激励、大股东掏空与资本配置效率 ……………… 187
　　　三、福利型股权激励、在职消费与资本配置效率 ………………… 190
　第二节　研究设计 ……………………………………………………… 191
　　　一、样本选取与数据来源 ………………………………………… 191
　　　二、变量的衡量 …………………………………………………… 191
　　　三、检验模型 ……………………………………………………… 193
　第三节　实证检验 ……………………………………………………… 194
　　　一、描述性统计分析 ……………………………………………… 194
　　　二、回归分析 ……………………………………………………… 196
　第四节　稳健性检验 …………………………………………………… 201
　　　一、非效率投资的判定 …………………………………………… 201
　　　二、内生性检验 …………………………………………………… 202
　第五节　进一步研究：股权激励的动机差异与公司未来业绩 ………… 204
　第六节　小结与政策建议 ……………………………………………… 211
　　　一、政策制定者或监管者 ………………………………………… 212
　　　二、投资者 ………………………………………………………… 213
　　　三、已实施或拟实施股权激励的公司 …………………………… 214

第六章　结论 …………………………………………………………… 215

附录 ……………………………………………………………………… 217
　附录1　上市公司股权激励管理办法（试行）………………………… 217
　附录2　上市公司股权激励管理办法 ………………………………… 226

附录3　国有控股上市公司(境内)实施股权激励试行办法 …………… 239
附录4　国有控股上市公司(境外)实施股权激励试行办法 …………… 246
附录5　国有控股上市公司实施股权激励制度有关问题 ……………… 252
附录6　关于完善股权激励和技术入股有关所得税政策的通知 ……… 257

参考文献 …………………………………………………………………… 260

后记 ………………………………………………………………………… 274

第一章 导 论

股权激励是缓解股东与高管人员因信息不对称和目标不一致导致的代理问题的一种重要机制。较好的财务治理能够降低委托代理成本、降低股东和债权人的信息不对称风险,从而使企业运行效率更高。投资效率在财务治理对经营绩效的影响中起到了部分中介的作用,财务治理能够提高企业的投资效率,从而对经营绩效产生一定程度的积极作用;而这种积极作用主要是通过财务控制和财务监督实现,财权配置和财务激励所体现的财务治理功能效果并不明显(高明华、朱松和杜雯翠,2012)。因此,国内公司治理的重点可能已经不是监督和控制的问题,更多的注意力应当放在利益相关者之间的财权配置和财务激励上。

高管人员股权激励计划如何影响公司的投资决策已成为现代公司金融研究的热点话题,并形成了广泛争议的研究成果。可惜的是,先前的研究鲜有关注公司实施股权激励计划的动机。动机是一种内部心理过程,主体无法直接观察,即具有隐蔽性的特点。同样地,上市公司基于何种动机来实施股权激励计划也存在一定的隐蔽性。这给本书识别和区分股权激励动机带来一定的难度。幸运的是,动机往往通过行为来表现,并通过行为获得或达到其目的。犯罪心理学家通过分析犯罪嫌疑人当时所处的情境及其行为表现来推断其实施犯罪的原因;行为经济学家通过研究消费者的选择行为来推断消费者的心理偏好等。这为笔者识别和区分股权激励动机提供了一种研究思路,即研究公司制定股权激励计划时所处的情境及其股权激励计划方案的设计。

第一节 研究背景及意义

自中国证券监督管理委员会(以下简称证监会)于 2005 年 12 月 31 日颁布《上市公司股权激励管理办法(试行)》(以下简称《管理办法》)以及随后陆续发布的 3

个备忘录和2个问答以来,我国的股权激励制度步入了正规化[①]轨道。经历了"星星之火"变为"你方唱罢我登场"之后,截至2015年12月31日,推出股权激励计划的非金融类上市公司已达781家,其中有229家公司推出两个或两个以上的股权激励计划。高管人员股权激励制度已成为我国证券市场上的焦点话题,引起了业界的广泛关注。

然而,近十年的实践经验表明,股权激励并非一定带来积极的经济效益。据已实施股权激励计划(如2008年)的上市公司年报显示,2010年华菱钢铁亏损27亿元,2009年和2011年绿大地分别亏损1.5亿元和4000万元,2010年华星化工亏损1.3亿元。不仅如此,高管人员股权激励计划如何影响公司的投资决策已成为现代公司金融研究的热点话题,并形成了具有广泛争议的研究成果。作为重要的长期激励机制之一,授予高管人员一定股权(或期权)的股权激励机制能够抑制上市公司的非效率投资(吕长江和张海平,2011)。但是,汪健、卢煜和朱兆珍(2013)以中小板上市公司为例,发现股权激励计划非但不能降低代理成本反而更易导致公司的过度投资;并且不恰当的股权激励模式也很可能会加重公司的非效率投资(罗富碧、冉茂盛和杜家廷,2008)。也有学者发现,高管人员股权激励与公司的投资决策之间并没有显著性关系(简建辉、余忠福和何平林,2011)。由此看来,当前的研究仅止步于讨论股权激励是抑制或恶化公司的非效率投资,缺乏深入研究股权激励影响投资决策的作用机理(陈效东、周嘉南和黄登仕,2016)。

自吕长江等(2009)首次引发对"我国上市公司股权激励制度设计:是激励还是福利"的思考以及陈仕华和李维安(2012)发现我国上市公司股票期权实质成为大股东"赎买"高管的一个合法性工具后,高管人员股权激励计划的非激励性动机以及由此带来的后果已逐渐被人们所关注。吕长江等(2009)发现,我国上市公司实施的高管人员股权激励计划大多旨在为高管谋福利,具有激励期限短、行权价格较低、行权条件容易实现等特点;为高管谋取越多的私利,越容易导致公司的过度投资问题(刘怀珍和欧阳令南,2004)。2011年12月16日,东凌粮油(上市股票代码000893)的大股东(东凌实业集团),通过向高管折价售股的方式对东凌粮油的4名高管实施股权激励。而来自东凌粮油披露的2012年年报中有关"关联方交易的资金往来"的信息显示,公司应收关联方(与东凌粮油同受东凌实业集团控制的其他企业)的其他应收款由上期的5935.31元增加到本期的1亿多元。大股东这种向高管折价售

[①] 通常以2005年12月31日发布《上市公司股权激励管理办法(试行)》(以下简称《管理办法》)、2006年1月27日国务院国有资产监督管理委员会(以下简称国资委)颁布《国有上市公司(境外)实施股权激励试行办法》以及2006年9月30日财政部颁布《国有上市公司(境内)实施股权激励试行办法》为标志,我国上市公司实施股权激励计划从此迈向规范化道路。

股的股权激励方式,可能是便于其侵占上市公司的资金(Morellec,2004)。

受此启发,笔者从上市公司推出高管人员股权激励计划的动机这一源头出发,探寻不同动机下高管人员股权激励对公司投资效率的影响。尽管如此,目前尚没有文献以股权激励计划的动机为视角,研究高管人员股权激励与公司的投资决策之间的关系。不仅如此,高管人员股权激励的动机有哪些?不同动机下的高管人员股权激励如何影响公司的投资决策?不同动机下的高管人员股权激励影响公司的投资效率是否存在差异?这些问题都没有引起足够的重视。

笔者相信,这些问题的研究将推进股权激励机制相关问题的深入研究,有助于投资者有效识别上市公司推出股权激励计划的动机,并加深对股权激励制度的理解和认识,形成对公司价值增长的正确预期;同时,也希望给监管部门在制定上市公司股权激励计划相关规定以及监督和规范股权激励计划实施过程提供有价值的参考,促进股权激励制度在我国健康发展。

当前,我国股权激励制度的相关法律法规依然不够完善,并且在我国特有的"混合型"公司治理模式所带来的公司治理机制较为薄弱的背景下,公司制定的股权激励计划有可能在"合法性"外衣的包裹下,成为公司实际控制人攫取控制权收益的一种新型手段。甚至,这些机会主义的做法很可能会产生较强的负外部性效应。这不仅将给投资者带来价值方面的损失,也显然违背了实施股权激励制度的协调高管与股东的利益、留住高才能的高管以及缓解高管的短视化问题的初衷。因此,监管部门要实现促进我国股权激励制度健康发展的目标,尽量做到"惩恶扬善",即在监管和规范上市公司实施股权激励计划的过程中,"惩治"那些基于非激励型动机而制定的股权激励计划,鼓励上市公司结合实际情况实施激励型动机的股权激励计划。于是,如何识别或区分我国上市公司实施股权激励计划的动机将显得尤为重要。本书在划分股权激励动机的基础上,对比不同动机下的高管人员股权激励如何影响公司投资决策。这不仅为研究股权激励与投资决策之间的关系提供了新的视角,而且有助于理解股权激励机制所带来的经济效益的差异。

第二节 研究思路、内容和方法

一、研究思路

本书遵循了"动机—中介路径—经济结果"的行为学研究思路,在识别和区分股权激励计划的动机前提下,分别讨论不同动机下的高管人员股权激励如何影公司的投资决策并最终引致公司投资效率或未来业绩的差异。结合这一研究思路，本书首先从股权激励动机的理论及我国相关的制度背景出发，识别和区分上市公司推出股权激励计划的动机；然后对比不同动机下实施的高管人员股权激励在公司投资方式偏好、研发投资水平以及从众投资趋势方面的差异；最后对比不同动机下高管人员股权激励通过各自的中介路径对公司的资本配置效率的影响。

二、研究内容

如图1-1所示，本书拟遵循"动机—中介路径—经济结果"的技术路线展开。首先，将高管人员股权激励的动机划分为激励型、赎买型和福利型三类。在充分梳理股权激励动机的相关理论及其相应的制度背景下，本书选用上市公司实施股权激励计划中的行权价和行权条件作为识别和区分股权激励的激励型动机和非激励型动机的两个指标；并按照大股东—高管合谋指数进一步将非激励型动机划分为赎买型动机和福利型动机。

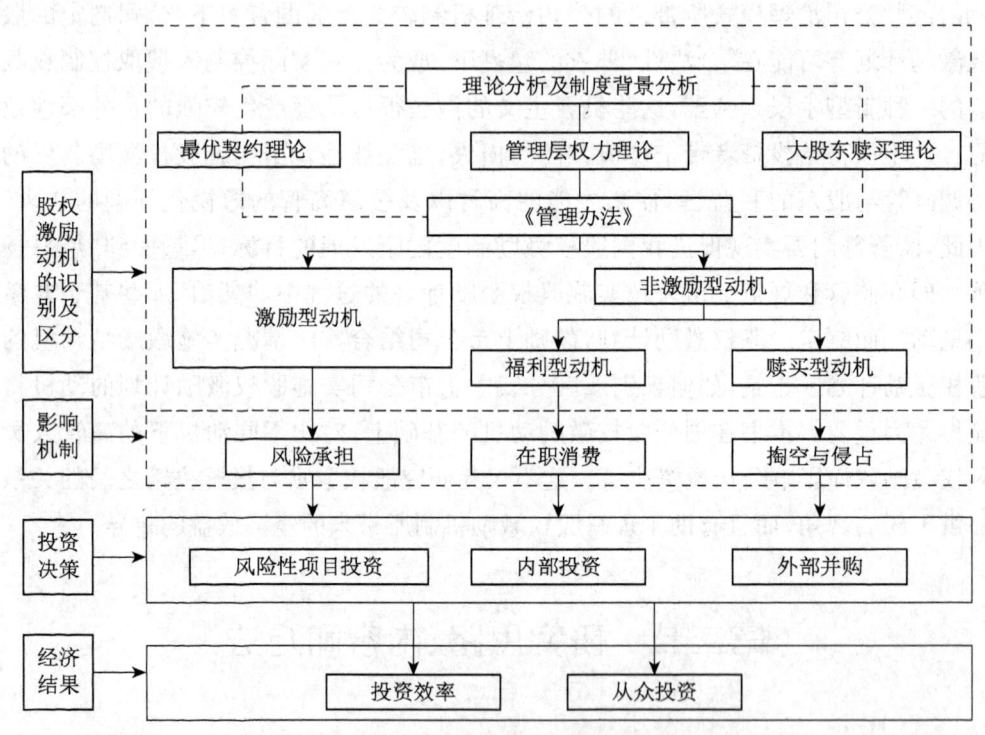

图1-1　本书的技术路线图

其次，本书研究了股权激励的动机差异对公司投资决策的影响，主要对比三类动机的样本公司在投资方式选择上的差异。本书所指的投资方式选择包括风险性项目的投资（含公司内部的研发投资和外部的高新技术行业投资）、内部的非风险投资和外部的并购或投资规模的从众趋势。其中，公司的从众投资趋势主要指公司的投资规模与同行业投资规模的中位数的偏离程度。激励型股权激励的样本很可能更加倾向于风险性项目的投资；赎买型股权激励的样本更加倾向于外部并购；福利型股权激励的企业则更加倾向于内部投资。

再次，本书以股权激励的动机为视角，检验了股权激励影响投资决策的中介路径。激励型股权激励可能通过提高公司研发投资、高新技术行业的长期投资以及由此组成的风险性项目投资而增加高管人员的风险承担水平；赎买型股权激励可能通过关联性并购或重组的投资方式实现增加大股东的掏空行为；福利型股权激励可能通过内部的非风险性投资来实现高管的在职消费诉求。

最后，本书检验了三种动机下高管人员股权激励分别对公司资本配置效率或未来业绩的影响差异。激励型股权激励通过激发高管增加公司风险性项目的投资行为，最终很可能将提高公司的投资效率和业绩水平；赎买型股权激励通过大股东的掏空行为有可能加重公司的非效率投资；福利型股权激励通过提高高管人员在职消费水平而恶化公司的非效率投资和降低公司业绩水平。

三、研究方法

本书拟选用以下两种方法。第一，考虑到高管人员股权激励与公司投资决策之间可能存在内生决定关系（Ryan 和 Wiggins，2002；罗富碧、冉茂盛和杜家廷，2008；唐清泉、夏芸和徐欣，2011），本书主要采用倾向性得分匹配法（Propensity Score Matching，PSM）和双差分（Difference in Differences，DID）回归分析法，对比实验组和参照组，研究不同动机下的高管人员股权激励对投资决策影响的差异。同时，本书拟选用企业的风险系数（Betay）和同行业高管持股的平均数（MSV）作为股权激励的工具变量进行广义矩（GMM）回归，以及构建股权激励与公司投资决策的联立方程弱化两者之间的内生关系。第二，在分析赎买型股权激励与公司投资方式偏好关系以及赎买型股权激励通过大股东的掏空行为影响公司的投资效率，本书选择构建模型的分析性方法演绎赎买型股权激励与投资决策的关系。

第三节　国内外研究现状

股权激励制度的产生主要是为了缓解高管与股东的代理冲突。基于代理理论假说，股权激励制度具有如下作用：有利于协调高管私人利益与股东利益趋于一致

(Jensen 和 Meckling,1976;Jensen 和 Murphy,1990;Lazear,2004)、有利于筛选和保留有才能的高管(Lezear,2004;Baker、Collins 和 Reitenga,2003;Arya 和 Mittendorf,2005)以及有助于高管人员实施长远目标的风险投资战略(Cheng,2004;夏芸和唐清泉,2008;陈效东和周嘉南,2014)。

然而,随着美国的安然事件、AIG 奖金门事件、美林高管天价离职事件等的爆发,人们逐渐反思这种被业界广泛赞誉为"金手铐"的股权激励制度。在此背景下,Bebchuk 和 Fried(2004)提出了著名的管理者权力理论。他们认为,高管具有决定或影响自身薪酬的能力,股权激励制度非但不能降低股东与高管的代理成本,反而成为加重代理成本的"罪魁祸首"之一。股权激励中的代理问题主要表现为高管薪酬中的过度支付问题(Bebchuk 和 Fried,2004;Cronqvist 和 Fahlenbrach,2013)、股票期权的回溯(backdating)行为(Collins、Gong 和 Li,2009;Ertimur、Ferri 和 Maber,2012),以及股权激励诱发的盈余管理和信息披露问题(Aboody 和 Kasznik,2000;Burns 和 Kedia,2006;Zhang 和 Cahan,2010;Veenman 等,2011;Lee、Lee 和 Choi,2011;Armstrong、Larcker 和 Ormazabal,2013)。

有关股权激励的相关研究,大多数国内学者也是为最优契约理论和管理层权力理论提供众多的经验证据支撑,具体表现在以下几个方面。

一、股权激励动机的研究

当前,有关股权激励动机的研究已经形成了丰硕的研究成果,主要体现于股权激励动机的三大理论:最优契约理论、管理层权力理论以及大股东赎买理论。①最优契约理论认为,高管人员股权激励计划具有激励型动机,有助于协调高管私人利益与股东利益趋于一致(Jensen 和 Meckling,1976;Lazear,2004),从而激励高管勤勉尽责,努力提升企业的业绩(Fang、Nofsinger 和 Quan,2015)、有利于筛选和保留有才能的高管(Nastasescu,2009;宗文龙、王玉涛和魏紫,2013)以及有助于高管推行长远目标的研发投资决策等(Cheng,2004;Wu 和 Tu,2007;夏芸和唐清泉,2008)。②管理层权力理论认为,股权激励非但不能降低高管与股东之间的代理成本,反而成为加重两者之间代理冲突的一种手段(Bebchuk 和 Fried,2004;Balafas 和 Florackis,2014),股权激励具有提取租金的福利型动机。不仅如此,权力较高的高管具有决定或影响自身薪酬设计的能力(Chen 和 Kao,2015),他们轻易地制定具有行权价格低、行权条件形同虚设以及激励有效期更短等福利型动机特征的股权激励计划方案;而权力较低的高管可以通过股权激励计划公告日前向下盈余管理和股权激励行权日前向上盈余管理的方式来提高自身的福利(Cronqvist 和 Fahlenbrach,2013;Armstrong、Larcker 和 Ormazabal,2013)。③大股东赎买理论认为,大股东(尤其是两权分离度越高的大股东)要想顺利地实施掏空行为,往往需要与知悉企业运营情况的高管人员合谋(蒋弘和刘星,2012)。当高管在财务或人事方面独立于大股东,那么大股东与高管之间需要合谋的概率则更大。陈仕华和李维安(2012)在研究我国上市公司实施的股票期权计划时发现,高管人员股权激励计划可能成为大股东赎买高管的一种"合法性"工具,即股权激励存在赎买型动机。

股权激励的激励型动机,最早是从检验股权激励能够提升公司的业绩方面进行识别的。股权激励与公司业绩之间的关系,是开启股权激励机制相关研究的阀门。在最优契约理论的指引下,股权激励能够激励高管勤勉尽责,降低股东与高管之间的代理成本,努力提升公司的业绩(周建波和孙菊生,2003;王华和黄之骏,2006;李维安和李汉军,2006;Smith 和 Swan,2008;Raman,2009;乐琦、蓝海林和蒋峦,2009;曲亮和任国良,2010;等等)。然而,公司的股权结构特征可能对股权激励产生冲突。俞鸿琳(2006)发现,国有企业中管理层持股水平和公司价值负相关;夏纪军和张晏(2008)发现,随着公司股权集中度的提高,大股东控制权与管理层股权激励冲突加剧,导致股权激励对公司绩效产生负面影响。更多的研究则提供了两者之间没有显著相关关系的证据(如顾斌和周立烨,2007;李斌和孙月静,2009)。

科学、高效的股权激励机制可以最大限度地降低股权资本成本,增加企业价值,这是股权激励制度设计的基本目标之一(邹颖、汪平和张丽敏,2015)。汪平、邹颖和黄丽凤(2014)在提出资本成本约束观时发现,非国有控股公司管理层的持股薪酬与公司的资本成本呈负相关关系,而国有控股公司的则呈正相关关系。这可能与股权激励加重了高管内部的薪酬差距有关(雷霆和周嘉南,2014)。然而,学者也提供了管理层股权激励对权益资本成本没有显著影响的证据(如魏惠、吴昊旻和谭伟荣,2012)。

在我国,公司推出的股权激励计划方案中具有广泛的非激励型特点也是一个不争的事实。吕长江等(2009)发现,我国部分上市公司推出的股权激励计划具有以下特点:行权价制定得过低、行权条件容易达到、激励有效期较短等。相似地,吴育辉和吴世农(2010)通过分析上市公司股权激励计划草案中的绩效考核指标,发现了公司的高管有明显的自利行为。随后,吕长江等(2011)发现,治理不完善的公司以及高管具有较高薪酬的公司更愿意实施股权激励,这也为管理层权力理论提供了一定程度的印证。尽管用以规范上市公司股权激励计划的法规相继出台,但如吕长江等(2009)所说,"有关部门的规定固然能规避一些不规范行为,但公司自发地制定出旨在激励高管人员的股权激励方案更需要在良好的公司治理结构下实施"。

这部分研究的重点在于发现管理者利用其对公司的控制性权力,通过各种手段最大化私人收益,而其中盈余管理是主要的手段之一。王克敏和王志超(2007)、吕长江和赵宇恒(2008)均认为高管权力的强弱决定了其私人收益最大化的实现方式。权力强的高管将直接推出行权价格低、激励期限短以及行权条件容易达到的股权激励方案,而权力较弱的高管将通过盈余管理方式来实现。具体地,高管通过在股权激励计划公告日前期进行向下的盈余管理,而在公告日或行权期间对盈余进行翻转的方式来实现(肖淑芳等,2009)。苏冬蔚和林大庞(2010)发现,高管的股权激励与公司盈余管理的负向关系被大大削弱,即高管人员股权激励会加重公司的盈余管理。胡家强和彭家生(2009)则提供了实施股权激励的公司更有可能发生财务重述的证据。针对以上股权激励引发高管的机会主义行为,娄贺统等(2010)给出了一种可能的解释。他们选择从有关股权激励的个人所得税出发,发现我国目前针对股权激励的个人所得税规定存在不合理之处,这将导致高管税负过重,并引发高管行权后立即变现以及在行权之前披露坏消息来压低股价的机会主义行为。

从我国特殊的"混合型"公司治理模式出发,陈仕华和李维安(2012)提出了我国上市公司高管人员股权激励可能存在另一种非激励性动机。他们发现,我国上市公司的股票期权实质为大股东实施"隧道行为"过程中"赎买"高管的一种合法性工具,即高管人员股权激励计划存在赎买型动机。

二、投资效率的影响因素研究

(一) 政府干预、宏观政策与投资效率

(1) 政府干预与投资效率。企业投资决策不仅仅受政府质量和公司治理结构各自的单独影响,而且依赖于政府质量与公司治理结构在企业投资决策过程中的互动影响关系。在既定的政府质量水平下,企业越是倾向于向"两权分离"的公司治理结构发展,越能够激发企业的投资能力和投资意愿(焦豪、焦捷和刘瑞明,2017)。地方官员更替导致辖区企业的投资支出增加,投资效率下降;官员更替频率越大,辖区内企业投资波动率也越大。地方官员更替对辖区内企业(尤其国有企业)投资的影响较大;同时,也受到地方官员的特质影响,如地方官员升迁动机更强以及官员由外地调任会导致这种影响更为显著(陈艳艳和罗党论,2012)。高官落马产生震慑效应抑制了国有企业固定资产投资规模(尤其是那些属于管制程度较强领域的国有工业企业投资),促进了高效率的工业企业的投资活动,改善了投资资源的配置效率。因此,提升政府组织的清廉度、大力推进简政放权,是提升投资动能和效率的有效保障(王贤彬、黄亮雄和董一军,2017)。在政府干预的度量方

面,大多文献将企业视为一个整体,通过比较政府干预指标的横截面差异来确定企业受政府干预的强弱。然而,在我国的制度背景下,最终控制人(如地方政府)往往控制着多家企业。此时,将受同一最终控制人控制的企业视为一个投资组合,通过比较企业在投资组合中的差异来度量政府干预,应该更为恰当。基于这一思路,刘行(2016)以最终控制人对公司的控制权与公司规模为权重指标,构建了公司在其最终控制人投资组合中的重要性指数,并将其作为政府干预的衡量指标。以地方国有上市公司为样本,实证结果显示:当公司在其最终控制人的投资组合中越重要时,公司的政策性负担(税收负担与超额雇员)越沉重、过度投资越严重,从而市场价值越低。此外,这类公司获得的政府补助也越多。

(2) 产业政策与企业投资效率。研究我国产业政策对企业投资行为的影响,对于提升我国产业政策实施效果、加快调整和升级产业结构有着重要意义。当公司处于产业政策激励的行业时,公司投资与银行贷款现金流敏感性上升。而以受到产业政策激励的公司为样本进行分析,民营企业比国有企业获得更多银行贷款的支持;当公司受到产业政策激励时,有助于民营企业突破行业壁垒和获得更多银行融资支持,从而投资增加,但以行政手段进行的产业政策调控,会使得投资效率下降。因此,政府在制定产业政策、调整产业结构时,应逐渐减少行政手段的限制与运用,减少投资项目审批并加强银行信贷市场化程度,以提升产业政策激励效率(黎文靖和李耀淘,2014)。地方政府产业政策的出台加剧了辖区内上市公司的融资约束程度,并且这种影响在民营企业、金融市场发展程度较低地区的企业和不具有政治关联的企业中更为显著,同时降低了资本配置的效率,产业政策实施的效果并不理想(张新民、张婷婷和陈德球,2017)。以"四万亿投资"政策为外部冲击,黄海杰、吕长江和Lee(2016)探讨了我国政府就应对金融危机出台的经济刺激计划对企业投资效率的影响、作用路径和经济效益。他们发现,"四万亿投资"政策导致企业投资效率下降,并且这种下降效应在刺激政策实施期间政府补贴增加的企业和银行贷款增加的企业中都更为明显,而较好的信息披露质量在一定程度上能缓和"四万亿投资"政策带来的投资效率损失。在研究产业政策、政府支持与公司投资效率的关系时,王克敏、刘静和李晓溪(2017)发现,相对未受产业政策鼓励或未受产业政策重点支持的公司,受产业政策鼓励或重点支持公司的政府补助、长期负债较多,且该结果在省委书记或省长任期较长前提下更为显著;与此同时,公司政府补助、长期负债多,其投资水平越高,投资效率越低,过度投资程度越高;进一步地,相对未受产业政策鼓励或未受产业政策重点支持阶段公司,受产业政策鼓励或重点支持阶段的公司政府补助、长期负债与投资水平(投资效率)的正(负)相关关系更强,过度投资也更为严重。研究表明,为促进地区经济发展,地方政府偏好基于国家产业政策,为本地区公司提供资金支持;然而,政府与公司间的信息不对称问题可能降低资源配置效率,引发公司过度投资,影响产业政策实施效果。

国有企业投资效率低于非国有企业被认为是我国长期过度投资现象之下的典型事实。然而,近年来非国有企业的投资效率相对更低,并且在对外部融资依赖度越高的行业,非国有企业投资效率相对国有企业的差距越大。这可能是由于近年来我国频繁的货币政策冲击强化了国有企业与非国有企业之间的融资约束差异:国有企业不断获得扶持性信贷补贴,而非国有企业的信贷资源则被相应挤出,日益严重的信贷融资约束使非国有企业投资效率持续下降(喻坤等,2014)。宽松的货币政策减少了民营企业的融资约束,但对投资效率的影响却呈现非线性关系(靳庆鲁、孔祥和侯青川,2012)。而紧缩货币政策下债权治理对企业投资效率的影响研究表明,由于存在"预算软约束",我国债权治理效果整体呈现不确定性,不能显著抑制上市企业的非效率投资。其深层次原因在于债权各构成部分的有效性不一致:商业信用的治理作用显著,但银行贷款、企业债券的治理作用不明显;短期债权的治理作用显著,而长期债权不明显(张亦春、李晚春和彭江,2015)。

(二)公司治理与投资效率

基于我国上市公司对欧盟主要发达国家对外直接投资的数据,学者从所有权结构、董事会结构和管理层激励三方面研究了治理结构对企业海外市场进入模式决策的影响机制。吕萍和郭晨曦(2015)的研究结果表明:国有股比例较高、监事会规模较大的企业更有可能选择绿地投资;高管报酬总额比例较高的企业更有可能选择并购;独立董事比例较高的企业更有可能选择合资。此外,机构投资者持股比例较高、董事长与总经理两职合一的企业更倾向于并购或合资;高管持股比例较高的企业更倾向于绿地投资或合资;而股权集中度、董事会规模对海外市场进入模式选择没有显著影响。在公司章程中设置自治型条款,赋予公司更多的自治权,公司可以根据自身实际修订其公司章程条款。如公司章程中降低公司董事会的对外投资权限可以抑制公司的过度投资倾向,这种抑制作用在国有控股上市公司中表现更为明显,但过低的投资权限设置也会导致投资不足。并且国有控股上市公司设置宽松的董事会对外投资权限更多是为了弥补货币薪酬的不足;而在非国有控股上市公司中,能否牢固掌握控制权影响着公司章程中董事会对外投资权限的设置(柳建华、卢锐和孙亮,2015)。大股东控制对投资效率具有"激励效应"和"损耗效应"的两面性,并且其"损耗效应"大于"激励效应",大股东控制通过独立董事比例和资本结构对投资效率发生的"损耗效应"是中国资本市场资源配置无效率的根本原因。因此,只有完善其他能有效制约大股东"损耗效应"的公司治理机制,才能有效地优化上市公司的投资行为,促进中国资本市场资源配置效率的提高(冉茂盛等,2010)。董事会治理与企业投资效率之间的关系问题,一直是管理学界关注的重要研究问题。大多学者采用结构性特征视角,而许为宾和周建(2017)从董事会资本概念出发,发现董事会资本水平的提升有助于改善企业投资效率,其作用机制在于资源效应。董事的关联关系定义的企业社会网络结构越丰富,具有的控制优势和信息优势越明显,企业的经营效率和投资效率越高(主要体现在对投资不足行为的降低),尤其是企业处于竞争激烈的行业中(陈运森,2015)。独立董事在上市公司董事网络的中心度越高,独立董事治理作用越大,越有助于缓解公司的投资不足和抑制投资过度。独立董事的网络位置是独立董事的重要特征,能够对独立董事参与公司决策产生重要影响,但其发挥作用的同时也会依赖公司最终控制人产权性质和地区政府干预水平(陈运森和谢德仁,2011)。女性董事治理作用的发挥取决于其所处的市场环境和组织环境。结合中国社会的文化背景和制度环境,女性董事比例越高,公司投资效率越低;但是,市场化程度高或组织权力分散会削弱女性董事对公司投资效率的这种负面作用(金智、宋顺林和阳雪,2015)。

良好的公司内部控制有助于公司高管层更好地把握投资机会,提高公司投资支出与投资机会的敏感性,提高公司的投资效率,减少非效率投资尤其是过度投资(周中胜等,2017)。CFO兼任董事能够提高其所在公司的投资效率,抑制非效率投资行为;公司所面对的外部信息环境越差,CFO兼任董事对投资效率的促进作用越强(袁建国等,2017)。反腐败作为一种国家治理机制,极大地改变了国有企业面临的政治环境。在反腐过程中,国企高管避免政治风险的动机(或追求政治晋升的动机)导致的"不作为(急于表现)"倾向,带来更多的投资不足(过度投资);"不作为"与"急于表现"都会削弱企业捕捉投资机会的能力;相对于反腐前,反腐后相同程度的投资不足对企业价值的损害程度更大;部分国企的"不作为"与"急于表现"导致反腐整体上对国企投资效率的提升不明显(金宇超、靳庆鲁和宣扬,2016)。

上市公司与关联方之间的交易往来一直是理论界和实务界关注的热点话题。集团公司可以通过关联资金往来减少上市公司的过度投资,并且终极控股股东与上市公司利益协同度越高,国有控股公司、融资约束较高的公司以及产品市场竞争较低的公司,更倾向于通过关联资金往来减少公司的过度投资(陈胜蓝、王琨和马慧,2014)。在公司非效率投资方面,公司决策制定权和决策控制权重合度与盈余管理程度存在互补作用,即决策制定权和决策控制权两权重合度越大、盈余管理程度越大,公司非效率投资越严重。(刘慧龙、王成方和吴联生,2014)。超额控制程度较高的家族企业,其内部人有动机为实现其私人收益,忽略资本市场股票价格所提供的投资机会信号,偏离最优投资决策,降低公司投资与股价之间的敏感度。而较高的地方政府治理水平一方面通过约束内部人的机会主义行为,另一方面使企业拥有更多的外部融资便利,减少与政府协调成本,提高市场配置资源的能力,从而提高投资股价敏感度。家族超额控制降低投资——股价敏感度的动机在地方政府治理水平较差的家族企业中更为显著,并且会降低投资对公司业绩的贡献程度(陈德球、李思飞和雷光勇,2012)。民营企业的纵向一体化程度与企业投资效率显著正相关(张伟华、郭盈良和张昕,2016)。

此外,企业自愿披露的未来发展前景的非财务信息(程新生、谭有超和刘建梅,2012)、会计稳健性(韩静、陈志红和杨晓星,2014)、融资约束(张悦玫、张芳和李延喜,2017)、股票流动性(熊家财和苏冬蔚,2014)都成为企业投资效率的重要影响因素。企业自愿披露未来发展前景的非财务信息具有双刃剑效应,虽然缓解了投资不足,但也导致了过度投资;当市场化程度较低时,低质量的非财务信息也可以获取大量的外部融资,从而使得投资规模扩大,一方面容易导致一些公司投资过度,另一方面虽然缓解了其他一些公司的投资不足,但控股股东同时还会通过资金占用的方式转移外部融资以享受控制权私有收益;当市场化程度较高时,非财务信息质量较高,获取的外部融资额更接近最优融资额度,既缓解了投资不足,也避免了投资过度,但由于声誉机制在非财务信息影响外部债务融资的过程中起到了重要作用,而随着市场化进程加深,声誉的作用弱化,并且在此类地区,信息不对称程度更弱,也降低了非财务信息的增量作用,从而削弱了非财务信息与外部融资的相关性,并最终降低了非财务信息对投资效率的影响力。尽管会计稳健性具有抑制投资过度的作用,但也加剧了企业的投资不足程度;并且两者的关系受到高管团队的平均年龄、任期异质性、教育背景及其异质性的影响(韩静、陈志红和杨晓星,2014)。然而考虑到我国企业普遍受融资约束影响的背景,融资约束强化了会计稳健性对资本配置效率的影响(张悦玫、张芳和李延喜,2017)。股票流动性通过降低代理成本和提升股价信息含量等机制缓解投资不足并抑制过度投资来改善资本配置效率。因此,需要继续优化股权结构与公司治理、规范信息披露制度并加强内幕交易打击力度,才能增强市场流动性并提高资本配置效率(熊家财和苏冬蔚,2014)。

(三)外部治理与企业投资决策

环境不确定性与企业投资偏离度正相关,其中,在国有控股公司中投资偏离表现为投资过度,而在非国有控股公司中则表现为投资不足。国有控股公司与非国有控股公司在融资约束方面的差异,使得两类公司在面对环境不确定性时所采用的投资策略也存在差异(申慧慧、于鹏和吴联生,2012)。资源禀赋、经济发展的不平衡,导致我国各地区的外部治理环境存在较大差异。降低政府干预程度、提高金融发展水平、加强法治水平建设有助于改善上市公司投资效率,这种促进关系主要体现在非国有企业中(李延喜等,2015)。

  作为国家治理的重要组成部分,国家审计对国有企业的监督具有重要的作用。基于审计署 2010—2014 年公布的中央企业财务收支和专项调查审计公告,以被审计中央企业的控股上市公司为检验样本,王兵、鲍圣婴和阚京华(2017)观察被审计样本公司在国家审计前后过度投资水平的变化,并发现国家审计能够抑制公司过度投资行为,并且这种抑制作用主要体现在非"十大"的会计师事务所审计的公司中。2008年新《劳动合同法》颁布,劳动保护加强,劳动密集度较高的企业更容易发生投资不足,并且当企业所处地区的法律执行效率较高或者属于民营企业时,劳动保护的影响更加显著(卢闯、唐斯圆和廖冠民,2015)。评价半强制分红政策保护投资者利益目标是否实现,不能仅仅着眼于现金分红水平是否提高,更要关注上市公司现金分红能力和资本投资效率是否改善。对于有再融资需求公司,迎合半强制分红政策下的现金分红不仅会提高公司的投资——现金流敏感性,而且过度现金分红会加大公司再融资需求与投资不足的敏感性;对于无再融资需求公司,迎合现金分红不会增加公司的投资——现金流敏感性(陈艳、李鑫和李孟顺,2015)。以中国人民银行取消贷款利率上下限作为实验,实证检验我国利率市场化如何影响企业投资决策及其资本配置效率。利率市场化推进带来了企业非效率投资的减少,特别是对非国有企业影响尤甚;相对于放宽贷款利率下限,放宽贷款利率上限更有助于抑制企业非效率投资;随着利率市场化程度推进,企业投资的价值效应呈现不断提升趋势(杨筝、刘放和李茫茫,2017)。媒体报道,尤其是正面报道数量越多,投资行为越被关注,越会导致管理层过度自信,或由于投资者情绪高涨,会增强企业的投资程度,引发过度投资或者缓解投资不足;而负面报道对企业投资程度的影响并不显著(张建勇、葛少静和赵经纬,2014)。银企关系作为一种非正式的替代机制有助于改善民营上市公司的投资效率,尤其是在市场化程度较低的地区,银企关系的作用更显著,更有助于提高企业的投资效率(翟胜宝等,2014)。虽然控股金融机构缓解了企业的投资不足(尤其是民营企业或内部资金较少的企业),但同时引发了企业的投资过度;就总体而言,控股金融机构降低了企业的投资效率(李维安和马超,2014)。

三、上市公司股权激励对公司投融资行为的影响研究

  最优契约理论认为,高管人员基于厌恶风险的态度而倾向于资本的投资不足和视野的短视;而公司实施的股权激励计划会引导高管人员承担更多的风险,从而对公司内部的研发投资产生促进作用(Ryan 和 Wiggins,2002;Coles、Daniel 和 Naveen,2006;Erkens,2011;Shen 和 Zhang,2013)。Wu 和 Tu(2007),夏芸和唐清泉(2008),唐清泉、夏芸和徐欣(2011),陈效东和周嘉南(2014)以及陈效东、周嘉南

和黄登仕(2016)均发现激励型高管人员股权激励与研发投资显著正相关,且激励型股权激励对公司资源的富余水平或业绩水平正向影响公司研发投资起到积极的调节作用。黄淙淙(2011)也发现经营者持股和期权显著促进了企业的技术创新,而罗富碧、冉茂盛和杜家廷(2008)则发现我国上市公司高管人员股权激励与投资满足内生决定关系,且投资规模的大小因股权激励方式不同而存有差异。吕长江和张海平(2011)在检验股权激励对公司投资行为的影响时发现,授予高管人员一定股权(或期权)的股权激励计划能够有效抑制公司的非效率投资问题。将股权激励、所有权结构、代理成本与投资效率纳入一个统一的分析框架,使用产权属性作为调节变量,代理成本作为中介变量,罗付岩和沈中华(2013)的实证检验结果表明,实施股权激励计划能够显著抑制上市公司的投资不足,非国有企业的抑制作用大于国有企业,非国有企业的代理成本中介效应机制畅通,国有上市公司的代理成本中介效应不显著。

但是,汪健、卢煜和朱兆珍(2013)以我国资本市场上实施股权激励数量较多的中小板上市公司为例,发现股权激励计划非但不能降低代理成本反而更易导致公司的过度投资;同时,不恰当的股权激励模式也很可能会加重公司的非效率投资(罗富碧、冉茂盛和杜家廷,2008)。也有学者发现,高管人员股权激励与公司的投资决策之间并没有显著性关系(简建辉、余忠福和何平林,2011)。这些经验结果能为管理层权力理论提供一定的印证。

股权激励激发管理层的冒险行为,尽管这与股东的利益目标相一致,却可能与债权人相悖(Brockman等,2010;陈骏和徐玉德,2012)。Brockman等(2010)的研究表明,高管人员的薪酬价值敏感性(Delta)和薪酬风险敏感性(Vega)分别与短期负债呈负相关和正相关关系。Fan(2011)研究发现,管理层持股比例或激励强度越高,公司短期债务比例也越高。然而,刘井建、焦怀东和南晓莉(2015)运用信号传递理论,对我国2008—2012年实施股权激励计划公司的分析发现,股权激励有利于提高公司的债务期限,即股权激励与短期债务呈负相关关系。这种负相关关系可能因制度优化(如股权分置改革)而获得改善(强国令,2014)。

综上所述,先前的国内外文献已经对股权激励的实施效果、股权激励对研发投资行为和债务期限结构的影响等方面均作了比较充分的研究,已经证实股权激励存在动机的差异且初步给出了区分股权激励的激励型动机与非激励型动机方法。然而笔者也看到:

(1)对于股权激励为何导致差异化的经济后果,国内外学者均未找到比较一致的结论并加以解释。以前的研究结论之所以模棱两可或相互冲突,笔者认为,可能是缺乏对股权激励动机的区分以及对价值实现途径的探究所致。动机决定途径,途径影响结果。因此,要考察我国上市公司股权激励所引发的经济后果,必须追本溯源,结合其实施股权激励的动机,以及实现动机的手段和途径来开展研究,而这正是本项目开展的工作。

(2) 之前的研究没能结合股权激励动机的理论以及相应的制度背景来识别我国上市公司股权激励计划的动机,更没有对非激励型动机中的福利型动机与赎买型动机做进一步区分。本书结合上述三种理论及《管理办法》提供股权激励动机的识别思路与方法,构建了识别激励型动机的 CAR、VI、HI 三个指标,福利型动机的 PI 指标,赎买型动机的 CMI 指标以及三种动机交叉的多元排序 Logit 模型。这不仅为投资者如何识别上市公司股权激励的动机提供了参考,而且有利于投资者合理预期该上市公司的未来经营情况、资本配置效率及公司价值,进而做出有利于自身利益的决策。

(3) 之前的研究更缺乏探究每种动机下的股权激励通过何种途径最终导致了差异化的经济后果,即缺乏研究股权激励影响经济后果的中介路径。本书利用中介效应检验法,构建 Sobel 统计量,分别找出每种动机类型的股权激励引致经济后果的中介路径。这为理解"不同动机下的股权激励如何导致经济后果的差异"提供了一种理论解释。

笔者相信,一方面,不同的股权激励动机将导致公司管理层具有各种投融资行为偏好,而这些决策不但会影响公司的风险承担(陈效东和周嘉南,2014),也会对未来的业绩产生影响(周嘉南和陈效东,2014);另一方面,不同动机类型的股权激励也将促使管理层在盈余管理行为上产生差异,这样不但影响公司的会计信息质量和审计费用(Jayaraman 和 Milbourn,2015),而且最终影响公司的资本成本(Beladi 和 Quijano,2013)。本书从识别我国上市公司制定股权激励计划动机的本源出发,采用行为心理学的研究思路,遵循"直接检验—动机识别—传导路径—经济后果"的分析逻辑,探寻每种动机下的高管股权激励分别通过何种渠道实现既定目标以及最终表现在经济后果上的差异。

高管人员股权激励制度与公司投资决策之间关系受到公司制定股权激励计划动机的影响(陈效东、周嘉南和黄登仕,2016)。本书选取 2006—2013 年 A 股非金融类上市公司公告实施股权激励计划成功的草案为初始样本,在识别和划分股权激励计划动机的基础上,首先检验分别基于激励型动机与非激励型动机下公司的投资决策(包括投资规模、投资方向以及资本配置效率等)是否存在差异,然后结合混合型公司治理模式和高管的权力特征将非激励型动机进一步细分为赎买型动机和福利型动机,重点探讨两类非激励型股权激励的企业投资方式偏好以及由此引致的企业投资方式对控制人收益的影响。

第二章 制度背景与理论分析

股权激励制度作为一种长期性激励机制,产生于20世纪50年代的美国,20世纪70年代传入欧洲,从20世纪90年代开始在亚洲国家得以发展(杨华和陈晓升,2009)。在我国,股权激励制度的产生主要始于国有企业的渐进式改革。我国的经济改革始于计划经济时代,从某种意义上说,改革的实质就是放权让利,搞活国有企业,逐步建立现代企业制度,不断对经理人实施产权激励的过程。

我国的股权激励制度产生大致可以分成三个来源,这三者之间又有所重合:一是从最早的农村乡镇企业带资入社、带资就业到后来在城乡中小企业普遍推行的股份合作制;二是股份制企业包括上市公司和非上市公司中的内部职工股;三是证监会发布《上市公司股权激励管理办法(试行)》以后,真正意义上的股权激励制度才得到应用与推广。我国的股权激励制度,是在农村和城镇国有企业改革过程中,由企业和广大员工在企业改革实践中创造推动的,是一个自下而上的过程。

第一节 股份合作制与内部职工股的产生和发展

一、计划经济下国有企业代理人的激励机制

改革开放前,为了实现赶超战略,我国实行了高度集中的计划经济,国有企业及其特殊的治理结构是计划经济赶超战略的产物。国家为了实施赶超战略,控制产品价格和生产要素价格,国有企业按照上级主管部门的意见,加工生产相应的产品,生产资料由国家统一调拨供给。在这种情况下,企业的主要经营者由上级主管部门任命,其并不具有独立的自主经营能力和独立的利益追求。如果企业经理人或代理人有自主经营权,就可能将资源配置在生产效率较高的地方,这会影响或干扰赶超战略的落实。然而,在企业实际经营过程中,由于信息不对称、预算软约束和激励不相容等问题普遍存在,加上没有有效的竞争市场,委托人对代理人的经营努力程度难以考量。在权、责、利不对等的条件下,企业代理

人或经理人的理性选择是谋求政治升迁,因此经营缺乏活力,机会主义盛行,国有资产流失严重,国家利益损失加大。国有企业生产经营的不可持续性,成为未来推动国企改革的重要动力。

二、市场化初期下代理人的激励机制

在此期间,政府对国有企业的产权激励做出了积极的探索,取得了一定的成效,但从整体上看,激励效果并不是十分明显。股份合作制是20世纪80年代初期在我国农村经济改革取得成功的基础上,由农民在创办乡镇企业时首创的一种"资合性"和"人合性"相结合的资产组织形式,80年代中期被运用于国有中小型企业的改革中。这种形式的内部员工持股,主要是企业员工投资和改制企业将部分资产经过合法程序形成员工共同拥有的财产,它一般占比小于企业资产总额的50%,但有的高达100%。它们仅限于本企业内部之间有条件的转让,这部分员工股主要通过股份红利取得收益,员工在企业经营管理上居主导地位,实行一人一票制,一般情况下,企业内部员工持股管理形式和企业的治理结构形式合二为一。

进入20世纪90年代后,尤其是国家"抓大放小"政策确立,城市小型国有企业、集体企业股份合作制改革形成了一股浪潮,成为城市中小企业改革的重要模式。在总结实践经验的基础上,1996年6月25日,原国家经济体制改革委员会印发《关于加快国有小企业改革的若干意见》,指出股份合作制是国有小企业改革的一种重要形式。文件规定"股份合作制企业职工全体入股,既是出资者又是劳动者,共同出资、共同劳动、共担风险,实行劳动合作与资本合作相结合,按劳分配与按资分配相结合"。文件明确股份合作制的性质是社会主义市场经济中的公有制企业制度,并肯定了股份合作制企业实行员工持股。1997年8月,为了总结发展城市股份合作制的试点经验,引导城市股份合作制企业健康发展,原国家经济体制改革委员会制定并发布了《关于发展城市股份合作制企业的规章》。按照规范意见,股份合作制是采取了股份制一些做法的合作经济,是一种新的组织形式。在股份合作制企业中,劳动合作和资本合作有机结合,劳动合作是基础,实行民主管理,资本合作采取股份形式,是职工共同劳动的条件。在自愿的基础上,鼓励企业职工全员投资入股,也允许少数职工暂时不入股,不吸收本企业以外的个人入股。职工离开企业时股份不能带走,必须在企业内部转让,其他职工有优先受让权。股份合作制企业坚持民主管理,采取一人一票的表决方式。

股份制企业内部职工股几乎是与股份制企业同步产生和发展的。我国确立了改革中出现的股份制形式后,国家控股和部门、地区、企业之间参股以及个人入股是社会主义财产的组织形式,各地股份制试点企业迅速增多,各级地方政府为了加快企业股份制改革的步伐,也相应制定了发展股份制企业的办法。如深圳市颁布了《深圳特区国营企业股份化试点暂行规定》,其中明确:允许企业将一部分国有股权出售给个人;上海市也发布了《上海市股票管理暂行办法》,全国其他部分沿海省市也相继发布了有关管理办法。各地在企业股份改制中不断探索并创造了各种形式的企业员工持股制度,但同时也出现了将国有资产通过股份无偿分给经营者、员工个人和集体的现象,还出现了部分国有企业在改革中向员工发行"还本付息"的股票。为此,原国家经济体制改革委员会及时颁布了相关政策,并明确指出全民所有制企业擅自将国有资产在股改中无偿分给经营者、员工个人和集体的要全部收回,企业员工持有的还本的期限股票改为不退股,允许在企业内部转让。1990年国务院在《在治理整顿中深化企业改革,强化企业管理的意见》中也明确"企业内部员工持股的股份制不再扩大试点,凡是已经搞了的要完善提高,逐步规范化"。

  我国提出建立社会主义市场经济体制的目标之后,开始了全面性的企业股份制改革试点。经国务院批准,原国家经济体制改革委员会发布了《股份制试点办法》《股份有限责任公司规范意见》等法规。在《股份制试点办法》中,对企业员工持股明确做出规定:不向社会公开发行股票的股份制企业内部员工持有的股份,采用记名股票形式,要严格限定在本企业内部,在其转成社会公开发行股票时,内部员工持股的股权证,应换成股票,并按规定进行转让和交易,转化为有限责任公司的内部员工持有的股份可转为"员工合股基金"。1992年颁布的《股份有限公司规范意见》规定:采取定向募集方式设立的公司,经批准可以向内部员工发行不超过20%总股本的股份。采取社会募集设立的公司,本公司员工认购的股份不得超过向社会公开募集股份总数的10%。1993年颁布的《定向募集股份有限公司内部员工持股管理规定》规定:定向募集公司员工内部持股发行的股份比例由过去在《股份有限公司规范意见》中规定的总股本的20%下调至2.5%,内部员工持股的定向募集公司专为社会募集时,内部员工持有的股份从配售之日起满3年后才能上市转让。1994年2月,原国家经济体制改革委员会、国务院证券委员会联合发布了《关于社会募集股份有限公司向员工配售股份的补充规定》,规定社会募集股份有限公司可以在国家批准发行的额度内按10%的比例向本企业员工配售,并明确这部分内部股在发行股票上市后6个月内可上市转让。于是,各地在股份制试点中表现出了空前的热情,定向募集方式设立的股份公司急剧增加。据不完全统计,定向募集的公司在1995年已达上万家。各地在企业员工持股试点过程中出现了不少问题,如内部股社会化、黑市交易等。1994年年初,鉴于当时经济发展过热,企业员工持股试点中出现的问题,为了加强宏观调控,国务院在《关于继续加强固定资产投资宏观调控的通知》中规定,在原国家经济体制改革委员会等部门制定的企业发行内部员工股实行规范管理的新办法出台前,暂停内部员工股的审批和发行工作,原国家经济体制改革委员会1993年7月发布《关于清理定向募集股份有限公司并重申停止审批和发行内部员工股的通知》,重申立即停止审批和发行内部员工股。我国企业员工持股的实践暂时告一段落,但公开募集股份并上市的企业仍在增多。

1994年7月《公司法》正式实施后,规范、发展是这一阶段我国企业员工持股制度实践的主旋律。《公司法》生效之前,根据国务院的要求在《公司法》的8个配套法规中,其中之一就是《国务院关于内部员工持股的管理条例》(以下简称《条例》)。《条例》总结了我国过去在内部员工持股方面的经验教训,借鉴了其他国家在企业员工持股方面的有关做法。《条例》中对内部员工持股制度性建设做出了明确规定。但是由于多方面原因,至今该《条例》没有出台。《公司法》生效后,尽管我国没有相应的法规对内部员工持股制度方面做出规定,但是,各地、各部门结合本地区、部门经济和国企股份制改革实践发展的情况,纷纷做了相应的规定。如深圳市1997年4月颁布了《深圳市国有企业内部员工持股试点暂行规定》;1998年3月,原上海市国有资产监督管理办公室、市总工会下发《关于公司设立员工持股会的若干试行意见》;经国务院同意,外经贸部和原国家经济体制改革委员会于1994年6月下发了《外经贸部股份有限公司内部员工持股试点暂行办法》(1997年6月,两部委对该暂行办法做了修改,同时民政部、国家工商局、原国家经济体制改革委员会、外贸部联合就企业员工持股会登记管理问题做出了暂行规定)。此外,各省市也分别就企业员工持股问题制定了规定或办法。这些规定和办法都是在总结本地区、本部门实践经验和借鉴了国外的一些有关做法的基础上形成、完善起来的,毫无疑问它们对规范、发展我国企业员工持股制度的实践起到了积极的指导作用;同时,也为今后我国制定相应的政策法规奠定了基础,为形成具有中国特色的企业员工持股制度做出了积极的、有益的探索。

股份制企业中内部职工股主要形式如下。

一是定向募集公司中的内部员工股。定向募集公司内部员工持股是指依据《股份有限公司规范意见》和《定向募集股份有限公司内部员工持股管理规定》等有关法规设立的股份制企业向内部员工发行的股份。这是在1992年党的十四大提出建立社会主义市场经济体制设想后,股份公司得到较快发展的情况下产生的,目前,我国现有的70%以上的企业员工持股公司都是这种形式。

定向募集方式形成的内部员工股,主要是由员工投资形成的,其所占比例为总股本的20%以内,后调整为2.5%(不排除个别地区超过了这个比例),3年后可在企业内部员工之间转让,内部员工股以股权证的形式由证券经营机构或股权证托管中心负责托管,员工除享受股份分红以外,很少参与企业的经营管理,基本上属于"受益券"的性质(但又没有"受益券"能保证收益的特点)。这种形式的内部员工股在《公司法》生效之后,按照《原有有限责任公司和股份有限公司依照〈中华人民共和国公司法〉进行规范的通知》和《关于做好原有股份有限公司规范工作的通知》规范成为非上市公司形式的内部员工持股(一部分形成上市公众股,一部分成了有限责任公司中的股权)。

二是非上市公司中的内部员工持股。这种形式的内部员工股是依据《公司法》以发起设立方式成立的公司向内部员工发行的那部分股份,其中相当一部分是由定向募集公司经规范后转变过来的。《公司法》生效后,深圳、上海、北京、天津地区与外贸部等,都分别制定了相应的内部员工持股管理办法。这些管理办法都对企业内部员工股的发行范围,以及内部员工持股会的管理体制、方式、资金来源、分配方式和持股比例等做出了详细的规定。如《深圳市国有企业内部员工持股制度试点暂行规定》中规定,员工持股会由持股员工选举产生,负责员工股的集中托管和日常管理工作,并以工会社团法人的名义办理工商注册登记,员工持股会是公司的股东之一,可以派代表进入董事会、监事会。持股会的持股比例,可根据企业的性质不同,在公司总股本中占比 35%~50% 或者更高一些,而外贸部规定占比应小于 20%。在资金来源方面,深圳市规定可个人出资。公司非员工股东担保向银行或资产经营公司借款,或由公司公益金划为专项资金借给员工购股,利率参照同期银行贷款利率,但员工集资(投入部分)必须高于 60%;外贸部则规定必须个人全部出资。上海市规定,可以员工出资、可分配工资结余折价,提取部分公益金折股,公司划出专项资金给员工持股会,贷款本息在日后公司分红中扣除。非上市公司的内部员工持股是当前我国内部员工持股制度实践中,内容较丰富、形式多样、制度相对完善的一种形式。它已成为我国企业员工持股制度实践的主流形式。可以预见,这种形式也将是我国特色的企业员工持股制度的基本形式。

三是上市公司中的内部员工持股。这种形式的员工股主要依据《股票发行与交易管理暂行条例》和《定向募集股份有限公司内部员工持股管理规定》,是在公司募集设立时向企业内部员工发行的那部分股票,其比例为向公众发行额度的 10% 以内。股票发行半年后可上市流通;定向募集公司转为公众公司的公司股份上市流通 3 年之后员工股可按比例上市。这种形式的内部员工股主要是个人现金投资,上市前主要由个人分别持有(部分公司由公司统一管理),基本上不参与公司的经营管理,目前主要以获取股票市场上买卖差价的收益为主。这种内部股实质是向内部员工发行的过渡性公众股,最终上市交易而流向社会。

（一）高新技术企业和经营者期股制度

长期以来，对员工特别是高新技术企业和经营者的员工激励一直是我国企业制度的薄弱环节。自改革开放以来，为了调动企业经营者的积极性和创造性，我国对企业经营者的收入分配制度进行过多次调整，从最初的承包责任制、资产经营责任制、租赁制、委托代理制等形式发展到年薪制。但从各种分配制度的实施效果来看，激励效果并不理想。高新技术企业主要是靠员工的创造力支撑的，由于传统企业形式不承认人力资本的价值，员工的报酬难以反映其真实的付出。许多高新技术企业成了员工的培训基地，员工不断发生"裂变"，企业很难发展壮大。

1999年9月，党的十五届四中全会提出，在企业改革中实行以按劳分配为主体的多种分配方式并存，形成有效激励和约束机制，允许进行股权分配方式的探索。在这之前的企业员工持股制度的试点都带有某种自发和福利的色彩，除了处理一开始集资性的员工持股外，无论是上市公司的员工持股，还是非上市公司的员工持股，很大程度都是为了股份的上市而博取价差，而不是真正吸引员工持股，提高凝聚力。

正在兴起的，具有革命性的，是对企业经营者和高科技企业员工长期激励的认股期权计划。认股期权计划一改过去那种通过企业员工持股的集资、福利、上市等目的，直接针对企业经营发展具有重大影响的人力资本所有者，目的是激励企业员工发挥其能力，为企业创造更好的效益。

我国较早进行类似尝试的是联想公司，联想是在很少国家投入的情况下，凭借科技人员的人力资本发展起来的高新技术企业，然而在企业发展到相当规模以后，如何提高企业员工凝聚力，调动员工积极性和创造性成为发展的关键。1994年，联想集团就在新老交替之前对公司股权机构和激励安排做了大规模的调整。当时的主要做法是，联想的所有者中科院将其在联想35％的"分红权"授予联想员工，其中35％授予参与创业的老员工，20％授予一般职工，而另外的45％则预留给未来的职工。这种分红权虽然不是真正的股票期权，但已经具备了股票期权的某些特征。近年来，随着我国政策明确提出了收入与业绩挂钩和继续探索经营者持股的分配方式，一些地方已结合本地区情况先后出台了有关期权激励的实施办法，股票期权制度正逐步在我国推行。

上海市比较早实行股票期权，上海埃通公司是上海市第一家经营者群体持股试点的公司。这是一个或多或少带有强制性的持股方案。所谓"经营者群体"包括企业中层以上干部、技术、营销、业务骨干在内的30余人，根据不同级别被要求持有数量不等的股权。到1997年10月，埃通改制为股份有限公司，国有股比例降低到50％，经营者群体持股比例提高到20％。对埃通的总经理和党委书记实行期股制度,期股按 1∶4 的比例分配,即个人实际持有股份为 1 的话,可以配给其 4 倍的期股。具体安排是,股东把收益权让渡出来,总经理以每年的分红抵偿公司的借贷。8 年之内,抵偿余下的 88 万元后,便可在之后的一年开始分红。另一个制约是,如果 8 年内不能偿还,不仅这 8 年的分红悉数归公司,20 万元的自由股本金也一并没收。而能够在 8 年内不至于"血本无归"的经营业绩是:平均每年的资本收益率至少在 12％以上。埃通售价突破后,上海工业企业系统中发起了一场经营者革命,试行期股激励机制。如果在既定时间内达到企业主管机构制定的经营业绩指标水平,经理们就可以获得相当比例的股权或期权。上海仪电控股公司从 1996 年就开始对下属两家控股子公司——上海金陵和上海贝岭的董事长、总经理和党委书记试行期权奖励。具体做法是根据企业每年的净资产收益率,从当年未分配利润中提取不同比例的奖金,并按一个合理的价格,折成等值的股权奖励给经营者。

1999 年,武汉市国有资产经营公司对下属 21 家控股公司、全资子公司兑现 1998 年企业法定代表人的薪酬。其中,武汉中商、武汉百货和鄂武商 3 家上市公司获得股票奖励。在已公布的嘉奖中,武汉中商董事长严规方获得 16.7 万元年薪,其中 7 万元以该公司的 8 000 股股票支付。按照武汉国有资产公司对企业法定代表人的激励办法,薪酬收入由基薪收入、风险收入和年功收入三部分组成。其中,基薪收入是年度经营的基本报酬,由国有资产经营公司根据上一年度的经营效益确定,按月以现金方式支付;年功收入是以前年度经营业绩的累计报酬,由国有资产经营公司根据企业法定代表人的任职时间和工作业绩综合评定,在风险收入兑付时由国有资产经营公司一次性兑付,其余部分转化为股票期权。风险收入如何转化为股票期权在上市公司和非上市公司中的具体做法又有所不同。此外,深圳、北京等地也进行了类似的试点,做法大同小异。

(二)激励缺位的法人治理分析

激励是企业管理的核心,同时也是企业对外竞争和企业自身效率提高的最主要的动力源。激励既有精神方面的,也需要物质方面的。在现代企业的法人治理中,物质的激励尤为重要,我国企业的产权性质为国有企业时,更加重视精神激励而忽视物质激励,在从国有企业和集体企业向现代企业过渡的过程中,也没有将物质激励放在重要的位置,导致国有企业的高级经理人员接连出现"59 岁"现象,对国有企业和这些经理本人都造成了损害。

我国现有的股份制企业,尤其是在沪深两地的上市公司,虽然已建立了法人治理机构,但由于大部分上市公司的股权较集中地属于过于股权,也就是说股东直接控制着股份公司,因此原有过于企业的行政管理体制模式和管理体制作风、企业文化等因素都直接影响着现在的公司。同样对于企业经营者来说,激励的方法还基本停留在所谓意识形态方面的奖励,物质方面的奖励也主要围绕在短期奖励,如奖金或提成等方式。

在当前的股份制企业里存在着两个突出的问题:一是国家作为控股股东在股份公司里的虚位状态;二是在法人治理中没有给予经理人员长期的激励与约束。这两个问题使中国股份制公司的发展在某种程度上受到严重制约。一方面,国有大股东在公司中虚位,无人真正行使权利;另一方面,由于没有激励与约束机制,法人治理没有效力,使得掌管控制权的经理人员可以完全实施内部掌控。"没有制约的权力必然导致腐败",在一个没有激励也没有制约的环境中,法人治理肯定是无效的。既然没有激励,那么对于经营管理人员来说,干多干少一个样,冒风险与不冒风险也是一个样。在所有者虚位的情况下,监督机构也形同虚设。对于监督机构而言,监督与不监督一个样,因为同样履行的监督职能者也没有激励,自然监督也没有效果。

以历史的眼光看,在美国,由于企业高级管理人员的退休年龄是65岁,因此也曾一度存在与我国的"59岁"现象类似的"64岁"问题。但在企业实施经理股权激励制度之后,"64岁"问题得到了有效的控制。我国的企业由于没有有效地实施长期激励股票期权,造成了许多企业领导在股东利益与自身利益不统一的情况下采取了极端的做法,以牺牲股东利益和公司整体利益为代价,侵吞或侵占不属于自己的财产,在即将离职退休前企图弥补自己所谓的"损失",这种现象被称为"59岁"现象。

我国企业忽视对企业经理的长期激励,这与国有企业和集体企业的产权性质有着密切的联系。在国有企业开始进行体制改制后,政府与企业脱钩,政企分离,尤其在1993年12月29日《公司法》正式颁布后,企业变成独立法人,现代企业制度开始建立起来,所有权与经营权逐步分离,至2001年由大型国有企业改制而产生的1 000多家股份公司在上海、深圳两地上市,在这一阶段激励机制仍然缺位就值得认真研究。这1 000多家上市公司基本上都是由国有大中型企业改制而成。国有股股东在这些上市公司里基本上占据较高的股权比例,国有股股东在这些上市公司里"一股独大",具有实际的控制力。国有企业的行政作风和行政管理方式都在今天的股份公司中起着举足轻重的作用。国有股权的绝对控股地位,使得公司法人治理不能有效地发挥作用。在公司法人治理中,国有股东控制董事会,从而控制监事会和经理层,其他股东处于弱势地位,在这样权力分布极不均衡的法人治理中,很难会对经理层进行激励。

上述几个理论从不同的角度对现代公司进行了研究,并在不同的方面为股权激励理论的产生与发展提供了理论基础,从原理上揭示了为什么股权激励能够有效地解决现代公司发展中出现的两权分离所导致的利益不一致的矛盾,使得股权激励制度不但在理论上而且在实践中都能够自圆其说,从而更加丰富和扩展了公司治理理论。

三、后股权分置改革的股权激励制度

在我国公司股权分置改革基本完成之前,上市公司在股权激励的实践方面进行了很多探索。曾经出现了具有典型意义的上海仪电、上海贝岭、天津泰达等模式,但可惜的是,这些都是在禁止回购本公司股票以及不允许高管转让所持公司股份等特定的背景下推出的。具体文件如表2-1所示。

表2-1　我国股权激励相关的法律、法规、规章及其规范性文件

法律	《公司法》
	《证券法》
	《合同法》《劳动法》《会计法》《税法》
规章	《上市公司股权激励管理办法(试行)》
	《国有控股上市公司(境内)实施股权激励试行办法》
	《国有控股上市公司(境外)实施股权激励试行办法》
规范性文件	《股权激励有关事项备忘录1号》
	《股权激励有关事项备忘录2号》
	《股权激励有关事项备忘录3号》
	《关于规范国有控股上市公司实施股权激励制度有关问题的通知》
	《全国中小企业股份转让系统业务规则(试行)》

资料来源:杨华和陈晓升(2009)。

由于存在法律上的障碍,股权激励在我国上市公司中尚未全面开展[①],实践中多以虚拟股票、股票增值权等现金奖励方式对高管人员予以激励,激励效果不明显,与国际惯例也不相符。

随着股权分置改革的顺利开展,《公司法》《证券法》以及《企业所得税法》等相关法律的相继修订,尤其是证监会颁布《上市公司股权激励管理办法(试行)》(以下

[①] 根据中国证券监督管理委员会2002年组织的上市公司建立现代企业制度情况检查的统计,有80多家上市公司制定并实施或拟实施基于股权的长期激励机制;2003年8月,中国证券监督管理委员会上市公司监管部对八个辖区的调研表明,共有50家公司开展了股票奖励、员工持股、虚拟股票和管理层收购等模式的激励机制,约占所调查公司总数的9%(杨华和陈晓升,2009)。

简称《管理办法》)以来,我国股权激励机制步入正规化轨道。随后,具体的规范也配套推出。表 2-1 列示了与股权激励相关的法律、法规、规章及其规范性文件。

《管理办法》为规范上市公司实施股权激励计划提供了重要的指引。本书将重点解析这项部门规章,并为识别和区分上市公司实施股权激励计划的动机提供指导性思路。

四、监管办法部分条款解读

《管理办法》的颁布,为我国企业实施股权激励计划提供了重要的指导规范,标志着我国股权激励制度步入正规化轨道。由于公司拟定股权激励计划的内容主要包括激励对象的范围(定人)、股权授予的数量(定量)、股权授予价格(定价)、行权条件(定线)和有效期(定时),因此本书着重解读这个"五定"的相关条款。

(一)"定人"(激励对象的范围)

上市公司是否实施股权激励以及激励对象的选择范围原本属于公司自治事宜,公司可以根据实际情况自主将股票(或期权)授予其认为必要的任何人士,甚至可以为外部独立董事、员工、供应商和客户。

但可能考虑到我国的股权激励制度仍处于发展初期以及公司实施股权激励为了激励高管人员以及对公司经营具有重要贡献人员的初衷,激励对象主要限定于公司的高管和关键员工。《管理办法》第 8 条规定,股权激励的激励对象主要包括公司的董事(不包括独立董事)、监事、高级管理人员、核心技术人员和业务骨干。此外,为了督促高管人员勤勉尽责,《管理办法》对激励对象也做出了合法、合规性要求。《管理办法》第 7 条规定,公司的激励对象应排除以下三种情况:最近 3 年内被证券交易所公开谴责或宣布为不适当人选;因重大违法违规行为被中国证监会予以行政处罚的人员;具有《中华人民共和国公司法》第 147 条规定的不得担任公司董事、监事、高级管理人员的。

(二)"定量"(标的股票的数量)

标的股票的数量直接关系到激励对象未来收益的基数和激励效果,因此,如何确定公司标的股票的数量是一个值得研究的话题。可惜的是,当前对于授予激励对象标的股票最优数量的研究远没有形成统一的结论。正如李荣融同志所说的那样,"激励需要一个度,但这个度的把握会因历史阶段和国别差异而发生变化"。《管理办法》第 12 条也只给出了两个总量上线限制:规定上市公司全部有效的股权激励计划所涉及的标的股票总数累计不得超过公司股本总额的 10%,非经股东大会特别决议批准,任何一名激励对象通过全部有效的股权激励计划获授的本公司股票累计不得超过公司股本总额的 1%。

当然,确定公司授予高管股权的数量,可以通过先确定高管薪酬总额中股权激励预期收益的最优比重,然后按照薪酬结构中期权(或股权)价值反推出股权的授予数量。当前国际上最优比重一般为40%(杨华和陈晓升,2009),而结合我国的具体国情,高管的股权或期权价值所占薪酬总水平的比重选择30%①。

(三)"定价"(股权激励的行权价格)

行权价格的确定是股权激励的重要环节,将关系到高管的行权成本而最终影响到激励效果。为了体现股权激励行权价格的公平市场原则和发行价原则,《管理办法》规定了上市公司股权激励计划所拟定的行权价格应不低于基准日内的标的股票的收盘价。《管理办法》第24条规定,以股权激励计划草案摘要公布前30个交易日内的公司标的股票平均收盘价与股权激励计划草案摘要公布前1个交易日的公司标的股票的收盘价之间孰高来确定行权价格。

尽管相关部门也意识到可能存在人为的操作谋求股价下行的偶然因素,但是公司股权激励草案摘要公告日期的确定也可能会体现公司制定股权激励计划的动机。比如,公司刻意选择标的股票价格明显处于下行时推出股权激励计划,那么将导致股权激励的行权价格定的较低,具有明显的非激励型动机特征。于是,这可能为本书识别股权激励的动机提供一种思路。

(四)"定界"(股权激励的行权条件)

为了体现股权激励的约束性,公司有必要对股权激励建立相应的业绩考核评价制度,以确定高管人员股权的授予和行权。《管理办法》第9条规定,激励对象为董事、监事、高级管理人员的,上市公司应当建立绩效考核体系和考核办法,以绩效考核指标为实施股权激励计划的条件。

尽管《管理办法》对激励对象的业绩考核指标的选择没有明确规定,但通常而言,绩效考核主要包括财务指标和非财务指标。根据相关规定,公司设定的行权指标一般包括每股收益、加权净资产收益率和扣除非经常损益后净利润的增长率、横向指标(与同行业企业相比)以及纵向指标(与历史水平相比)。当前,在已实施的股权激励计划草案中,广泛存在高管的自利行为(吴育辉和吴世农,2010),草案倾向于将股权激励行权指标定得过低,体现股权激励的非激励型动机。于是,行权条件的设定也可能为股权激励计划动机的识别提供一种思路。

(五)"定时"(股权激励的有效期和等待期)

高管人员股权激励作为一种长期的激励制度,有效期通常要求超过5年。为

---

① 《国有控股上市公司(境内)实施股权激励试行办法》第16条规定,在股权激励计划有效期内,高管人员个人股权预期收益水平应控制在薪酬总水平(含预期的期权或股权收益)的30%以内。

了缓解高管的短期套现行为和高管在任期内实现预期的行权之间的矛盾,《管理办法》对股权激励行权的等待期规定了一个下限并对激励的有效期规定了一个上限。《管理办法》第22条规定,股票期权授予日与获授股票期权首次可以行权日之间的间隔不得少于1年;股票期权的有效期从授权日起计算不得超过10年。

上市公司制定的股权激励计划草案中对激励有效期的规定,也可能成为一种识别股权激励动机的方法。若公司制定的股权激励的有效期更长,很可能为激励型动机;若股权激励有效期时间更短则可能为非激励型动机。吕长江等(2009)以等待期5年为依据分辨我国上市公司实施股权激励的激励型动机或福利型动机。

第二节 股权激励制度的相关理论

作为一种重要的长期激励机制,股权激励制度的产生具有深厚的理论基础和依据。这些理论是现代公司制度逐渐发展过程中形成的。例如,经济学中的委托代理理论,现代企业理论中的公司治理理论,管理学中的人力资本理论、管理层权力理论以及大股东赎买理论等,这些经济学原理的产生与发展都是有其特殊的历史背景和社会根源的。一是现代公司制度的大量实践活动和现代公司制度发展的实际需要使得这些理论的产生成为可能;二是这些理论的产生和发展又为公司的长期激励机制、股权激励的产生提供了理论基础和依据。

一、人力资本理论

人力资本理论产生于现代企业理论中,知识经济的发展为人力资本理论的产生奠定了基础。人力资本理论就是指企业经营者个人所具有的与其人身不可分离的知识、技能、管理经验以及管理方法等的总称,其反映和代表了经理人员的综合能力和基本素质。

在现代企业中,人力资本价值是企业最主要的无形资产,人力资本作为要素投入,应该同其他资本一样参与企业的利润分配。人力资本与其所有者不可分离的特征决定了人力资本需要充分的激励。现代企业理论认为,人力资本由于分工而存在专用性风险,并且这种专用性风险呈日益加大趋势。作为企业风险的承担者之一,人力资本可以与物质资本分享企业的剩余索取权。股权激励就是这样一种制度安排,它将人力资本所有者预期收益"抵押"在企业之中,是人力资本参与企业所有权的一种方式。在知识经济时代,由于创新的速度加快,人力资本所有者与传统意义上的劳动力所承受的风险已经不大一样了。

股权激励制度既是对人力资本所有者的长期激励,同时也是对人力资本所有者的约束机制。一方面,人力资本所有者由于其对公司的人力资本的投入而参与分享公司的剩余索取权,他们感到与物质资本所有者一样享受投资者的权利,由此而获得激励;另一方面,由于股权激励的实现是要经过一段时间的,也就是说人力资本所有者不可能一下子就获得期权的收益,而是在十年内分期、分批获益,他们的预期收益在一定期间内"抵押"给了企业,这种方式降低了人力资本所有者的道德风险。

作为实际的代理人,公司的经理人员接受董事会的委托,具体负责公司的日常经营活动,因此经理人员内心希望享受较大的控制权。公司的股东总希望经理人员把利益创造最大化,从而分得更多股利,这种想法出自股东的自利性本能,而经理人员却从自身利益最大化的角度出发,与股东的预期盈利目标相背离,具体表现行为体现在逆向选择和道德风险两个方面,如扩大在职消费和躲避风险等。为遏制经理人员的逆向选择和道德风险,股东大会授权董事会和监事会加强对经理人员的监督与约束。传统的公司法人治理机构试图通过股东大会、董事会和监事会对经理层的监督和责权划分形成相互制衡的关系,以体现物质资本所有者对公司财产的最后控制权,但在实践中,这种治理结构难以遏制公司的控制权从公司股东的手中逐渐转移到经营者手中,因为传统的法人治理结构忽视了经理层在法人治理结构中的主体作用,只强调了经理层的被监督状态而忽略了经理层作为公司经营创造财富中最重要主体的作用,并且忽视了经理层的非物质资本即人力资本、知识资本的投入作用。换言之,这种治理结构强调了监督和约束,忽视了长期激励的作用。

现代公司治理理论认为,要减少经理人员的逆向选择和道德风险问题带给公司股东的利益损失,对经理人员实施长期激励显得非常重要。经理人员的报酬应该与公司业绩的边际变化相关联。美国哈佛大学经济学教授奥德雷通过实证分析证明,当经理人员拥有公司的股份比重在5%~20%时,公司的盈利能力最强,过少的持股比例会导致激励不足,过多的持股比例会削弱股东的利益和股东经理人员监督任免的控制权。股权激励制度的实施解决了经理人员激励问题,因为股权激励使得经理人员获得长期的预期收益,从而使经理人员与股权的所有者利益目标趋于一致,抑制了经理人员的逆向选择和道德风险的冲动。股权激励成为有效平衡股东利益和管理者利益的机制,在某种意义上成为衡量法人治理结构是否完善的标准之一,即是否对经理层实施了长期激励——股权激励。在一个公司里,经理们享有了所有权,这使得他们感觉到自己就是所有者,所以股权激励的实施提高了经理层的道德水准,同时也提高了生产率。

对股权激励据以产生的理论基础予以分析和评价对于正确认识和理解股权激励的理论及股权激励制度的发展有着重要的意义。现代契约理论研究了代理关系中的信息不对称、契约不完全和代理人的道德风险问题；委托代理理论研究了股东所有权和经理层的经营权两权分离的矛盾并解释了在代理过程中出现代理人的道德风险和高昂的代理成本的原因。委托代理理论在研究如何使代理成本降低的过程中，使股权激励理论的产生成为可能。人力资本理论揭示了在知识经济时代，在现代企业中企业经理人以其具有的与其人身不可分离的管理技能、知识和经验构成了人力资本并对人力资本拥有所有权。人力资本和物质资本在现代企业中共同创造了价值，经理人向企业投入了其拥有的人力资本后有权参与企业剩余索取权的分配。而股权激励正是实现人力资本价值的最有效方式之一，股权激励的分阶段行权特点约束了人力资本所有者的道德风险。人力资本理论从利益均衡的角度阐述了对经理人员实施股权激励长期激励制度的必要性和必然性。因此，笔者认为人力资本理论对股权激励理论的发展具有重要的作用。法人治理结构理论产生的前提是公司两权分离的矛盾成为现实，法人治理结构理论主要研究公司的股东、董事会和经理层之间关于公司经营管理和权力配置的制度安排问题，该理论研究如何建立公司内部的权利和义务、利益均衡的权力机构。权力制衡是法人治理结构理论研究的重点。股权激励制度是权力机构达到利益均衡的一种手段，使公司经理层作为公司内部权力机构的主体之一能够获得长期激励，从而保持各利益集团的有效制衡。法人治理结构理论为股权激励理论的发展奠定了理论基础。

二、利益相关者理论

与传统的股东至上主义相比，利益相关者理论认为任何一个公司的发展都离不开各利益相关者的投入或参与，企业追求的是利益相关者的整体利益，而不仅仅是某些主体的利益。利益相关者包括企业的股东、债权人、雇员、消费者、供应商等交易伙伴，也包括政府部门、本地居民、本地社区、媒体、环保主义等组织机构，甚至还包括自然环境等受到企业经营活动直接或间接影响的客体。这些利益相关者与企业的生存和发展密切相关，有的为企业带来利润，有的为企业分担经营风险，有的为企业的经营活动付出了代价，有的对企业进行监督和制约。例如，股东为企业提供资本分担风险，雇员为获得工资贡献劳动成果，政府对企业实施监督管理，社区组织负担社会性成本，非营利组织因为企业活动而与其开展合作或提供支援……因此，企业经营决策必须要考虑他们的利益或接受他们的约束。

股权激励有如下几个特点：长期激励、价值回报机制与控制权激励。股权激励手段能否真正发挥有效作用，除了受激励对象内在利益驱动外，还受各种外在机制主要包括市场竞争机制、市场评价机制、约束控制机制、综合激励机制和外部政策环境的影响。

(1) 市场竞争机制。以行政任命或其他非市场选择的方法确定的经理人,很难与股东的长期利益保持一致,激励约束机制也很难发挥作用。只有充分利用市场竞争机制,选择优秀的人员,淘汰不合格的人员,才能保证经理人的素质。同时,通过市场规律选择经理人,可以使其在经营过程中因考虑自身价值定位而避免产生投机、偷懒等机会主义行为,从而使股权激励对经理人行为产生长期的约束引导作用,最终达到经济、有效的激励效果。

(2) 市场评价机制。在市场过度操纵、过多干预的情况下,人才评价标准单一,导向急功近利,人才很难得到客观、有效的评价,影响股权激励的效果。因此,确保市场主体在人才评价中的基础作用和主导作用,减少外部对市场主体的干预,规范市场专业评价机构的人才评价行为,建立科学化、社会化、市场化的人才评价制度,对股权激励作用的发挥尤为重要。

(3) 约束控制机制。企业可以通过法律法规、公司规章制度、内部控制管理系统等,构建良好的控制约束机制,防止经理人做出有损公司利益的行为,以保证公司的健康发展。约束机制和激励机制应当相辅相成,一方面激励经理人更加勤勉负责;另一方面也要对某些行为加以约束,防止道德风险的产生。

(4) 综合激励机制。除了股份、股票收益外,股权激励计划效应的发挥还受薪酬、奖金、晋升、培训、福利、工作环境等因素的影响,不同的激励方式产生的激励效果是不同的,因此,不同的企业、不同的激励对象、不同的工作环境和不同的业务对应的最佳激励方法也是不同的。企业应根据实际情况,考虑双方利益、成本等因素,综合设计激励组合,对激励对象的行为进行引导,使激励效应最大化。

(5) 外部政策环境。外部政策环境也会影响股权激励作用的发挥。例如,我国法律规定:上市公司主要采用股票期权和限制性股票两种模式,全部有效的股权激励计划所涉及的标的股票总数累计不超过公司股本总额的10%;非经股东大会特别决议批准,任何一名激励对象通过全部有效的股权激励计划获授的本公司股票累计不得超过公司股本总额的1%。这些规定都会对股权激励的实施效果有所影响。

三、激励理论

股权激励作为对公司经理人员的一种长期激励机制固然重要,但是激励仅是该机制的一个侧面,激励不是无条件的和无限制的,激励必须在一定的环境、条件及约束下实施才能得到其真正的效果。所以,在激励的过程中,要配有相应的约束,才能达到制衡的作用。有学者将激励和约束比作小鸟的一对翅膀,小鸟在天空中飞翔时,两个翅膀的用力必须是平衡的,否则一强一弱或是独翅的小鸟,不能平衡有力地飞翔。

对激励问题的研究与探讨一直是企业界与学术界热衷的话题。20世纪30年代,美国学者伯利和米恩斯(1932)在其著名的代表作《现代公司与私有资产》一书中从经济与法律两方面深刻地剖析了现代公司中的股权机构与权力构造,通过对200家股份公司进行实证研究,发现了现代公司中所有权与控制权分离这种严重的社会经济现象,主张对日益扩张的控制权进行遏制。之后,全球范围内的公司治理运动推广起来,如何构建激励与约束相结合的制衡机制成为现代公司广为关注的话题。

传统的激励理论在第二次世界大战后与20世纪70年代期间发展较为迅速。在这一时期曾出现过几种比较重要的理论观点,这些观点对以后激励机制的设立提供了早期的理论依据。

(1) 需要层次理论。管理学中最著名的激励理论首推美国心理学家马斯洛(Maslow)的需要层次理论,他假设从低到高人有五个层次的需要:第一个层次是对生理的需要;第二个层次是对生活安全的需要;第三个层次是归属和爱的需要;第四个层次是获得他人和社会尊重的需要;第五个层次是自我价值实现的需要。马斯洛认为人的需求是根据每个人所处的不同位置而决定和变化的。人们的需要是逐层上升的,从激励的角度看,没有一种需要会得到完全满足,按照马斯洛的观点,如果要对一个人进行激励,先要了解该人目前所处的需要层次,然后尽量满足这一层次或这一层次之上的需求。

(2) 双因素理论。赫茨伯格(Herzberg)提出的双因素理论认为,对员工的激励不能仅仅限于对其提供物质方面的奖励(如员工的基本工资、奖金、提成和各种福利事业等),因为物质奖励只是双因素理论中的保健因素,如果没有激励因素,保健因素远没有达到激励的效果。处在这样的情况下,员工就会没有动力去做更多的工作,因为上述保健因素使他们在生活和工作上有了保障,无论工作好坏都没有太大区别。归根到底就是人们的自私性和懒惰性,所以双因素理论中提到,只有激励因素才能使员工投身于工作的热情不减。而这种因素只能源于工作本身所产生的激励,包括从工作中获得成就感、领导的授权、职位提升,工作所要求的责任感和工作本身对个人职业发展的贡献等。

(3) 期望理论(Expectancy Theory)。现代企业中激励是以期望理论为基础的。企业所需从事的所有激励措施与方法都是基于这样一种假设,即企业里的每一位员工都有一个最基本的期望值和期望值的递增,企业通过满足员工的期望值,从而获得对员工人力资源的支配权和使用权,鼓励员工努力履行自己的职责和完成企业指定的工作目标。期望理论认为,所有人做任何事情都有预期期望其行为产生的结果,而这个结果对个人来说又是具有吸引力的。

上述几个理论从不同的角度,以不同的方式阐述了人需要激励和企业应当给予员工以不同形式的激励的必要性。笔者认为,激励是公司经理人主动工作的动力,激励使经理层感到其人生价值得到具体实现,使他们体会到在工作中不仅只是作为雇员在工作,而是以主人的身份参与其中,恰如其分的激励会使得经理们忘我地工作。在现代企业制度里,一般的传统激励方式已经不能解决所有者与经营者的利益不统一的矛盾,而只有股权激励这种长期激励方法才能真正解决这一对立的矛盾,股权激励的价值在运用其解决这一矛盾过程中得到充分体现。

第三节 股权激励动机的理论分析

股权激励制度的产生主要是为了缓解高管与股东之间的代理冲突。基于代理理论假说,股权激励制度具有如下作用:有利于协调高管私人利益与股东利益趋于一致(Jensen 和 Meckling,1976;Jensen 和 Murphy,1990;Lazear,2004)、有利于筛选和保留有才能的高管(Lezear,2004;Baker、Collins 和 Reitenga,2003;Arya 和 Mittendorf,2005)以及有助于高管实施长远目标的风险投资战略(Cheng,2004;夏芸和唐清泉,2008;陈效东和周嘉南,2014)。在现代企业理论中,交易费用理论与委托代理理论是两个主要分支。交易费用理论的重点在于研究企业与市场的关系,而委托代理理论则侧重于分析企业内部组织、结构及企业成员之间的代理关系。这两种理论的共同点是强调企业的契约性、契约的不完全性及由此导致的企业所有权的重要性,基于这些因素,一般将现代企业理论称为"企业的契约理论"。

在委托代理关系下,委托人和代理人由于其自身的经济利益目标不一致,在履行委托代理契约过程中,会有各自不同的利益追求目标,由于客观上存在不同的利益趋向,委托人和代理人对风险所持的态度也不相同。在委托代理活动中,代理方掌握的许多信息并不被委托方所知晓。在签订委托代理契约时,由于各种原因,委托代理双方不可能将所关心的全部事项及权利义务都列在契约中。在这种委托代理经营活动中,代理人在具体代理过程中始终存在着道德风险(moral hazard),主要表现在两个方面:一是偷懒(shirking)行为,即代理人获得的收入大而付出的努力少;二是机会主义行为,即代理人是为了其自身的利益增长而去付出努力,并不是出自为股东的利益最大化而去付出努力。

在委托代理活动中,克服和防止代理人的道德风险即偷懒和机会主义的关键在于处理好信息不对称问题。因信息不对称而产生的"道德风险"使企业建立健全激励和约束机制十分必要。委托人必须给予代理人适当的激励来减少他们之间的利益差距,并花费一定的监控成本来限制代理人偏离股东利益的行为。针对代理人的偷懒行为,委托人通过信息交流建立监控约束机制。现代企业理论的支持者认为,企业所有者是企业产权所有者,而产权是剩余控制权与剩余索取权的统一。在契约理论中,委托人与被委托人签订契约时,企业的控制权被分为两个部分:一部分控制权是在委托代理契约中明确规定的,可以被称为特定权利;另一部分则是实际客观存在的即在契约中无法明确规定的权利,被称为剩余控制权。股东通过企业拥有剩余控制权,最大限度地保证自身的利益,企业的剩余索取权则是企业的货币收入在支付了各项生产要素的报酬和投入品价格之后剩余的货币资产,由企业所有者拥有。企业的法人治理结构实际上应该是一个权利和权力、利益和义务均衡的结构,同样企业的产权结构要合理、有效率,就必须使控制权与剩余索取权形成一种平衡的结构。根据契约,代理人的经理人员拥有部分控制权(特指权利),也就应该拥有相应的部分剩余索取权,而股权激励制度的建立正是具有这样的效果,建立有效的激励机制即剩余索取权与控制权配置机制,使经营者的长期利益与企业的效益和股东的利益趋于一致。国外的理论和实践均表明,实施股权激励可将公司经理人员的个人利益同公司股东的长远利益紧密联系起来,鼓励经理更多地关注公司的长远发展,而不是将注意力集中在短期财务指标上。委托代理理论从原理上解示了为何代理人在代理过程中会出现道德风险,而现代契约理论解决了如何避免代理中出现道德风险、信息不对称和契约不完全的问题,股权激励制度就是根据现代契约理论产生出来的,解决了现代企业由于两权分离而产生的矛盾。

然而,随着美国的安然事件、AIG奖金门事件、美林高管天价离职事件等的爆发,人们逐渐反思这种被业界广泛赞誉为"金手铐"的股权激励制度。在此背景下,Bebchuk和Fried(2004)提出了著名的管理者权力理论。他们认为,高管具有决定或影响自身薪酬的能力,股权激励制度非但不能降低股东与高管的代理成本,反而成为加重代理成本的"罪魁祸首"之一。股权激励中的代理问题主要表现为高管薪酬中的过度支付问题(Bebchuk和Fried,2004;Cronqvist和Fahlenbrach,2013)、股票期权的回溯(backdating)行为(Collins、Gong和Li,2009;Ertimur、Ferri和Maber,2012),以及股权激励诱发的盈余管理和信息披露问题(如Aboody和Kasznik,2000;Burns和Kedia,2006;Zhang和Cahan,2010;Veenman等,2011;

Lee、Lee 和 Choi，2011；Armstrong、Larcker 和 Ormazabal，2013)。

通过追踪公司治理模式研究的最新进展,陈仕华和李维安(2012)认为,最优契约理论与管理层权力理论的现实背景分别更适用于以英、美国家为代表的代理型治理模式和以东南亚国家为代表的剥夺型治理模式①,而并非适用于以我国企业为典型代表的"混合型"公司治理模式。这种混合型治理模式兼有代理型和剥夺型治理模式的混合特征:公司的股权结构相对集中,高管并非全部由控制性大股东委任或指派,也有一部分是由外聘职业经理人担任,代理问题同时存在于股东与经理人和大股东与中小股东之间(陈仕华和李维安,2012)。在此基础上,他们提出了大股东角度的"大股东赎买观",即当某一大股东控制了上市公司之后,他们便可利用绝对或相对的控制权实施掏空行为,而当大股东攫取上市公司资源时,需要对上市公司资源的"守护者"(高管)进行"赎买",高管人员的股权激励则可能成为一个"合法性"的赎买工具(陈仕华和李维安,2012)。因此,中国上市公司实施的高管人员股权激励计划具有赎买型动机。可惜的是,他们并没有给出在我国资本市场中哪些公司更有可能基于赎买高管的动机而实施股权激励的识别方法。先前的文献已经证实,大股东的控制权与现金流权的分离度越大,大股东的掏空行为越严重(卢闯等,2011;郝颖、李晓欧和刘星,2012)。这给笔者一个启示,大股东的两权分离度越大,实施掏空的目的越强烈,上市公司实施的股权激励计划更加倾向于赎买型动机,这也为笔者识别上市公司的赎买型动机提供一种思路。

一、最优契约理论

现实中普遍存在契约的不完全性和信息的不对称性,这加大了所有者监督经理人经营情况的难度。应设计一种激励约束机制以缩小剩余索取权(所有者)与控制权(经理人)之间的利益冲突,降低代理成本。最优契约理论认为,最优的薪酬契约在努力引导经理人挖掘其经营潜能的同时,应准确反映经理人的努力程度,即经理人的薪酬为努力程度的函数。但处于信息弱势的所有者,只能通过公司的经营业绩状况来推测经理人的努力程度。因此,经理人的薪酬契约转变为基于业绩的薪酬契约(pay for performance),即最优的薪酬契约反映在业绩敏感性上。

股权激励产生的主要依据为最优契约理论。公司授予高管一定数量的股票

---

① 在以英、美国家为代表的代理型公司治理模式下,公司的股权结构相对分散,高管大部分来自职业经理人市场,代理问题存在于股东和高管之间。在以东南亚国家为代表的剥夺型公司治理模式下,公司的股权结构比较集中,高管由家族(或家族团体)委任或指派,代理问题存在于控制性大股东与中小股东之间。

（或期权）的股权激励机制，满足高管的人力资本享有剩余索取权的诉求，保留公司优秀的经营管理人才，降低股东与高管之间的信息不对称，使高管的私人利益与股东利益趋于一致。

现代企业理论认为，经理人的人力资本具有资产专用性风险，作为风险的承担者之一，经理人就应该享受企业的剩余索取权。股权激励将经理人的人力资本与股东的实物资本相"捆绑"，一起参与公司收益的剩余分配。这种对价回报方式，不仅让经理人员有一种"主人"的心态，而且有利于约束经理人员的机会主义行为。一方面，由于股权激励机制下经理人获得的股权收益需要经历行权等待期和禁售期，而且往往在激励有效期内分批行权。这种人力资本预期收益的实现方式有利于降低经理人的道德风险；另一方面，经理人员必须努力提升公司的业绩，在行权时满足行权业绩考核条件，否则经理人员也无法行权，从而无法享有人力资本的剩余索取权。股权激励的顺利行权实现了拥有管理经验（或掌控技术创新）人力资本的所有者与物质资本的所有者一起分享公司剩余索取权的目标。

股权激励制度不仅降低了企业的代理成本，而且能留住有才能高管。尽管 Carter 和 Lynch(2004)从虚值期权(underwater stock options)重新定价的角度发现股票期权与高管变更之间不存在显著的相关关系，但他们却发现虚值期权的重新定价有助于降低全体员工的离职率。为了检验股权激励能留住具有较高才能高管的积极作用，Balsama 和 Miharjo(2007)以尚未行权的具有实值股票期权价值的公司为研究样本，实证结果发现股权激励与公司高管自愿离职率呈显著的负相关关系。Nastasescu(2009)在检验股票期权能否扮演高管的"金手铐"作用时发现，授予高管的股票期权激励能显著降低高管离职的概率。宗文龙、王玉涛和魏紫(2013)以我国 2006—2012 年实施股权激励的上市公司为研究样本，研究了股权激励与公司高管更换可能性之间的关系。他们发现，当前我国上市公司实施的股权激励确有留住高管的作用，股权激励与高管更换概率呈负相关关系，并且这种关系随着股权激励计划的逐步开展依次减弱。为了检验股权激励方式可能对上述关系的影响，他们进一步将样本区分为股票期权样本和限制性股票样本两类，并发现两者对高管更换的概率不存在显著性差异。由此可见，国内外的经验研究大多表明股权激励确实能起到留住人才的作用，并且与股权激励方式（股票期权或限制性股票）的选择无关。

尽管高管的薪酬增长速度远超过公司业绩的增长速度，并且股权激励机制的应用更起到推波助澜作用，但大多数学者都赞同将高管的薪酬与公司的长期绩效关联而减少高管的短视行为。Bebchuk 和 Fried(2010)通过一个分析框架指出当前高管薪酬设计的缺陷，并建议高管的行权到变现需要经过一个特定的时间间隔，以便更好地减少高管的短视行为。在提到高管薪酬的改革原则和建议时，Bhagat 和 Romano（2010）认为高管的薪酬设计应体现精简化、透明化，并创造或维持股东价值的长期化原则，同时也提倡高管的薪酬激励包含限制性股票和限制性股票期权两种激励模式的股权激励，并建议将高管行权后到变现之间的时间间隔设定为至少 2～4 年，以降低高管人员的短视化问题。

根据最优契约理论，作为企业经营者的经理人员的行为并不完全与委托股东们的期望相一致，他们往往在代理的过程中偏离委托人的利益期望轨道，在工作中获得闲暇时间以使得其效用最大化。由此在委托代理关系中就出现了道德风险、代理行为的不可观察性和风险回避。道德风险是指经理人员的偷懒行为或其他以牺牲股东利益和公司整理利益为代价的谋私行为。例如，经理利用自己手中的权力将公司的资源提供给自己有利益关系的人或机构，或以牺牲公司利益为代价与和自己有利害关系的人或机构签订合同等。

代理人的行为不可观察性是指在现代企业中，委托人往往会雇用一群经理人员从事经营管理与生产工作，生产的团队性使得委托人对他们进行观察增加了难度，委托人对代理人具体工作情况很难有真实的了解。在风险回避方面，由于人人有回避风险的本能，当代理人遇到那些有可能为企业和股东们带来收益而同时却可能给代理人和企业带来风险的商业机会时，代理人往往为了回避风险而宁愿放弃能给企业和股东带来收益的机会，他们往往会把个人安危与既得利益放在第一位。由于代理人获得了委托人的委托而没有监督约束机制，最后代理人的行为就会偏离正轨。所以在给予代理人长期激励的同时，又要给予适当的监督约束予以制衡。

（1）法律约束。法律约束是最根本的约束，法律规定对渎职行为的经营者不但要追究法律责任，而且还规定经营者在破产后一定时间内不准再从事经理工作或担任董事职位。除此之外，奖惩应该分明，对于那些对公司利益造成重大经济损失的人员，除承担法律责任外，还需承担相应的经济赔偿责任。

（2）所有权对经营权的约束。如果企业的经营者经营状况不好，通常情况下，小股东会抛售股票，而大股东就会依据合同和章程行使权力，撤销不称职的经理。在有机构投资者投资的股份公司中，由于机构投资者占有相对较高的股权比例，机构投资者对于任何一个经营业绩不好的公司不会像小股东那样简单地采用抛售该公司股票的方法来处理问题，而会采取相应的主动措施来调整经理人员的构成。

（3）职业经理人市场。只有建立公开和公平的职业经理人市场，才能对现有的企业经理人队伍形成强有力的竞争压力。在这样的压力下，经营者就必须努力进取，不断地鞭策自己，否则就会被更优秀的经理人所取代。

(4) 诉讼机制的约束。没有股东最终行使司法救济权作保障，就不能对经理层的约束产生强有力的威慑作用。在经理层侵犯公司或股东的利益时，股东可以对董事或经理层的不法行为提起诉讼，这实际是在法律上鼓励股东行使诉讼经济权以实现对经理层的有效制约。

(5) 信息披露机制的约束。对公司的财务事项及投资决策、债券债务等重大事项必须坚持定期披露制度，只有使经理层的实际运营操作在公开透明的情况下进行，才能够对他们进行有效的监督。定期的信息披露，使得经理层不得不注重自身的行为和产生的后果。

二、管理层权力理论

随着美国的安然事件、AIG 奖金门事件、美林高管天价离职事件等的爆发，人们逐渐反思这种被业界广泛赞誉为"金手铐"的股权激励制度。学者们开始寻求其他理论来解释股权激励制度下原本应该基于业绩支付薪酬（pay for performance）却被演化为按照"脉搏①"支付薪酬（pay for pulse）的"肥猫"现象。例如，美林证券的前 CEO（Stan O'Neal）在被董事会宣告退休时竟获得高达 1.6 亿美元的离职薪酬，但公司的抵押担保证券相关业务却损失近 80 亿美元。

在此背景下，Bebchuk 和 Fried（2004）提出了著名的管理者权力理论。他们认为，高管具有决定或影响自身薪酬的能力，股权激励制度非但不能降低股东与高管的代理成本，反而成为加重代理成本的"罪魁祸首"之一。股权激励中的代理问题主要表现为高管薪酬中的过度支付问题（Bebchuk 和 Fried，2004；Cronqvist 和 Fahlenbrach，2013）、股票期权的回溯（backdating）行为（Collins、Gong 和 Li，2009；Ertimur、Ferri 和 Maber，2012），以及股权激励诱发的盈余管理和信息披露问题（如 Aboody 和 Kasznik，2000；Burns 和 Kedia，2006；Zhang 和 Cahan，2010；Veenman 等，2011；Lee、Lee 和 Choi，2011；Armstrong、Larcker 和 Ormazabal，2013）。

现代企业的经营管理日趋复杂，现代科学技术的发展使得公司的有效经营决策只能由具有特殊专业知识的董事和经理来决定，所以，许多股东逐渐形成了"搭便车"的心理和"关心公司不如关心股市"的想法，这种情形导致了董事会权力的扩大和股东大会流于形式。不仅如此，我国尚未培育完善的职业经理人市场、资本市场仍处于弱式有效、保护中小股东的法律机制尚不完善等，致使上述约束机制往往不能有效地发挥作用，从而致使薪酬委员会所制定的管理层薪酬计划偏离最优契

---

① 只要高管的脉搏在跳动，就能获得激励收益，而不管他是否创造了业绩。

约,造成管理层的自我薪酬激励。

在提出管理层权力理论的同时,Bebchuk和Fried(2004)也发现,高管以多种不易察觉的或难以度量的形式提取租金,如股票期权、职务消费、退休计划或金色降落伞(分手费)。如果高管能部分决定或影响自身的薪酬,那么这种非效率的高管薪酬如何长期维持呢?就此问题,管理层权力理论从市场均衡的角度给出了一种解释。Kuhnen和Zwiebel(2009)构建了一个高管能决定自身薪酬的模型,并且包括高管提取租金的方式,限制条件为高管提取巨额的租金而被解雇。他们认为,提取租金得以维持,是因为公司解雇高管不仅需要花费巨大成本寻找继任者,而且继任者仍可以提取租金。同时,通过职业经理人市场的竞争,公司治理较弱的高管将自身高的薪酬诱导给公司治理较好的高管,从而使得经济体内公司的高管薪酬均处于一个不可思议的较高水平(Acharya和Vopin,2010;Dicks,2010)。

股票期权授予日的回溯行为,是指高管将股权激励的授予日倒退至标的股票过去收盘价最低时的日期的行为(Collins、Gong和Li,2009;Ertimur、Ferri和Maber,2012)。由此,高管股票期权激励的行权价格降为较低水平,使得高管获得价值较大的实值期权。截至2007年1月,有超过200家的美国公司涉及股权激励授予日的回溯行为并接受美国证券交易委员会和司法部的调查。为了探究公司实施股票期权授予日的回溯行为,Collins、Gong和Li(2009)选择标的股票的股价降为超过临近股票期权收益日的240个交易日股价的最低十分位并发现,较弱的公司治理引发了高管拥有超过公司董事会和薪酬委员会的巨大权力。于是,高管对其自身的薪酬具有较强的影响力,这当然也包括了股票期权授予日的回溯行为。Ertimur、Ferri和Maber(2012)以外部董事的职责履行行为研究视角来诠释高管实施股票期权授予日回溯行为,他们发现,发生股票期权授予日回溯行为的公司,外部董事将在选举薪酬委员会的投票时受阻或遭到强制变更,并且这种惩罚力度在回溯行为严重的公司更大。

高管利用其对公司的控制性权力,通过各种手段最大化私人股权收益,而其中盈余管理是主要的手段之一。王克敏和王志超(2007)、吕长江和赵宇恒(2008)认为,拥有较高权力的高管将直接通过影响股权激励设计的模式实现货币性补偿,而权力较弱的高管将通过盈余管理来虚构利润。股权激励引发高管进行超过分析师盈余预测的向上盈余管理来增加高管行权后标的股票售卖的价值(Cheng和Warfield,2005;2011)。当高管的薪酬结构中包含大量的股权价值或期权价值时,高管更加倾向于采用可操控性应计利润进行盈余管理,并且在应计利润较高时,高管很可能出售大量已行权的股份(Bergstresser和Philippon,2006)。Cheng等(2009)选择受管制的银行业为研究对象,发现股权激励能诱发银行高管尤其是

CFO 增加盈余管理行为。经过对比公司的 CEO 和 CFO 的盈余管理倾向,Jiang、Petroni 和 Wang(2010)认为,CFO 对公司的财务报告负主要责任,股权激励诱发 CFO 进行超过分析师预测的向上盈余管理的动机超过 CEO。这也为美国证监会要求公司披露 CFO 的薪酬情况提供了一定的经验证据。

先前的学者大多认为高管人员股权激励与企业的错报正相关(Cheng 和 Farber,2008;Cornett、Marcus 和 Tehranlan,2008)。然而分别讨论公司的 CEO 与 CFO 的股权激励后,与 Jiang、Petroni 和 Wang(2010)得出的结论不同,Feng 等(2011)研究发现,企业错报与 CFO 的股权激励的相关性不显著,而与 CEO 的股权激励存在显著的正相关关系。为了深入研究股权激励与公司财务报表错报之间的关系,Armstrong、Larcker 和 Ormazabal(2013)同时运用回归方法和配比方法,发现高管财富对股价变化的敏感性(通常称为 Delta)会对企业错报产生两种相互冲突的效应,即积极的"报酬效应"(reward effect)和消极的"风险效应"(risk effect);而高管财富对股票波动率变化的敏感性(通常称为 Vega)对企业的错报产生确定性的正相关关系。综合来看,股权激励与企业的错报之间存在显著的正相关关系。

三、大股东赎买理论

在现代公司制度下,公司治理模式主要有代理型和剥夺型两类。在以英、美两国为代表的代理型公司治理模式中,公司的股权结构相对分散,高管大部分源于职业经理人市场,代理问题存在于股东和高管之间。在以东南亚国家为代表的剥夺型公司治理模式中,公司的股权结构比较集中,高管由家族(或家族团体)委任或指派,代理问题存在于控制性大股东与中小股东之间。

除此之外,通过追踪公司治理研究的最新进展,陈仕华和郑文全(2010)总结出以我国企业为典型代表的"混合型"公司治理模式。在这种公司治理模式下,公司的股权结构也相对集中,但高管并非全部由控制性大股东委任或指派,随着我国市场经济发展,越来越多的公司高管将由职业经理人担任。公司的代理问题同时存在于股东与经理人之间和大股东与中小股东之间。

在我国混合型公司治理模式下,控制性股东与高管之间的合谋行为获得了众多经验证据的支持。蒋弘和刘星(2012)在肯定股权制衡对约束并购中控股股东与高管合谋的积极作用的同时,也指出了我国上市公司的控股股东尝试通过并购手段掏空上市公司,以为高管人员获取更多的私有收益。控制权私利的存在,往往弱化了大股东对经理人监督的积极性。通常而言,大股东的利益侵占主要表现在上市公司为控股股东提供相互担保或连环担保、隐瞒信息、占用上市公司的往来款或为其侵占行为提供"合理"的解释等。而公司的高管作为这些行为的执行人将面临更多风险①,从而大股东的利益侵占行为需要对高管所承担的风险给予一定的补偿,以寻求高管的支持(蒋弘和刘星,2010)。在控股股东对高管的补偿方式中,授予高管一定数额的股票(或期权)的股权激励可能成为一种"合法"性途径。

尽管上市公司实施的股权激励计划需要通过监管者审核,我国股权激励制度已经扫清了法律层面的障碍而步入"正规化"轨道,但已推出的股权激励方案中具有行权价格低、激励有限期短以及激励条件容易实现等福利型特点的现象也广泛存在(吕长江等,2009),并且相比于其他激励机制,如薪酬、奖金、职务消费、晋升或保留职位等方式,高管很容易实现行权并售卖标的股票而获得个人财富的大幅度上升。如2006年12月28日伊利股份实施的股权激励使高管获得了高达5.7亿元的天价股票期权收益,其中总裁一人就获得了2.85亿元(吕长江和巩娜,2009)。2011年12月16日,东凌粮油(上市股票代码000893)的大股东(东凌实业集团),通过向高管折价售股的方式对东凌粮油的4名高管实施股权激励。而东凌粮油披露的2012年年报中"关联方交易的资金往来"的信息显示,公司应收关联方的其他应收款由上期的5 935.31元增加到本期的1亿多元。大股东这种向高管折价售股的股权激励方式,可能是为了便于其侵占上市公司的资金(陈仕华和李维安,2012)。

---

① 高管人员可能面临法律制裁的风险以及大股东的利益侵占导致公司价值损失,甚至可能导致公司破产,这样使高管的声誉受到负面影响。

第三章 股权激励的动机差异与风险承担

动机是一种内部心理过程①,主体无法直接观察,即具有隐蔽性的特点。同样地,上市公司实施股权激励计划的动机也存在一定的隐蔽性。这给本书识别和区分股权激励动机带来一定的难度。幸运的是,动机往往通过行为来表现,并通过行为达到其目的。犯罪心理学家通过分析犯罪嫌疑人当时所处的情境及其行为表现来推断其实施犯罪的原因;行为经济学家通过研究消费者的选择行为来推断消费者的心理偏好。这为本书识别和区分股权激励动机提供了一种研究思路:即研究上市公司制定股权激励计划时所处的情境及其股权激励计划方案的设计。如果公司授予高管一定的股权(或期权)是为了激励高管将个人的私利目标转向最大化股东利益,减少高管的自利行为,降低代理成本,提高公司价值,那么公司在股权激励计划的草案中,将会设定较高的行权条件,并且公司的股价在前证监会所规定的行权价格基准期内呈上升的趋势。如果是出于福利型动机,那么高管的机会主义行为将可能表现在:设置较低的行权价格、较短的有效期或等待期以及形同虚设的激励条件等股权激励方案(吕长江等,2009;吴育辉和吴世农,2010;王烨、叶玲和盛明泉,2012);股权激励计划草案公告日前披露坏消息或进行向下的盈余管理,而在高管行权时披露好消息或进行向上的盈余管理等。如果是基于赎买型动机,那么包括投资决策在内的公司财务决策都可能沦为大股东掏空上市公司的渠道。陈仕华和李维安(2012)认为,我国上市公司股票期权实质成为大股东"赎买"高管的一个合法性工具。

吕长江等(2009)首次反思"我国上市公司采用股权激励计划,是激励还是福利"时认为,正是福利型动机下的股权激励使得实施的经济后果不尽如人意。轰动性的伊利股份股权激励案例中,也正是基于福利型动机的股权激励计划使得伊利股份出现了巨亏,给其广大的投资者造成了重大损失。因此,相比于股权激励动机研究而言,正确识别和准确判断公司实施的股权激励计划究竟出于哪种类型的动

---

① Pintrich(2000)认为,动机是一种由目标或对象引导、激发和维持个体活动的内在心理过程或内部动力。这种内部动力是出于个体对目标的认识,由外部的诱因变成为内部的需要,这种需要成为行为的动力,进而推动行为从事某种活动。

机对于投资者来说显得尤为重要。

第一节　股权激励动机的识别与划分

尽管当前国内外学者对股权激励的动机研究已经有许多成果,但鲜有学者明确提供股权激励动机的划分方法或划分标准。Johnson 和 Tian(2000)比较经理层期权激励的经济决定因素和公司治理因素中对未来收益影响更大的决定因素,来判断美国上市公司 1993 年至 1997 年实施股权激励计划的动机,然后选用 1998 年至 2000 年的数据结合这些决定因素对上市公司的收益进行预测,并认为 1993—1997 年美国上市公司的股权激励计划具有激励型动机。同时,为了分离经理人员的努力程度与外部环境的影响,Johnson 和 Tian(2000)设计出经理指数股票期权(indexed executive stock options)及其定价模型,这种股票期权过滤了不受经理人员掌控的风险,使得这种期权能够合理地反映经营者的经营能力和努力程度,从而更加准确地判断出股权激励方案属于激励动机还是福利动机。这种股票期权需要有同行业的大多数股票期权作为样本支撑。很可惜的是,我国当前的市场环境,尤其是资本市场出现的"齐涨共跌"现象严重,很难消除或分散不受经理人员所掌控的风险,因而也就不能合理反映经营者的经营能力或努力程度。Hanlon、Rajgopal 和 Shevlin(2003)通过评估授予五大高管的股票期权与未来盈利情况之间的关系,来检验股权激励方案的动机。他们发现,美国上市公司实施股权激励计划能显著提高公司未来收益,具有激励型动机。这种后验的方法对于本书划分股权激励的激励型或非激励型动机没有太多的帮助。

Matolcsy、Riddell 和 Wright(2009)运用企业实施股权激励前的业绩表现和股权激励授予的特点两种方法来区分两类动机。第一种方法,他们运用市场模型法(market model)计算出实施股票期权前的累计异常报酬率(CAR),并将 CAR 为正的定义为激励型组(incentive group),为负的定义为报酬组(reward group)。第二种方法,他们将期权行权价(option exercise price)低于或等于行权日公司股价的定义为报酬组,高于行权日公司股价的定义为激励组。第一种方法具有一定的合理性,对划分股权激励动机有一定的参考价值。根据我国《管理办法》对上市公司实施股权激励计划行权价格的有关规定,本书借鉴 Matolcsy、Riddell 和 Wright(2009)的第一种方法,并将公告日前的时间选择为股权激励行权价格的基准日;而第二种方法的合理性值得商榷。因为行权价格高于行权日标的股票的价格,且已处于虚值期权状态下,理性的高管往往放弃行权,而仍然行权的高管可能对未来经营情况过度自信,与股权激励的激励型动机无关;再者,即使行权价格低于行权日标的股票的收盘价也不能说明股权激励计划中存在人为地制定较低的行权价格,因为股权激励计划从公布到行权日之间需要1~2年的等待日,公司股价的上升有可能是高管努力经营的结果。

  吕长江等(2009)对我国上市公司的股权激励动机做出了建设性的研究外,也给出了判断两类动机的方法。他们通过对上市公司首次宣告股权激励草案的研究,认为激励期限的长短(5年)和激励条件(与未实行股权激励时期的指标相比)能够判断出上市公司是基于哪种动机。他们分别采用一个相对指标和一个绝对指标,即对比行权条件与前三年的均值和激励年限是否超过5年。受此启发,吴育辉和吴世农(2010)从股权激励计划草案中的绩效考核指标体系设计出发,发现这些指标设计大多异常宽松,有利于高管的行权,体现出明显的高管自利行为。这种思路尽管给出了判断两种动机的有效途径,但也会因激励期限绝对年限的标准具有一定的主观判断性和多种激励指标之间存在不一致,导致最终难以让投资者做出明确的判断。邵帅、周涛和吕长江(2014)分析了上海家化由国有企业转为民营上市公司过程中的5套股权激励方案的设计,发现了产权性质差异影响股权激励设计动机的证据,认为国有企业激励比例及激励收益受到过多的政策限制,导致激励不足,并且由于内部人控制等问题,股权激励设计倾向于福利型(非激励型),而民营公司股权激励方案更加合理,倾向于激励型。

  综上所述,尽管已有部分学者就判断两类动机给出了建设性思路,但这些方法因为各种原因而得不到很好利用。正因如此,本书旨在寻找一种更加简易的途径,即结合我国上市公司的实际情况给出一种切实可行的方法来划分公司推出股权激励计划的动机,进而帮助投资者判断出股票期权计划是降低代理成本的手段(激励型动机),还是一种增加代理成本的途径(非激励型动机)。

  借鉴股权激励动机的三种理论,本书将发布股权激励计划公告的上市公司划分为激励型、福利型和赎买型三种类型。第一,如果公司授予高管一定的股权(或期权)是为了激励高管将个人的私利目标转向最大化股东利益,减少高管的自利行为,降低代理成本,提高公司价值,那么公司在股权激励计划的草案中,将会设定较高的行权条件,并且公司的股价在规定的行权价格基准期内呈上升的趋势。第二,如果是出于福利型动机,那么高管的机会主义行为将可能表现在:一是设置较低的行权价格、较短的有效期或等待期以及形同虚设的激励条件等股权激励方案(吕长江等,2009;吴育辉和吴世农,2010;王烨、叶玲和盛明泉,2012);二是在股权激励计划草案公告日前披露坏消息(张治理和肖星,2012)或进行向下的盈余管理,而在高管行权时披露好消息或进行向上的盈余管理等(肖淑芳等,2009)。第三,如果是基于赎买型动机,那么在这种动机下控制性大股东将获得更高的控制人收益,并且在控制权与现金流权分离度(以下简称两权分离度)越大的情况下,大股东的掏空动机越强烈(卢闯等,2011;郝颖、李晓欧和刘星,2012)。

一、激励型动机与非激励型动机的划分

行权价格作为高管购买标的股票的事先约定价格,与高管的行权成本密切相关。因此,上市公司股权激励计划草案中确立的初始行权价格将成为本书判断股权激励动机的突破口。笔者认为,非激励型股权激励的行权价格往往恰好选择《管理办法》中规定的基准价格。不仅如此,这类公司在行权定价基准日前披露坏消息的频率显著增加(张治理和肖星,2012),从而使基准日期间公司的股价下跌,进而使公告日前30个交易日至公告日股票的CAR为负值,最终导致股权激励行权的基准价格降低。因此,本书选择基准日期间的CAR值作为识别股权激励动机的指标。

诚然,根据事件基准日内的CAR值来区分公司制定的股权激励动机,存在一定的缺陷。行为学相关研究表明,尽管可以从股权激励计划草案中拟定的行权价格(反映于上市公司基准事件日中的CAR值的大小)窥见上市公司制定股权激励的动机,但是这种划分方法往往受资本市场表现的影响。如果资本市场正处于"狂热牛市",那么上市公司无论是基于激励型动机还是非激励型动机,事件基准日内的CAR值大多为正值;相反,如果资本市场呈现出明显的"严寒牛市",那么实施股权激励计划的上市公司在事件基准日内的CAR值大多为负值。因此,使用单一事件基准日内的CAR值划分股权激励的动机存在一定的缺陷。

为了弥补上述不足,结合吕长江等(2009)的划分方法,本书采用综合考虑股权激励的行权价与行权条件的方法来划分股权激励的动机。吕长江等(2009)的相对指标仅根据公司的纵向对比来划分,但仔细研读上市公司公告的股权激励计划的草案后,笔者发现,上市公司所拟定的业绩考核指标存在广泛的"20%~50%增长"的"羊群效应"。因此,笔者认为:一是事件日基准期内的CAR为正值的公司采用业绩考核指标与公司纵向相应指标的平均值比较,若超过平均值,则股权激励的动机为激励型,否则为非激励型;二是事件日基准期内的CAR为负值的公司采用业绩考核指标与公司所在行业的地位加权平均值来比较,若超过行业地位加权平均值,则股权激励的动机为激励型,否则为非激励型动机。其中,业绩考核指标选取全面摊薄的净资产收益率(ROE)、扣除非经常性损益的净利润增长率(NI)或全面摊薄的每股收益(EPS),行业地位选取公司的营业收入作为度量指标。

本书划分股权激励的激励型动机和非激励型动机的主要方法为:若CAR值、

纵向平均值与横向加权平均值中至少有两项是同方向为正,那么这类公司实施的股权激励计划为激励型动机,而三者中至少有两项同方向为负,那么这类公司实施的股权激励计划为非激励型动机。CAR 为正且激励条件中业绩考核指标高于纵向平均值,那么无论业绩考核指标是否高于横向加权平均值均为激励型动机,并且本书将其定义为第一类激励型;CAR 为正、激励条件中业绩考核指标低于纵向平均值但高于横向加权平均值的样本,本书将其定义为第二类激励型;CAR 为负,激励条件中的业绩考核指标同时高于纵向平均值与横向加权平均值的样本,本书将其定义为第三类激励型。对于非激励型动机的定义也以此类推,不再赘述。

综上所述,本书对股权激励的激励型动机与非激励型动机的划分思路为:首先,计算基准期内标的股票的 CAR 值;其次,将股权激励计划的行权条件分别与横向指标和纵向指标做对比;最后,综合 CAR 值、横向比较结果和纵向比较结果来区分股权激励的激励型动机和非激励型动机。

依照上述的研究思路,本书以上市公司首次公告股权激励计划草案为事件日,计算公告日前 30 个交易日至交易日(即法定行权价日)内的累计异常回报率(CAR)。

本书选择 2006—2013 年实施股权激励计划的沪深 A 股非金融类上市公司为研究样本,共 475 家上市公司。样本的年度分布情况和行业年度分布情况分别如表 3-1 和图 3-1 所示。

表 3-1 样本年度分布情况

项目	2006	2007	2008	2009	2010	2011	2012	2013	合计
创业板					16	30	40	53	139
中小板	7	5	9	11	28	42	40	46	188
主板	27	6	20	9	14	21	24	27	148
合计	34	11	29	20	58	93	104	126	475

如表 3-1 所示,实施股权激励计划的上市公司由 2006 年的 34 家增加到 2013 年的 126 家,总体趋于逐年增长的趋势。可是,相对而言,我国资本市场 2007 年的"狂热牛市"和 2009 年的"严寒熊市",这两种极端环境不利于股权激励行权价格的制定或行权条件的实现等,造成了这两年的总样本量为 2011 年的三分之一。"狂热牛市"时公司制定的行权价格相对较高,而"严寒熊市"时公司制定的行权条件无法实现,此种情况下公司制定股权激励计划的成本过高或根本没有实施股权激励计划的必要。从实施股权激励计划的上市公司总量来看,中小板最多,主板次之,

创业板最少。尽管我国资本市场推出创业板的时间较晚,创业板中实施股权激励计划的上市公司最少,但从历年的样本分布趋势而言,创业板增长最快且已超过中小板,主板基本维持在 20 家左右。这种分布结构与股权激励制度广泛适用于高科技行业有关。

如图 3-1 所示,样本的年度分布大多集中于信息技术业、电子业、医药制造业等高新技术行业内(C7、G、C4、C5、C8)。这表明我国上市公司实施的股权激励计划大多分布于高新技术行业内。这些行业具有高风险、高收益的特征,而公司实施股权激励计划的目的之一即激发高管承担更高的风险水平。

在核算股权激励计划草案基准期内标的股票的 CAR 值时,笔者将上市公司首次公告股权激励草案日定为事件日,选择事件日前 30 个交易日至事件日(即 $[-30,0]$)为窗口期,选用草案公告日前 11 个交易日至 120 个交易日为估计区间,并采用 CAPM 模型(即估计模型 3-1)来估计窗口期内的预期股票回报率,模型 3-2 核算异常回报率(AR),模型 3-3 计算窗口期内的 CAR 值。

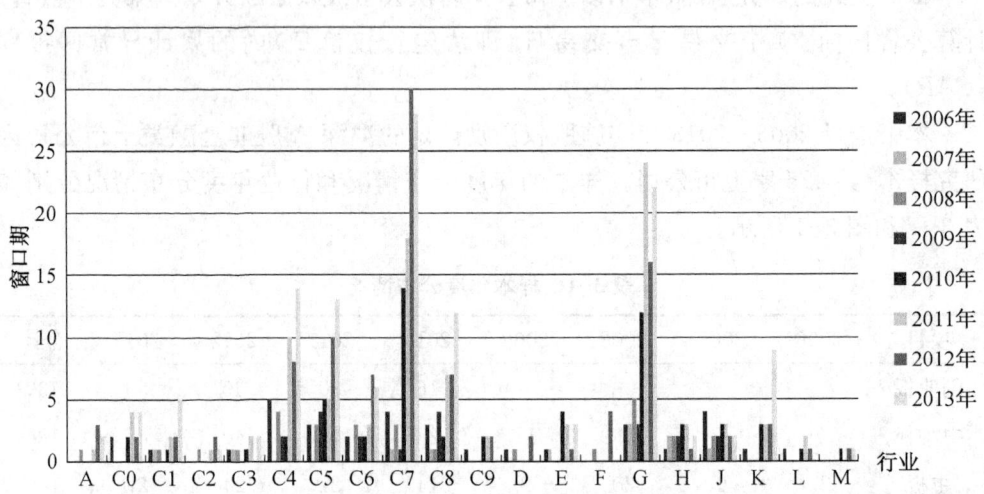

图 3-1 样本行业年度分布情况

$$E(R_{i,t}) = \alpha_i + \beta_i R_{m,t} \tag{3-1}$$

$$AR_{i,t} = R_{i,t} - E(R_{i,t}) \tag{3-2}$$

$$CAR[-30, 0]_i = \sum_{t=-30}^{0} AR_{i,t} \tag{3-3}$$

其中,$R_{i,t}$ 表示标的股票的日股票收益率;$R_{m,t}$ 表示采用综合性股价指数(位于沪市采用上证综合指数,位于深市采用深证成指)核算的日回报率。

表 3-2　样本公司首次宣告股权激励草案时的市场反应

交易日	AR	交易日	AR	交易日	AR
-30	0.082%(0.64%)	-19	-0.328%*(-1.86%)	-6	0.047%(0.41%)
-29	0.064%(0.55%)	-18	-0.152%(-1.26%)	-5	-0.022%(-0.16%)
-28	-0.265%*(-1.69%)	-17	-0.165%(-1.29%)	-4	0.104%(0.77%)
-27	-0.234%*(-1.81%)	-16	-0.230%**(-2.04%)	-3	-0.127%(-1.00%)
-26	-0.310%*(-1.93%)	-15	0.048%(0.39%)	-2	0.015%(0.10%)
-25	-0.308%*(-1.69%)	-10	0.158%(1.11%)	-1	0.564%***(3.98%)
-20	-0.300%**(-2.50%)	-7	0.097%(0.76%)	0	1.684%***(8.24%)

注：括号内为 T 值，*、**、*** 分别表示具有 10%、5% 和 1% 水平上的双侧显著性（下同）。

表 3-2 列示了样本公司首次宣告股权激励草案时基准日内的平均异常回报率（AR），大于 0 的有 201 个观测值，小于 0 的有 280 个观测值；两次实施股权激励计划的公司其窗口期内 CAR 大于 0 与小于 0 的观测值数大体相当，但仅有一次实施股权激励计划的观测值中有超过 60% 的 CAR 小于 0。这也难怪吕长江等（2009）发出"我国上市公司实施的股权激励计划：是激励还是福利"的感慨。

表 3-3　按照 CAR 值初次划分样本的结果

样本量	公司数	CAR[-30,0] > 0	CAR[-30,0] < 0
合计	475	257	218

具体而言，如表 3-3 所示，在 CAR 大于 0 的 257 家公司中，股权激励计划为激励型动机的有 219 家，非激励型动机的有 38 家。在 CAR 小于 0 的 218 家公司中，股权激励计划为非激励型动机的有 203 家，激励型动机的有 15 家。因此，笔者将这 475 家股权激励计划的样本划分为 234 家激励型样本和 241 家非激励型样本。具体划分情况如表 3-4 所示。

表 3-4　激励型动机与非激励型动机的划分

CAR 值	与纵向平均值的比较	与横向加权平均值的比较	动机类型
CAR>0 (257)	高于平均值(158)		第一类激励型
		高于加权平均值(61)	第二类激励型
	低于平均值(99)	低于加权平均值(38)	第三类非激励型
CAR<0 (218)	低于平均值(179)		第一类非激励型
		低于加权平均值(24)	第二类非激励型
	高于平均值(39)	高于加权平均值(15)	第三类激励型

从表 3-4 可以发现,尽管公司公告基准日内 CAR 值大于 0 的样本较多,但通过识别或区分股权激励动机类型后,我国上市公司反而更多地实施非激励型动机的股权激励计划。这表明,当前阶段下股权激励制度对我国企业高管的激励作用远未达到初衷,股权激励制度需要进一步的完善。从动机类型的样本分布来看,第一类激励型(或第一类非激励型)所占激励型(或非激励型)的比重最高。这也反映了股权激励草案中的行权价格较高(表现为基准期内的 CAR 值大于 0)与激励条件较为苛刻(业绩考核高于前 3 年的均值)相对应,而行权价格较低(表现为基准期内的 CAR 值小于 0)与激励条件形同虚设(业绩考核低于前 3 年的均值甚至低于前 3 年的任何一年)相一致。

除此之外,本书将划分结果与 Matolcsy 等(2009)的 CAR 分类法以及吕长江等(2009)进行比较,对比结果如表 3-5 所示。其中,按照 Matolcsy 等(2009)的划分方法,本书得到激励型样本 257 个、非激励型样本 218 个,与本书划分结果共有422 个样本相同,占总样本的 88.84%,不相同的 53 个样本主要为激励型存有较大差异;按照吕长江等(2009)的划分方法,本书得到激励型样本 197 个、非激励型样本 278 个,与本书划分结果重复样本 390 个,占总样本量的 82.05%,不相同的 85个样本主要为非激励型存有较大差异。

表 3-5 本书与其他两种划分方法的样本比较情况

项目	划分方法	激励型	非激励型	合计
本书的划分方法	CAR 值、纵向及横向平均指标	234	241	475
Matolcsy 等(2009)方法		257	218	475
与本书的划分相同数	CAR 值	219	203	422
与本书的划分不相同数		38	15	53
吕长江等(2009)方法		197	278	475
与本书的划分相同数	纵向平均指标	173	217	390
与本书的划分不相同数		24	61	85

二、赎买型动机与福利型动机的划分

为了深度研究非激励型动机的样本,本书从上市公司的治理情况出发,重点关注股权激励可能成为大股东对高管进行赎买的样本,即股权激励的赎买型动机。具体操作思路如下:首先构建大股东—高管合谋指数;其次将合谋指数较高的非激励型样本定义为赎买型动机的样本;最后将剩余的非激励型样本定义为福利型样本。

大股东的现金流权和控制权分离程度越大,大股东的掏空动机越明显(王鹏和周黎安,2006),并且大股东要想顺利地实施掏空行为就很可能与公司的高管合谋(潘泽清和张维,2004),因此,两权分离度越大,大股东和高管合谋程度越高。公司高管的聘任通常由董事会决定或提议。如果受聘的高管由大股东选派,那么通常而言高管成为大股东利益的"代言人",大股东容易实现掏空的意愿而无需花费额外的成本与高管合谋,即合谋的程度明显降低。但是,如果受聘的高管与大股东不存在财务或人事的紧密关系,那么大股东如果要实施掏空行为,就很可能走上与高管合谋之路。于是,在构建大股东—高管的合谋指数时,笔者考虑了高管与大股东相对独立的财务或人事指标,即大股东是否在上市公司领薪和公司是否聘任职业经理人。

综上考虑,本书在构建大股东—高管合谋指数(记为 CMI)中,综合考虑了大股东的两权分离度(C_C)、董事长是否在上市公司领薪(L_X)、是否聘任职业经理人(P_M)三种指标。并且定义全部非金融类上市公司大股东两权分离度的四分之三分位及以上为1,否则为0;董事长在上市公司领薪为1,否则为0;公司聘任的总经理为外部职业经理人的为1,否则为0;大股东—高管合谋(CMI)为C_C、L_X和P_M三者之和,若三者之和大于或等于2,则CMI为1,否则为0。根据大股东—高管合谋指数,本书将非激励型动机划分为合谋指数较高的赎买型动机和合谋指数较低的福利型动机。

在选取的241家非激励型股权激励的样本中,通过上述操作笔者将其划分为127家赎买型样本和114家福利型样本。其中,较其他类型的非激励型特征,第一类非激励型中的样本最多,并且赎买型样本占非激励型的比重也是最多。这不仅表明我国上市公司实施的非激励型股权激励大多表现为第一类非激励型特征,即上市公司基准期内的CAR值小于0且激励条件中的业绩考核形同虚设,而且说明在第一类非激励型样本中,超过一半的样本公司为了实现大股东的掏空行为而向高管进行赎买。上述结果也是对陈仕华和李维安(2012)研究成果的一种印证。详细划分结果如表3-6所示。

表3-6 非激励型样本的进一步划分

项目	C_C	L_X	P_M	CMI		合计
				赎买型	福利型	
第一类非激励型	77	92	38	99	80	179
第二非激励型	7	11	4	11	13	24
第三类非激励型	15	16	5	17	21	38
合计	99	119	47	127	114	241

综合本章的第一节对激励型与非激励型样本的划分和对赎买型和福利型样本的划分,笔者将实施股权激励计划的 475 个样本,划分为 234 个激励型样本,127 个赎买型样本以及 114 个福利型样本。详细列表如 3-7 所示。

表 3-7 股权激励动机类型的划分

初始样本量	划分指标	动机类型	划分指标	动机类型	样本数量
475	CAR 与业绩考核指标	激励型		激励型	234
		非激励型	大股东—高管合谋指数	赎买型	127
				福利型	114

第二节 高管过度自信、股票期权激励与风险承担水平

聘用过度自信的高管或对现任的高管实施股票期权激励计划是增加高管人员承担的风险水平的重要举措。本节以 2006 年前上市的非金融类 A 股上市公司 2007—2012 年的数据为样本,检验了高管的过度自信、高管股票期权激励对高管的风险承担水平和公司研发投资的影响。研究结果表明,与股票期权激励类似,聘用过度自信的高管也能显著增加高管承担的风险水平,并且对过度自信的高管实施股票期权激励更能显著地增强这种正向影响;高管过度自信所提升的风险承担水平并未转化为公司研发投资的增加,但是一旦对过度自信的高管实施股票期权激励,公司的研发投资水平将显著提升。笔者进一步研究后发现,相对于过度投资,高管过度自信能显著缓解公司的投资不足问题,并且在实施股票期权激励后这种抑制作用更加明显。对此,笔者试图从产权性质和股票期权激励的动机两个视角加以解释。上述研究结果表明,过度自信的高管在企业投资决策中能起到一定的积极作用。同时,笔者也为部分上市公司选择对过度自信的高管实施股票期权激励计划找到一种较为合理的解释。

经济的持续增长依赖于对风险性项目的投资(Acemoglu 和 Zilibotti,1997),选择更高风险的投资项目能够加快整个社会的资本积累,使经济增长更快(John 等,2008)。从微观的角度来看,风险性项目的投资是决定企业获得并维持竞争优势的手段之一。然而,包括风险性项目投资在内的投资决策须由企业的高管人员来执行。高管人员看待风险性项目的态度以及高管所能承担的风险水平将影响企业的投资效率(余明桂等,2013)。高管承担的风险水平通常与企业资本性支出水平正相关(Bargeron 等,2010),同时还反映出更多的研发投入和更高的创新积极性

(Hilary 和 Hui,2009)。如何激发高管承担更多的风险,将企业的资源更多地用于风险性项目(如研发投资),已成为高管的薪酬设计和聘任制度的目标之一。

自 20 世纪 90 年代以来,美国公司的高管薪酬增长迅猛,由 1980 年普通员工平均薪酬的 45 倍,增长到 1990 年的 96 倍,再到 2000 年的 458 倍(Sklar 等,2001)。究其原因,高管人员股票期权激励制度从中扮演重要的角色(Murphy,1999)。股票期权激励制度的产生,主要是为了缓解现代企业中所有权与经营权的分离所导致的代理问题(Jensen 和 Meckling,1976)。最优契约理论认为,由于高管将自身的职业生涯寄托于公司的经营以及无法分散自身财富组合的风险(Amihud 和 Lev,1981),他们更加倾向于风险厌恶的态度,这将导致公司很可能失去有利的投资机会。然而,对高管而言,股票期权激励制度是一种或有财富:高管的薪酬随着公司股价的上升而增加但并未随着股价的下跌而减少。这种凸性的薪酬设计鼓励高管承担更多的风险(Coles 等,2006;Low,2009),进而对公司的研发投资产生促进作用(Ryan 和 Wiggins,2002;Coles、Daniel 和 Naveen,2006;Erkens,2011;Shen 和 Zhang,2013)。

然而,在现实经济中,除了受高管薪酬设计的影响外,高管承担风险水平的高低也会受到高管过度自信的心理偏差的影响(江伟,2010;Hirshleifer 等,2012;余明桂等,2013)。作为企业投资决策的直接主体,高管对投资项目的选择受到个人特征的显著影响。特别地,认知心理学以及其他研究表明,由于环境的不确定性、信息的不完全性以及个体能力有限性的存在(Kahneman 和 Tversky,1979),包括企业高管在内的社会精英可能广泛存在过度自信的认知偏差,这将对企业的投资决策产生影响。特别地,随着行为金融学的发展,探讨高管的过度自信特征如何影响公司的投资决策已成为热点话题,并形成了丰富的研究成果(Malmendier 和 Tate,2005;2008;Malmendier 等,2011)。

以上研究高管承担风险水平受到股票期权激励与高管过度自信心理偏差的影响提供了广泛的证据,但遗憾的是,据笔者所掌握的文献,鲜有学者关注对过度自信的高管实施股票期权激励将如何影响高管承担风险水平。在研究我国上市公司高管人员的过度自信与投资决策之间的关系时,郝颖等(2005)发现,在实施股权激励的上市公司高管人员中,存在四分之一左右的高管人员具有过度自信行为。针对这一现象,笔者产生如下疑问:既然股票期权激励和过度自信的心理偏差都具有增加高管承担风险水平的作用,那么对过度自信的高管实施股票期权激励是否会加重高管的风险承担水平?如果是为了提高高管承担的风险水平,是否有必要对过度自信的高管实施股票期权激励?或者说对过度自信的高管实施股票期权激励的目的是什么?进一步地,公司对过度自信的高管实施股票期权激励将引致公司的研发水平如何变化？最终将如何影响公司的投资效率？

本节以2007—2012年非金融行业上市公司为样本对上述问题进行研究。笔者先后以高管的相对薪酬（M）、高管的年度盈利预测的偏差（NI）、高管主动持有股票比例（MR）以及由它们所构建的综合指标（C）来度量高管的过度自信，以公司的特质风险（E_idio）与系统性风险（Sys）来衡量高管所承担的风险水平，以上市公司是否实施股权激励计划为虚拟变量（ESO）来控制样本的属性，研究高管过度自信与股票期权激励能否提升高管承担的风险水平，重点研究对过度自信的高管实施股权激励计划后，高管所承担的风险水平以及公司的研发水平将会如何变化。研究结果表明：无论是实施高管股权激励计划还是聘任过度自信的高管均提高了高管所承担的风险水平；对过度自信的高管实施股权激励计划后，高管承担的风险水平显著增加，公司的研发水平也存在较大幅度的提升。这表明，对高管人员实施股权激励计划和聘任过度自信的高管均能提升高管承担风险能力，尤其是对过度自信的高管实施股权激励提升高管承担风险能力的作用更加明显，两者起到互补的作用。

为了给上市公司选择对过度自信的高管实施股票期权激励计划提供一个较为合理的解释，本节进一步检验这类公司的资本配置效率。研究结果表明：高管人员的过度自信心理偏差对抑制公司的投资不足和过度投资的作用均不明显，但对高管人员实施的股票期权激励能显著抑制公司的投资不足，并且对过度自信的高管人员实施股票期权激励会使这种抑制作用更加显著。针对上述研究结果，我们分别从公司的产权性质和股票期权激励的动机两个视角加以解释。研究结果表明：相比于国有企业的高管过度自信能显著抑制公司的过度投资，非国有企业的过度自信的高管只有在实施股票期权激励后才能抑制公司的过度投资。相比于对过度自信的高管实施非激励型动机的股票期权激励，实施激励型动机的股票期权激励更加显著地抑制公司的投资不足，而两者在抑制公司的过度投资方面不存在显著性差异。

相比于以往的研究，本节的贡献可能有以下几点：第一，在激发高管承担更高水平的风险上，高管的过度自信偏差与高管股票期权激励之间呈互补关系。以往的文献分别关注高管的股票期权激励对高管承担风险水平的影响（Rajgopal和Shevlin，2002；Armstrong和Vashishtha，2012）和高管的过度自信对高管承担风险水平的影响（余明桂等，2013），并且用高管股票期权激励中延迟行权来衡量高管的过度自信（Malmendier和Tate，2005；2008），但缺乏将两者同时纳入高管承担风险水平的研究。第二，本节研究对过度自信的高管实施股票期权激励所产生的资本配置效率的变化，并试图从公司的产权性质和股票期权激励计划的动机两个视角加以解释。余明桂等(2013)从资本配置效率与公司价值两个方面检验了高管的过度自信增加风险承担水平所带来的经济后果,但可惜的是他们没有提供导致这种经济后果的解释。第三,衡量方法的进一步推广。一方面,本节在 Armstrong 和 Vashishtha(2012)将高管承担的风险划分为系统性风险和特质风险的基础上,选用公司的特质风险作为衡量高管承担的风险水平的指标,并将其推广到研究高管过度自信与高管风险承担水平的关系上。另一方面,在控制系统性风险方面,本节综合 Richardson(2006)、辛清泉等(2007)以及 Panousi 和 Papanikolaou(2012)的做法,构建了一个公司的预期投资决策模型;第四,本节的研究可能为上市公司对过度自信的高管实施股票期权激励计划提供一种较为积极的解释。过去的研究已经表明,高管的过度自信偏差既可能给公司带来消极影响(Malmendier 和 Tate,2005),也可能带来积极影响(Hirshleifer 等,2012;余明桂等,2013)。本节的研究发现,对过度自信的高管实施股票期权激励更能显著抑制公司的投资不足。因此,企业应结合自身的实际情况,适当聘任具有过度自信心理偏差的高管,并适时对其实施股票期权激励计划。

一、高管过度自信与风险承担水平

行为金融研究表明,人类的心理、信念和偏好等个人因素会影响个体的决策行为。例如,根据 Kahneman 和 Tversky(1979)的情景理论,过度自信、心理账户和风险偏好等个体之间的认知差异会影响到个人决策。其中,过度自信是心理学"优于平均"(more than average)效应的一种体现。

高管过度自信的心理偏差是指高管高估自身决策能力和信息的准确性,高估公司未来业绩而低估风险。目前学者对于高管过度自信的定义从能力、信息、风险角度划分主要有三种:过高估计自身决策能力,同时低估了决策失败的概率的管理者;过度自信管理者高估自身信息的准确性,并以此信息进行决策,而忽视其他信息;过度自信管理者将低估企业风险,而高估公司未来业绩(Landier 和 Thesmar,2009;Iribar 和 Yang,2010)。已有心理学文献认为高管的过度自信表现为过度估计(unrealistic optimism)、过高定位(better than average)和过窄的置信区间(narrow confidence intervals)(胡国柳和孙楠,2011)。Benabou 和 Tirole(2002)指出,过度自信在个体处理信息和做出决策的过程中发挥着重要的作用。在企业的财务决策方面,以往的研究认为,过度自信的高管会带来企业投资决策的低效率(Heaton,2002;Malmendier 和 Tate,2005),从而损害企业的价值。

自 Roll(1986)最先提出著名的"自大性假说"(Hubris Hypothesis)以来,学者更加关注高管人员的过度自信等认知偏差所带来的消极影响,如公司的损失性价值并购活动(姜付秀等,2009)和非效率的投资(Heaton,2002;Malmendier 和 Tate, 2005)等。然而,先前的学者对高管的心理偏差可能给公司带来积极影响缺乏深入研究(Goel 和 Thakor,2008;余明桂等,2013)。如果过度自信的高管一味地给公司带来消极影响,那为什么现实中公司还要聘请过度自信的高管(Hirishleifer 等, 2012)?

作为代理人,管理者在投资决策中可能采取偷懒行为或为了追求私有利益而选择保守性投资策略(John 等,2008)。过度自信的管理者对自身的能力评价更高,对投资项目成功概率的预期也会更高,这将促使管理者在更强的风险偏好下选择积极的投资策略。此时,管理者的最优努力水平将随着过度自信程度的增大而提高,过度自信在一定程度上有助于缓解企业的代理问题(Gervais 等,2003),促使管理者减少保守的投资行为。余明桂等(2013)从高管的个人特征出发,通过检验发现过度自信的高管所在的企业风险水平更高,并且高管承担更多的风险水平有助于改善企业的资本配置效率和提高企业价值。他们认为,高管可能因对自身能力评价更高、乐观地看待投资环境以及一定程度的缓解代理问题而更好地把握投资机会,积极地在投资活动中承担风险。Baker 和 Wurgler(2012)也曾提到,过度自信的高管极可能为企业承担更多的风险,所以他们所在的企业研发投资越高。

二、股票期权激励与风险承担

前景理论(prospect theory)认为,与投资总量相比,投资者更加关注的是投资的未来前景,当投资者面临条件相同的损失时更加倾向于冒险,当面临条件相当的盈利前景时反而更倾向于选择确定性的决策(Kahneman 和 Tversky,1979)。在前景理论的基础上,结合代理理论,Wiseman 和 Gomez Mejia(1998)提出以或有的观点(contingent view)看待高管所承担的风险的行为代理理论(Behavioral agency theory)。这种理论认为,高管对其个人财富前景的预期会影响其对待风险的态度。当高管预期较低概率的损失时,他们更加倾向于厌恶风险;但当他们预期存在较高概率的损失同时存在较高数额的利得时,他们更愿意做出风险投资的决策。同时,高管风险的承受能力(通常用高管的个人财富以及财富的效用来衡量)制衡了其对风险项目前景的预期和做出的风险行为决策。Rajgopal 和 Shevlin(2002)以石油和天然气行业为例,发现高管股票期权激励与公司的勘探风险正相关。

股票期权激励能够提高高管自愿承担风险的能力,并激发高管将企业更多的资源配置于风险项目的投资。一方面,当公司股价低于期权的执行价时,授予的股票期权无法增加高管的实际财富(Sanders,2001)。为了实现股票期权的价值,高管必须想方设法地改善公司的业绩。风险投资将会给企业招徕新的顾客(进而提高市场占有率)、改良的生产工艺以及低廉的产品成本等;这些最终体现在较好的公司业绩或较高的公司股价上。因此,持有股票期权的高管有动力将更多的资源配置于风险项目的投资活动。另一方面,通常而言,高管必须经过期权等待期(通常为2~3年)后方可行权。这促使高管调整他们的投资期限决策,转向更能为企业带来长远利益的长期投资。结果是,拥有高期权的高管将牺牲短期收益而更加关注企业的长期战略投资(如研发投资)。因此,虽然风险项目具有高度的不确定性,但是持有期权的高管有动力去承担潜在的风险。将高风险的项目投资活动与高财富相结合,高管的股票期权激励对高管的风险承担水平产生正向效应。高管的股权(或期权)价值的敏感性(通常称为Vega)与公司风险水平正相关已得到先前大多数的经验研究所证实(Tchistyi等,2011)。进一步考虑了两者之间的内生关系后,Coles等(2006)也同样发现高管的财富对股票收益波动率的敏感度越大,公司的研发支出水平越高。

上述分析表明,高管过度自信的心理偏差和股票期权激励均能提升高管的承担风险水平。那么,在激发高管承担更高的风险水平时,是否有必要对过度自信的高管实施股票期权激励?Gervais等(2003)构建了一个理论模型,分析了高管的过度自信和对高管人员实施股票期权激励如何提高风险承担水平。但可惜的是,他们并没有指出两者在高管风险承担水平中的相互作用,并且这些研究也未通过实证数据加以检验。郝颖等(2005)在研究我国上市公司高管人员的过度自信与投资决策之间的关系时发现,在实施股权激励的上市公司高管人员中,存在四分之一左右的高管人员具有过度自信行为。这可能是将股票期权作为高管过度自信心理偏差的一种风险补偿机制。

将公司的研发支出作为企业风险承担的度量指标,余明桂等(2013)的研究发现,具有过度自信特征的高管在投资决策中,更少放弃那些风险高但具有正预期净现值的投资项目,选择了更积极的投资策略。即高管的过度自信特征对企业研发投资具有显著的促进作用。股票期权激励为过度自信的高管提供了一个增加个人财富的机会,能够鼓励高管自愿承担个人财富下行风险(downsize risk)而加大对包括研发投资在内的风险项目投资(陈效东和周嘉南,2014)。最优契约理论认为,高管股权激励可以降低股东与高管之间的代理成本,促使高管最大限度地为股东利益工作并减少信息不对称下的道德风险行为;可以鼓励高管投资高风险的项目,减少高管风险规避的问题。杨涛和黄健柏(2007)构建了基于经理人过度自信的股权激励合同的设计,他们认为当股票期权执行时,高管的过度自信水平分别与股权激励系数、经理人的努力程度均正相关。

基于以上分析,笔者提出如下假设:

假设 3-1：高管过度自信提高高管承担的风险水平。
假设 3-2：对过度自信的高管实施股票期权激励将提升高管的风险承担水平。
假设 3-3：高管过度自信增加公司的研发投资。
假设 3-4：对过度自信的高管实施股票期权激励将显著增加公司的研发投资。

三、研究设计

（一）数据来源与样本构成

以 2005 年 12 月 31 日前证监会颁布的《上市公司股权激励管理办法（试行）》（以下简称《管理办法》）为标志，我国的股权激励制度步入正规化的道路。因此，本节选择以 2006 年前已上市的非金融类 A 股上市公司 2007—2012 年的数据为初始样本，并剔除异常状态下经营的 ST 类企业，最终获得 1 428 个样本的 8 568 个观测值。样本的分布情况如描述性分析中的表 3-8 和表 3-10 以及图 3-2 和图 3-3 所示。

本节所使用的数据主要包括相对于同行业的平均高管薪酬、高管盈利预测数据、高管主动持股数据以及公司治理数据。其中，高管的相对薪酬以及高管股票期权激励数据均来自 CSMAR 公司治理数据库；高管盈利预测数据来自 CSMAR 公司业绩预告数据库；公司日个股交易和综合市场交易数据均来自 CSMAR 股票市场交易数据；高管主动增持公司的股票数据来自 CCER 内部人交易数据库；其他公司财务指标数据来自 CSMAR 财务报表数据库。

（二）研究模型的构建与变量的定义

模型的构建。为了检验上文所提出的四个假设，笔者分别构建了如下的四个模型。其中，模型(3-4)和模型(3-5)主要用于检验高管过度自信、高管股票期权激励与高管承担风险水平之间的关系。笔者预期模型(3-4)中的回归系数 β_1 显著为正，模型(3-5)中的回归系数 β_3 也显著为正。模型(3-6)和模型(3-7)主要用于检验高管过度自信、高管股票期权激励与公司的研发投资之间的关系。笔者预期模型(3-6)中的回归系数 γ_1 显著为正，模型(3-7)中的回归系数 γ_3 也显著为正。

$$E\_idio_{i,t} = \alpha + \beta_1 OC(ESO)_{i,t-1} + \beta_2^T X_{i,t-1} + \varepsilon_{i,t} \qquad (3-4)$$

$$E\_idio_{i,t} = \alpha + \beta_1 OC_{i,t-1} + \beta_2 ESO_{i,t-1} + \beta_3 ESO_{i,t-1} \times OC_{i,t-1} + \beta_4^T X_{i,t-1} + \varepsilon_{i,t} \qquad (3-5)$$

$$(R\&D/TA)_{i,t} = \alpha + \gamma_1 OC(ESO)_{i,t-1} + \gamma_2^T X_{i,t-1} + \mu_{i,t} \qquad (3-6)$$

$$(R\&D/TA)_{i,t} = \alpha + \gamma_1 OC_{i,t-1} + \gamma_2 ESO_{i,t-1} + \gamma_3 ESO_{i,t-1} \times OC_{i,t-1} + \gamma_4^T X_{i,t-1} + \mu_{i,t}$$

$$(3-7)$$

其中，E_idio 为公司的特质风险；OC 为高管过度自信的虚拟变量；ESO 为实施股票期权激励的虚拟变量；X 为模型的控制变量，主要包括公司的特质风险 E_idio、公司的系统性风险 Sys、高管薪酬总额的自然对数 LM、公司规模 $Size$、财务杠杆 Lev、董事长与总经理两职合一的虚拟变量 $Dual$ 以及董事会中独立董事所占的比重 Dir。

变量的定义如下。

(1) 高管过度自信的度量。当前度量高管过度自信的方法主要有以下几种：高管持股状况(Malmendier 和 Tate,2005；郝颖等,2005)；相关的主流媒体对高管的评价(Hirshleifer 等,2012)；企业盈利预测偏差(Lin 等,2005；姜付秀等,2009)；高管实施并购的频率(Malmendier 和 Tate,2005)；高管的相对薪酬(余明桂等,2006)；企业的景气指数(余明桂等,2006)。考虑到当前的实际情况(媒体报道存在较强的主观性以及企业景气指数数据的难以获取)，笔者选用较为广泛地高管的相对薪酬(M)、高管盈利预测偏差(NI)和高管主动持股(MR)为单一变量，以及选择了一个综合考虑这三个变量的变量(C)来度量公司高管的过度自信偏差。

其中，高管的薪酬包括货币薪酬和股权价值(会计年末高管持股数量乘以股票的年末收盘价)；高管盈利预测偏差，将上市公司的净利润盈余预测与实际盈余进行比较，如果预测值(区间)大于行业中值或预测增长幅度小于净利润的实际增长幅度，对高管主动持有公司股票的判别为在会计年度内增持公司的股票，且增加的原因是由于高管人员自信从二级市场上购入股票、认购配股、用奖励基金购买股票，而非由高管接受送股、红股、股权分置改革引起的持股增加等原因引发。

(2) 高管承担风险水平的度量。在为高管设计更加合理的薪酬方案时，当前大部分学者偏向于将高管的薪酬与公司的业绩挂钩(pay for performance)，并用高管的股权价值对股价变化率的敏感性($Delta$)或高管股权价值对股价波动率的敏感性($Vega$)来衡量高管所承担的风险水平(Coles 等,2006)。按照套利定价模型或其他由三因子模型所引申而来的多因子定价模型，公司的风险可分为系统性风险和特质风险(idiosyncratic risk)。并且，如果市场有效，所有影响个股收益的因素都可以被定价，对应定价模型的误差包含了与公司特质相对应的、所有不能被定价的影响因素(黄波等,2006)。相比于系统性风险，高管更可能对公司的特质风险产生认知上的偏差，这是因为市场风险所产生的收益很难让高管进行自我归因，而公司的特质风险则容易让高管产生控制性幻觉，从而低估这种风险。因此，在衡量高管所承担风险水平时，笔者认为应控制不受高管控制的系统性风险，而主要考察与过度自信的高管经营活动直接相关的公司特质风险。

在衡量公司的特质风险时，笔者借鉴 Panousi 和 Papanikolaou(2012)在分析公司的特质风险和公司投资决策之间的关系时所衡量公司特质风险水平的方法。具体做法为:首先选用日个股回报率对市场回报率和行业回报率进行回归;其次将所得的残差的平方累加成年度残差的平方根;最后对其取自然对数得到公司的年度特质风险。具体如模型(3-8)和(3-9)所示。公式(3-10)被用来衡量公司的系统性风险。

$$R_{i,\tau} = \alpha_{1,i} + \alpha_{2,i} R_{MKT,\tau} + \alpha_{3,i} R_{IND,\tau} + \varepsilon_{i,\tau} \tag{3-8}$$

$$\log \sigma_{i,t} = \log \sqrt{\sum_{\tau \in t} \varepsilon_{i,\tau}^2} \tag{3-9}$$

$$\log \sigma_{i,t-1}^{sys} \equiv \log \sqrt{(\sigma_{i,t-1}^{total})^2 - \sigma_{i,t-1}^2} \tag{3-10}$$

其中,$R_{i,\tau}$、$R_{MKT,\tau}$以及$R_{IND,\tau}$分别代表公司个股日回报率、综合市场日回报率以及行业日回报率;$\sigma_{i,t}$的自然对数为公司的年度特质风险;$\varepsilon_{i,\tau}$为公式(3-8)回归残差的平方和。

研发投资水平。根据《企业会计准则》规定,企业的研发活动分为研究和开发两个阶段。其中,研究阶段的费用直接计入当期损益,开发阶段的费用符合条件的可做资本化处理(列示于资产负债表中的开发支出项目下)。因此,本文从上市公司披露的年报中手工搜集并整理了研发支出数据。具体的做法为上期的研发费用①加上当期资本化的研发费用并减去当期开发支出所摊销的研发费用。在此基础上,笔者采用国内学者(如王华和黄之骏,2006;唐清泉等,2011;陈效东和周嘉南,2014)大多采用的研发支出占总资产的比重(R&D/TA)作为研发投资水平的代理变量。

四、实证检验及分析

(一) 描述性分析

高管过度自信分布情况。表3-8列示了四种度量高管过度自信的年度样本分布。如表3-8所示,从年度样本分布来看,相比于其他衡量高管过度自信所占的比重为10%左右外,高管相对薪酬所占比重却每年略多于50%。这表明,用高管相对薪酬衡量高管过度自信虽较为稳定,但这种变量衡量高管过度自信所占的比重偏高。总体而言,高管过度自信的比重基本呈现稳步上升的趋势。其中,从单个年份来看,高管过度自信比重在2009年最低。这可能与全球金融危机的外部环境有

---

① 其中,2006年的研发费用主要披露在现金流量表附注中的"支付的其他与经营活动有关的现金流量",通常的名称包括:研发费、研究开发费、技术研究费、科研费、技术开发费、技术开发试验费、新产品研发费等。

关:宏观经济低迷的外部环境使得高管的薪酬受到降薪压力,同时高管对公司盈利预测也趋于保守,高管对公司业绩的信心指数也趋于较低水平,使高管过度自信所占比重降低。

表3-8 高管过度自信的年度样本分布

年份	M			NI			MR			C		
	0	1	比重	0	1	比重	0	1	比重	0	1	比重
2007	707	721	50.49	1 298	130	9.10	1 260	168	11.76	1 271	157	10.99
2008	713	715	50.07	1 291	137	9.59	1 195	233	16.32	1 222	206	14.43
2009	711	717	50.21	1 300	128	8.96	1 282	146	10.22	1 294	134	9.38
2010	700	728	50.98	1 259	169	11.83	1 281	147	10.29	1 270	158	11.06
2011	705	723	50.63	1 273	155	10.85	1 304	124	8.68	1 287	141	9.87
2012	704	724	50.70	1 128	300	21.01	1 263	165	11.55	1 195	233	16.32
合计	4 240	4 328	50.51	7 549	1 019	11.89	7 585	983	11.47	7 539	1 029	12.01

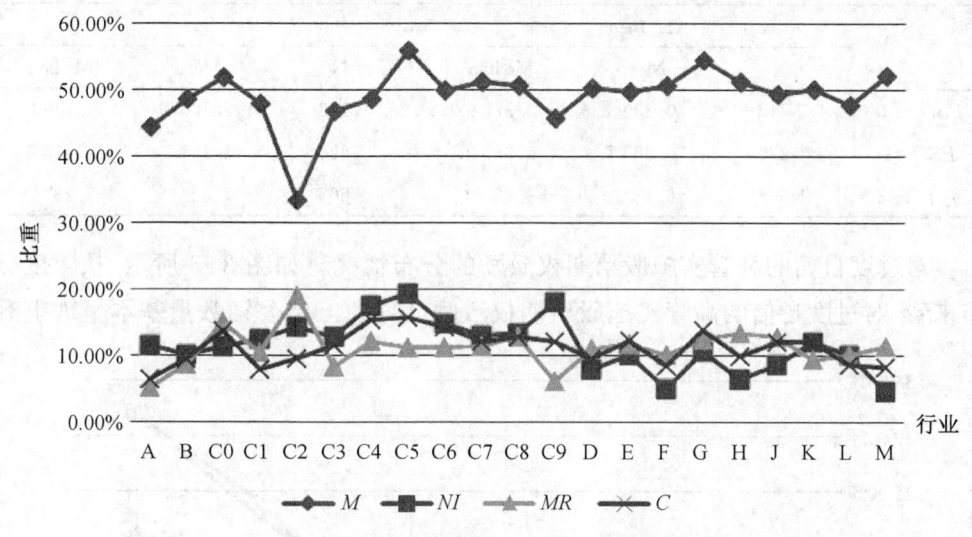

图3-2 过度自信的行业样本分布

如图3-2所示,从样本的行业分布来看,高管过度自信的样本主要集中于C5电子行业、C8医药生物制品业以及G信息技术业,而A农林牧渔业、H批发和零售贸易业以及L传播与文化产业中高管过度自信的比重较低,这表明高管的过度自信主要集中于高科技产业。这可能与这类行业本身具有较高的风险存在一定的关系。

企业的风险水平、高管承担的风险水平与股票期权激励。公司的风险水平、高管承担的风险水平以及高管人员股票期权实施情况的描述性统计如表3-9所示。Panel A列示了企业的特质风险和系统性风险。这两种衡量高管承担风险水平的均值存在较大差异。相比于系统性风险,特质风险的最大值与最小值之间的差异较大且均值较小,这表明用公司的特质风险衡量高管所承担的风险水平更加敏感。Panel B 比较了企业在实施股票期权激励下与未实施股票期权激励下的风险水平两类样本。结果显示:相比于对照组的上市公司风险,实施股票期权激励的上市公司的特质风险水平和系统性风险水平均显著较高(均值和中值差异均在1%水平上显著)。由此看来,实施股票期权激励计划的上市公司高管承担较高的特质风险和系统性风险。

表3-9 企业风险水平、高管承担的风险水平与股票期权激励情况

Panel A:企业风险水平描述性统计						
	N	Mean	Median	Std.	Min	Max
E_Idio	8 568	0.383 1	0.352 8	0.256 7	0.134 4	3.729 6
Sys	8 568	2.174 2	1.818 6	0.669 3	1.442 7	3.532 9

Panel B:企业风险水平在股票期权激励实施与否的比较						
	E_Idio			Sys		
	N	Mean	Median	N	Mean	Median
$ESO=0$	7 742	0.330 8	0.322 9	7 742	2.100 0	1.729 2
$ESO=1$	826	0.388 7	0.357 0	826	2.191 7	2.160 2
$Diff(T/Z)$	8 568	−6.18***	−9.82***	8 568	−7.44***	−7.23***

对过度自信的高管实施股票期权激励的分布情况。如图3-3所示,从年度分布来看,对过度自信的高管实施股票期权激励计划的上市公司数量基本呈现上升

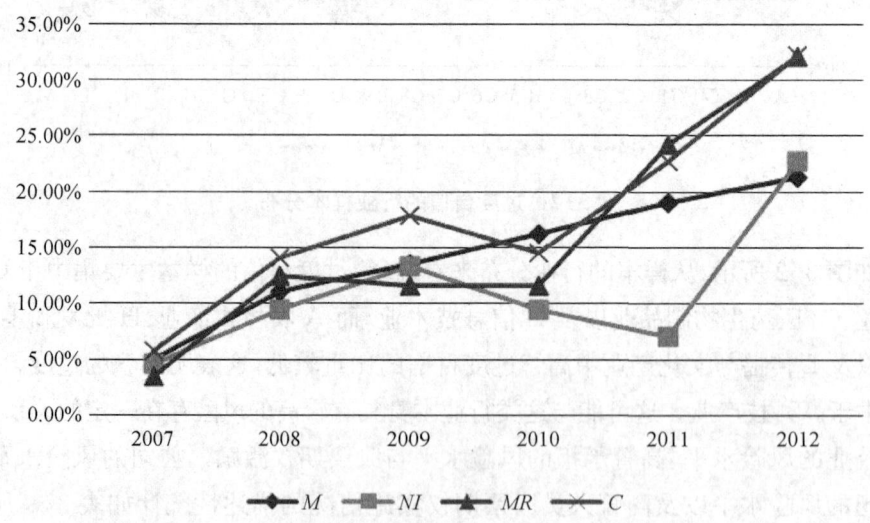

图3-3 过度自信的高管实施股票期权计划的年度分布情况

的态势。2009年以来,全球经济陷入金融危机的泥潭,为了降低可能未知的系统性风险,以及悲观的盈利预期,上市公司实施高管股票期权激励计划的热情有所减少。但随着中国经济的复苏,2012年以后实施股票期权激励的上市公司如雨后春笋般的增加。从行业的层面来看,对过度自信的高管实施股票期权激励计划的上市公司主要集中于C5电子行业、G信息技术业以及J建筑业,而较少分布于B采掘业、C2木材家具业以及K社会服务业。这表明对过度自信的高管实施股票期权激励计划大多分布在高科技类行业的上市公司中。具体如表3-10所示。

表3-10 高管过度自信中实施股权激励情况的行业样本分布

ESO	$M=1$			$NI=1$			$MR=1$			$C=1$		
	0	1	Ratio	0	1	Ratio	0	1	Ratio	0	1	Ratio
A	61	16	20.78%	13	7	35.00%	7	2	22.22%	7	4	36.36%
B	106	1	0.93%	22	0	0.00%	18	1	5.26%	21	0	0.00%
C0	169	24	12.44%	36	6	14.29%	50	6	10.71%	43	8	15.69%
C1	153	17	10.00%	39	5	11.36%	34	3	8.11%	23	5	17.86%
C2	7	0	0.00%	3	0	0.00%	4	0	0.00%	2	0	0.00%
C3	59	14	19.18%	18	2	10.00%	11	2	15.38%	15	3	16.67%
C4	382	57	12.98%	150	8	5.06%	97	11	10.19%	124	14	10.14%
C5	171	51	22.97%	64	13	16.88%	30	14	31.82%	47	15	24.19%
C6	327	46	12.33%	98	12	10.91%	76	8	9.52%	90	17	15.89%
C7	599	80	11.78%	149	23	13.37%	129	21	14.00%	132	27	16.98%
C8	233	53	18.53%	65	10	13.33%	61	11	15.28%	60	12	16.67%
C9	24	14	36.84%	13	2	13.33%	4	1	20.00%	7	3	30.00%
D	184	7	3.66%	28	2	6.67%	39	3	7.14%	33	3	8.33%
E	68	26	27.66%	13	6	31.58%	18	4	18.18%	13	10	43.48%
F	178	8	4.30%	18	0	0.00%	32	5	13.51%	26	5	16.13%
G	196	79	28.73%	38	16	29.63%	36	27	42.86%	44	26	37.14%
H	242	35	12.64%	30	5	14.29%	63	9	12.50%	42	11	20.75%
J	204	61	23.02%	35	11	23.91%	50	19	27.54%	43	22	33.85%
K	131	10	7.09%	32	2	5.88%	25	1	3.85%	32	2	5.88%
L	27	6	18.18%	7	0	0.00%	6	1	14.29%	5	1	16.67%
M	185	17	8.42%	17	1	5.56%	41	3	6.82%	28	4	12.50%
Total	3 706	622	14.37%	888	131	12.86%	831	152	15.46%	837	192	18.66%

为了更加清晰地对比两组高管过度自信程度的差异,本节分年度逐个比较高管过度自信程度在两组中的差异情况。如表3-11所示,总体而言,实施高管股票期权激励的上市公司高管的过度自信程度显著大于对照组。这表明,上市公司的高管过度自信越强,越可能实施股票期权激励计划。其中,与其他衡量过度自信的变量相比,高管盈利预测偏差在2010年和2011年两组的过度自信程度正好相反,这可能与低迷的外部经济环境下高管盈利预测偏差衡量高管过度自信出现的系统性偏误有关。

表 3-11 高管过度自信程度在是否实施股权激励样本中的比较

ESO		M			NI			MR			C		
		0	1	Diff (T/Z)	0	1	Diff (T/Z)	0	1	Diff (T/Z)	0	1	Diff (T/Z)
2007	N	1 380	48	1 428	1 380	48	1 428	1 380	48	1 428	1 380	48	1 428
	均值	0.50	0.75	−3.47***	0.090	0.13	−0.83	0.12	0.13	−0.16	0.12	0.19	−1.75*
	中值	0.00	1.00	−3.45***	0.00	0.00	−0.32	0.00	0.00	−0.16	0.00	0.00	−1.75*
2008	N	1 321	107	1 428	1 321	107	1 428	1 321	107	1 428	1 321	107	1 428
	均值	0.48	0.74	−5.15***	0.094	0.12	−0.93	0.15	0.27	−3.15***	0.13	0.27	−3.90***
	中值	0.00	1.00	−5.11***	0.00	0.00	−0.93	0.00	0.00	−3.14***	0.00	0.00	−3.88***
2009	N	1 297	131	1 428	1 297	131	1 428	1 297	131	1 428	1 297	131	1 428
	均值	0.48	0.74	−5.79***	0.09	0.13	−1.69*	0.09	0.13	−1.09	0.00	0.18	−3.70***
	中值	0.00	1.00	−5.72***	0.00	0.00	−1.69*	0.00	0.00	−1.09	0.00	0.00	−3.68***
2010	N	1 277	151	1 428	1 277	151	1 428	1 277	151	1 428	1 277	151	1 428
	均值	0.48	0.78	−7.18***	0.12	0.11	0.50	0.10	0.11	−0.41	0.11	0.15	−1.73*
	中值	0.00	1.00	−7.06***	0.00	0.00	0.50	0.00	0.00	−0.41	0.00	0.00	−1.73*
2011	N	1 246	182	1 428	1 246	182	1 428	1 246	182	1 428	1 246	182	1 428
	均值	0.47	0.76	−7.41***	0.12	0.06	2.24**	0.08	0.16	−4.02***	0.09	0.18	−3.75***
	中值	0.00	1.00	−7.28***	0.00	0.00	2.23**	0.00	0.00	−4.00***	0.00	0.00	−3.73***
2012	N	1 221	207	1 428	1 221	207	1 428	1 221	207	1 428	1 221	207	1 428
	均值	0.47	0.74	−7.51***	0.19	0.33	−4.55***	0.09	0.26	−6.95***	0.13	0.36	−8.59***
	中值	0.00	1.00	−7.37***	0.00	0.00	−4.52***	0.00	0.00	−6.84***	0.00	0.00	−8.38***
合计	N	7 742	826	8 568	7 742	826	8 568	7 742	826	8 568	7 742	826	8 568
	均值	0.48	0.75	−15.19***	0.12	0.16	−3.71***	0.11	0.18	−6.59***	0.11	0.23	−10.52***
	中值	0.00	1.00	−14.99***	0.00	0.00	−3.71***	0.00	0.00	−6.57***	0.00	0.00	−10.45***

变量描述性统计结果。如表 3-12 所示，衡量高管过度自信的变量中，相比于其他变量的均值为 12% 左右，而高管的相对薪酬均值达到 50% 以上。尽管如此，相对于其他变量，使用高管的相对薪酬衡量高管的过度自信比较稳定（如表 3-10 所示），不存在较大的偏差，受外部因素干扰较小。相比于系统性风险而言，公司的特质风险水平存在较大的差异，最大值为最小值的 27 倍。这表明，用公司的特质风险来衡量高管承担的风险水平更加具有代表性。当前，我国上市公司的研发水平较低，大多数公司的研发水平为 0（中值为 0），均值只有资产的 0.8‰，而高管薪酬的均值却达到资产的 1.8‰，这表明相比于公司研发水平，公司更加看重高管的经营管理能力和企业家资源。公司新增投资水平的均值为资产的 5% 左右，表明中国的上市公司整体呈现微弱的增长趋势。尽管 2001 年 8 月 16 日发布的《关于在上市公司建立独立董事制度的指导意见》中规定"在 2003 年 6 月 30 日前，上市公司董事会成员中应当至少包括三分之一的独立董事"，但上市公司独立董事所占董事会的比重中值为三分之一，这表明这种指导意见并非带有强制性。

表 3-12 变量的描述性统计

变量	样本量	均值	中值	标准差	最小值	最大值
M	8 568	0.505 1	1.000 0	0.500 0	0.000 0	1.000 0
NI	8 568	0.118 9	0.000 0	0.323 7	0.000 0	1.000 0
MR	8 568	0.114 7	0.000 0	0.318 7	0.000 0	1.000 0
C	8 568	0.120 1	0.000 0	0.325 1	0.000 0	1.000 0
E_idio	8 568	0.383 1	0.352 8	0.256 7	0.134 4	3.729 6
Sys	8 568	2.174 2	1.818 6	0.669 3	1.442 7	3.532 9
RD	8 568	0.000 8	0.000 0	0.003 5	0.000 0	0.037 6
Inv_BS	8 568	0.041 0	0.236 7	0.100 4	−0.339 7	0.586 1
Inv_CF	8 568	0.051 5	0.028 3	0.093 6	−0.107 3	0.671 1
LM	8 568	15.495 2	14.984 4	1.985 8	12.295 5	22.236 4
$Size$	8 568	21.770 7	21.669 7	1.300 1	18.576 7	25.830 6
Lev	8 568	0.525 3	0.523 5	0.234 6	0.060 3	1.736 1
$Dual$	8 568	0.149 6	0.000 0	0.356 7	0.000 0	1.000 0
Dir	8 568	0.360 5	0.333 3	0.060 7	0.125 0	0.555 6

（二）高管过度自信、高管股权激励与高管的风险承担水平

为了更加清晰地描述高管的风险承担水平，笔者按照高管是否过度自信和是否实施股票期权激励将样本分为四组，并且进行两两均值和中值比较。比较结果如表 3-13 所示。E_idio 列代表高管承担的企业特质风险在各组中的均值和中

值,并进行均值差异 T 检验和中值差异非参数检验。结果显示,相比于其他三个对照组的综合,对过度自信的高管实施股票期权激励计划的样本组中高管的风险承担水平更高,两者之间的差异在各模块中均具有1%的显著性水平。不仅如此,无论是在过度自信的样本还是不具有过度自信的样本中,相比于未实施股票期权激励计划的上市公司,实施股票期权激励的上市公司高管的风险承担水平更高;在实施股票期权激励计划的样本中,相比于不存在高管过度自信的上市公司,过度自信的高管承担了更高的风险水平,两者之间的差异在5%的置信度上显著,但这样的结果在未实施股票期权激励计划的样本中却并没有得到显现。同样,上述结论基本可以在 Sys 列中得到进一步的显现。这表明,对高管人员实施股票期权激励计划和聘用过度自信的高管,均能提升高管承担的风险水平。并且对过度自信的高管实施股票期权激励计划增加高管承担的风险水平更加明显,即在高管承担更高水平的风险方面,股票期权激励与过度自信的心理偏差存在一种互补的关系。从而为本文的假设 3-1 和假设 3-2 提供了一定的证据。

表 3-13 高管风险在股权激励的实施情况与过度自信的高管之间的差异比较

	高管过度自信	E_idio			Sys		
		$ESO=0$	$ESO=1$	$Diff(T/Z)$	$ESO=0$	$ESO=1$	$Diff(T/Z)$
M	0	4 036[1]	204	−5.48[3]**	4 036	204	−6.81***
		0.324 0[2]	0.376 2	−7.68[4]***	2.004 2	2.184 0	−6.76***
	1	3 706	622	−2.36***	3 706	622	−3.25***
		0.351 4	0.400 1	−4.09***	2.027 6	2.200 2	−2.99***
	$Diff(T/Z)$	−2.82[5]***	−3.95***	−5.97[7]***	−0.46	−1.06	−6.59***
		−2.63[6]***	−5.77***	−9.57[8]***	−0.75	−1.20	−6.49***
NI	0	6 854	695	−2.62***	6 854	695	−2.13**
		0.324 8	0.383 1	−4.29***	1.954 2	2.079 8	−1.30
	1	888	131	−2.91***	888	131	−3.79***
		0.331 9	0.432 0	−4.13***	2.020 5	2.206 2	−2.53**
	$Diff(T/Z)$	−0.62	−5.16***	−5.56***	−1.11	−5.29***	−6.95***
		0.59	−3.16***	−8.89***	−1.05	0.78	−6.89***
MR	0	6 911	674	−3.53***	6 911	674	−1.97**
		0.316 1	0.388 2	−6.23***	1.996 9	2.172 6	−2.55**
	1	831	152	−3.25***	831	152	−4.51***
		0.334 1	0.392 8	−5.54***	2.068 1	2.350 9	−5.51***
	$Diff(T/Z)$	−1.65*	−0.47	−5.21***	−1.27	−7.26***	−6.61***
		−1.81*	−2.18**	−8.02***	−0.12	−7.89***	−5.96***

(续表)

高管过度自信		E_idio			Sys		
		ESO = 0	ESO = 1	Diff(T/Z)	ESO = 0	ESO = 1	Diff(T/Z)
C	0	6 905	634	−3.31***	6 905	634	−3.14***
		0.322 5	0.338 2	−5.48***	2.005 7	2.183 9	−2.95***
	1	837	192	−3.16***	837	192	−4.17***
		0.333 3	0.392 8	−4.82***	2.024 2	2.255 9	−4.75***
	Diff(T/Z)	−1.08	−2.93***	−5.23***	−0.36	−0.47	−6.48***
		−1.26	−4.04***	−8.30***	−0.54	−1.20	−6.14***

注：*、**、*** 分别为10%、5%、1%水平上显著；1为样本量；2为均值；3为列项两组的均值差异T检验；4为列项两组中值差异的非参数检验；5为横向两组的均值差异T检验；6为横向两组中值差异的非参数检验；7为过度自信的高管实施股票期权组与对照组之间的均值差异T检验；8为过度自信的高管实施股票期权激励组与对照组之间的中值差异的非参数检验。

表3-14列示了高管过度自信水平与高管承担风险水平之间关系的实证回归结果。在控制了公司的系统性风险后，表3-14中1~4列的结果显示，高管过度自信的心理偏差越大，高管所承担风险水平越高，两者呈显著的正相关关系。公司的系统性风险越大，高管承担的风险水平越低，两者呈显著的负相关关系。第5列的结果显示，高管人员股票期权激励能增加公司高管承担的特质风险水平，两者呈显著的正相关关系。上述结果表明，聘任过度自信的高管和对高管人员实施股票期权激励均提高高管承担风险水平，那么对过度自信的高管实施股票期权激励将如何影响高管承担风险水平则是需要进一步研究的内容。

表3-14第6~9列显示了高管的过度自信与高管股票期权激励对高管承担风险水平的交互影响。同样，在控制公司的系统性风险后，过度自信与股票期权激励的交互项系数显著为正。这表明，对过度自信的高管实施股票期权激励显著增加了高管承担风险水平，即高管过度自信与股票期权激励两者呈互补关系。

综上所述，高管过度自信的心理偏差越大，高管承担的风险水平越高；实施股票期权激励能提高高管承担的特质风险水平；对过度自信的高管实施股票期权激励能显著增加高管承担的风险水平。上述结果为本文的假设3-1与假设3-2提供了经验证据。

（三）高管过度自信、高管股权激励与研发投资水平

上述研究结果表明，对过度自信的高管实施股票期权激励能提升高管承担的风险水平，那么，所增加的风险水平能否转化为对公司研发的投资？尽管先前部分学者，将公司的研发水平作为度量公司风险水平的指标之一（余明桂等，2013），但

表 3-14 高管过度自信水平、高管股票期权激励与高管承担风险水平的回归结果

	(1)	(2)	(3)	(4)	(5)	(6)	(7)	(8)	(9)
M	0.008 1*** 3.57								
ESO×M		0.024 0*** 7.44							
NI			0.011 9*** 6.55			0.000 5 0.27	0.021 0*** 5.77		
ESO×NI						0.011 5*** 4.72	0.050 7*** 15.33		
MR				0.018 1*** 7.75				0.012 2*** 6.14	
ESO×MR								0.017 8*** 4.48	
C					0.012 1*** 6.10				0.016 5*** 6.06
ESO×C									0.030 5*** 8.81
ESO						0.015 0*** 3.78	0.007 7*** 3.74	0.012 5*** 5.81	0.009 3*** 4.27

（续表）

	(1)	(2)	(3)	(4)	(5)	(6)	(7)	(8)	(9)
Sys	−0.183 0***	−0.185 3***	−0.182 8***	−0.183 2***	−0.182 9***	−0.182 8***	−0.184 8***	−0.182 7***	−0.183 0***
	−12.45	−12.53	−12.44	−12.46	−12.45	−12.45	−12.51	−12.43	−12.46
Q	0.004 6***	0.005 0**	0.004 4**	0.004 4*	0.003 7***	0.003 7***	0.003 9***	0.003 6***	0.003 6***
	2.06	2.27	1.96	1.93	4.22	4.23	4.52	4.18	4.16
Cash	−0.042 6***	−0.043 4***	−0.042 6***	−0.044 4***	−0.042 4***	−0.042 6***	−0.043 6***	−0.042 9***	−0.044 5***
	−3.86	−3.96	−3.89	−4.07	−3.88	−3.86	−3.98	−3.92	−4.07
Size	−0.002 6***	−0.001 9*	−0.002 7***	−0.003 0***	−0.002 9***	−0.002 9***	−0.002 3***	−0.003 1***	−0.003 4***
	−2.48	−1.95	−2.67	−2.96	−2.83	−2.73	−2.29	−2.99	−3.21
Lev	−0.007 9	−0.008 0	−0.007 7	−0.007 1	−0.007 0	−0.006 9	−0.007 2	−0.006 7	−0.006 4
	−1.58	−1.61	−1.54	−1.43	−1.39	−1.37	−1.44	−1.33	−1.27
Dual	0.018 8***	0.015 7***	0.018 4***	0.018 0***	0.018 1***	0.018 2***	0.015 3***	0.017 9***	0.017 6***
	2.70	2.30	2.64	2.59	2.60	2.60	2.24	2.56	2.52
Dir	−0.004 1	−0.004 8	−0.004 5	−0.004 1	−0.004 9	−0.008 7	−0.009 4	−0.008 8	−0.008 8
	−0.33	−0.39	−0.36	−0.33	−0.40	−0.76	−0.84	−0.78	−0.78
_Cons	4.271 3***	4.290 7***	4.304 9***	4.329 6***	4.308 2***	4.282 7***	4.298 2***	4.315 9***	4.338 0***
	13.20	13.34	13.26	13.24	13.24	13.15	13.28	13.20	13.19
Year/Ind	控制	控制	控制	控制	控制	控制	控制	控制	控制
R^2_a	0.408 5	0.415 4	0.408 5	0.409 5	0.410 7	0.411 0	0.415 4	0.408 4	0.409 4
N	8 568	8 568	8 568	8 568	8 568	8 568	8 568	8 568	8 568

表 3-15 高管过度自信、高管股权激励与研发投资水平

	(1)	(2)	(3)	(4)	(5)	(6)	(7)	(8)	(9)
M	0.000 1								
	0.64								
ESO×M		0.000 2*							
		1.84							
NI			0.000 1			0.000 1			
			0.75			1.28			
ESO×NI				0.000 1		0.000 6***			
				0.86		2.96			
MR							0.000 3***		
							2.64		
ESO×MR							0.000 9*		
							1.93		
C								0.000 1	0.000 1
								0.71	1.00
ESO×C								0.000 7*	0.000 7*
								1.67	1.80
ESO					0.000 8***	0.001 4***	0.000 7***	0.000 8***	0.000 8***
					4.04	3.09	3.29	3.71	3.72

68

(续表)

	(1)	(2)	(3)	(4)	(5)	(6)	(7)	(8)	(9)
S_{ys}	0.0001	0.0001	0.0001	0.0001	0.0001	0.0001	0.0001	0.0001	0.0001
	0.65	0.79	0.64	0.62	0.71	072	0.93	0.72	0.70
Q	0.0001**	0.0001**	0.0001**	0.0001**	0.0001**	0.0001**	0.0001**	0.0001**	0.0001**
	2.37	2.37	2.41	2.41	2.20	2.21	2.16	2.18	2.19
LM	0.0001***	0.0001***	0.0001***	0.0001***	0.0001***	0.0001***	0.0001***	0.0001***	0.0001***
	3.60	4.14	3.89	3.77	2.69	2.34	2.82	2.62	2.52
$Size$	0.0001*	0.0001*	0.0001**	0.0001**	0.0001*	0.0001	0.0001	0.0001	0.0001
	1.81	1.92	2.11	2.08	1.65	1.37	1.44	1.61	1.57
Lev	−0.0004***	−0.0004***	−0.0004***	−0.0004***	−0.0004***	−0.0004***	−0.0004***	−0.0004***	−0.0004***
	−3.19	−3.21	−3.24	−3.23	−3.11	−2.98	−3.10	−3.09	−3.05
$Dual$	−0.0003***	−0.0003***	−0.0003***	−0.0003***	−0.0003***	−0.0003***	−0.0003***	−0.0003***	−0.0003***
	−2.59	−2.56	−2.61	−2.61	−2.76	−2.73	−2.73	−2.76	−2.74
Dir	0.0014**	0.0014**	0.0014**	0.0014**	0.0014**	0.0014**	0.0014**	0.0013**	0.0013**
	2.02	2.02	2.01	2.01	1.94	1.98	1.94	1.93	1.94
$\_Cons$	−0.0035***	−0.0036***	−0.0036***	−0.0036***	−0.0028***	−0.0027***	−0.0027***	−0.0028***	−0.0027***
	−4.04	−4.53	−4.60	−4.53	−3.54	−3.13	−3.45	−3.51	−3.45
$Year/Ind$	控制	控制	控制	控制	控制	控制	控制	控制	控制
R^2_a	0.0801	0.0803	0.0801	0.0801	0.0869	0.0840	0.0837	0.0832	0.0833
N	8 568	8 568	8 568	8 568	8 568	8 568	8 568	8 568	8 568

两者之间也存有较大的差异。因此,笔者紧接着对高管过度自信、高管股票期权激励与公司研发投资水平之间的关系做了进一步的研究。笔者的做法为:由表3-14中列示的模型回归后所得的残差为控制变量对模型2-3和模型2-4进行回归分析,分别研究高管过度自信、高管股票期权以及两者对公司研发投资的交互影响。如表3-15所示,除了高管盈利预测偏差所度量的过度自信的心理偏差外,其余过度自信的变量对公司的研发投资为正向影响但并不显著,这表明聘任过度自信的高管虽能承担更多的风险,但并非一定能增加公司的研发投资,即本文的假设3-3未得到验证。然而,对高管人员实施股票期权激励计划在增加高管承担风险的同时,能显著提升公司的研发投资水平。并且,一旦对过度自信的高管实施股票期权激励计划后,公司的研发投资显著增加,即过度自信与股票期权激励的交互项系数显著为正,两者为互补关系。上述结论为检验本文的假设3-4提供了证据。

五、进一步分析

为了深入挖掘公司聘任存有过度自信心理偏差高管人员的原因,本节对高管的过度自信所引致的后果做了进一步的研究,即研究高管的过度自信与公司的投资效率之间的关系。笔者认为,如果聘任过度自信的高管仅为了提升高管承担风险水平但未增加对内的研发投资,那么公司的风险投资很可能转向对外的并购活动。当然,无论是对内投资还是对外并购,只要公司的投资活动是有效率的,也将增加公司的价值。

我国的经济仍处于转轨的深水区,上市公司的经营情况受产权性质的影响较为广泛。并且,上市公司实施的股票期权激励计划同时存在激励型和福利型两种动机(吕长江等,2009)。因此,笔者分别从公司的产权性质和股票期权激励动机两个角度来解释对过度自信的高管实施股票期权激励所引致的公司投资效率的变化。

(一) 高管过度自信、股票期权激励与投资效率

公司进行有效的投资活动是未来现金流增长和公司价值提高的基础。如何准确地度量公司的投资效率成为公司投资决策的关键。当前,学者大多采用Richardson(2006)的预期投资模型来度量公司的投资效率。尽管这种方法在学术界应用最为广泛,但它的缺陷也显而易见。第一,这种模型所得出公司的投资效率存在非过度投资(残差大于0)即投资不足(残差小于0)的问题,为了弥补这种缺陷,国内学者大多采用将Richardson(2006)模型的残差按照分位数排序分成4组,并将中间的两组定为有效率的投资组(辛清泉等,2007);第二,公司的新增投资仅包含

内部投资而缺少广泛存在的外部投资（如公司的并购活动、对外的长期投资等）；第三，未考虑公司的特质风险和系统性风险。公司的风险包括特质风险和系统性风险。如何合理规避公司的特质风险并转嫁系统性风险将成为公司投资决策的重要目标之一。

在充分考虑上述不足后，并借鉴 Panousi 和 Papanikolaou(2012)在检验公司特质风险对投资的影响时所构建的公司预期投资决策模型，笔者构建了模型(3-11)。

$$\frac{I_{i,t}}{K_{i,t-1}} = \gamma_0 + \gamma_1 E\_idio_{i,t-1} + \gamma_2 SyS_{i,t-1} + \gamma_3 Z_{i,t-1} + \eta_i + g_t + v_{i,t} \quad (3-11)$$

其中，I 为公司的新增投资，包括内部投资和外部投资。参照先前文献的做法，笔者分别从资产负债表中和现金流量表中度量新增投资。资产负债表中的新增投资 Inv_BS，包含新增的长期股权投资、投资性房地产、固定资产、在建工程、工程物资、无形资产、开发支出；现金流量表中的新增投资 Inv_CF，包含当期购建固定资产、无形资产和其他长期资产所支付的现金，加上取得子公司及其他营业单位支付的现金净额，减去处置固定资产、无形资产和其他长期资产收回的现金净额与处置子公司及其他经营单位收到的现金净额，再减去固定资产折旧和无形资产摊销。E_idio 为公司的特质风险；Sys 为系统性风险；$Z_{i,t-1}$ 表示为一系列控制变量：① 公司的托宾 $Q_{i,t-1}$，定义为公司的市场价值与重置价值之比；② 现金流量 $CF_{i,t-1}$，定义为公司的经营活动产生的现金流量处于公司上期的存量资产；③ 公司规模 $Size_{i,t-1}$，定义为公司总资产的自然对数；④ 财务杠杆 Lev，定义为公司的总资产负债率；⑤ 两职合一的虚拟变量 $Dual$，若公司的董事长和总经理是同一人则为1，否则为0。

参照辛清泉等(2007)的做法，笔者将由模型(3-11)得到的残差按照分位数排序分成4组，并将中间的两组定为有效率的投资组，最大的残差组为过度投资组，并将残差表示为 $Overinv$；最小的定义为投资不足组，并将残差的绝对值表示为 $Underinv$。在此基础上，笔者分别检验高管过度自信与高管股票期权激励对公司非效率投资的影响。检验结果如表3-16和表3-17所示。

表3-16列示了用资产负债表法衡量的新增投资下高管过度自信、股票期权激励与公司非效率投资之间的关系。结果显示，高管过度自信与股票期权激励均能降低公司的非效率投资，并且两者的交互作用使这种效果更加明显，但这种影响在不同形态的非效率投资上存有差异：能显著降低公司的投资不足而对过度投资的影响几乎不具有显著性。

表 3-16 高管过度自信、高管股票期权激励与投资效率

Inv_BS	Overinv				Underinv			
	(1)	(2)	(3)	(4)	(5)	(6)	(7)	(8)
ESO	−0.018 3***	−0.014 4***	−0.011 1**	−0.014 5***	−0.025 1***	−0.017 0***	−0.018 5***	−0.020 7***
	−2.43	−2.80	−2.04	−2.64	−3.34	−5.58	−6.20	−7.01
ESO×M	−0.016 1***				−0.020 5***			
	−2.69				−5.97			
M	−0.010 1**				−0.011 0***			
	−2.45				−4.48			
ESO×NI		−0.000 3				−0.015 8**		
		−0.06				−2.41		
NI		−0.000 8				−0.001 4		
		−0.09				−0.13		
ESO×MR			−0.001 4				−0.009 5***	
			−0.13				−2.57	
MR			−0.005 4				−0.004 3	
			−0.90				−0.47	
ESO×C				−0.008 3				−0.011 3***
				−1.09				−3.80
C				−0.008 4				−0.007 6
				−1.48				−0.10

(续表)

Inv_BS	Overinv				Underinv			
	(1)	(2)	(3)	(4)	(5)	(6)	(7)	(8)
E_idio	0.041 6***	0.042 1***	0.042 5***	0.042 4***	0.024 1***	0.023 9***	0.024 2***	0.024 3***
	3.27	3.31	3.37	3.35	2.81	2.74	2.81	2.82
Sys	0.011 5	0.011 2	0.013 5	0.013 4	0.011 4	0.010 6	0.011 9	0.011 2
	0.51	0.49	0.59	0.59	0.64	0.60	0.68	0.63
Q	−0.002 2	−0.002 3	−0.002 3	−0.002 3	0.006 5***	0.006 2***	0.006 3***	0.006 3***
	−1.51	−1.57	−1.57	−1.54	4.10	3.96	3.99	3.97
CF	0.066 4***	0.062 3**	0.063 1**	0.062 5**	−0.019 5	−0.024 2	−0.023 7	−0.023 1
	2.65	2.50	2.53	2.50	−1.11	−1.37	−1.35	−1.31
$Size$	−0.002 6*	−0.003 5***	−0.003 4***	−0.003 3***	−0.005 1***	−0.006 8***	−0.006 7***	−0.006 6***
	−1.80	−2.70	−2.69	−2.57	−3.91	−5.40	−5.32	−5.27
Lev	0.002 5	0.003 9	0.004 0	0.003 1	0.023 6***	0.025 3***	0.025 1***	0.024 9***
	0.32	0.50	0.51	0.40	3.56	3.80	3.76	3.75
$Dual$	−0.004 2	−0.004 5	−0.004 2	−0.004 5	−0.005 5*	−0.005 5	−0.005 5	−0.005 7
	−0.92	−1.00	−0.93	−1.00	−1.67	−1.65	−1.65	−1.72
$\_Cons$	0.134 8*	0.149 9**	0.143 4**	0.141 8**	0.150 9**	0.182 9***	0.177 5***	0.178 2***
	1.93	2.20	2.11	2.08	2.50	3.05	2.96	2.97
Year/Ind	控制	控制	控制	控制	控制	控制	控制	控制
R^2_a	0.080 4	0.078 1	0.078 1	0.078 7	0.165 0	0.158 3	0.160 4	0.161 8
N	2 142	2 142	2 142	2 142	2 142	2 142	2 142	2 142

表3-17　高管过度自信、高管股权激励与投资效率

Inv_CF	Overinv				Underinv			
	(1)	(2)	(3)	(4)	(5)	(6)	(7)	(8)
ESO	-0.0184 -1.34	-0.0191** -2.29	-0.0118 -1.40	-0.0151* -1.70	-0.0071*** -4.07	-0.0081*** -6.16	-0.0093*** -7.00	-0.0089*** -6.56
ESO×M	-0.0137 -1.44				-0.0083*** -3.30			
M	-0.0015 -0.29				-0.0044*** -4.53			
ESO×NI		-0.0100 -0.54				-0.0089*** -2.87		
NI		-0.0125* -1.66				-0.0001 -0.01		
ESO×MR			-0.0287* -1.75				-0.0088*** -3.52	
MR			0.0040 0.56				-0.0032** -2.32	
ESO×C				-0.0215 -1.51				-0.0091*** -3.27
C				-0.0063 -0.89				-0.0026* -1.86

(续表)

Inv_CF	Overinv				Underinv			
	(1)	(2)	(3)	(4)	(5)	(6)	(7)	(8)
E_idio	−0.002 7	−0.001 1	−0.002 9	−0.002 8	0.005 8**	0.006 1**	0.006 3***	0.006 3**
	−0.36	−0.15	−0.39	−0.38	2.34	2.47	2.58	2.54
Sys	0.015 3	0.018 3	0.014 0	0.017 1	0.007 8	0.008 0	0.008 5	0.008 8
	0.59	0.71	0.54	0.66	1.17	1.16	1.25	1.29
Q	0.008 1***	0.008 0***	0.008 0***	0.008 1***	0.001 3***	0.001 1***	0.001 2***	0.001 2***
	4.06	4.04	4.05	4.08	3.00	2.69	2.75	2.72
CF	0.021 8	0.020 5	0.022 5	0.023 1	0.006 2	0.004 0	0.004 5	0.004 5
	0.66	0.62	0.68	0.70	0.97	0.63	0.72	0.72
$Size$	−0.001 8	−0.001 7	−0.001 7	−0.001 5	−0.000 4	−0.001 1**	−0.001 0**	−0.001 0**
	−0.99	−1.00	−0.99	−0.89	−0.83	−2.66	−2.49	−2.44
Lev	−0.101 9***	−0.102 7***	−0.101 9***	−0.102 3***	−0.025 6***	−0.024 7***	−0.024 9***	−0.024 8***
	−10.60	−10.72	−10.63	−10.65	−10.07	−9.76	−9.84	−9.80
$Dual$	0.002 7	0.003 4	0.002 6	0.002 8	0.003 1*	0.003 0**	0.003 0**	0.003 0**
	0.37	0.48	0.36	0.39	2.43	2.38	2.36	2.38
$\_Cons$	0.130 5	0.122 5	0.131 9*	0.121 0	0.065 9***	0.079 7***	0.076 7***	0.075 8***
	1.61	1.52	1.65	1.51	3.13	3.77	3.64	3.58
$Year/Ind$	控制	控制	控制	控制	控制	控制	控制	控制
R^2_a	0.112 3	0.113 5	0.112 7	0.112 6	0.139 1	0.130 7	0.132 4	0.131 8
N	2 142	2 142	2 142	2 142	2 142	2 142	2 142	2 142

表3-16第1～4列显示了高管过度自信、高管股票期权激励与公司过度投资之间的回归结果。除了用高管的相对薪酬衡量高管的过度自信能显著抑制公司过度投资外，其余高管过度自信的变量的抑制效果均不具有显著性，并且高管股票期权激励对公司过度投资的抑制作用也不显著（除高管盈利预测偏差度量高管过度投资情况下作用显著）。第5～8列显示了高管过度自信、高管股票期权激励与公司投资不足之间的回归结果。结果表明，除高管相对薪酬度量高管的过度自信能显著抑制公司投资不足外，其余高管过度自信的变量对抑制公司投资不足的效果均不显著。但高管股票期权激励能显著抑制公司的投资不足；高管股票期权激励与高管的过度自信的交互项系数显著为负，表明对过度自信的高管实施股票期权激励能显著抑制公司的投资不足。上述结果表明，高管的过度自信心理偏差对抑制公司非效率投资作用有限，而对过度自信的高管实施股票期权激励，高管不仅能承担更高水平的风险，并且能显著抑制公司的投资不足。在当前长期处于后金融危机时代，稳定市场对公司投资效率的预期具有重要的促进作用。

用现金流量法重新度量公司的新增投资规模，并在此基础上研究高管过度自信、高管股票期权激励与公司的投资效率之间的关系。如表3-17的第1～4列所示，高管的过度自信与公司的过度投资呈负相关关系，但不具有显著性，并且高管的股票期权激励也不能显著抑制公司的过度投资，对过度自信的高管实施股票期权激励也几乎不存在显著的抑制作用。但是在公司投资不足中，如表3-17的第5～8列所示，高管的过度自信能抑制公司的投资不足，两者呈显著的负相关关系；高管人员的股票期权激励也能显著抑制公司的投资不足；不仅如此，对过度自信的高管实施股票期权激励能加强这种抑制作用。

综上所述，高管人员的过度自信心理偏差对抑制公司的过度投资作用不明显，对高管人员实施的股票期权激励能显著抑制公司的投资不足，并且对过度自信的高管人员实施股票期权激励的抑制作用更加显著。

（二）公司产权性质的影响

我国资本市场中的上市公司大多由国有企业改制而来，这类公司的高管人员大多具有"半商半仕"的特点，并且过度自信心理偏好可能更加突出和显著。主要原因在于：一是国有上市公司高管人员的选拔存在比较严重的选择性偏差。上市公司有可能把那些企业经营能力比较弱、但政治表现比较好的人选拔为上市公司高管人员，但这些人在竞争国有上市公司高管人员职位和经营国有上市公司过程中，为了博取相关政府部门的信任和支持，又通常会过度自信地表现出自己拥有很强的企业经营能力；二是国有上市公司高管人员具有的官员身份和行政级别可能会使其产生过度自信心理偏好。在中国"官本位"思想比较严重的情况下，官员身份可能使国有上市公司高管人员感觉到自己拥有某种高人一等的特权,行政级别又在一定程度上说明了国有上市公司高管人员以前事业的成功和现在拥有的权力;三是国有上市公司高管人员受到的监督和约束比较小也是其产生过度自信心理偏好的一个重要原因;四是经营业绩考核评价体系和奖惩机制不健全也可能导致国有上市公司高管人员产生比较严重的过度自信心理偏好。因此,前文研究的高管的过度自信偏差对公司投资效率的影响可能受到产权性质的影响,即这种影响在国有和非国有上市公司中存有差异。

表 3-18 列示了在倍差法(difference in difference)下,高管过度自信、高管股票期权激励以及产权性质对公司过度投资的影响差异。结果显示,高管的过度自信心理偏差、股票期权激励以及国有企业三者之间的交互项系数不显著。这表明,在对过度自信的高管实施股票期权激励计划方面,国有企业与非国有企业之间的过度投资并未存有显著差异。无论是国有企业还是非国有企业,实施股票期权均能抑制公司的过度投资,但两者并不存在显著性差异。除此之外,两类产权性质下高管的过度自信的心理偏差以及股票期权激励与过度自信的交互项存有差异。相对于非国有企业,国有企业的高管过度自信能显著抑制公司的过度投资,过度自信与产权性质的交互项的系数显著为负,即两者之间存在显著性差异;同时,相对于对非国有企业过度自信的高管实施股票期权激励能显著抑制公司的过度投资,对国有企业过度自信的高管实施股票期权激励未显著抑制公司过度投资,两者之间并不存在显著性差异。上述结果表明,不同公司的产权性质在公司高管的过度自信心理偏差和对过度自信的高管实施股票期权激励两个方面影响公司的过度投资产生差异。并且,国有企业下过度自信的高管更能显著抑制公司的过度投资,对非国有企业的过度自信高管实施股票期权激励更能抑制公司的过度投资。但是,高管股票期权激励对公司过度投资的抑制情况在国有企业和非国有企业之间并不存在显著性差异。

(三)股票期权激励计划的动机影响

自我国上市公司"正式"引入股权激励制度以来,高管人员股权激励计划如何影响公司的投资决策已成为现代公司金融研究的热点话题,并形成了具有广泛争议的研究成果。然而,当前的研究仅止步于讨论股权激励与公司非效率投资之间的关系,缺乏深入研究股权激励影响公司非效率投资的作用机理。自吕长江等(2009)首次引发对"我国上市公司股权激励制度设计:是激励还是福利"的思考,以及陈仕华和李维安(2012)发现我国上市公司股票期权实质成为大股东"赎买"高管的一个合法性工具后,高管人员股权激励计划的非激励型动机以及由此带来的后果已逐渐被人们所关注。因此,笔者认为应从上市公司推出高管股权激励计划的

表 3-18 产权性质、高管过度自信、高管股票期权激励与过度投资

Overinv	Inv_BS				Inv_CF			
	(1)	(2)	(3)	(4)	(5)	(6)	(7)	(8)
ESO	−0.021 8***	−0.023 1***	−0.019 6***	−0.006 5	−0.081 0***	−0.030 3***	−0.024 1**	−0.026 5**
	−2.64	−3.88	−3.16	−1.54	−4.05	−2.80	−2.21	−2.34
State	−0.010 75*	−0.008 7*	−0.008 3*	0.008 6*	−0.007 3	−0.011 5*	−0.014 2**	−0.014 0**
	−1.79	−1.84	−1.82	−1.86	−0.98	−1.88	−2.37	−2.31
M	−0.013 2**				0.006 3			
	−2.17				0.69			
NI		−0.004 4						
		−0.56						
MR			−0.009 5			−0.009 6		
			−1.04			−0.78		
C				−0.012 1				−0.015 8
				−1.35				−1.27
ESO×State	−0.042 2*	−0.009 0	−0.002 3	−0.005 4	−0.014 7	−0.010 8	−0.006 3	−0.011 2
	−1.83	−0.84	−0.20	−0.44	−0.98	−0.80	−0.44	−0.74
ESO×M	−0.026 1***				−0.027 6**			
	−3.69				−2.15			
ESO×NI		−0.016 4*				−0.018 2*		
		−1.65				−1.87		

(续表)

	Inv_BS				Inv_CF			
	(1)	(2)	(3)	(4)	(5)	(6)	(7)	(8)
Overinv								
ESO×MR			−0.018 0**				−0.036 8*	
			−2.36				−1.88	
ESO×C				−0.020 2**				−0.034 1**
				−2.17				−1.96
M×State	−0.016 3***							
	−2.74							
NI×State		−0.027 3**			−0.015 4**			
		−2.18			−2.35			
MR×State			−0.025 9*			−0.028 6***	−0.022 5***	
			−1.97			−3.33	−3.26	
C×State				−0.022 8***				−0.024 6***
				−2.67				−2.62
ESO×M×State	0.009 0				0.004 1			
	0.80				0.29			
ESO×NI×State		0.010 5				0.011 2		
		0.39				0.31		
ESO×MR×State			0.010 3				0.002 2	
			1.24				1.57	
ESO×C×State				−0.001 2				−0.005 2
				−0.72				−0.27

(续表)

Overinv	Inv_BS				Inv_CF			
	(1)	(2)	(3)	(4)	(5)	(6)	(7)	(8)
E_idio	0.042 2***	0.042 9***	0.043 3***	0.043 0***	0.006 4***	0.006 3***	0.006 3***	0.006 3***
	3.33	3.38	3.43	3.41	3.24	3.17	3.21	3.21
Sys	0.001 4	0.001 2	0.003 6	0.003 2	0.016 9	0.022 0	0.017 0	0.020 4
	0.06	0.05	0.15	0.14	0.63	0.81	0.62	0.75
Q	−0.000 9	−0.001 0	−0.001 0	−0.001 0	−0.008 3	−0.006 5	−0.008 3	−0.008 0
	−0.58	−0.70	−0.65	−0.69	−1.07	−0.83	−1.06	−1.03
Cash	0.084 5***	0.086 7***	0.086 8***	0.086 2***	0.116 6***	0.116 0***	0.116 3***	0.117 1***
	4.56	4.68	4.68	4.64	4.11	4.09	4.11	4.13
Size	−0.001 5	−0.002 3*	−0.002 3*	−0.002 2*	−0.001 3	−0.001 1	−0.001 0	−0.000 7
	−1.04	−1.81	−1.80	−1.75	−0.74	−0.70	−0.62	−0.48
Lev	−0.010 2	−0.008 5	−0.008 3	−0.009 1	−0.087 3***	−0.087 8***	−0.087 1***	−0.087 9**
	−1.22	−1.02	−0.99	−1.10	−9.21	−9.29	−9.20	−9.27
Dual	0.005 2	0.005 4	0.005 2	0.005 5	0.001 3	0.001 9	0.001 4	0.001 8
	1.15	1.19	1.14	1.21	0.18	0.27	0.20	0.26
_Cons	0.159 0**	0.171 8**	0.164 9**	0.165 4**	0.100 9	0.088 5	0.099 8	0.087 1
	2.29	2.52	2.42	2.42	1.22	1.08	1.21	1.06
Year/Ind	控制	控制	控制	控制	控制	控制	控制	控制
R^2_a	0.088 4	0.086 6	0.086 4	0.087 0	0.128 4	0.128 0	0.127 3	0.127 2
N	2 142	2 142	2 142	2 142	2 142	2 142	2 142	2 142

动机这一源头出发，探寻基于激励型（或非激励型）动机下的高管股权激励对公司非效率投资的影响。

行权价格作为高管购买标的股票的事先约定价格，与高管的行权成本密切相关。因此，上市公司股权激励计划草案中确立的初始行权价格将成为笔者判断股权激励动机的突破口。《上市公司股权激励管理办法（试行）》规定，股权激励的基准行权价格（或授予价格）不应低于股权激励计划草案摘要公布前1个交易日公司标的股票的收盘价和前30个交易日内公司标的股票平均收盘价中的较高者。笔者认为，非激励型股权激励的行权价格往往恰好选择《管理办法》中的基准价格。不仅如此，这类公司在行权定价基准日前披露坏消息的频率显著增加，从而使基准日期间公司的股价下跌，进而使公告日前30个交易日至公告日期间股票的 CAR 为负值，最终导致基准价格降低。因此，笔者选择基准日期间的 CAR 作为识别非激励型动机的指标。

表3-19和表3-20比较了两类动机下对过度自信的高管实施股票期权激励后对公司的非效率投资的影响差异。Type 的回归系数显著为负，这表明相比于非激励型动机，激励型动机下的高管股票期权激励能显著抑制公司的非效率投资，即基于激励型动机而实施高管股票期权激励不仅能显著降低公司的过度投资，也能弥补公司的投资不足。同时，对过度自信的高管实施激励型股票期权激励计划对公司的两种非效率投资影响存有差异。如表3-19和表3-20所示，高管股票期权激励的动机与高管过度自信的交互项系数在公司的两类非效率投资上均为负数，且对公司的投资不足影响显著（但对公司的过度投资影响不显著）。这表明，基于不同的动机对过度自信的高管所实施的股票期权激励计划，对公司的非效率投资的影响存有差异。相比于对过度自信的高管实施非激励型股票期权激励，实施激励型动机的股票期权激励更加显著地抑制公司的投资不足，而在公司过度投资方面的影响不存在显著性差异。

六、研究结论与政策建议

（一）研究结论

聘用过度自信的高管与对现任的高管实施股票期权激励计划为提高高管承担风险水平的两种重要举措。先前大多数学者用高管对股票期权激励的行权态度作为度量高管过度自信的心理偏差的一种替代变量，鲜有将高管人员的股票期权激励与高管的过度自信并列作为一种提高高管承担风险水平的方式。本节试图将两者结合起来，重点研究对过度自信的高管人员实施股票期权激励给高管承担的风

表 3-19 两类动机的高管股票期权激励、高管过度自信与投资效率

Inv_BS	Overinv				Underinv			
	(1)	(2)	(3)	(4)	(5)	(6)	(7)	(8)
Type	−0.003 7	−0.010 3***	−0.005 0*	−0.006 5***	−0.015 2*	−0.006 5***	−0.010 8***	−0.012 0***
	−1.06	−3.63	−1.88	−2.82	−1.85	−3.80	−7.05	−6.66
Type×M	−0.002 2				−0.009 1**			
	−0.60				−1.97			
M	−0.001 1				−0.004 0			
	−0.14				−0.49			
Type×NI		−0.004 2				−0.051 5***		
		−0.88				−6.11		
NI		0.007 8				−0.033 7***		
		0.50				−3.74		
Type×MR			0.004 5				−0.014 1***	
			1.48				−2.81	
MR			−0.006 7***				−0.013 4***	
			−2.04				−2.84	
Type×C				−0.002 0				−0.042 2***
				−0.88				−4.89
C				−0.010 6**				−0.031 2**
				−2.46				−3.29

(续表)

Inv_BS	Overinv				Underinv			
	(1)	(2)	(3)	(4)	(5)	(6)	(7)	(8)
E_idio	0.102 3***	0.092 0***	0.076 3***	0.089 5***	−0.037 3***	−0.013 9***	−0.004 4	−0.006 0
	5.97	6.02	5.81	7.02	−3.81	−2.84	−0.55	−0.86
S_{ys}	−0.005 1*	−0.003 1	−0.003 2*	−0.004 4**	0.004 8***	−0.000 2	−0.000 3	0.000 3
	−1.64	−1.22	−1.70	−2.04	3.44	−0.13	−0.32	0.28
Q	0.002 5**	0.002 7**	0.002 1**	0.002 8***	0.003 4***	0.000 3	0.000 9	0.001 2
	2.28	2.02	2.35	2.80	4.03	0.36	0.92	1.21
$Cash$	−0.074 9***	−0.088 9***	−0.051 7***	−0.067 5***	−0.049 2***	−0.031 2***	−0.023 6***	−0.028 1***
	−5.47	−4.87	−4.66	−5.18	−7.57	−3.90	−3.98	−5.21
$Size$	−0.002 5**	0.000 1	−0.000 6	0.000 4	−0.003 4**	−0.002 1**	−0.002 3***	−0.003 2***
	−2.06	0.08	−0.96	0.39	−3.49	−2.44	−2.86	−4.33
Lev	0.017 3	0.025 1**	0.011 0	0.009 0	0.012 3**	−0.000 1	0.002 2	0.003 3
	1.32	2.02	0.91	0.81	2.03	−0.01	0.51	0.67
$Dual$	0.002 6	0.003 6	0.006 9***	0.005 6**	−0.002 8*	−0.012 1***	−0.003 7**	−0.007 9**
	1.16	0.94	2.61	2.74	−1.85	−3.86	−2.43	−2.49
$\_Cons$	0.117 1***	0.065 7**	0.085 9***	0.064 6***	0.145 3***	0.128 8***	0.131 1***	0.151 5***
	5.05	2.52	4.91	2.82	6.46	6.64	7.38	9.02
$Year/Ind$	控制	控制	控制	控制	控制	控制	控制	控制
R^2_a	0.045 9	0.055 5	0.047 2	0.044 5	0.159 1	0.110 3	0.081 7	0.125 8
N	230	230	230	230	111	111	111	111

表 3-20 两类动机的高管股票期权激励、高管过度自信与投资效率

Inv_CF	Overinv					Underinv		
	(1)	(2)	(3)	(4)	(5)	(6)	(7)	(8)
Type	−0.022 5***	−0.033 5***	−0.032 6***	−0.037 0***	−0.008 9***	−0.006 5***	−0.011 7***	−0.009 1***
	−3.04	−5.16	−5.48	−6.88	−3.13	−3.20	−4.97	−4.28
TypeM	−0.005 0				−0.008 1***			
	−0.93				−3.02			
M	−0.043 6***				−0.003 7			
	−7.41				−1.38			
TypeNI		−0.008 9				−0.012 3***		
		−1.18				−3.98		
NI		−0.003 5				−0.012 6***		
		−0.45				−3.42		
TypeMR			−0.004 3				−0.015 4***	
			−0.99				−5.67	
MR			−0.009 4**				−0.014 0***	
			−2.33				−3.49	
TypeC				−0.000 4				−0.013 0***
				−0.07				−3.88
C				−0.006 5*				−0.018 4***
				−1.77				−4.09

(续表)

Inv_CF	Overinv				Underinv			
	(1)	(2)	(3)	(4)	(5)	(6)	(7)	(8)
E_idio	−0.073 0*	−0.014 2	0.021 2	0.005 0	−0.023 4**	−0.019 2**	−0.029 0***	−0.026 5***
	−1.78	−0.60	0.63	7.02	−2.32	−2.36	−4.35	−3.50
Sys	−0.005 5	−0.016 5***	−0.017 4***	−0.016 0***	0.000 3	−0.000 6	0.001 1	0.000 7
	−1.11	−3.56	−3.17	−2.86	0.32	−0.66	0.96	0.62
Q	0.003 2	0.000 9	−0.001 5	−0.001 0	0.000 4	−0.000 1	−0.000 4	−0.000 2
	0.86	0.38	−0.46	−0.33	0.72	−0.17	−0.61	−0.45
$Cash$	0.145 7***	0.159 9***	0.172 8***	0.167 3***	0.006 9	0.008 3	−0.003 0	0.009 9*
	4.14	4.40	5.17	5.00	1.17	1.44	−0.51	1.81
$Size$	0.003 0	−0.001 5	0.002 8	0.000 4	−0.002 2**	−0.003 0***	−0.002 5***	−0.003 4***
	1.42	−0.61	1.12	0.15	−3.45	−4.65	−4.11	−5.57
Lev	−0.036 9***	−0.047 0***	−0.030 3	−0.017 7	−0.038 2***	−0.035 9***	−0.033 7***	−0.030 0***
	−1.38	−2.50	−1.20	−0.69	−9.93	−10.37	−8.95	−8.01
$Dual$	0.012 1*	0.030 9***	0.036 4***	0.036 0***	0.007 6***	0.007 6***	0.006 6***	0.007 2***
	1.83	6.36	6.58	7.52	4.90	5.65	4.48	5.10
$\_Cons$	0.027 4	0.171 7***	0.064 8	0.117 0***	0.140 3***	0.157 8***	0.154 3***	0.167 0***
	0.56	2.85	1.14	2.05	9.86	10.70	11.51	12.26
$Year/Ind$	控制	控制	控制	控制	控制	控制	控制	控制
R^2_a	0.179 4	0.163 3	0.156 2	0.151 9	0.193 2	0.202 7	0.217 9	0.217 9
N	235	235	235	235	124	124	124	124

险水平带来的影响。

本节以2007—2012年非金融行业上市公司为样本,研究高管过度自信与股票期权激励能否提升高管承担风险水平,重点研究对过度自信的高管实施股权激励计划后,高管所承担的风险水平以及公司的研发水平将会如何变化。研究结果表明:无论是实施高管股权激励计划还是聘任过度自信的高管均提高了高管所承担的风险水平;对过度自信的高管实施股权激励计划后,高管承担的风险水平显著增加,公司的研发水平也有较大幅度的提升。这说明,对高管人员实施股权激励计划和聘任过度自信的高管均能提升高管承担风险的能力,尤其是对过度自信的高管实施股权激励提升高管承担风险能力的作用更加明显,两者起到互补的作用。

为了给上市公司选择对过度自信的高管实施股票期权激励计划提供一个较为合理的解释,本节进一步检验了这类公司的资本配置效率。研究发现,高管人员的过度自信心理偏差对抑制公司的过度投资作用不明显,但对高管人员实施的股票期权激励能显著抑制公司的投资不足,并且对过度自信的高管人员实施股票期权激励的抑制作用更加显著。同时,为了解释对过度自信的高管实施股票期权能显著抑制公司的投资不足,但对公司过度投资的抑制作用非常有限,并结合我国上市公司大多数都由国有大中型企业改制而来的实际情况,公司高管人员的过度自信心理偏好可能更加突出和显著,笔者考虑了公司产权性质的可能影响,本节发现,不同公司的产权性质在公司高管的过度自信心理偏差和对过度自信的高管实施股票期权激励两个方面影响公司的过度投资产生差异。并且,国有企业下过度自信的高管更能显著抑制公司的过度投资,对非国有企业的过度自信高管实施股票期权激励更能抑制公司的过度投资。

考虑到我国股票期权激励制度设计中存有广泛的非激励型动机(吕长江等,2009)的特征,本节将2007年1月1日至2011年12月31日间首次宣告实施股票期权激励计划的非金融类上市公司,按照股权激励的动机划分为激励型动机和非激励型动机,对比研究了两种动机下对过度自信的高管实施股票期权激励给公司的非效率投资带来的影响。研究表明,基于不同的动机对过度自信的高管所实施的股票期权激励计划,对公司的非效率投资的影响存在差异。相比于对过度自信的高管实施非激励型股票期权激励,实施激励型动机的股票期权激励更加显著地抑制公司的投资不足,而在公司的过度投资方面的影响不存在显著性差异。

(二) 政策建议

本研究的结论表明,过度自信的高管与对高管人员实施股票期权激励均能提

高高管承担的风险水平,并且对过度自信的高管实施股票期权激励更能提高高管承担的风险水平。因此,笔者提出如下建议:

第一,在全球经济陷入金融危机的泥潭并在可预见的未来仍将长期处于低迷时,公司适当地聘任具有过度自信心理偏差的高管将有助于分担公司的风险,缓解公司的投资不足。"信心比黄金更加重要"。存有过度自信心理偏差的高管,往往会承担公司更多的风险而更加大胆地增加对一些风险性项目的投资,这样可能会向市场传递出高管对公司未来的经营业绩持有较为乐观的信心的信号,缓解公司的投资不足问题。

第二,对过度自信的高管人员适度地实施股票期权激励计划。公司的研发投资不仅为企业的持续增长提供动力,而且为企业保持持久的竞争优势创造条件。本节的研究表明,对过度自信的高管实施股票期权激励,不仅能缓解股东和高管之间的代理问题,促使高管承担更多的风险,增加公司的研发投资,而且能有效缓解公司的投资不足问题。

第三,更加关注公司实施股权激励计划的动机。"动机促发途径,途径引致结果。"要考虑股权激励,尤其是我国上市公司股权激励的经济后果,必须追本溯源,结合其实施股权激励计划的动机,以及实施的手段和中介路径。笔者相信,不同动机下公司推出的股权激励计划将促使高管做出不同的投资决策,这些决策不但会引致公司投资效率发生变化,而且终将影响公司的价值。本节的研究表明,相比于对过度自信的高管实施非激励型股票期权激励,实施激励型动机的股票期权激励更加显著地抑制公司的投资不足,而在公司的过度投资方面的影响不存在显著性差异。

第三节 职位晋升、股票期权与风险承担

以 2006—2013 年沪深 A 股非金融业上市公司为样本,本节研究副手高管的晋升激励、股票期权激励与公司风险水平之间的关系,并且重点检验在激发高管承担更高风险水平方面,股票期权与职务晋升两种激励机制之间的关系。研究发现,在风险承担方面两种激励机制呈替代关系。同时,笔者从两类激励机制所引致的经济后果和股权激励动机的角度做了进一步研究。这为"同时实施两种激励机制的公司并非一定激发高管承担风险"提供了一定的证据支撑。

当全球经济步入后金融危机时代、欧盟债务危机仍未完全平复时,新兴市场国

家获得加快追赶发达经济体步伐的机遇,但也面临着更多风险①。经济的持续增长依赖于对风险性项目的投资(Acemoglu 和 Zilibotti,1997),选择更高风险的投资项目能够加快整个社会的资本积累,使经济增长更快(John 等,2008)。从微观的角度来看,风险性项目的投资是企业获得并维持竞争优势的手段之一。然而,包括风险性项目在内的投资决策须由企业的高管人员来执行。高管人员看待风险性项目的态度以及高管所能承担的风险水平将影响企业的投资效率(余明桂等,2013)。高管承担的风险水平通常为与企业资本性支出水平正相关(Bargeron 等,2010),同时还反映出更多的研发投入和更高的创新积极性(Hilary 和 Hui,2009)。如何激发高管承担更多的风险,将企业的资源更多地投资于风险性项目(如研发投资)已成为高管的薪酬设计和聘任制度的目标之一。

尽管同行业内的企业(尤其是我国国有企业)高管的货币薪酬差距相对较小,但企业内高管的"正副手"之间的货币薪酬存在较高的级别差异。锦标赛理论认为,随着行政层级的提高,相邻层级间的薪酬差距呈加速增加之势。如果考虑到晋升后的在职消费和权力享受,副手高管对晋升的预期收益将明显提高。Kini 和 Williams(2012)认为,类似于期权特征的组织内部晋升机制,能促使潜在的晋升者(副手高管)承担更高的风险水平,并且组织内部的晋升激励提高了公司的研发投资水平。通过构建一个理论模型,Goel 和 Thakor(2008)认为,在企业副手晋升为 CEO 的锦标赛中,如果每一位副手选择相同的风险水平,那么他们将最终获得相同的产出,并且他们之间获得晋升的概率相同(假设之前他们的能力一样),为了增加晋升的可能性,他们可以将更多的资本转向一些风险项目②,如研发投资等。

以上的研究为高管承担风险能力受到企业的高管薪酬激励机制和晋升激励机制的影响提供了广泛的证据,但遗憾的是,据笔者所掌握的文献,鲜有研究关注两种激励机制在影响高管风险承担中的关系。既然股票期权与职位晋升两种激励机制均能提升高管承担风险能力,那为什么有的企业在实施职位晋升激励时也施行高管人员股票期权激励计划?是为了促使高管承担更高的风险水平还是其他的原因?最终将引发企业的资本配置情况如何变化?这些问题均没有引起公司足够的关注。

---

① 2014 年 7 月 25 日,国际货币基金组织(IMF)将 2014 年全球经济增长预测从 3.7% 下调至 3.4%。IMF 下调了多数大型新兴市场经济体的增长预测,其中俄罗斯由 1.3% 大幅下调至 0.2%,中国从 7.6% 下调至 7.4%,巴西从 1.9% 下调至 1.3%。

② 这里的逻辑为,尽管产出的均值相等,但高风险项目可能伴随着产出的最大值;同时,相比于其他竞争对手的高产出,承担更多风险的高管将获得更高的产出。此时,更高产出的高管将更容易得到晋升,因为董事会无法鉴别更高的产出是由高管具有较高的经营能力还是高风险项目本身所致。

本节以 2006—2013 年沪深 A 股非金融业上市公司为样本,研究副手高管的晋升激励、股票期权激励与公司风险水平之间的关系,重点检验在激发高管承担更高风险水平方面,股票期权与职务晋升两种激励机制之间的关系。研究发现,副手高管的晋升激励机制与股票期权激励机制均能激发高管承担风险能力而降低公司的风险水平,并且对于实施副手高管职务晋升激励的上市公司同时授予高管一定份额的股票期权激励反而会削弱高管承担风险的能力。这表明在风险承担方面两种激励机制呈替代关系。同时,这也为那些具有较强职务晋升激励的公司实施股票期权激励计划并非一定能提高风险承担提供了一定的证据。

为了探寻两种激励机制的替代关系,本节对两类激励机制所引致的经济后果和股权激励动机的角度做进一步研究。研究发现,两类激励机制能显著提高公司的资本配置效率和未来绩效,但同时具备这两类激励机制的公司却呈现抵减效应。两类激励机制对公司风险水平的交互作用受到股权激励动机的影响:激励型动机下两种激励机制起互补作用,而非激励型动机下的两种激励机制无明显作用。

相比于以往研究,本节的贡献可能有如下几点:第一,据笔者所知,当前研究晋升机制的对象大多集中于政府官员(陶然等,2010)或"准官员"(杨瑞龙等,2013),鲜有从微观企业层面研究企业的副手高管。尽管理解官员或"准官员"的政治晋升机制有助于分析地方政府和国有企业高管的行为,但从微观层面制定职位的晋升机制将更加有助于理解我国经济长期高速增长的动力。笔者以企业副手高管的职位晋升为视角,试图找出企业的职位晋升与风险承担之间的关系。第二,以风险承担为落脚点,本文探讨职位晋升与股票期权之间的关系。先前的研究已经证实,企业的高管具有风险厌恶性偏好,尤其是损失厌恶偏好;职位晋升与股票期权均能激发高管承担更高的风险水平。那么,对具有较高职位晋升的企业高管授予一定的股票期权能否增加风险承担水平?笔者发现,在风险承担方面,职位晋升与股票期权两种激励机制为替代关系;进一步区分股权激励的激励型动机和非激励型动机后,发现激励型动机下两种激励机制起互补作用,而非激励型动机的两种激励机制无明显作用。第三,当前研究高管股权激励制度与公司资本配置效率之间的关系存在广泛的争议。如吕长江和张海平(2011)在检验股权激励对公司投资行为的影响时发现,授予高管人员一定股权(或期权)的股权激励计划能够有效降低经理人与股东之间的代理成本问题,抑制上市公司的非效率投资;而汪健等(2013)以中小板上市公司为例,发现股权激励计划非但不能降低代理成本反而更易导致公司的过度投资;也有学者发现高管股权激励与公司的投资决策之间并没有显著性关系(简建辉,2011)。笔者研究发现,实施职位晋升激励的公司,对高管人员授予一定的股票期权激励后却降低了公司的资本配置效率。这表明,高管人员股票期权激励并非一定能提高公司的资本配置效率,从而给研究高管股权激励制度对公司的投资决策影响补充了证据。

一、高管职业晋升与风险承担

心理契约理论认为,在隐性的心理契约诸多影响中,职位晋升激励对员工的影响便是一个重要方面(Robinson,1996),企业中职位晋升既是激励员工努力工作或进行专用性人力资本投资的重要手段,也是提高人员与职业匹配效率的有效途径。当员工不只限于当前的薪酬条件而更多地考虑自身的职业生涯时,企业应偏重于发挥晋升激励机制的作用(Gibbons 和 Murphy,1992)。当存在内部指定继任者时,企业将对继任者大多采用基于业绩的薪酬(pay for performance)机制(Mobbs 和 Raheja,2012)。然而,由于企业业绩可能出现较大波动,这种薪酬激励机制的有效性可能下降,但管理者的锦标赛晋升激励机制可能依然有效(Milgrom 和 Roherts,1992)。当前,学者们在研究管理者晋升激励机制效应时,热衷于讨论晋升激励与企业绩效之间的关系。高管的晋升激励与公司的业绩正相关,且受到企业的产权性质与控制方式的影响。相比于家族企业的晋升激励,非家族企业的晋升激励显著提高企业的业绩(Li 等,2012);晋升激励对企业绩效的敏感性受到政府的控股层级的影响(宋德舜,2006);相较于民营企业,国有企业经营风险对高管晋升的激励效应的影响更小(廖理等,2009)。

所谓晋升激励(Tournament Incentive),是指通过组织中的职位层级升迁来激励高管降低代理成本,提升公司绩效(徐细雄,2012)。职位晋升给予高管在未来获取更高额回报的心理预期,这有利于引导他们延长服务期限,并投入更多的努力水平(Dencker,2009)。职位晋升是员工个人职业生涯发展的重要途径。对于企业来说,职位晋升机制主要有选拔优秀的人才和激励现有员工的工作积极性的作用。相对于其他激励措施(如货币激励),晋升机制可以鼓励员工的视觉长期化并符合企业的长远利益。企业从内部晋升优秀员工,能使与企业同甘共苦、一起成长的员工受惠于企业发展的成果。相对于外部招聘,企业从内部提拔合适的员工更能加强企业的凝聚力。内部晋升的员工已经认同企业的价值观,熟知企业的运作。内部晋升不但让被晋升者得到更多的机会和在更大的范围内施展其才华,也给未晋升者或新来者提供了职业发展的期望,使员工将个人职业发展与企业的长期发展结合起来,从而增强员工对企业的归属感与忠诚感。

高管的"副手"晋升为"正手"或更高的职务,意味着"副手"将获得更高的货币薪酬、社会地位以及享有一定程度的职务消费。因为无法准确评价高管的潜在能力,所以包括副手在内的高管薪酬主要基于企业绩效。在晋升激励的锦标赛中,当副手高管付出更高的努力程度时,副手高管将很可能晋升为正手;并且正副手高管之间的薪酬差距越大,晋升为正手的可能性更大(Kale等,2009)。类似于期权特征的组织内部晋升机制,能促使高管人员承担更高的风险水平(Kini和Williams,2012)。

假设3-5:其他条件相同的情况下,职位晋升激励越强,高管承担的风险水平越高。

二、股票期权激励与风险承担

前景理论(prospect theory)认为,与投资总量相比,投资者更加关注的是投资的未来前景,当投资者面临条件相同的损失时更加倾向于冒险,当面临条件相当的盈利前景时反而更倾向于选择确定性的决策(Kahneman和Tversky,1979)。在前景理论的基础上,结合代理理论,Wiseman和Gomez Mejia(1998)提出以或有的观点(contingent view)看待高管所承担的风险的行为代理理论(Behavioral agency theory)。这种理论认为,高管对其个人财富前景的预期会影响其对待风险的态度。当高管预期较低概率的损失时,他们更加倾向于厌恶风险;但当他们预期存在较高概率的损失同时存在较高数额的利得时,他们更愿意做出风险投资的决策。同时,高管风险的承受能力(通常用高管的个人财富以及财富的效用来衡量)制衡了其对风险项目前景的预期和做出的风险行为决策。Rajgopal和Shevlin(2002)以石油和天然气行业为例,发现高管股票期权激励与公司的勘探风险正相关。

股票期权激励能够提高高管自愿承担风险能力,并激发高管将企业更多的资源配置于风险项目的投资。一方面,当公司股价低于期权的执行价时,授予的股票期权无法增加高管的实际财富(Sanders,2001)。为了实现股票期权的价值,高管必须想方设法地改善公司的业绩。风险投资将给企业招徕新的顾客(进而提高市场占有率)、改良的生产工艺以及低廉的产品成本等,这些最终体现在较好的公司业绩或较高的公司股价上。因此,持有股票期权的高管有动力将更多的资源配置于风险项目的投资活动。另一方面,通常而言,高管必须经过期权等待期①(通常为2~3年)后方可行权。这促使高管调整他们的投资期限决策,转向更能为企业带来长远利益的长期投资。结果是,拥有高期权的高管将牺牲短期收益而更加关注企业的长期战略投资(如研发投资)。因此,虽然风险项目具有高度的不确定性,但是持有期权的高管有动力去承担潜在的风险。将高风险的项目投资活动与高财富相结合,高管的股票期权激励对高管的风险承担水平产生正向效应。高管的股

---

① Murphy(1999)所搜集的样本中大约83%的行权期限为10年。

权(或期权)价值的敏感性(通常称为 $Vega$)与公司风险水平正相关已得到先前大多数学者的经验研究所证实(Tchistyi 等,2011)。进一步考虑了两者之间的内生关系后,Coles 等(2006)也同样发现,高管的财富对股票收益波动率的敏感度越大,公司的研发支出水平越高。

假设 3-6:在其他条件相同的情况下,相比于未实施股票期权激励的公司,实施股票期权激励计划的公司高管承担的风险水平更高。

三、高管职业晋升、股票期权激励与风险承担

上述研究表明,职位晋升与股票期权激励均能提高高管的风险承担水平,那么,在风险承担方面,职位晋升与薪酬(尤其是股票期权)激励的关系如何?是替代还是互补?先前的研究表明,企业包括研发投资在内的风险性项目投资将为企业的持续增长提供动力,而且为企业维持持久的竞争优势创造条件(Lev 和 Sougiannis,1996;陈效东和周嘉南,2014)。在检验晋升激励效应时,Lazear 和 Rosen(1981)、Gibbons 和 Murphy(1992)的理论研究表明,在与企业绩效的关系方面,职位晋升与薪酬激励均能提高企业的绩效,并且两者存在替代关系。

职位晋升与股票期权两种激励机制均存在一定的局限性。职位晋升最大的挑战在于坚持晋升决策的公正原则,即晋升结果的公正性、程序的公正性和上下属交往的公正性等(张秀娟,2003)。企业只能晋升少数员工,而不能像货币激励那样,同时奖励大多数人。而且,在员工的整个职业生涯中,即使最优秀的人才,其晋升的次数也不可能很多。而企业对员工则可以经常进行货币奖励。由于晋升机会不多,同事之间会因为晋升而产生竞争,从而可能影响团队合作精神。特别是,当副手高管认为与自己条件相当的人得到晋升,甚至不如自己的人也升迁了,而自己却仍在原地踏步时,他们就会认为企业违反了公正、公平的原则,从而产生愤怒的情绪,并重新评价与调整个人与组织的关系,包括降低对企业的心理承诺、增加离职意向和寻找跳槽机会或者马上跳槽等。晋升具有奖励与选拔管理人员两种功能,这两种功能会存在冲突。奖励功能是对员工过去的优秀业绩进行奖励。选择管理人员是将合适的人放在合适的岗位上。在现有岗位上业绩优秀的员工不一定适合、也不一定有兴趣做管理工作,典型的例子是优秀的科学家和工程师不一定能当出色的经理。在现有岗位上有能力和业绩突出的人,不一定能胜任更高层的职务。但在晋升激励下,被晋升者可能会不断要求晋升,直到最后到达力不从心的职位为止。同样,自我国上市公司"正式"引入股权激励制度以来,包括股票期权在内的股权激励制度也存在局限性。我国上市公司实施的股权激励计划同时存在激励型和福利型两种动机(吕长江等,2009),并且两类动机下股权激励效应存有差异。陈效

东和周嘉南(2014)在研究高管股权激励与公司研发水平的关系时,发现激励型股权激励与研发支出之间呈正相关关系,而福利型股权激励与研发支出不存在显著的相关关系。因此,可能由于上述局限的存在,对于存有职位晋升激励机制的企业,授予高管一定程度的股票期权能否提高高管承担风险水平是一个实证检验问题。因此,笔者提出如下假设:

假设3-7a: 在其他条件相同的情况下,同时实施职位晋升激励和股票期权激励的公司会提高高管承担的风险水平。

假设3-7b: 在其他条件相同的情况下,同时实施职位晋升激励和股票期权激励的公司会降低高管承担的风险水平。

四、研究设计

(一) 模型的设定与数据的选择

(1) 模型的设定。为了检验上文所提出的假设,笔者分别构建了如下两个模型。其中,模型(3-12)用于分别检验副手高管的晋升激励和股票期权激励两种激励机制对企业风险承担水平之间的关系;而模型(3-13)主要用于检验存在晋升激励的公司实施股票期权激励后对企业风险承担水平的影响。笔者预期模型(3-12)中的回归系数 β_1 显著为负,模型(3-13)中的回归系数 β_3 显著为正,也可能显著为负。

$$Risk_{i,t} = \alpha + \beta_1 Gap(ESO)_{i,t-1} + \beta_2^T X_{i,t-1} + \varepsilon_{i,t} \tag{3-12}$$

$$Risk_{i,t} = \alpha + \beta_1 Gap_{i,t-1} + \beta_2 ESO_{i,t-1} + \beta_3 ESO_{i,t-1} \times Gap_{i,t-1} + B_4^T X_{i,t-1} + \varepsilon_{i,t} \tag{3-13}$$

其中,$Risk$ 为企业的风险承担水平;Gap 为副手高管的晋升激励;ESO 为实施股票期权激励的虚拟变量;X 为模型的控制变量,主要包括公司的系统性风险 Sys、公司的自由现金持有量 $Cash$、公司规模 $Size$、财务杠杆 Lev、公司价值 Q、稀释的每股收益 EPS、董事长与总经理两职合一的虚拟变量 $Dual$ 以及董事会中独立董事所占的比重 Dir。

(2) 数据的选择。以《上市公司股权激励管理办法(试行)》(以下简称《管理办法》)为标志,我国的股权激励制度步入正规化的道路。因此,本节选择以2006年前已上市的非金融类A股上市公司2006—2013年的数据为初始样本,并剔除异常状态下经营的ST类企业,最终获得9 322个观测值。样本分布情况的描述性分析结果如表3-21和表3-23以及图3-4和图3-5所示。

本节所使用的数据主要包括相对于同行业的平均高管薪酬、高管盈利预测数据、高管主动持股数据以及公司治理数据。其中,高管的相对薪酬以及高管股票期权激励数据均来自CSMAR公司治理数据库;高管盈利预测数据来自CSMAR公司业绩预告数据库;公司日个股交易和综合市场交易数据均来自CSMAR股票市场交易数据;高管主动增持公司的股票数据来自CCER内部人交易数据库;其他公司财务指标数据来自CSMAR财务报表数据库。

(二) 变量的定义

(1) 职位晋升的定义与衡量。现有研究高管薪酬激励的文献,大多集中于讨论如何合理优化经理人薪酬与企业绩效挂钩,而对于近些年来较为热门的企业内部职位晋升激励机制效应的研究缺乏关注(Kini 和 Williams,2012)。这可能是由于经理人拥有企业内部最高的职务而使晋升机制对于经理人而言并不具有激励效应的缘故。因此,企业通常采用基于公司业绩的薪酬激励机制激发经理人加大个人努力程度。但是,对于下一个层级的副手高管则同时存在晋升激励机制和薪酬激励机制两种激励(如 Green 和 Stokey,1983;Baker 等,1988)。副手高管的职位晋升往往是指公司副董事长(或董事会副主席)和副总经理(或副总裁)的"副手"职位晋升为董事长(或董事会主席)和总经理(或总裁)的"正手"职务。参照 Kini 和 Williams(2012)的做法,笔者将正手高管的薪酬总额与其副手薪酬总额的中值之差(记为 Gap_C)定义为职位晋升。笔者认为,Gap_C 越大表明晋升激励程度越大,副手晋升为正手获得的预期收益越大。同时,考虑到可能受高管的薪酬结构影响,笔者将正副手之间的薪酬总额之差划分为货币薪酬之差(记为 Gap_M)和股权价值之差(记为 Gap_E)。

(2) 风险承担的定义与衡量。当前衡量企业风险的指标大多为 ROA 的波动率(余明桂等,2013)和公司的研发支出(Coles 等,2006;余明桂等,2013),而笔者重点研究高管所承担的风险水平。

在为高管设计更加合理的薪酬方案时,当前大部分学者偏向于将高管的薪酬与公司的业绩挂钩(pay for performance),并用高管的股权价值对股价变化率的敏感性($Delta$)或高管股权价值对股价波动率的敏感性($Vega$)来衡量高管所承担的风险水平(Coles 等,2006)。按照套利定价模型或其他由三因子模型所引申而来的多因子定价模型,企业的风险可分为系统性风险和特质风险(idiosyncratic risk)。并且,如果市场有效,所有影响个股收益的因素都可以被定价,对应定价模型的误差包含了与公司特质相对应的、所有不能被定价的影响因素(黄波等,2006)。相比于系统性风险,高管更可能掌控和深谙企业的特质风险,这是因为市场风险所产生的收益很难让高管进行自我归因,而企业的特质风险则容易让高管产生控制性幻觉,从而低估这种风险。控制系统性风险后,企业的特质风险越大,高管承担的风险水平更小。因此,在研究高管所承担风险水平时,笔者认为应控制不受高管控制的系统性风险,努力降低企业的特质风险。本文将企业的特质风险作为高管承担风险水平的反向代理变量,即企业的特质风险越低,高管承担的风险水平越高。

在衡量企业的特质风险时,笔者借鉴 Panousi 和 Papanikolaou(2012)在分析企业特质风险和投资决策之间的关系时所选用企业特质风险水平的方法。具体做法为:先选用日个股回报率对市场回报率和行业回报率进行回归;然后将所得的残差的平方累加成年度残差的平方根;最后对其取自然对数得到公司的年度特质风险(记为 $Idio\_risk$)。具体如模型(3-8)和(3-9)所示。

同时,为了使本文的结论更加稳健,笔者选用企业盈利的波动性(公式5),即 3 年内 ROA 的均方差(记为 Roa_risk)和企业的研发支出水平作为高管承担风险的正向代理变量。

$$Risk = \sqrt{\frac{1}{2}\sum_{t=1}^{3}(ROA_{adj,\,t} - \overline{ROA_{adj}})^2} \qquad (3\text{-}14)$$

其中,ROA_{adj} 为通过行业调整后企业的资产净利率,$\overline{ROA_{adj}}$ 为通过行业调整后企业净资产收益率近 3 年的平均值。

2006 年 2 月 15 日,财政部颁布的《企业会计准则》中规定,企业的研发活动分为研究和开发两个阶段。其中,研究阶段的费用直接计入当期损益,开发阶段的费用符合条件的可做资本化处理(列示于资产负债表中的开发支出项目中)。因此,笔者从上市公司披露的年报中手工搜集并整理了研发支出数据。具体的做法为上期的研发费用①加上当期资本化的研发费用并减去当期开发支出所摊销的研发费用。在此基础上,笔者采用国内学者(如王华和黄之骏,2006;唐清泉等,2011;陈效东和周嘉南,2014)大多采用的研发支出占总资产的比重(记为 $R\&D/TA$)和研发支出占销售收入总额(记为 $R\&D/S$)作为研发投资水平的代理变量。

(三)实证检验

(1)描述性统计。如图 3-4a 所示,总体而言,正副手的薪酬总额的差距 Cap_C 呈增加的态势,这表明公司的职位晋升激励机制逐渐得到强化,职位晋升对高管中的副手具有较强的激励作用。然而,从高管的薪酬结构出发(见图 3-4b 和图

---

① 其中,2006 年的研发费用主要披露在现金流量表附注中的"支付的其他与经营活动有关的现金流量",通常的名称包括:研发费、研究开发费、技术研究费、科研费、技术开发费、技术开发试验费、新产品研发费等。

3-4c),笔者发现:相比于货币性薪酬差距 Gap_M 呈稳定增加的趋势,股权性价值差距 Gap_E 却存在较大的波动。这可能与全球经济陷入后金融危机时代下我国的资本市场表现有关。美国前五大投行之一的莱曼兄弟宣告破产保护后,这场由美国的次贷危机引致的金融危机迅速蔓延至全球,给全球经济蒙上了阴影。随后的欧洲主权债务危机,更是给原本脆弱的经济神经"雪上加霜"。受此外部环境的影响,我国资本市场走过了"过翻车"式的轨迹(上证综指由 2007 年最高的 6 000 多点跌至 2 000 点以下)。因此,高管的正副手股权价值差距 Gap_E 也存在缩小的可能。鉴于此,笔者在研究公司的职位晋升时将正副手的薪酬总额差距 Gap_C 分为货币性薪酬差距 Gap_M 和股权性价值差距 Gap_E。

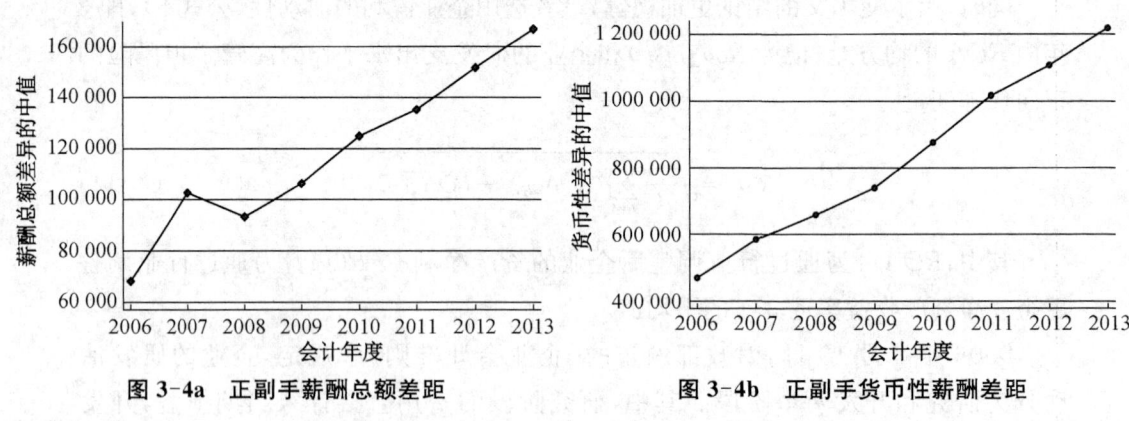

图 3-4a 正副手薪酬总额差距   图 3-4b 正副手货币性薪酬差距

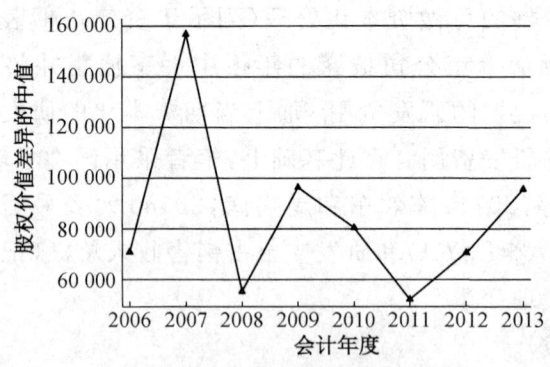

图 3-4c 正副手权益性薪酬差距

表 3-21 列示了三种风险水平的描述性统计。如表 3-21 所示,笔者使用 Roa_risk 作为高管承担风险水平的均值,均方差以及最值之差均高于特质风险 $Idio\_risk$ 和系统性风险 Sys_risk,但均值却小于这两者。这表明使用 Roa_risk 作为高管承担风险水平存在一定的噪音。因此,笔者选用 $Idio\_risk$ 衡量高管承担的风险水平,而在稳健性检验时选用 Roa_risk。

表 3-21 企业风险水平的描述性统计

	N	Mean	Median	Std.	Min	Max
$Idio\_risk$	9 322	0.251 7	0.241 7	0.077 3	0.139 0	0.821 5
Sys_risk	9 322	0.317 9	0.303 1	0.009 2	0.155 6	0.772 0
Roa_risk	9 322	0.382 8	0.236 8	0.454 9	0.003 0	3.493 6

为了研究股票期权激励机制对企业风险水平的影响,笔者比较了实施组和未实施组两类公司的风险承担水平。如表 3-22 所示,三种衡量风险的变量在两组样本中存在显著性差异。并且,相比于未实施股票期权激励的上市公司,实施股票期权激励公司的风险水平较小。这表明,高管股票期权激励能激发高管承担更高的风险,进而使公司的风险水平趋于较低的水平。

而简单地判断高管的晋升激励与风险水平之间的关系后,笔者展示了高管晋升激励、股票期权激励与公司风险水平的相关系数矩阵。如表 3-22 所示,高管的晋升激励和股票期权激励均与公司的风险水平呈显著的负相关,而高管晋升激励与股票期权激励之间呈显著的正相关。这可能表明,与股票期权激励机制作用一致,高管晋升激励机制能激发高管承担更高的风险,从而使公司的风险水平降低。这可能为本节的假设 3-5 提供初步的证据。

表 3-22 高管股票期权激励与企业风险水平的差异比较

	$Idio\_risk$			Sys_risk			Roa_risk		
	N	Mean	Median	N	Mean	Median	N	Mean	Median
$ESO=0$	8 139	0.252 8	0.242 6	8 139	0.318 8	0.304 4	8 139	0.366 7	0.237 5
$ESO=1$	1 183	0.244 1	0.234 5	1 183	0.311 6	0.298 4	1 183	0.179 8	0.232 7
$Diff(T/Z)$	9 322	3.64***	4.10***	9 322	2.50**	2.23**	9 322	5.01***	0.24

表 3-23 高管晋升激励、股票期权激励与公司风险水平的相关性系数矩阵

	Gap_M	Gap_E	Gap_C	$Idio\_risk$	Sys_risk	Roa_risk	ESO
Gap_M		0.241 6***	0.739 6***	−0.285 8***	−0.283 8***	−0.040 9***	0.178 2***
Gap_E	0.203 7***		0.713 4***	−0.059 8***	−0.033 8***	0.001 9	0.258 9***
Gap_C	0.534 2***	0.646 8***		−0.126 3***	−0.184 9***	−0.024 7**	0.285 0***
$Idio\_risk$	−0.264 5***	−0.060 5***	−0.198 9***		0.840 1***	0.054 2***	−0.042 4***
Sys_risk	−0.272 7***	−0.039 1***	−0.131 4***	0.784 2***		0.034 8***	−0.023 1**
Roa_risk	−0.085 4***	−0.016 2	−0.007 9	0.090 5***	0.073 7***		−0.002 5
ESO	0.181 2***	0.229 7***	0.390 8***	−0.037 7***	−0.025 9***	−0.008 2***	

注:矩阵的下三角为 Pearson 相关性系数,上三角为 Spearman 相关性系数。

(2) 回归分析。控制其他变量的影响后,笔者发现公司的晋升激励机制和股票期权激励机制均能激发高管承担更高的风险,从而使公司的风险水平降低。表3-24 分别列示了高管股票期权激励和晋升激励与公司特质风险水平之间的关系。两种激励机制与公司的特质风险呈显著的负相关关系,即两种激励机制均能激发高管承担更高的风险,从而降低公司的风险水平。这为本文的假设3-5 和假设3-6 提供了证据。同时,一旦控制系统性风险后,上述结论的显著性水平虽然有所降低,但仍具有 5% 水平上的显著性,并且模型的拟合优度显著提高。

为了检验假设 3-7a 和假设 3-7b,笔者在模型(3-12)的基础上添加了两种激励机制的交互项后构建了模型(3-13)并进行了回归分析,回归结果如表 3-25 所示。第(1)~(3)列显示晋升激励与股票期权激励对公司特质风险的交互作用。与上述结论一致,两种激励机制能显著降低公司的风险水平。除用股权价值衡量高管的晋升激励与股票期权激励的交互项的回归系数不显著外,其余晋升激励的代理变量与股票期权激励的交互项回归系数弱显著为正,即在公司风险水平方面,两种激励机制存在替代关系。这表明,对存在晋升激励的公司高管实施股票期权激励反而会增加公司的风险水平,这为假设 3-7b 提供了支持性证据。因此,那些实施晋升激励机制的公司,授予高管人员一定份额的股票期权并非为了激发高管承担更高的风险水平。这可能与晋升激励机制本身难以实现公正性(张秀娟,2003)和高管股票期权激励存在非激励性动机(吕长江等,2009;吴世农和吴育辉,2011;陈仕华和李维安,2012;陈效东和周嘉南,2014)有关。

(四) 稳健性检验

如前文所述,为了使研究结论更加可靠,笔者重新选择 Roa_risk、$R\&D/TA$ 和 $R\&D/S$ 作为企业风险水平的代理变量,重点检验在企业风险水平方面晋升激励和股票期权激励两种机制的替代关系。如表 3-25 第(4)~(6)列、表 3-26 和表 3-27 所示,这些回归结果均为假设 3-7b 提供了支持性证据。

五、进一步研究

(一) 职位晋升、股票期权与激励效应

为了证实实施晋升激励机制的公司授予高管人员一定份额的股票期权激励并不能激发高管承担更高的风险水平,笔者对两种激励机制所引致的后果做了进一步的研究,即研究两种激励机制与公司的投资效率之间的关系。笔者认为,即使对实施晋升激励机制的公司授予高管股票期权可能降低高管承担风险水平,但如果公司的投资活动是有效率的,也将增加公司的价值。

公司进行有效的投资活动是未来现金流增长和公司价值提高的基础。如何准

表 3-24 高管晋升激励、股票期权激励与企业风险水平的回归结果

	(1)	(2)	(3)	(4)	(5)	(6)	(7)	(8)
				$Idio\_risk$				
ESO	−0.005 2***	−0.002 5**						
	−2.75	−2.08						
Gap_M			−0.004 3***	−0.001 7**				
			−3.80	−2.33				
Gap_E					−0.000 2**	−0.000 1**		
					−2.49	−2.39		
Gap_C							−0.001 2***	−0.000 5**
							−3.20	−2.21
Sys_risk		0.886 7***		0.894 7***		0.895 2***		0.895 0***
		49.30		48.70		48.75		48.73
Cash	0.018 2***	0.006 8***	0.018 8***	0.008 2***	0.017 9***	0.007 8***	0.018 8***	0.008 3***
	3.63	2.43	3.75	2.87	3.56	2.73	3.76	2.89
Size	−0.010 3***	−0.002 8***	−0.009 2***	−0.002 1***	−0.010 2***	−0.002 4***	−0.010 0***	−0.002 4***
	−14.62	−6.37	−11.81	−4.03	−14.55	−5.29	−14.14	−5.14
Lev	0.051 1***	0.013 7***	0.049 5***	0.016 1***	0.051 0***	0.016 6***	0.050 3***	0.016 4***
	11.46	4.92	11.03	5.64	11.42	5.87	11.26	5.78
Q	0.007 5***	0.003 7***	0.007 5***	0.003 9***	0.007 4***	0.003 9***	0.007 6***	0.003 9***
	7.95	7.26	8.00	7.57	7.91	7.53	7.99	7.61
EPS	−0.000 6	0.005 8**	0.000 6	0.007 6***	−0.001 0	0.007 0***	−0.000 4	0.007 2***
	−0.18	2.55	0.16	3.38	−0.30	3.14	−0.12	3.24
_Cons	0.489 3***	0.038 0**	0.519 3***	0.070 4***	0.488 4***	0.056 7***	0.497 6***	0.061 7***
	25.68	3.34	25.65	4.50	25.70	3.69	26.09	4.05
Year/Ind	控制	控制	控制	控制	控制	控制	控制	控制
R^2_a	0.350 3	0.715 8	0.351 1	0.727 2	0.350 4	0.727 2	0.350 4	0.727 1
N	9 322	9 322	9 322	9 322	9 322	9 322	9 322	9 322

表 3-25　高管晋升激励与股票期权激励对企业风险水平交互效应的回归结果

	Idio_risk				Roa_risk	
	(1)	(2)	(3)	(4)	(5)	(6)
ESO	-0.0464*	-0.0026	-0.0163 3*	-0.0897***	-0.0072**	-0.0313***
	-1.78	-0.91	-1.90	-3.80	-3.15	-3.53
ESO×Gap_M	0.0032*			0.0065***		
	1.75			3.84		
Gap_M	-0.0020***			-0.0015**		
	-2.64			-2.01		
ESO×Gap_E		0.0001			0.0006***	
		0.56			3.79	
Gap_E		-0.0001**			-0.0001	
		-2.18			-0.87	
ESO×Gap_C			0.0010*			0.0020***
			1.85			3.49
Gap_C			-0.0000 8**			-0.0002
			-2.41			-0.45
Sys_risk	0.8949***	0.8951***	0.8953***	-0.0193*	-0.0193*	-0.0189*
	48.68	48.72	48.68	-1.83	-1.81	-1.78

(续表)

	Idio_risk			Roa_risk		
	(1)	(2)	(3)	(4)	(5)	(6)
Cash	0.008 5***	0.007 9***	0.008 4***	0.010 0***	0.009 6***	0.009 6***
	2.94	2.75	2.94	3.30	3.18	3.16
Size	−0.002 1***	−0.002 3***	−0.002 3***	−0.001 8***	−0.002 0***	−0.002 0***
	−4.00	−5.16	−4.95	−3.00	−3.31	−3.36
Lev	0.015 9***	0.016 6***	0.016 2***	0.014 9***	0.015 8***	0.015 7***
	5.56	5.86	5.72	4.21	4.42	4.40
Q	0.003 9***	0.003 9***	0.003 9***	0.010 1***	0.010 1***	0.010 0***
	7.51	7.53	7.54	13.78	13.80	13.68
EPS	0.007 9***	0.007 1***	0.007 4***	−0.012 4***	−0.012 9***	−0.012 9***
	3.49	3.19	3.31	−2.65	−2.80	−2.79
_Cons	0.075 5***	0.056 0***	0.063 7***	0.079 3***	0.062 6***	0.065 2***
	4.66	3.64	4.14	5.22	4.58	4.71
Year/Ind	控制	控制	控制	控制	控制	控制
R^2_a	0.727 4	0.727 2	0.727 2	0.127 7	0.127 2	0.127 5
N	9 322	9 322	9 322	9 322	9 322	9 322

表3-26 高管晋升激励与股票期权激励对企业研发水平交互效应的回归结果

R&D/TA	(1)	(2)	(3)	(4)	(5)	(6)	(7)
ESO	0.0029***	0.0017***			0.0014***	0.0002***	0.0005***
	7.71	11.59			3.40	4.30	2.91
ESO×Gap_M					-0.0171***		
					-3.04		
Gap_M					0.0013***		
					9.16		
ESO×Gap_E						-0.0001	
						-0.18	
Gap_E			0.0001***			0.0001***	
			8.43			4.94	
ESO×Gap_C							-0.0059**
							-2.42
Gap_C				0.0008***			0.0006***
				11.19			6.93
Idio_risk	-0.0032**	-0.0029**	-0.0033***	-0.0029**	-0.0026**	-0.0029**	-0.0028**
	-2.52	-2.22	-2.58	-2.32	-2.01	-2.31	-2.19
Cash	-0.0003	-0.0005	-0.0001	-0.0008	-0.0005	-0.0002	-0.0007
	-0.50	-0.84	-0.18	-1.34	-0.87	-0.36	-1.21
Size	0.0001	-0.0002*	0.0001	-0.0001	-0.0003***	0.00002	-0.0001
	1.26	-1.97	0.89	-1.00	-2.69	0.15	-0.96
Lev	-0.0041***	-0.0035***	-0.0040***	-0.0035***	-0.0035***	-0.0039***	-0.0035***
	-7.14	-6.13	-7.03	-6.08	-6.18	-6.84	-6.22
Q	0.0003**	0.0003**	0.0004***	0.0002*	0.0003**	0.0003**	0.0002*
	2.53	2.45	2.73	1.94	2.02	2.29	1.73
EPS	-0.0010***	-0.0013***	-0.0007***	-0.0011***	-0.0015***	-0.0010***	-0.0012***
	-3.65	-5.11	-2.83	-4.43	-5.43	-3.62	-4.49
_Cons	-0.0025	-0.0151***	-0.0021	-0.0078***	-0.0091***	-0.0002	-0.0045*
	-0.96	-5.71	-0.79	-3.04	-3.43	-0.09	-1.77
Year/Ind	控制	控制	控制	控制	控制	控制	控制
R^2_a	0.3230	0.3260	0.3223	0.3322	0.3323	0.3290	0.3351
N	9322	9322	9322	9322	9322	9322	9322

表 3-27 高管晋升激励与股票期权激励对企业研发水平交互效应的稳健性检验结果

R&D/S	(1)	(2)	(3)	(4)	(5)	(6)	(7)
ESO	0.004 6***				0.001 3**	0.003 0***	0.000 7**
	8.09				2.09	4.00	2.50
ESO×Gap_M		0.001 5***			−0.013 7*		
		7.41			−1.65		
Gap_M			0.000 2***		0.001 1***		
			9.10		5.39		
ESO×Gap_E						−0.000 2	
						−0.17	
Gap_E						0.000 1***	
						5.68	
ESO×Gap_C							−0.007 6*
							−1.94
Gap_C				0.001 3***			0.000 9***
				10.96			6.70
Idio_risk	−0.002 0	−0.001 9	−0.002 0	−0.001 5	−0.001 4	−0.001 4	−0.001 3
	−1.01	−0.98	−1.05	−0.80	−0.73	−0.76	−0.66
Cash	−0.000 9	−0.001 0	−0.000 6	−0.001 7*	−0.001 1	−0.000 8	−0.001 6*
	−1.00	−1.10	−0.67	−1.86	−1.19	−0.85	−1.74
Size	0.000 3	0.000 01	0.000 2	−0.000 1	−0.000 1	0.000 1	−0.000 1
	1.54	0.07	1.10	−0.72	−0.67	0.32	−0.72
Lev	−0.007 5***	−0.007 1***	−0.007 5***	−0.006 6***	−0.007 1***	−0.007 2***	−0.006 7***
	−8.80	−8.21	−8.67	−7.72	−8.20	−8.47	−7.84
Q	0.000 7***	0.000 7***	0.000 7***	0.000 5***	0.000 6***	0.000 6***	0.000 5***
	3.11	3.25	3.32	2.57	2.84	2.88	2.38
EPS	−0.001 7***	−0.001 8***	−0.001 3***	−0.002 0***	−0.002 1***	−0.001 7***	−0.002 1***
	−4.35	−4.79	−3.48	−5.11	−5.31	−4.31	−5.22
_Cons	−0.004 2	−0.017 3***	−0.003 5	−0.012 6***	−0.009 3**	−0.000 6	−0.007 7**
	−1.09	−4.32	−0.88	−3.27	−2.31	−0.15	−1.98
Year/Ind	控制	控制	控制	控制	控制	控制	控制
R^2_a	0.336 6	0.332 2	0.336 1	0.345 9	0.339 5	0.343 6	0.349 1
N	9 322	9 322	9 322	9 322	9 322	9 322	9 322

确地度量公司的投资效率成为公司投资决策的关键。当前,学者大多采用Richardson(2006)的预期投资模型来度量公司的投资效率。尽管这种方法在学术界应用最为广泛,但它的缺陷也显而易见。第一,这种模型得出公司的投资效率存在非过度投资(残差大于0)即投资不足(残差小于0)的问题,为了弥补这种缺陷,国内学者大多采用将Richardson(2006)模型的残差按照分位数排序分成4组,并将中间的两组定为有效率的投资组(辛清泉等,2007)。第二,公司的新增投资仅包含内部投资而缺少广泛存在的外部投资(如公司的并购活动、对外的长期投资等)。第三,未考虑公司的特质风险和系统性风险。公司的风险包括特质风险和系统性风险。如何合理规避公司的特质风险并转嫁系统性风险将成为公司投资决策的重要目标之一。

参照辛清泉等(2007)的做法,笔者将模型(3-11)得到的残差按照分位数排序分成4组,并将中间的两组定为有效率的投资组,最大的残差组为过度投资组,并将残差表示为 $Overinv$;最小的定义为投资不足组,并将残差的绝对值表示为 $Underinv$。在此基础上,笔者分别检验了高管晋升激励与高管股票期权激励对公司非效率投资的影响。检验结果如表3-28和表3-29所示。

与张兆国等(2013)的研究结论一致,高管的晋升激励能够对公司的过度投资有一定的抑制作用。如表3-28中第(1)~(4)列所示,高管晋升激励的三种薪酬差距的变量与公司的过度投资呈显著的负相关关系。这表明,公司对副手高管的晋升激励机制能显著减缓公司的过度投资。虽然晋升激励可以为高管带来各种货币与非货币收益,但是晋升与业绩相关联,只有业绩最佳者才有可能从诸多竞争者中获胜。所以晋升能够协调高管与股东之间的利益,使高管的私人利益外部化,促使管理者放弃净现值为负数的投资项目,抑制其过度投资冲动。而且,在个体业绩难以度量或不可证实、监督成本较高、企业经营风险较大等情形下,晋升激励的作用比薪酬激励更具比较优势。

同样,副手高管的晋升激励与股票期权激励也都抑制公司的投资不足。如表3-28第(5)~(8)列所示,两种激励与公司的投资不足也呈显著的负相关关系,即两种激励机制不仅抑制公司的过度投资,也能抑制公司的投资不足。两种激励机制均能增强高管对公司未来经营的信心,将公司的未来与高管自身的职业发展和福利状况"捆绑在同一辆战车上",降低了代理成本,实现高管与股东的利益趋于一致。

可是,对于实施晋升激励机制的公司同时授予高管一定份额的股票期权激励,反而会降低两种激励机制独自提高公司投资效率的作用,即公司同时实施两种激励机制存在替代作用而抵消独自抑制非效率投资的效应。

第三章 股权激励的动机差异与风险承担

表 3-28 职位晋升、股票期权激励与投资效率（资产负债表法）

Inv_BS	Overinv				Underinv			
	(1)	(2)	(3)	(4)	(5)	(6)	(7)	(8)
ESO	−0.033 4***				−0.008 3**			
	−2.85				−2.08			
Gap_M		−0.046 1***				−0.008 9***		
		−5.60				−4.33		
Gap_E			−0.001 8**				−0.000 3*	
			−2.41				−1.84	
Gap_C				−0.008 0***				−0.003 4***
				−2.80				−3.94
$Idio\_risk$	0.592 6***	0.564 4***	0.593 0***	0.591 3***	0.036 7*	0.035 0*	0.036 7*	0.035 5*
	4.30	4.06	4.33	4.32	1.81	1.74	1.82	1.76
Cash	0.611 6***	0.613 2***	0.610 1***	0.614 7***	−0.010 2	−0.006 7	−0.010 1	−0.007 9
	12.62	12.72	12.54	12.63	−0.80	−0.52	−0.78	−0.62
Size	0.001 0	0.013 1**	0.002 2	0.003 5	−0.005 2***	−0.002 8**	−0.005 3***	−0.004 1***
	0.18	2.03	0.35	0.55	−4.37	−2.10	−4.50	−3.30
Lev	0.116 3***	0.101 9***	0.115 6***	0.108 6***	0.006 9	0.003 2	0.006 8	0.004 7
	2.93	2.57	2.89	2.66	0.89	0.41	0.87	0.60
Q	−0.024 5***	−0.023 9***	−0.025 0***	−0.024 1***	0.003 3*	0.003 4**	0.003 1*	0.003 5**
	−5.88	−5.86	−6.04	−5.81	1.92	1.99	1.87	2.10
EPS	0.053 1**	0.067 6***	0.051 3**	0.054 6**	0.025 7***	0.028 5***	0.024 9***	0.027 0***
	2.47	3.13	2.38	2.54	4.77	5.24	4.63	5.00
_Cons	−0.195 4	0.133 8	−0.208 4	−0.138 0	0.206 0***	0.266 0***	0.207 1***	0.225 8***
	−1.47	0.96	−1.53	−1.06	6.44	8.10	6.61	7.26
Year/Ind	控制	控制	控制	控制	控制	控制	控制	控制
R^2_a	0.307 9	0.317 9	0.308 4	0.309 1	0.113 6	0.122 1	0.113 4	0.118 7
N	2 331	2 331	2 331	2 331	2 331	2 331	2 331	2 331

表 3-29 职位晋升、股票期权激励与投资效率（现金流量表法）

Inv_CF	Overinv				Underinv			
	(1)	(2)	(3)	(4)	(5)	(6)	(7)	(8)
ESO	−0.006 8* −1.67				−0.004 4*** −2.56			
Gap_M		−0.009 2*** −3.85				−0.002 3*** −3.41		
Gap_E			−0.000 5** −2.42				−0.000 2** −2.34	
Gap_C				−0.002 2*** −2.99				−0.001 4*** −4.33
Idio_risk	0.058 3* 1.83	0.054 4* 1.77	0.056 2* 1.76	0.056 6* 1.78	0.006 1 0.84	0.004 9 0.65	0.005 6 0.77	0.004 6 0.63
Cash	0.112 3*** 10.03	0.109 0*** 9.83	0.111 4*** 9.94	0.112 2*** 10.02	0.002 1 0.47	0.003 2 0.70	0.001 7 0.37	0.002 8 0.62
Size	0.000 4 0.23	0.002 9* 1.68	0.000 7 0.41	0.001 1 0.67	0.000 03 0.08	0.000 5 0.93	0.000 04 0.08	0.000 4 0.82
Lev	0.051 0*** 4.74	0.047 6*** 4.44	0.050 0*** 4.66	0.048 2*** 4.45	0.005 1* 1.71	0.004 2 1.43	0.004 7 1.59	0.004 2 1.43
Q	−0.001 1 −0.71	−0.000 8 −0.52	−0.001 1 −0.71	−0.000 8 −0.52	0.001 6*** 2.86	0.001 6*** 2.84	0.001 6*** 2.78	0.001 8*** 3.07
EPS	0.023 7*** 4.51	0.026 7*** 5.04	0.023 3*** 4.40	0.024 4*** 4.64	0.014 7*** 6.13	0.015 2*** 6.33	0.014 4*** 6.01	0.015 1*** 6.32
_Cons	−0.000 6 −0.02	0.061 6 1.58	−0.003 4 −0.10	0.014 6 0.40	0.049 1*** 4.06	0.068 7*** 5.35	0.049 8*** 4.14	0.059 5*** 4.99
Year/Ind	控制	控制	控制	控制	控制	控制	控制	控制
R^2_a	0.136 4	0.141 4	0.137 7	0.138 6	0.083 4	0.085 3	0.083 0	0.087 2
N	2 331	2 331	2 331	2 331	2 331	2 331	2 331	2 331

表 3-30 高管晋升与股票期权激励对投资效率的交互效应(资产负债表法)

Inv_BS	Overinv			Underinv		
	(1)	(2)	(3)	(4)	(5)	(6)
ESO	−0.027 7	−0.031 2	−0.142 2*	−0.088 2	−0.002 5	−0.040 8
	−0.14	−1.10	−1.64	−1.19	−0.27	−1.38
ESO×Gap_M	0.000 3			0.005 9		
	0.02			1.14		
Gap_M	−0.044 8***			−0.009 2***		
	−5.02			−4.29		
ESO×Gap_E		0.000 4			−0.000 4	
		0.24			−0.62	
Gap_E		−0.001 6*			−0.002 4	
		−1.83			−1.24	
ESO×Gap_C			0.007 8			0.002 4
			1.44			1.31
Gap_C			−0.009 4**			−0.003 9***
			−2.21			−3.46
Idio_risk	0.560 4***	0.588 1***	0.587 0***	0.035 4*	0.036 0*	0.036 3*
	4.02	4.28	4.28	1.75	1.76	1.79
Cash	0.610 8***	0.610 0***	0.615 8***	−0.006 5	−0.010 0	−0.007 8
	12.72	12.55	12.65	−0.51	−0.78	−0.61
Size	0.013 8**	0.003 0	0.004 0	−0.002 7**	−0.005 0***	−0.003 9***
	2.13	0.48	0.63	−2.03	−4.16	−3.09
Lev	0.100 3**	0.114 3***	0.108 7***	0.003 1	0.007 0	0.004 1
	2.53	2.86	2.66	0.40	0.90	0.53
Q	−0.023 3***	−0.024 4***	−0.024 1***	0.003 4**	0.003 3*	0.003 5**
	−5.71	−5.87	−5.78	2.01	1.96	2.09
EPS	0.068 8***	0.053 1**	0.056 9***	0.029 1***	0.025 8***	0.027 1***
	3.18	2.46	2.64	5.39	4.77	5.04
_Cons	0.108 3	−0.221 1	−0.124 1	0.270 1***	0.200 9***	0.228 4***
	0.73	−1.63	−0.95	8.03	6.32	7.20
Year/Ind	控制	控制	控制	控制	控制	控制
R^2_a	0.138 4	0.309 3	0.310 1	0.123 5	0.114 7	0.119 5
N	2 331	2 331	2 331	2 331	2 331	2 331

表 3-31 高管过度自信、高管股票期权激励与投资效率(现金流量表法)

Inv_CF	Overinv			Underinv		
	(1)	(2)	(3)	(4)	(5)	(6)
ESO	−0.097 0	−0.011 9	−0.025 9	−0.016 1	−0.002 3	−0.003 3
	−1.24	−1.27	−0.93	−0.78	−0.81	−0.35

(续表)

Inv_CF	Overinv			Underinv		
	(1)	(2)	(3)	(4)	(5)	(6)
$ESO×Gap\_M$	0.006 6			0.000 9		
	1.21			0.60		
Gap_M	−0.009 7***			−0.002 3***		
	−3.79			−3.13		
$ESO×Gap\_E$		0.000 6			−0.000 2	
		0.99			−0.84	
Gap_E		−0.000 5**			−0.000 1*	
		−2.25			−1.76	
$ESO×Gap\_C$			0.001 5			0.000 2
			0.90			0.03
Gap_C			−0.002 6**			−0.001 2***
			−2.44			−3.21
$Idio\_risk$	0.053 6*	0.055 7*	0.056 3*	0.005 0	0.005 5	0.004 8
	1.74	1.74	1.78	0.68	0.76	0.65
$Cash$	0.109 7***	0.112 1***	0.112 6***	0.003 2	0.001 8	0.002 7
	9.88	9.99	10.04	0.71	0.41	0.61
$Size$	0.002 8	0.000 8	0.001 2	−0.000 6	−0.000 2	0.000 5
	1.63	0.47	0.70	−1.15	−0.45	0.97
Lev	0.047 7***	0.050 7***	0.048 4***	0.004 3	0.004 8	0.004 3
	4.45	4.69	4.47	1.45	1.63	1.46
Q	−0.000 7	−0.001 0	−0.000 8	0.001 7***	0.001 7***	0.001 8***
	−0.48	−0.68	−0.55	2.91	2.89	3.11
EPS	0.027 3***	0.023 5***	0.024 7***	0.015 4***	0.014 8***	0.015 3***
	5.13	4.45	4.66	6.41	6.13	6.36
$\_Cons$	0.072 3*	−0.003 8	0.019 3	0.066 2***	0.046 3***	0.056 4***
	1.72	−0.10	0.51	4.94	3.79	4.54
$Year/Ind$	控制	控制	控制	控制	控制	控制
R^2_a	0.142 2	0.138 4	0.138 9	0.087 3	0.085 5	0.088 3
N	2 331	2 331	2 331	2 331	2 331	2 331

为了进一步说明副手高管的晋升激励机制对公司未来业绩的积极作用，笔者将正副手之间的总薪酬差距划分为货币薪酬差距和股权价值薪酬差距。如表3-32和表3-33所示，Gap_C和Cap_M均显著提高公司未来的业绩，但Cap_E仅提高以会计指标衡量的公司业绩，而并没有显著提高以市场价值衡量的公司业绩。这表明，副手高管的晋升激励程度的高低大多体现在货币薪酬差距上。这与上文中验证假设 3-7b 时用Gap_E衡量副手高管晋升激励与股票期权激励对公司风险水平的交互作用不显著一致。

表 3-32 高管的晋升激励与企业未来业绩

	ROA			ROE			EPS		
	(1)	(2)	(3)	(4)	(5)	(6)	(7)	(8)	(9)
Gap_M	0.017 1*** 17.53			0.042 9*** 14.03			0.069 7*** 13.03		
Gap_E		0.000 5*** 4.97			0.000 9*** 3.29			0.001 3** 2.54	
Gap_C			0.005 9*** 15.70			0.013 1*** 14.70			0.020 9*** 9.96
Idio_risk	0.006 5 0.56	−0.000 2 −0.01	0.003 2 0.27	−0.006 5 −0.17	−0.024 2 −0.63	−0.016 2 −0.43	0.069 8 1.31	0.040 8 0.76	0.053 6 1.00
Cash	0.059 6*** 13.90	0.065 4*** 14.77	0.059 1*** 13.79	0.126 5*** 12.39	0.141 0*** 13.35	0.127 0*** 12.35	0.269 4*** 9.84	0.293 0*** 10.52	0.270 6*** 9.80
Size	0.003 0*** 4.13	0.007 9*** 11.53	0.005 8*** 8.53	0.010 3*** 4.38	0.022 9*** 9.97	0.018 2*** 8.06	0.039 9*** 10.23	0.060 5*** 15.85	0.052 9*** 13.88
Lev	−0.062 2*** −14.80	−0.069 6*** −16.39	−0.063 9*** −15.24	−0.056 7*** −3.55	−0.075 8*** −4.64	−0.062 9*** −3.90	−0.115 6*** −5.65	−0.146 1*** −7.13	−0.125 9*** −6.13
Dual	−0.004 1** −2.03	−0.004 4** −2.09	−0.006 9*** −3.31	−0.008 −1.36	−0.008 3 −1.37	−0.013 9** −2.33	0.007 9 0.77	0.007 6 0.72	−0.001 5 −0.14
Dir	−0.030 0** −2.56	−0.030 2** −2.52	−0.030 7** −2.60	−0.034 6 −1.06	−0.035 5 −1.06	−0.036 4 −1.10	−0.142 6** −2.36	−0.144 2** −2.35	−0.145 6** −2.39
_Cons	−0.214 1*** −12.12	−0.100 1*** −6.15	−0.137 0*** −8.39	−0.677 6*** −11.84	−0.397 4*** −7.65	−0.476 2*** −9.07	−1.437 3*** −15.17	−0.982 8*** −11.39	−1.107 7*** −12.79
Year/Ind	控制	控制	控制	控制	控制	控制	控制	控制	控制
R^2_a	0.186 3	0.154 1	0.178 3	0.104 1	0.078 8	0.093 6	0.237 8	0.221 4	0.230 7
N	8 016	8 016	8 016	8 016	8 016	8 016	8 016	8 016	8 016

表 3-33　高管的晋升激励与企业未来业绩

	Q			MB		
	(1)	(2)	(3)	(4)	(5)	(6)
Gap_M	0.083 9***			0.077 4***		
	4.50			4.39		
Gap_E		0.002			0.002 1	
		1.08			1.23	
Gap_C			0.049 7***			0.047 9***
			6.66			6.73
Idio_risk	1.078 6***	1.044 8***	1.079 1***	1.079 3***	1.049 2***	1.081 5***
	5.41	5.22	5.44	5.66	5.48	5.70
Cash	0.318 8***	0.347 3***	0.294 3***	0.281 9***	0.308 2***	0.257 2***
	3.29	3.55	3.05	3.10	3.37	2.85
Size	−0.458 7***	−0.434 4***	−0.454 1***	−0.436 9***	−0.414 9***	−0.433 6***
	−25.56	−25.71	−26.54	−27.06	−27.29	−28.08
Lev	−0.739 9***	−0.776 4***	−0.725 2***	−0.758***	−0.791 1***	−0.742 3***
	−8.04	−8.52	−7.92	−8.94	−9.42	−8.79
Dual	0.054 9	0.054 1	0.030 9	0.048 8	0.047 6	0.025 6
	1.36	1.33	0.76	1.30	1.26	0.68
Dir	0.357 6	0.356 4	0.355 4	0.406 6*	0.406 1*	0.404 6*
	1.37	1.37	1.37	1.68	1.68	1.67
_Cons	10.944 9***	11.498 6***	11.224***	10.570 2***	11.087***	10.818***
	30.13	32.92	32.31	31.77	34.88	34.26
Year/Ind	控制	控制	控制	控制	控制	控制
R^2_a	0.360 4	0.358 7	0.362 7	0.374 8	0.373 2	0.377 2
N	8 016	8 016	8 016	8 016	8 016	8 016

（二）股权激励动机的影响

自我国上市公司"正式"引入股权激励制度以来,高管人员股权激励计划如何影响公司的投资决策已成为现代公司金融研究的热点话题,并形成了具有广泛争议的研究成果。然而,当前的研究仅止步于讨论股权激励与公司非效率投资之间的关系,缺乏深入研究股权激励影响公司非效率投资的作用机理。自吕长江等(2009)首次引发对"我国上市公司股权激励制度设计:是激励还是福利"的思考以及陈仕华和李维安(2012)发现我国上市公司股票期权实质成为大股东"赎买"高管的一个合法性工具后,高管人员股权激励计划的非激励型动机以及由此带来的后果已逐渐被人们所关注。因此,笔者认为应从上市公司推出高管股权激励计划的动机这一源头出发,探寻基于激励型(或非激励型)动机下的高管股权激励对公司非效率投资的影响。

吕长江等(2009)在分析我国上市公司实施的股权激励计划草案的基础上,选用行权条件和激励有效期作为判断股权激励的动机;并且将行权条件低于前3年公司的平均数或激励有效期低于5年的股权激励定义为福利型(非激励型)股权激励。除此之外,笔者认为行权价格作为高管购买标的股票的事先约定价格,与高管的行权成本密切相关。因此,上市公司股权激励计划草案中确立的初始行权价格也将成为笔者判断股权激励动机的突破口。《上市公司股权激励管理办法(试行)》规定,股权激励的基准行权价格(或授予价格)不应低于股权激励计划草案摘要公布前1个交易日公司标的股票的收盘价和前30个交易日内公司标的股票平均收盘价中的较高者。笔者认为,非激励型股权激励的行权价格往往恰好选择《管理办法》中的基准价格。不仅如此,这类公司在行权定价基准日前披露坏消息的频率显著增加,从而使基准日期间公司的股价下跌,进而使公告日前30个交易日至公告日期间股票的 CAR 为负值,最终导致基准价格降低。综合上述因素,笔者最终选择激励条件是否大于前3年的平均数、激励有效期是否超过5年以及基准日期间的 CAR 是否大于0作为识别股权激励动机的指标。如果上述三者之和大于2则为激励型股权激励,否则为非激励型股权激励。

陈效东和周嘉南(2014)在研究高管股权激励与公司研发水平的关系时,发现激励型股权激励与研发支出之间呈正相关关系,而福利型股权激励与研发支出不存在显著的相关关系。因此,在存在职位晋升和股票期权两种激励机制的公司下,高管承担的风险水平有可能受到股权激励动机的影响。

如表3-34所示,在同时存在两种激励机制的全样本中,副手高管职位晋升与公司的风险水平的关系并不明确。除货币薪酬差距 Gap_M 的回归系数显著为负外, Gap_E 和 Gap_C 的系数均不显著。但当将样本按照股权激励的动机划分为激励型和非激励型动机两类后,激励型样本下的职位晋升能激发高管承担更高的风险,从而显著降低公司的风险水平,而非激励型样本中职位晋升激励与公司的风险水平不存在显著性相关关系。上述研究表明,两种激励机制对公司风险水平的影响可能受到股权激励动机的影响:激励型动机下两种激励机制起强化的互补作用,而非激励型动机下两种激励机制无明显作用。

六、小结与展望

本章以2006—2013年沪深A股非金融业上市公司为样本,研究了副手高管的晋升激励、股票期权激励与公司风险水平之间的关系,重点检验了在激发高管承担更高风险水平方面,股票期权与职务晋升两种激励机制之间的关系。研究发现,副手高管的晋升激励机制与股票期权激励机制均能激发高管承担风险能力而降低公

表 3-34 两类激励机制对公司风险水平的交互作用受股权激励动机的影响回归结果

	全样本			非激励型			激励型		
	(1)	(2)	(3)	(1)	(2)	(3)	(1)	(2)	(3)
Idio_risk									
Gap_M	−0.000 7***			−0.000 6			−0.001 2***	−0.000 1*	−0.000 5*
	−2.59			−1.53			−2.73	−1.76	−1.84
Gap_E		0.000 02			0.000 2				
		0.22			1.55				
Gap_C			−0.000 2			0.000 05			
			−0.77			0.16			
Sys_risk	0.528 6***	0.517 8***	0.521 7***	0.534 0***	0.531 3***	0.530 9***	0.504 8***	0.507 6***	0.505 3***
	53.84	47.35	48.06	33.26	32.87	32.61	26.06	26.07	25.96
$Cash$	0.023 6***	0.020 2***	0.023 2***	0.022 1**	0.018 3**	0.019 5**	0.019 7**	0.023 0***	0.023 6***
	4.60	3.48	4.09	2.42	1.98	2.09	2.48	2.84	3.08
$Size$	−0.002 3***	−0.003 0***	−0.002 8***	−0.001 1	−0.001 8	−0.001 6	−0.002 6**	−0.002 8**	−0.003 1***
	−3.18	−4.02	−3.73	−0.87	−1.31	−1.15	−2.45	−2.45	−2.81
Lev	0.043 1***	0.042 1***	0.043 5***	0.039 8***	0.039 8***	0.039 5***	0.029 8***	0.029 0***	0.028 3***
	17.06	10.90	12.11	4.86	4.80	4.78	3.05	2.89	2.82
Q	0.006 1***	0.005 9***	0.006 1***	0.006 2***	0.006 0***	0.006 0***	0.005 1***	0.004 9***	0.005 2***
	8.20	7.66	7.86	5.69	5.53	5.40	4.51	4.27	4.52
EPS	0.013 6***	0.015 0***	0.014 6***	0.009 1*	0.008 8*	0.009 2*	0.019 8***	0.019 6***	0.019 9***
	3.77	4.08	3.97	1.73	1.67	1.75	3.41	3.35	3.43
$\_Cons$	0.093 2***	0.102 4***	0.098 9***	0.068 0**	0.073 1**	0.070 3**	0.119 2***	0.107 1***	0.121 9***
	5.91	5.91	5.78	2.35	2.44	2.36	4.83	3.92	4.61
$Year/Ind$	控制	控制	控制	控制	控制	控制	控制	控制	控制
R^2_a	0.656 1	0.655 7	0.655 8	0.675 0	0.674 4	0.674 3	0.638 6	0.638 3	0.638 5
N	904	904	904	454	454	454	450	450	450

司的风险水平,并且实施副手高管职务晋升激励的上市公司同时授予高管一定份额的股票期权激励反而会抵消高管承担风险的能力。这表明在风险承担方面两种激励机制呈替代关系。同时,这也为那些具有较强职务晋升激励机制的公司实施股票期权激励计划并非一定提高风险承担提供了一定的证据。

为了探寻两种激励机制的替代关系,本章对两类激励机制所引致的经济后果和股权激励动机的角度做了进一步研究。研究发现,两类激励机制能显著提高公司的资本配置效率和未来绩效,但对于同时具备这两类激励机制的公司却呈现抵减效应。两类激励机制对公司风险水平的交互作用受到股权激励动机的影响:激励型动机下两种激励机制起强化的互补作用,而非激励型动机下两种激励机制无明显作用。

当然,本章的研究也存在以下不足:第一,对高管承担风险的度量,笔者虽然选用正向代理变量(Roa_risk、$R\&D/TA$、$R\&D/S$)和反向代理变量($Idio\_risk$)衡量高管承担的风险水平,但高管对待风险的态度纯粹是一种心理上反映,从心理学的视角来寻找度量高管看待公司的风险程度进而准确度量高管承担风险的能力,将有待进一步的研究。第二,在研究股票期权激励计划动机的影响时,笔者将上市公司实施股票期权激励计划简单地划分为激励型动机和非激励型动机。除此之外,上市公司实施股票期权激励的动机还有哪些?非激励型动机下的高管股票期权激励有可能导致哪些后果?这些都将成为未来研究的重点方向。

第四章 股权激励影响投资决策的中介路径

自我国上市公司"正式"实施股权激励计划以来,高管人员股权激励如何影响公司的投资决策已成为现代公司金融研究的热点话题。当前,大多数学者热衷于研究高管人员股权激励与企业资本配置效率的关系,鲜有学者关注高管人员股权激励机制对企业投资方向选择的影响。

一般而言,根据公司章程的规定,公司的投资决策权限按照投资规模的大小(如净资产的70%)分为线上重大项目的投资决策和线下一般项目的投资决策。线上(下)项目投资的决定权最终上移至股东大会(董事会)。线上项目投资决策的流程,通常首先由投资(或战略)委员会起草项目投资的可行性分析,然后经过董事会讨论并形成决议,最终报股东大会表决。在这一过程中,公司的高管人员很可能通过以下方式影响重大线上项目的投资决策:第一,投资委员会的主任通常由董事长担任。第二,投资项目组(或投资委员会)的成员通常由董事长、出任董事的总经理、1/2以上独立董事或者1/3以上董事提名,由董事会选举产生。第三,董事会成员包括内部的执行董事和外部的独立董事。独立董事虽然对公司的投资决策能够独立发表意见,但我国公司的实际情况是,他们参加"匆忙"的董事会会议时,很可能"被迫"发表缺乏独立的意见;而公司的执行董事往往由知悉公司业务的总经理、副总经理、财务总监或营运总监担任。而线下一般项目的投资决策主要包括四个阶段:即发现投资机会并建立立项阶段、对项目进行可行性分析和取舍阶段、项目贯彻执行阶段以及项目评价阶段。齐寅峰等(2005)基于我国企业投融资行为的问卷调查数据发现,投资决策中不同阶段的关键性部门或岗位不同。在提出投资意向阶段,发挥核心作用的是总经理;在项目可行性分析阶段,发挥核心作用的是财务部门;在项目批准阶段,发挥核心作用的是董事会和总经理;在项目评价阶段发挥核心作用的是财务部门。但这些部门或岗位均由公司的高管人员所担任或掌控。由此看来,对公司投资决策产生影响的高管人员可能包括公司的董事长、总经理、副总经理、财务总监或运营总监等核心高管人员。

通常而言,公司制定高管人员股权激励计划的动机最终取决于权力层。可是,不同公司治理模式下权力层的控制能力具有显著性差异。当公司不存在内部控制人时,公司授予高管人员一定的股权(或期权)旨在提升公司业绩和增加企业价值等激励型目的,从而激发高管人员从高效率的角度选择公司的资本投向,如提高公司的研发投资以及战略性高新技术行业投资等。但当公司存在内部控制人时,高管人员股权激励计划和所选的投资方式却大多基于非激励型目的。例如,当公司被内部人所掌控时,公司实施的高管人员股权激励计划具有激励期限短、行权价格较低、行权条件容易实现等福利型特点(吕长江等,2009;吴育辉和吴世农,2010;王烨、叶玲和盛明泉等,2012),这时企业所选的投资方式可能倾向于为高管人员谋福利。控制性大股东为了占有更多的控制权私利,对掌握公司实际投资信息的高管进行"赎买",公司实施的高管人员股权激励成为大股东"赎买"高管的一种工具(陈仕华和李维安,2012)。此时,公司的资本投向可能是为了增加大股东的掏空行为(郝颖、李晓欧和刘星,2012)。企业实施股权激励计划的非激励型动机体现了公司实际控制人的意愿,并最终表现在控制人收益的攫取上。

粗略地,公司的投资方向主要有内部和外部之分。内部投资指公司将资本配置于购建新设备、研发新产品、开辟新渠道等;而外部投资主要指兼并已有的公司。据国家统计局公布的相关数据显示,2009—2012年全社会固定资产投资占GDP的比例超过65%,其中规模以上企业新增固定资产投资占全社会固定资产的比重接近50%。此外,伴随着我国市场化进程的深入,作为外延式投资方式之一的企业并购活动在我国企业投资行为中越来越普遍,并且并购规模逐年扩大①。除此之外,还有一种与公司战略或核心竞争力相关的投资方向——风险性项目的投资,主要包括公司内部的研发投资和外部的高新技术行业的投资。选择更高风险的投资项目的投资不仅成为企业获得并维持竞争优势的手段之一,而且为宏观经济稳定增长注入新的活力(Acemoglu和Zilibotti,1997)。在全球经济步入后金融危机时代、欧盟债务危机仍未完全平复、新兴市场国家的追赶机遇面临更多不确定因素②的背景下,增加风险性项目的投资显得尤为重要。

值得思考的是,除了以上三种投资方式各自的优点之外,公司所选的投资方式与哪些因素有关?特别地,自吕长江等(2009)首次引发对"我国上市公司股权激励

---

① 来自投资中国的CVSource投资数据库显示,2009—2012年总披露并购金额分别为1 997.16、2 219.96、2 251.96和3 169.61亿美元。
② 2014年7月25日,国际货币基金组织(IMF)将2014年全球经济增长预测从3.7%下调至3.4%。IMF下调了多数大型新兴市场经济体的增长预测,其中俄罗斯由1.3%大幅下调至0.2%,中国从7.6%下调至7.4%,巴西从1.9%下调至1.3%。

制度设计:是激励还是福利"的思考,以及陈仕华和李维安(2012)发现我国上市公司股票期权实质上成为大股东"赎买"高管的一个合法性工具后,不同股权激励动机下的高管人员股权激励所偏好的投资方式是否有差异?不同股权激励动机下的高管人员股权激励在企业内部的研发投资水平、外部的从众投资趋势以及控制人收益方面是否存有差异?这些更没有引起足够的关注。

本章以高管人员股权激励的动机为视角,在区分2006—2013年A股非金融类上市公司首次实施股权激励计划的激励型动机、赎买型动机和福利型动机的基础上,首先,分别研究激励型、赎买型和福利型三类企业的投资方式偏好;其次,检验两类非激励型动机下的股权激励引致企业的投资方式对控制人收益的影响差异;最后,分别对比激励型与福利型样本之间内部研发投资的差异和激励型与赎买型样本外部从众投资趋势的行业偏好差异。研究发现,一是基于不同动机而实施股权激励计划的企业具有不同的投资方式偏好:基于激励型动机而实施股权激励计划(以下简称激励型股权激励)的企业更加倾向于风险性项目的投资;基于赎买型动机而实施股权激励计划(以下简称赎买型股权激励)的企业更加倾向于外部并购;基于福利型动机而实施股权激励计划(以下简称福利型股权激励)的企业则更加倾向于内部投资。二是基于两种非激励型动机而实施股权激励(以下简称非激励型股权激励)的企业通过影响企业投资方式而实现提高控制人收益的目的:赎买型股权激励所引发的企业外部并购最终增加了控制性大股东的掏空行为,而福利型股权激励引发的企业内部投资提高了高管人员的在职消费水平。三是相比于非激励型样本,激励型股权激励提高公司的风险承担水平;相比于福利型样本,激励型样本公司内部的研发水平更高;相比于赎买型样本,激励型样本公司外部的从众投资趋势更加偏向于高新技术行业。

有别于以往的研究,笔者以高管人员股权激励的动机为视角,分析了三类动机下的高管人员股权激励对企业投资方式决策的影响。据笔者所掌握的文献,以往学者研究高管人员股权激励对企业投资决策的影响,大多集中于讨论高管人员股权激励对企业资本配置效率是增强还是抑制作用(吕长江和张海平,2011;简建辉、余忠福和何平林,2011;汪健、卢煜和朱兆珍,2013),鲜有学者研究高管人员股权激励如何影响企业投资方式的选择,即使研究对企业投资方式的影响,也是将企业的内部投资(陈效东和周嘉南,2014)和外部投资(李善民、毛雅娟和赵晶晶,2009)分割开来。而研究企业投资方式的文献,大多从控制人收益(郝颖、李晓欧和刘星,2012)和高管过度自信特征(Jiang等,2011)的视角来研究,并没有将企业实施股权激励计划的动机与企业实际控制人的目的相联系,研究高管人员股权激励与企业投资方式选择的关系。笔者相信,本章的研究不仅有助于加深投资者对高管人员股权激励机制的认识,也从理论上为公司投资方式的选择增添了新的研究视角,为上述文献提供了重要的补充。

第一节 假设的提出

一、激励型股权激励与风险性项目的投资

作为一种制度环境,尤其是作为新兴(转轨)经济国家行业与公司的典型特征,成长性差异显著影响公司财务政策;公司治理与公司业绩的关系受制于成长性的高低,成长性通过投资决策、融资选择与股利政策等关键财务政策的中介作用影响公司治理与其价值的相关性;在财务政策中投资决策更具有基础性,融资政策与股利政策都基于提高投资效率而进行选择,将成长性差异影响与公司投资决策相结合,或在公司的投资等关键财务政策的研究和实践中深入考量成长机会影响,使代理冲突及其公司治理更具有针对性和有效性;高成长性可以成为公司治理环境改善的一种有效基础,深入关注高成长性的显著"公司治理效应",可以为公司代理冲突及其治理,以及其投融资选择等关键财务政策提供更为清晰的决策信号(杨兴全和吴昊旻,2011)。

如何激发高管承担更多的风险,将企业的资源更多地配置于风险性项目(如研发投资),已成为高管的薪酬设计和激励制度的目标之一。自 20 世纪 90 年代以来,美国公司的高管薪酬增长迅猛,由 1980 年普通员工平均薪酬的 45 倍,增长到 1990 年的 96 倍,再到 2000 年的 458 倍(Sanders,2001)。究其原因,高管人员激励型股权激励制度从中扮演重要的角色(Murphy,1999)。股权激励制度的产生主要是为了缓解高管与股东间的代理冲突。最优契约理论认为,由于高管将自身的职业生涯寄托于公司的经营以及无法分散自身财富组合的风险(Amihud 和 Lev,1981),他们更加倾向于风险厌恶的态度,这将导致公司很可能失去有利的投资机会。然而,包括风险性项目在内的投资决策须由企业的高管人员来执行。高管人员看待风险性项目的态度以及高管所能承担的风险水平将影响企业的投资效率(余明桂、李文贵和潘红波,2013)。高管承担的风险水平通常反映出企业更多的研发投入和高管更高的创新积极性(Hilary 和 Hui,2009)。

对高管而言,股权激励制度可谓一种或有财富:高管的薪酬随着公司股价的上升而增加但并未随着股价的下跌而减少。这种凸性的薪酬设计鼓励高管承担更多的风险(Coles、Daniel 和 Naveen,2006;Low,2009),进而对公司的研发投资产生促进作

用(Ryan和Wiggins，2002；Coles、Daniel和Naveen，2006；Erkens，2011；Shen和Zhang，2013)。前景理论(prospect theory)认为，与投资规模相比，投资者更加关注投资项目的未来前景。若所投资的项目将面临较低数额的盈利或损失时，投资者更加倾向于保守的投资决策；而当面临较高数额的盈利时投资者反而更倾向于做出激进的决策(Kahneman和Tversky，1979)。在前景理论的基础上，结合代理理论，Wiseman和Gomez Mejia(1998)提出以或有的观点(contingent view)看待高管所承担的风险的行为代理理论(behavioral agency theory)。这种理论认为，高管对其个人财富前景的预期会影响其对待风险的态度。具有相同预期平均收益的项目中，预期收益的波动程度(即风险大小)将影响高管人员的投资决策。当高管预期个人财富损失概率的损失时，他们更加倾向于厌恶风险；但当他们预期存在较高概率的损失同时伴有较高数额的利得时，他们更愿意做出风险性的投资决策。同时，高管风险的承受能力(通常用高管的个人财富以及财富的效用来衡量)制衡了其对风险项目前景的预期和做出的风险行为决策。Rajgopal和Shevlin(2002)以石油和天然气行业为例，发现高管股票期权激励与公司的勘探风险正相关。

股权激励(尤其是激励型股权激励)能够提高高管自愿承担风险能力，并激发高管将企业更多的资源配置于风险性项目的投资。一方面，当公司股价低于期权的执行价时，授予高管的股票(或股票期权)无法增加高管的实际财富(Sanders,2001)。为了实现股权价值的增值(或股票期权处于价内期权)，高管必须想方设法来改善公司的业绩。风险投资将会给企业招徕新的顾客(进而提高市场占有率)、改良的生产工艺以及低廉的产品成本等；这些最终体现在较好的公司业绩或较高的公司股价上。因此，持有股票(或股票期权)的高管有动力将更多的资源配置于风险性项目的投资活动。另一方面，通常而言，高管必须经过行权等待期(通常为2~3年)后方可行权。这促使高管调整他们的投资期限决策，转向为公司更能带来长远利益的战略投资。结果是，拥有较高期权份额的高管将牺牲短期收益而更加关注企业长期的风险性项目投资(如研发投资)。因此，虽然风险项目具有高度的不确定性，但是持有股票(或期权)的高管有动力去承担潜在的风险，将高风险的项目投资活动与高财富相结合，激励型股票激励对高管的风险承担水平产生正向效应。高管的股权(或期权)价值对股价波动率的敏感性(通常称为 $Vega$)与公司风险水平正相关已得到先前大多数的经验研究所证实(Tchistyi、Yermack和Yun，2011)。进一步考虑了两者之间的内生关系，Coles、Daniel和Naveen(2006)也同样发现高管的财富对股票收益波动率的敏感度与公司的研发投资水平正相关。

假设4-1：相比于其他企业，实施激励型股权激励的公司更加偏向于风险性项目的投资。

二、赎买型股权激励、投资方式与控股股东掏空

关联性和同属性是我国企业并购活动中两个鲜明的特征(陈健、席酉民和贾隽,2009;陈骏和徐玉德,2012)。据 CSMAR 的并购重组数据库统计,在 2006—2013 年上市公司并购重组案件中,关联性并购的占 64.6%,并购双方同属一个省管辖的交易占 70.56%。关联性并购是我国企业实现低成本投资的重要途径之一。据 Wind 资讯统计,2004—2007 年广东辖区上市公司全年关联交易金额由 67.70 亿元增加到115.89亿元;并且控股股东与其关联方发生的关联交易金额由 56.06 亿元增加到83.87亿元。在大股东拥有上市公司控制权和中小股东利益缺乏法律保护机制时,关联企业的并购重组活动为控股股东实施掏空行为提供一种便利;并且随着控制权与现金流权的分离,控制性大股东更加倾向于通过股权投资并购中的控制性资源谋取控制人收益(郝颖、李晓欧和刘星,2012),由控股股东代理问题而形成的掏空动机损害了企业多元化的盈余波动效应(卢闯等,2011)。由于高管熟悉公司的运作(包括经营管理的流程和公司监管的漏洞等),如果控股股东企图通过并购行为谋取控制人收益,则很可能需要公司高管的"配合"。陈仕华和李维安(2012)在研究我国上市公司股权激励失效时发现,我国上市公司实施的高管股票期权激励计划实质上是便于大股东的掏空而向高管"赎买"的一种工具。相比于内部投资,企业的并购行为在实施赎买型高管人员股权激励的情况下极易成为控股股东增加控制人收益的途径。对此,笔者构建了一个简便的模型加以说明。

假设 CH 为并购方 A 的控股股东和被并购方 B 的终极控股股东,且占有 A 和 B 的所有权比例分别为 α 和 γ(其中,$\gamma = \alpha\beta$,β 为 A 公司持有 B 公司的所有权比例);A 公司用于对内投资和外部并购总额均为 I,投资回报率分别为 R 和 r。为了简化模型,本章不考虑税收以及摩擦性成本,则:

若 CH 对 A 公司和 B 公司实施掏空行为,掏空比例分别为 T_1 和 T_2;为了便于对 B 公司实施掏空行为(如派遣 A 公司的部分高管进驻 B 公司),CH 选择外部并购决策时,A 公司将实施赎买型高管人员股权激励。

A 公司选择内部投资决策时,CH 公司获得的掏空收益为:

$$U_0 = IRT_1 \qquad (4-1)$$

A 公司选择外部并购决策时,CH 公司获得的掏空收益由两部分组成,包括 CH 公司直接掏空行为获得的收益 IrT_2 和 A 公司获得 B 公司的投资收益被 CH 公司掏空部分 $\beta(1-T_2)IrT_1$,即:

$$U_1 = IrT_2 + \beta(1-T_2)IrT_1 \qquad (4-2)$$

比较模型 4-1 和模型 4-2,外部并购决策所增加的掏空收益为:

$$\Delta U = U_1 - U_0 = IrT_2 + \beta(1-T_2)IrT_1 - IRT_1 \quad (4-3)$$

选择不同的投资方式,CH 公司的掏空成本会有所差异。假设 W 为法律惩罚的数额,为了简便计算本章令 $W = kK$,(其中 k 为大于零的系数,K 为掏空资产数额)。在内部投资方式下,CH 实施掏空行为而付出的成本为 $C_0 = P_0 kIRT_1$,其中 $P_0 = P(X)$,X 为法律环境和内部控制等因素;而在外部并购的投资方式下,CH 实施掏空行为主要由两部分构成:一是采取掏空行为时需要付出的掩盖其掏空行为的成本(本章用股权激励程度 G 来衡量);二是 CH 的掏空行为可能受到法律的惩罚所带来的经济损失,由受到法律惩罚的概率和掏空数额的大小决定,本章用股权激励程度 G 以及外部投资者保护的法律环境和内部控制因素 X 来衡量,即 $P_1 = P(G, X)$,且 $\partial P/\partial G < 0$。因此,CH 由于外部并购决策实施掏空行为而付出的成本可以表示为:$C_1 = \alpha G + P_1(G, X)kIrT_2$。于是,相比于内部投资,外部并购获得掏空净收益的增加额为:

$$\Delta \Pi = \Delta U - \Delta C = IrT_2(1-P_1 k) + \beta(1-T_2)IrT_1 - \alpha G - IRT_1(1-P_0 k) \quad (4-4)$$

为了求解模型 4-4 最大化,分别对 T_1 和 T_2 求偏导,得到模型 4-5 和模型 4-6:

$$\partial \Delta \Pi / \partial T_1 = \beta(1-T_2)Ir - IR(1-P_0 k) = 0 \quad (4-5)$$

$$\partial \Delta \Pi / \partial T_2 = Ir(1-P_1 k) - \beta IrT_1 = 0 \quad (4-6)$$

进一步求解得:$\quad T_1^* = \dfrac{1-P_1 k}{\beta}, \quad T_2^* = \dfrac{\beta r - R(1-P_0 k)}{\beta r} \quad (4-7)$

即当控股股东 CH 对 A 或 B 的掏空程度分别达到 T_1^* 和 T_2^* 时,相比于内部投资,CH 获得的掏空净收益的增加额达到最大。于是,将模型 3-7 代入模型 3-4 中得到最大化的掏空净收益的增加额:

$$\Delta \Pi^* = Ir(1-P_1 k) - \alpha G - IR(1-P_0 k)(1-P_1 k)/\beta \quad (4-8)$$

在此情况下,若受 CH 控制的 A 公司,基于赎买型动机而授予高管一定程度的股权(或期权),CH 将通过外部并购获得更高的掏空净收益。因此,将模型 4-8 对赎买型股权激励求偏导数:

$$\frac{\partial \Delta \Pi^*}{\partial G} = -Ik\frac{\partial P_1}{\partial G}[\beta r - R(1-P_0 k)] - \alpha \beta = 0 \quad (4-9)$$

进一步化简得:$\dfrac{\partial P_1}{\partial G} = -\dfrac{\alpha \beta}{Ik[\beta r - R(1-P_0 k)]} = -\dfrac{\alpha}{Ikr}T_2^*$

于是,当 $\dfrac{\partial P_1}{\partial G} < -\dfrac{\alpha}{Ikr}T_2^*$ 时,$\dfrac{\partial \Delta \Pi^*}{\partial G} > 0$。

则此时 A 公司实施越多的赎买型高管人员股权激励,CH 选择外部并购所获得的掏空净收益的增加额越高。因此,当股权激励的惩罚敏感度高于 $\alpha T_2^* / (Ikr)$ 时①,相比于内部投资方式,实施赎买型高管人员股权激励的公司更加倾向于外部并购投资。于是,笔者提出如下假设:

假设 4-2:相比于其他类型,实施赎买型股权激励的企业更加倾向于外部并购。

假设 4-3:在其他条件相同的情况下,实施赎买型股权激励的企业通过外部并购将增加控股股东的掏空行为。

三、福利型股权激励、投资方式与高管在职消费

尽管当前上市公司实施股权激励计划的水平相对较低,但激励型股权激励不仅具有抑制高管人员的在职消费的作用(冯根福和赵珏航,2012),而且能够适当缓解高管以谋取私有收益为目的而发动损毁公司价值的并购行为(李善民、毛雅娟和赵晶晶,2009)。

可是,在由内部人控制的公司治理模式下,高管具有选择哪种企业投资方式的最终决定权。尽管支持管理层权力理论的学者达成如下共识:对于内部人控制下企业的投资方式,无论是内部投资还是外部并购都是基于高管的自利动机。但是,公司规模的投资并不是高管获得控制人收益的唯一决定因素。除此之外,并购后公司资源整合的困难程度将是高管获得更多控制人收益的巨大障碍(张鸣和郭思永,2007)。并且,随着企业高管绩效的考核体系逐渐完善,这一障碍因素将在高管薪酬考核中占有较大比重。因此,为了获得更多的控制人收益,高管逐渐将目标转向企业内部。

而对于实施福利型高管人员股权激励的企业而言,相比于外部并购,高管则更加倾向于内部投资。根据 Jensen(1986)的自由现金流假说,即使企业没有净现值为正的投资项目,高管人员也不愿意将企业的自由现金返还给投资者,而是投入到增加个人私利却很可能损害企业价值的项目上。如高管利用内部的重复建设、装修豪华办公以及利用职务之便而发生难以监督的腐败行为以获得更多的控制人收益。在研究企业吃喝费用对投融资效率的影响时,申宇和赵静梅(2016)发现,上市公司的吃喝费用显著降低了企业的投资效率。对于投资不足的公司,吃喝费用每提高 1%,投资不足程度增加 5.89%~9.76%;对于过度投资的公司,吃喝费用每

---

① 当前,我国上市公司授予高管人员的股权激励程度受到一定的制约,《管理办法》第 12 条规定:"上市公司全部有效的股权激励计划所涉及的标的股票总数累积不超过公司股本总额的 10%;其中个人获受部分不得超过股本总额的 1%,超过 1%的需要获得股东大会的特别批准。"因此,这一条件很可能会满足。

提高1%,投资效率降低12.29%～15.10%。公司治理在企业投资过程中的监督机制缺位,是导致投资效率低下的重要原因。

尽管这些控制人收益的获取增加了企业的费用并很可能降低公司的业绩,这样可能加大了高管股权(或期权)激励的行权难度,但是福利型高管人员股权激励具有较低的行权价格和行权条件等特点(吕长江等,2009;吴育辉和吴世农,2010;王烨、叶玲和盛明泉,2011),并且当前我国企业所实施的高管人员股权激励所占高管总薪酬的比例较低。因此,相比于较低的股权激励,较高的控制人收益更是高管追求的目标。同时,相比于内部投资方式,企业的并购会导致高管承担更大的风险和压力。当企业采用并购的投资方式,尤其是多元化并购、涉及行业垄断的并购或者跨国并购时,高管可能需要付出更大的努力与更长的工作时间来学习新知识、掌握新技能和熟悉相关法规以及国家文化等。企业选择并购投资后,高管通过股权激励所获得的利益会明显降低。与国外研究结果一致,大部分国内学者都认为并购方(上市公司)发布并购事件后的股价会下降,并购方的绩效在并购发生后显著降低(张鸣和郭思永,2007)。虽然福利型股权激励具有行权价格低、激励有效期短和行权条件容易达到等特点(吕长江等,2009;吴育辉和吴世农,2010;王烨、叶玲和盛明泉,2011),但较低的股价使得高管的行权难以实现,即使能够行权,行权价与股价之间的差价也会缩小,也会使高管的获利减少。于是,笔者提出如下假设:

假设4-4:相比于其他类型,实施福利型股权激励的企业则更加倾向于内部投资。

假设4-5:在其他条件相同的情况下,实施福利型股权激励的企业倾向于通过内部投资提高高管的在职消费水平。

第二节 研究设计

一、模型及变量的定义

为了检验前文提出的假设4-1、假设4-2、假设4-3、假设4-4和假设4-5,笔者分别构建了与其相对应的模型4-10、模型4-11、模型4-12、模型4-13,并对此进行回归分析。

$$Risk_{i,\,t+1} = \delta_0 + \delta_1 Type1_{i,\,t} + \delta_2 ESO_{i,\,t} + \delta_3 Type1_{i,\,t} \times ESO_{i,\,t} + Controls + \varepsilon_{i,\,t+1} \tag{4-10}$$

$$INinv\,(OUTinv)_{i,\,t+1} = \gamma_0 + \gamma_1 G\_inc_{i,\,t} + Controls + \varepsilon_{i,\,t+1} \tag{4-11}$$

$$Perks\,(Occ)_{i,\,t+1} = \beta_0 + \beta_1 G\_inc_{i,\,t} + Controls + \varepsilon_{i,\,t} \tag{4-12}$$

$$Perks\ (Occ)_{i,\ t+1} = \alpha_0 + \alpha_1 INinv\ (OUTinv)_{i,\ t} + \alpha_2 G\_inc_{i,\ t} \times INinv(OUTinv)_{i,\ t}$$
$$+ \alpha_3 G\_inc_{i,\ t} + Controls + \varepsilon_{i,\ t+1} \tag{4-13}$$

模型 4-10 为检验假设 4-1,笔者按照 $Type1$ 将样本划分为激励型的实验组和非激励型或未实施股权激励的参照组,对比两类样本在首次实施股权激励年份的前后,公司风险性项目投资水平的差异。其中,公司首次实施股权激励年份及以后年份,ESO 为 1,否则为 0。

模型 4-11 至模型 4-13 用于检验假设 4-2 至假设 4-5。其中,γ_1、β_1 和 α_2 分别反映了两类非激励型股权激励企业所选投资方式的偏好,两类非激励型股权激励下控制人收益的获取情况以及在影响控制人收益的获取中,投资方式的选择与非激励型高管人员股权激励之间的替代或互补关系。$INinv$ 和 $OUTinv$ 分别表示内部投资和外部并购两种投资方式;$Perks$ 和 Occ 分别表示高管的在职消费水平和控制性大股东的资金占款;G_inc 为高管人员股权激励程度,用薪酬总额最高的前三名高管股权或期权价值占总薪酬的比重来度量;$Control\ variables$ 为一系列控制变量。本章的全部变量的定义及描述如表 4-1 所示。

表 4-1　变量的选择及其定义

变量名称	变量符号	变量操作性定义与说明
研发投资水平 1	RD_E	企业研发投资与员工人数之比的自然对数
研发投资水平 2	RD_TA	企业研发投资水平除以年初总资产
研发投资水平 3	RD_S	企业研发投资水平除以当年的销售收入
研发投资水平 4	$LnRD$	企业研发投资水平的自然对数
高新行业投资 1	$LnLong$	高新技术行业的长期投资的自然对数
高新行业投资 2	$Long\_TA$	高新技术行业的长期投资占资产总额的比重
风险项目的投资 1	$LnRisk$	研发投资总额与高新技术行业投资之和的自然对数
风险项目的投资 2	$Risk\_TA$	研发投资总额与高新技术行业投资之和占资产总额的比重
内部投资 1	BS_TA	资产负债表法核算内部投资占资产总额的比重
内部投资 2	CF_TA	现金流量表法核算内部投资占资产总额的比重
外部并购	MA_TA	并购规模占资产总额的比重
投资总额 1	TBS_TA	资产负债表法内部投资与并购规模之和占资产总额比重
投资总额 2	TCF_TA	现金流量表法内部投资与并购规模之和占资产总额比重
股权激励 1	G_inc	薪酬总额前三名高管股权(或期权)价值占薪酬总额的比重
股权激励 2	MR	高管的持股比率
股权激励 3	ESO	实施股权激励计划为 1,否则为 0
高管持股比率	MSV	同行业内平均高管的持股比例
股权激励动机 1	$Type1$	激励型动机样本为 1,否则为 0
股权激励动机 2	$Type2$	赎买型动机样本为 1,否则为 0
股权激励动机 3	$Type3$	福利型动机样本为 1,否则为 0
动机差异 1	$Type4$	激励型样本为 1,福利型样本为 0
动机差异 2	$Type5$	激励型样本为 1,赎买型样本为 0

(续表)

变量名称	变量符号	变量操作性定义与说明
大股东掏空1	Occ_TA	净资产占款占资产总额的比重
大股东掏空2	$LnOcc$	净资产占款的自然对数
高管在职消费1	$Perks\_TA$	管理费用扣除不属于在职消费的金额占资产总额比重
高管在职消费2	$LnPerks$	管理费用扣除不属于在职消费的金额自然对数
富余资源1	$Slack1$	（流动资产－存货）/流动负债
富余资源2	$Slack2$	速动资产/流动负债
总资产收益率	ROA	净利润/平均资产总额
成长性1	ROS	（销售收入－销售成本）/销售收入
成长性2	$Growth$	销售收入增长率
高管货币薪酬	M	薪酬总额前三名高管的货币薪酬总额的自然对数
市账比	MB	（流通股的总市值＋负债总额）/资产总额
每股收益	EPS	净利润/流通股总股数
高管货币薪酬	M	薪酬总额前三名高管的货币薪酬总额的自然对数
实际所得税税率	Itr	所得税费用占利润总额的比重
国有股比率	$Sosr$	国有股占总股本的比重
公司股本规模	$LnShare$	公司总股本的自然对数
公司规模	$Size$	期初资产总额的自然对数
财务杠杆	Lev	资产负债率
经营活动现金流量	FCF	经营活动现金流量净额占资产总额的比重
现金持有量	$Cash$	现金增加额占资产总额的比重
托宾Q	Q	（流通市值＋负债总额）/资产总额
两职合一	$Dual$	董事长和总经理是同一人为1，否则为0
独立董事比例	Dir	董事会中独立董事的比例
股权集中度	H	前十大股东持股比例的平方和
高管晋升	Gap_M	高管正副手薪酬总额之差
高管过度自信	NI	公司公告的盈利水平与实际盈余水平的差异程度
行业/年度虚拟变量	$Ind/Year$	所在行业（或当年）取1，否则取0
风险系数	$Betay$	年度企业风险系数

控制人收益。控制人收益，是指企业的实际控制人（高管或控股股东）利用其实际控制权获得的私利。高管受托于所有者而经营企业的目的，不仅为获得更高的货币性报酬而带来较高的身份和地位，也存在成为企业实际控制人而带来在职消费等控制人收益的潜在诉求（树友林，2011）。因此，借鉴前人的研究结果，对于内部人控制的公司治理模式，笔者采用高管的在职消费作为控制人收益的代理变量①（陈冬华、陈信元和万华林，2005；张鸣和郭思永，2007；树友林，2011；卢锐、魏明海和李文靖，2008；陈效东和周嘉南，2014）。囿于在职消费的相对隐蔽性，当前

---

① 陈冬华、陈信元和万华林等（2005）将可能与企业管理人员在职消费有关的费用项目（通常都计入管理费用）分为八类：办公费、差旅费、业务招待费、通信费、出国培训费、董事会费、小车费和会议费。通过查阅年报附注中"支付的其他与经营活动有关的现金流量"明细项目，在此基础上，卢锐、魏明海和李文靖（2008）使用了间接法，用"支付的其他与经营活动有关的现金流量"项目金额减去所有披露的与在职消费无关的支出项目。

国内学者大多采用间接法来度量高管的在职消费,主要有两种方式:一种为绝对数计量。从企业报表附注"支付的其他与经营活动有关的现金流量"中寻求可能为高管在职消费的计量指标[①],或者剔除管理费用中不属于在职消费的项目等。另一种方式为相对数计量。管理费用占主营业务收入的比例或销售费用与管理费用之和占主营业务收入的比例。由于第一种方法核算出的高管在职消费可能低估了实际数,第二种方法则可能高估了实际数,权衡两种方法以及通常高管的在职消费一般都计入企业的管理费用中,笔者采用剔除管理费用中不属于在职消费后的高管薪酬、计提资产价值准备和无形资产摊销,作为高管在职消费的代理变量(记为$Perks$)。

由于大股东的控制人收益难以直接观察,当前的实证研究主要采用以下两种间接度量方法:一是控制权溢价法,主要包括大宗股权转移价格差异的控制权溢价和投票权差异的控制权溢价(陈健、席酉民和贾隽,2009)。二是大股东的掏空程度,主要包括大股东与上市公司各种形式的关联交易(Peng 和 Wei,2011)和大股东的资金占用(Jiang、Lee 和 Yue,2010)。笔者认为,尽管当前有很多学者也采用控制权溢价法来度量大股东的控制人收益,但这种方法隐含一个前提条件,即上市公司当年要发生控制权转移。因此,采用这种方法度量大股东的控制人收益不具有普适性。并且在我国,由于国有企业股份制改革所遗留的母子公司之间的关联交易问题,加上法律和监督机制的缺陷,作为大股东的母公司对上市公司(子公司)的行为经常表现为利益侵占,尤其是当大股东出现财务困境或将上市公司股权进行质押时(郑国坚、林东杰和张飞达,2013),这种掏空动机更强。其中,占用上市公司资金是大股东掏空的主要手段(Jiang、Lee 和 Yue,2010)。于是,笔者选用控股股东资金占款作为控制人收益的代理变量,由笔者通过整理年报附注的"关联方关系及其交易"中的控制性大股东与上市公司之间的关联交易所产生的应收、应付款项的年末余额数据而得到。将上市公司向控制性大股东借出的资金减去从控制性大股东借入的资金得到控制性大股东对上市公司的净资金占用额(记为Occ)。

企业投资方式。笔者将企业投资方式初步划分为内部投资($INinv$)、外部并购($OUTinv$)以及风险性项目投资三种,并分别选用企业的内部新增投资额、并购规模以及公司内部的研发投资额和外部的高新技术行业投资额作为代理变量。为

---

① 陈冬华、陈信元和万华林等(2005)将可能与企业管理人员在职消费有关的费用项目(通常都计入管理费用)分为八类:办公费、差旅费、业务招待费、通信费、出国培训费、董事会费、小车费和会议费。通过查阅年报附注中"支付的其他与经营活动有关的现金流量"明细项目,在此基础上,卢锐、魏明海和李文靖(2008)使用了间接法,用"支付的其他与经营活动有关的现金流量"项目金额减去所有披露的与在职消费无关的支出项目。

了消除公司规模的影响,上述三种代理变量均除以企业的年初资产总额。其中,内部新增投资为购建固定资产、无形资产和其他长期资产所支付的现金减去维持性投资(处置固定资产和其他长期资产所收到的现金、固定资产折旧、无形资产摊销和其他资产减值)。本章汇总了并购方参与并购的交易总金额用来度量并购规模。其中,涉及使用外币为计量单位的并购金额,采用并购宣告当日中国银行公布的外汇交易中间价为汇率,将其折算成人民币金额。

风险性项目的投资。本章所指的风险性项目的投资,是指为了满足战略需要,公司将更多的资本投向于研发项目和高新技术行业。因此,公司风险性项目的投资主要指内部投资的研发投资和外部投资中对高新技术行业公司的长期股权投资。

据已有的研究结果显示,研发投资的代理变量主要有三种:单位总资产的研发支出(RD_TA)、单位销售收入的研发支出(RD_S)以及单位市价的研发支出(RD_MV)。国内学者大多采用单位总资产的研发支出(RD_TA)作为研发投资的代理变量(夏芸和唐清泉,2008;唐清泉、夏芸和徐欣,2011)。但是,从所选样本的行业分布来看,已实施股权激励的上市公司中存在较多的高新技术类企业。这些企业具有成长性高和盈利能力强等特点。这类公司的总资产、销售收入以及市场价值波动都比较大,而员工人数短期内变化不大,于是采用单位员工人数的研发支出(RD_E)作为研发投资水平的代理变量可能更为合理。另外,《高新技术企业认定管理办法》中采用研发费用总额占销售收入总额的比例①(RD_S)来认定高新技术企业。综上考虑,笔者最终选用研发支出的相对指标RD_E、RD_TA和RD_S以及研发支出总额自然对数的绝对指标$LnRD$,作为公司研发支出水平的代理变量。

笔者沿着王华和黄之骏(2006)的思路,以证监会《上市公司行业分类指引(2001)》为依据,对照Cui和Mak(2002)的方法,分别按企业年度研发费用除以总资产和年度研发费用除以年度销售收入的比率进行企业研发投入程度的排名,然后将两种排名的名次相加,并找出上市公司中研发投入程度排在前10%的企业,将这些企业集中所在的行业确定为高科技行业。笔者确定的高新技术行业有:化学原料及化学制品制造业(C43)、电子业(C5)、装备制造业(C7)、医药生物制品业(C8)、信息技术业(G)。同时,考虑到公司规模的影响,笔者最终将当期的风险性项目投资定义为公司新增的研发投资与公司对高新技术行业的长期股权投资新增

---

① "最近一年销售收入小于5 000万元的企业,RD_S不低于6%;最近一年销售收入在5 000万元至2亿元的企业,比例不低于4%;最近一年销售收入在2亿元以上的企业,比例不低于3%。"

额之和占期初资产总额的比重(记为 $Risk$)。

二、样本的选择与数据的来源

本章选择 2006—2013 年 A 股的非金融类上市公司为初始样本。按如下原则进行筛选:剔除上市年限低于 2 年的样本;剔除年度审计意见是无法发表意见、拒绝发表意见、否定意见或没有披露审计意见的样本以及剔除数据缺失的样本。

在上述样本的基础上,笔者选择 2006—2013 年首次宣告实施股权激励计划的上市公司数据为高管人员股权激励的研究样本,数据来自 CSMAR 的公司治理研究数据库;外部并购交易的数据,来自 Wind 的并购数据库中有关 2007—2013 年并购宣告日的数据,并剔除了并购规模不足 10 万元的样本。

公司的研发投资来自手工整理的"上市公司年报报表附注"数据,包括"支付的其他与经营活动有关的现金流量""管理费用""长期待摊费用"和"预提费用"。根据《企业会计准则》(2006),笔者将当年资本化的研发费用减去当年所摊销的研发费用的净额作为 2007 年及以后年度企业的研发投资水平。

第三节 实 证 检 验

一、激励型股权激励与企业风险性项目投资

(一) 描述性统计

表 4-2 列示了全样本下公司风险性项目投资的描述性统计情况。如表 4-2 所示,整体而言,我国上市公司的风险性项目投资规模仍处于较低水平,风险性项目投资规模的均值低于资产总额的 3%,中值甚至不到资产总额的 1%。其中,公司的研发投资水平最低[1],最大值也仅略高于资产总额的 7%。

尽管如此,但是不同类型的公司之间,风险性项目的投资水平存有较大差异。为了消除股权激励制度的影响,本章将样本限定于实施高管人员股权激励计划的样本。在此基础上,笔者比较了激励型样本与非激励型样本两类样本间公司风险性项目投资的差异。对比结果如表 4-3 所示。无论是风险性项目的整体投资水平,还是单独的研发投资水平和高新技术行业的长期投资水平,激励型样本投资于风险性项目的规模显著高于非激励型样本。两类样本中的风险性项目投资均值和中值,均存有显著性差异。

---

[1] 据国家统计局网站数据显示,2013 年全国共投入研究与试验发展经费 11 846.60 亿元,仅占当年 GDP 的 2.08%,远低于发达国家水平,甚至低于全球的平均水平。

表 4-2 全样本公司的风险性项目投资水平

	样本量	均值	标准差	最小值	P25	中值	P75	最大值
RD_TA	15 495	0.009 5	0.014 6	0.000 0	0.000 0	0.001 1	0.015 6	0.070 5
RD_S	15 495	0.017 7	0.029 6	0.000 0	0.000 0	0.001 7	0.030 1	0.164 2
LnRD	15 495	9.608 3	8.413 9	0.000 0	0.000 0	14.806 6	17.161 1	20.500 1
LnLong	15 495	6.878 8	8.715 7	0.000 0	0.000 0	0.000 0	17.221 7	21.261 5
Long_TA	15 495	0.020 4	0.048 9	0.000 0	0.000 0	0.000 0	0.012 8	0.275 0
LnRisk	15 495	11.548 7	8.459 6	0.000 0	0.000 0	16.291 1	18.248 6	21.261 5
Risk_TA	15 495	0.029 7	0.053 4	0.000 0	0.000 0	0.006 0	0.033 6	0.286 7

表 4-3 激励型与非激励型之间风险性项目投资的均值或中值比较

	样本量	均值	均值差异 T 检验	中值	中值差异 Wilcoxon 秩和检验
Panel A：LnRD					
激励型	1 361	13.398 1	2.98[1] ***	16.905 0	2.97[2] ***
非激励型	1 416	12.527 3	(0.003)	16.674 4	(0.003)
Panel B：RD_TA					
激励型	1 361	0.018 9	3.88 ***	0.014 9	3.91 ***
非激励型	1 416	0.016 0	(0.000 1)	0.010 8	(0.000)
Panel C：RD_S					
激励型	1 361	0.037 7	5.16 ***	0.030 7	5.24 ***
非激励型	1 416	0.029 8	(0.00 0)	0.021 4	(0.00 0)
Panel D：LnLong					
激励型	1 361	10.244 7	3.92 ***	15.876 0	3.84 ***
非激励型	1 416	8.875 4	(0.00 0)	0.000 0	(0.00 0)
Panel E：Long_TA					
激励型	1 361	0.034 8	2.19 ***	0.004 3	4.04 ***
非激励型	1 416	0.029 9	(0.02 8)	0.000 0	(0.00 0)
Panel F：LnRisk					
激励型	1 361	15.313 0	3.29 ***	17.813 3	3.21 ***
非激励型	1 416	14.419 9	(0.00 1)	17.495 2	(0.00 1)
Panel G：Risk_TA					
激励型	1 361	0.054 3	3.56 ***	0.031 6	4.97 ***
非激励型	1 416	0.045 5	(0.00 0)	0.022 0	(0.00 0)

注：[1]为 T 统计值、[2]为 Z 统计值、*** 为 1% 水平上的显著性。

为了检验激励型样本与风险性项目投资之间的正向关系,本章将未实施股权激励的公司加入非激励型样本组中(合称其他类型样本),比较了两类样本之间公司风险性项目投资水平的均值或中值差异,比较结果如表 4-4 所示,相比于对照组,实施激励型股权激励的公司具有较高的风险性项目投资水平。

上述描述性统计分析结果表明,相比于非激励型样本或为实施股权激励的样本,激励型样本更加倾向于提高公司的风险性项目的投资水平,即为本章的假设 4-1 提供部分证据。

（二）PSM 法分析

为了验证假设 4-1,本章采用倾向性得分匹配法(Propensity Score Matching,以下简称 PSM 法),并定义实施激励型股权激励样本为的实验组(Treated Group)和未实施股权激励或其他类动机样本为对照组(Controlled Group),对比两组间的研发支出水平来检验假设 4-1。

表 4-4 激励型与其他类之间风险性项目投资水平的均值或中值比较

	样本量	均值	均值差异检验	中值	中值差异 Wilcoxon 秩和检验
Panel A:LnRD					
激励型	1 361	13.398 1	13.48[1] ***	16.905 0	14.79[2] ***
其他类	14 134	9.327 2	(0.00 0)	14.441 9	(0.00 0)
Panel B:RD_TA					
激励型	1 361	0.018 9	17.44 ***	0.014 9	16.57 ***
其他类	14 134	0.008 9	(0.00 0)	0.000 7	(0.00 0)
Panel C:RD_S					
激励型	1 361	0.037 7	15.91 ***	0.030 7	16.20 ***
其他类	14 134	0.016 5	(0.00 0)	0.001 1	(0.00 0)
Panel D:LnLong					
激励型	1 361	10.244 7	8.87 ***	15.876 0	8.76 ***
其他类	14 134	6.686 5	(0.00 0)	0.000 0	(0.00 0)
Panel E:Long_TA					
激励型	1 361	0.034 8	7.49 ***	0.004 3	9.54 ***
其他类	14 134	0.019 5	(0.00 0)	0.000 0	(0.00 0)
Panel F:LnRisk					
激励型	1 361	15.313 0	13.18 ***	17.813 3	14.10 ***
其他类	14 134	11.272 2	(0.00 0)	16.097 9	(0.000)
Panel G:Risk_TA					
激励型	1 361	0.054 3	11.500 1 ***	0.031 6	15.70 ***
其他类	14 134	0.028 1	(0.00 0)	0.004 5	(0.000 0)

注：[1] 为 T 统计值、[2] 为 Z 统计值、*** 为 1% 水平上的显著性。

借鉴 Li 和 Zhao(2006)以及陈效东和周嘉南(2014)的做法,笔者进行 PSM 法配对的基本思路为：首先,使用 Logistic 回归估计倾向性得分值(简称 PS 值)；其次,选择最邻近相邻(Nearest Neighbor)的 PS 为匹配算法,采用 1∶1 的配对得到配对样本；再次,检验这种配对的有效性；最后计算 ATT(Average Treatment effect on the Treated),并检验差异(Difference)的显著性。

根据巩娜(2009)的研究成果：高管薪酬越高的公司实施激励型股权激励的可能性越低；国有股比例越高的公司实施激励型股权激励的可能性越高；盈利能力越好的公司实施激励型股权激励的可能性越高；具有获得税收优势动机的上市公司实施激励型股权激励的可能性越高；股本规模越大的公司实施激励型股权激励的

可能性越高。于是，笔者选择高管货币薪酬总额的自然对数（M）、国有股比例（$Sosr$）、公司前十大股东持股比例的平方和（H）、管理层持股比例（MR）、销售净利率（ROS）、年末实际所得税税率（Itr）以及总股本的自然对数（$Lnshare$）作为上市公司是否实施股权激励的影响因素。具体参见模型 4-15。

$$Ln\left(\frac{PS}{1-PS}\right) = \beta_0 + \beta_1 M + \beta_2 Sosr + \beta_3 H + \beta_4 ROS + \beta_5 Itr + \beta_6 Lnshare \quad (4-15)$$

表 4-5　PSM 法下实验组与对照组风险性项目投资水平的差异比较

样本分类	实验组	参照组	差异	均方差	T 值
Panel A：LnRD					
Unmatched	12.500 9	9.263 0	3.237 9***	0.238 8	13.56
ATT	12.500 9	10.755 9	1.745 0***	0.236 0	7.39
Panel B：RD_TA					
Unmatched	0.015 9	0.008 6	0.007 3***	0.000 4	18.27
ATT	0.015 9	0.011 9	0.004 1***	0.000 5	7.45
Panel C：RD_S					
Unmatched	0.029 7	0.016 2	0.013 6***	0.000 8	16.35
ATT	0.029 7	0.023 8	0.005 9***	0.001 2	5.05
Panel D：LnLong					
Unmatched	8.894 2	6.723 0	2.171 2***	0.248 4	8.74
ATT	8.894 2	7.964 3	0.930 0***	0.276 8	3.36
Panel E：Long_TA					
Unmatched	0.030 1	0.019 7	0.010 4***	0.001 4	7.47
ATT	0.030 1	0.025 4	0.004 7***	0.001 8	2.68
Panel F：LnRisk					
Unmatched	14.408 4	11.236 6	3.171 8***	0.240 4	13.19
ATT	14.408 4	12.738 7	1.669 7***	0.221 5	7.54
Panel G：Risk_TA					
Unmatched	0.045 6	0.028 0	0.017 6***	0.001 5	11.6
ATT	0.045 6	0.037 1	0.008 5***	0.001 9	4.49

表 4-5 中的 Panel A~G 给出了风险性项目投资规模的 PSM 检验结果。如表 4-5 所示，PSM 法所得到的三种风险性项目投资水平的 ATT 差异都具有统计学意义上的显著性。其中，实验组的研发投资、投资于高新技术行业的长期股权投资以及由此所构成的风险性项目投资规模均显著高于对照组，并且两组样本间的均值或中值差异显著性水平达到 1%。这表明相比于未实施股权激励或非激励型股权激励公司的风险性项目的投资水平，实施激励型股权激励公司的风险性项目投资水平更高。激励型股权激励机制能够提高公司的风险性项目的投资水平，从而为假设 4-1 提供了经验性证据。

(三) DID 回归分析

同样,为了消除可能的内生性影响,笔者采用倍差法(difference in difference)这种准试验的方法来检验假设 4-1。表 4-6 列示了倍差法的检验结果。$Type1$ 将样本划分为激励型的实验组和非激励型与未实施股权激励的对照组,$Type1$ 为 1 时样本为实验组,为 0 时为参照组。如表 4-6 所示,ESO、$Type1$ 以及两者的交互项的回归系数几乎全部显著为正。这表明:第一,相比于未实施股权激励组,实施股权激励的公司更加倾向于风险性项目投资。第二,相比于参照组,激励型样本公司的风险性项目投资水平更高。第三,在其他条件相同的情况下,激励型样本在实施股权激励后更能提高公司的风险性项目投资水平。上述结果表明,相比于其他企业,实施激励型股权激励的企业更加偏向于风险性项目的投资,从而验证了本章的假设 4-1。

二、非激励型股权激励与企业投资方式

表 4-7 和表 4-8 分别列示了赎买型和福利型两类非激励型高管人员股权激励与企业投资方式的关系。总体而言,如表 4-7 和表 4-8 中的第(4)~(5)列所示,赎买型的虚拟变量 $Type2$ 和福利型的虚拟变量 $Type3$ 与股权激励程度 G_inc 的交互项回归系数均不显著。这表明,相比于其他类型的公司,赎买型和福利型这两种非激励型高管人员股权激励在公司实施股权激励前后年份的投资规模并没有显著的差异,这与简建辉、余忠福和何平林(2011)发现高管人员股权激励与公司投资决策无明显的相关关系一致。然而,笔者将公司的投资总额划分为内部新增投资额和外部新增并购规模后,两类非激励型股权激励在公司投资方向的选择上具有明显的偏好:相比于其他参照组,赎买型样本公司实施更大程度的高管人员股权激励,公司投向外部并购的资本更多,即赎买型样本公司的投资方向更加偏向于外部并购;相比于其他参照组,福利型样本公司实施的高管人员股权激励程度越大,公司的投资方向更加偏于内部投资。

表 4-7 中的第(1)~(3)列列示了内部新增投资和实验组在实施赎买型股权激励的前后与对应的参照组之间是否存在显著性差异。$Type2$ 与 G_inc 之间的交互项系数在第(1)列不显著,在第(2)列弱显著为负。这表明,相比于其他类样本,赎买型样本在实施股权激励前后公司的内部新增投资规模中不存在显著性差异。但是,两者交互项系数在第(3)列却显著为正。这表明,两类样本在赎买型实施股权激励后公司的外部投资规模显著地增加。即实施赎买型股权激励前后,公司的外部并购规模具有显著性差异。综合来看,相比于其他类型,赎买型公司更加偏向于外部并购的投资方式。

表 4-6 激励型股权激励与公司风险性项目投资决策的 DID 回归结果

	(1) LnRD	(2) RD_TA	(3) RD_S	(4) LnLong	(5) Long_TA	(6) LnRisk	(7) Risk_TA
ESO	1.5843***	0.0066***	0.0126***	2.2438***	0.0078***	1.4574***	0.0160***
	(7.47)	(9.88)	(9.00)	(7.47)	(3.58)	(7.57)	(6.80)
Type1	0.7700***	0.0012***	0.0035***	0.2700	0.0064***	0.7548***	0.0070***
	(3.21)	(2.70)	(3.47)	(0.94)	(2.79)	(3.13)	(3.06)
ESO×Type1	0.7548*	0.0018*	0.0074***	1.3106***	0.0110***	0.8519**	0.0139***
	(2.06)	(1.93)	(3.72)	(2.77)	(3.14)	(2.46)	(3.78)
Size	0.4468***	0.0015***	0.0027***	0.9624***	0.0002	0.8639***	−0.0027***
	(8.15)	(16.80)	(15.56)	(16.53)	(0.64)	(16.00)	(−8.21)
Lev	−3.0961***	−0.0046***	−0.0201***	−1.2245***	−0.0098***	−2.7016***	−0.0144***
	(−14.37)	(−12.30)	(−24.95)	(−5.54)	(−6.17)	(−12.00)	(−8.38)
FCF	−0.7390	0.0043***	0.0018	−2.2062***	−0.0135***	−1.2184*	−0.0087*
	(−1.13)	(3.81)	(0.86)	(−3.19)	(−3.00)	(−1.81)	(−1.83)
M	0.7835***	0.0021***	0.0029***	0.4238***	0.0000	0.7605***	0.0026***
	(10.29)	(15.77)	(11.36)	(5.15)	(0.02)	(9.74)	(4.86)
ROA	0.0352	0.0060***	−0.0135***	4.0273***	0.0312***	2.4633***	0.0354***
	(0.04)	(4.13)	(−4.41)	(4.70)	(5.24)	(2.73)	(5.50)
H	−0.1981	−0.0029**	−0.0248***	−4.1642***	−0.0470***	−1.1945**	−0.0485***
	(−0.33)	(−2.54)	(−13.42)	(−6.01)	(−12.25)	(−2.12)	(−12.44)
_Cons	−16.780***	0.0015	0.0230***	−29.760***	−0.0152**	−26.387***	0.0098
	(−14.61)	(0.87)	(6.57)	(−25.48)	(−2.38)	(−23.39)	(1.49)
Year/Ind	控制	控制	控制	控制	控制	控制	控制
N	15 495	15 495	15 495	15 495	15 495	15 495	15 495
R^2_a	0.4922	0.4168	0.4278	0.3521	0.1414	0.5172	0.2409

注:*** 为 1% 水平上的显著性,** 为 5% 水平上的显著性,* 为 10% 水平上的显著性,括号内为 T 值。

表 4-7 赎买型股权激励与公司的投资决策的 DID 回归结果

	(1) BS_TA	(2) CF_TA	(3) MA_TA	(4) TBS_TA	(5) TCF_TA
$Type2$	0.014 9***	0.015 4***	0.001 3**	0.012 8**	0.014 3***
	(4.87)	(7.11)	(2.27)	(2.25)	(2.79)
G_inc	0.063 2***	0.056 8***	0.091 7***	0.005 2	0.034 7***
	(13.36)	(7.11)	(24.62)	(0.57)	(4.01)
$Type2 \times G\_inc$	0.029 6	−0.030 4*	0.047 4***	0.001 0	−0.018 4
	(0.82)	(−1.77)	(3.49)	(0.02)	(−0.49)
$Size$	0.015 0***	0.007 2***	−0.021 4***	−0.006 5***	−0.014 0***
	(22.12)	(19.17)	(−17.15)	(−4.86)	(−11.06)
Lev	−0.000 2***	−0.000 1**	0.000 6***	0.000 4***	0.000 6***
	(−4.53)	(−2.23)	(4.47)	(2.68)	(4.21)
FCF	0.018 5**	0.009 5*	−0.021 0***	−0.004 0	−0.012 1*
	(2.38)	(1.77)	(−4.04)	(−0.58)	(−1.89)
ROA	−0.000 0***	−0.000 0***	0.000 0***	0.000 0***	0.000 0***
	(−12.85)	(−6.06)	(15.65)	(8.44)	(14.65)
H	−0.068 4***	−0.045 6***	−0.026 9**	−0.092 9***	−0.072 0***
	(−8.86)	(−8.94)	(−2.25)	(−6.68)	(−5.64)
$\_Cons$	−0.296 6***	−0.118 0***	0.490 4***	0.197 9***	0.369 8***
	(−19.21)	(−13.36)	(18.17)	(6.72)	(13.34)
Year/Ind	控制	控制	控制	控制	控制
N	15 081	15 081	15 081	15 081	15 081
R^2_a	0.105 4	0.116 1	0.078 7	0.029 4	0.046 0

注：*** 为 1% 水平上的显著性、** 为 5% 水平上的显著性、* 为 10% 水平上的显著性、括号内为 T 值。

表 4-8 中的第(1)~(3)列，列示了内部新增投资和外部并购投资实验组实施福利型股权激励的前后与对应的参照组之间是否存在显著性差异。$Type3$ 与 G_inc 之间的交互项系数在内部新增投资列中显著为正，而在外部并购列中不具有显著性。这表明，相比于其他类型，福利型样本在实施股权激励后公司的内部新增投资规模具有显著地增加，即实施赎买型股权激励前后，公司的内部新增投资具有显著性差异。相比于其他类型，福利型公司更加偏向于内部的投资方式。

由上述分析可知，两类非激励型股权激励选择企业投资的方式不同：相比于其他类型，实施赎买型股权激励的企业更加倾向于外部并购投资，而实施福利型股权激励的企业则更加倾向于内部投资，这为本章的假设 4-2 和假设 4-4 提供了证据。

表 4-8 福利型股权激励与公司的投资方式选择的 DID 回归结果

	(1) BS_TA	(2) CF_TA	(3) MA_TA	(4) TBS_TA	(5) TCF_TA
$Type3$	0.007 8***	0.011 1***	0.007 7**	0.015 0***	0.018 5***
	(3.47)	(6.64)	(2.01)	(3.42)	(4.56)
G_inc	0.061 5***	0.096 4***	−0.064 4***	−0.004 5	−0.012 8
	(11.07)	(21.59)	(−6.96)	(−0.42)	(−1.45)
$Type3 \times G\_inc$	0.031 8***	0.037 4***	0.010 5	0.000 1	0.026 3
	(3.15)	(5.14)	(0.71)	(0.00)	(1.62)
$Size$	0.015 0***	0.007 2***	−0.021 6***	−0.006 7***	−0.014 2***
	(22.02)	(18.99)	(−17.28)	(−5.00)	(−11.21)
Lev	−0.000 2***	−0.000 1**	0.000 6***	0.000 4***	0.000 6***
	(−4.53)	(−2.25)	(4.46)	(2.67)	(4.19)
FCF	0.018 4**	0.009 4*	−0.021 1***	−0.004 3	−0.012 3**
	(2.39)	(1.78)	(−4.04)	(−0.63)	(−1.96)
ROA	−0.000 0***	−0.000 0***	0.000 0***	0.000 0***	0.000 0***
	(−12.87)	(−6.18)	(15.63)	(8.42)	(14.59)
H	−0.067 6***	−0.043 8***	−0.025 9**	−0.091 2***	−0.069 3***
	(−8.69)	(−8.53)	(−2.16)	(−6.53)	(−5.41)
$\_Cons$	−0.297 1***	−0.118 3***	0.493 8***	0.201 0***	0.372 9***
	(−19.20)	(−13.37)	(18.28)	(6.82)	(13.43)
Year/Ind	控制	控制	控制	控制	控制
N	15 081	15 081	15 081	15 081	15 081
R^2_a	0.104	0.116	0.079 1	0.029 9	0.046 8

注：*** 为 1% 水平上的显著性，** 为 5% 水平上的显著性，* 为 10% 水平上的显著性，括号内为 T 值。

三、非激励型股权激励与控制人收益

高管人员股权激励计划的非激励型动机，将会体现在控制人收益的获取上。从控制人收益的描述性统计来看（如表 4-9 所示），相比于参照组，两类非激励型样本公司均具有较高的控制人收益，但有各自特点：赎买型样本公司的大股东掏空行

为程度更高；福利型股权激励高管的在职消费水平更高。如表4-9所示，Panel A 和 Panel B 列示了两类非激励型样本分别与相应的参照组在大股东掏空程度均值差异或中值差异比较。Panel C 和 Panel D 列示了两类非激励型样本分别与相应参照组在高管在职消费水平的均值差异或中值差异比较。上述描述性分析表明，福利型高管人员股权激励样本组下高管的在职消费水平更高，而赎买型高管人员股权激励样本组下的大股东掏空程度更高；即两类非激励型高管人员股权激励分别实现公司的控制人收益：福利型高管人员股权激励会提高高管的在职消费水平，赎买型高管人员股权激励则更加偏好于增加大股东的掏空行为能力。这也为本章的假设4-3和假设4-5提供了部分证据。

表4-9 赎买型与福利型样本分别与相应参照组控制人收益的均值或中值差异检验

	样本量	均值	均值差异检验	中值	中值差异 Wilcoxon 秩和检验
Panel A：Occ_TA					
赎买型	765	0.065 0	3.71***	0.000 0	5.15***
其他类	14 730	0.059 6	(0.000)	0.000 0	(0.000)
福利型	651	0.044 8	−4.59***	0.000 0	−2.79***
其他类	14 844	0.062 0	(0.000)	0.000 0	(0.005)
Panel B：LnOcc					
赎买型	765	9.012 9	5.84***	0.000 0	5.93***
其他类	14 730	7.017 2	(0.000)	0.000 0	(0.000)
福利型	651	6.742 5	−1.88*	0.000 0	−2.07**
其他类	14 844	7.167 8	(0.060)	0.000 0	(0.038)
Panel C：Perks_TA					
赎买型	765	0.033 5	−4.44***	0.028 3	−4.36***
其他类	14 730	0.028 1	(0.000)	0.020 9	(0.000)
福利型	651	0.038 4	14.23***	0.031 3	13.27***
其他类	14 844	0.027 0	(0.00 0)	0.019 7	(0.00 0)
Panel D：LnPerks					
赎买型	765	11.739 6	−2.96***	17.415 2	−5.31***
其他类	14 730	12.705 6	(0.003)	17.886 2	(0.000)
福利型	651	13.686 4	10.03***	17.831 5	9.23***
其他类	14 844	11.522 4	(0.000)	17.357 5	(0.000)

注：*** 为1%水平上的显著性、** 为5%水平上的显著性、* 为10%水平上的显著性。

就当前我国A股市场已推出的非激励型动机的高管人员股权激励计划而言，股权激励机制不仅提高了高管人员的在职消费水平，同时也加重了大股东的掏空程度。表4-10和表4-11列示了两类非激励型股权激励与控制人收益的DID回归结果。如表4-10中的第(1)列和第(2)列所示，赎买型样本（$Type2$为1）与实施股权激励（ESO为1）的交互项系数显著为正。这表明，赎买类公司实施高管人员股权激励后,控制性大股东的掏空程度显著增加。

表 4-10 赎买型股权激励与控制人收益的 DID 回归结果

	(1) Occ_TA	(2) LnOcc	(3) Perks_TA	(4) LnPerks
Type2	0.006 4	0.619 0	0.001 1	0.553 6*
	(0.84)	(1.29)	(0.81)	(1.81)
ESO	0.006 3	0.421 0	0.008 3***	0.388 5***
	(1.51)	(1.39)	(8.32)	(2.70)
Type2×ESO	0.032 7***	2.128 3***	−0.004 2*	−0.700 8*
	(2.96)	(2.85)	(−1.93)	(−1.78)
Size	−0.003 3**	0.723 4***	−0.005 4***	0.311 1***
	(−2.38)	(11.12)	(−22.46)	(7.56)
Lev	0.000 4	0.010 1	0.000 1	0.008 9
	(0.82)	(1.00)	(0.33)	(1.17)
FCF	−0.002 5*	−0.026 2	−0.000 5	−0.015 8
	(−1.92)	(−0.75)	(−1.48)	(−0.85)
ROA	0.000 0	0.000 0	0.000 2***	0.000 6***
	(−1.41)	(−0.17)	(6.47)	(9.60)
H	0.041 5***	0.778 0	0.015 9***	0.899 0***
	(2.79)	(0.85)	(6.86)	(1.99)
_Cons	0.097 0***	−8.922 3***	0.118 5***	−2.596 8***
	(3.31)	(−6.04)	(22.93)	(−2.72)
Year/Ind	控制	控制	控制	控制
N	15 081	15 081	15 081	15 081
R^2_a	0.011 3	0.024 4	0.342 2	0.640

注:*** 为 1% 水平上的显著性、** 为 5% 水平上的显著性、* 为 10% 水平上的显著性、括号内为 T 值。

表 4-11 中的第(3)列和第(4)列显示,福利型样本虚拟变量 $Type3$ 与实施股权激励虚拟变量 ESO 的交互项回归系数显著为正。这表明,相比于其他样本,福利型样本实施股权激励前后,高管的在职消费存在显著性差异,并且实施股权激励后,福利型公司高管的在职消费水平显著增加。而交互项的回归系数在第(1)列不显著,第(2)列显著为负。这表明,相比于其他样本,福利型公司实施股权激励后,大股东的掏空程度并没有显著增加。

上述结果表明,相比于其他样本,两类非激励型样本实施股权激励前后,非激励型样本中控制人收益具有显著性差异,并且控制人收益均有显著性增加:赎买型高管人员股权激励显著增加大股东的掏空程度;而福利型高管人员股权激励显著提高高管的在职消费水平。这也为本章的假设 4-3 和假设 4-5 提供了部分证据。

表 4-11　福利型与控制人收益的 DID 回归结果

	(1) Occ_TA	(2) $LnOcc$	(3) $Perks\_TA$	(4) $LnPerks$
$Type3$	−0.026 7***	−1.142 4***	0.001 7	0.740 5***
	(−5.65)	(−3.61)	(1.49)	(3.18)
ESO	0.018 8**	3.091 8***	0.001 5	0.266 0
	(2.51)	(6.07)	(0.72)	(1.20)
$Type3 \times ESO$	0.000 0	−1.622 2**	0.005 3***	0.583 1*
	(0.00)	(−2.49)	(3.64)	(1.71)
$Size$	−0.003 3**	0.724 4***	−0.005 4***	0.314 2***
	(−2.42)	(11.14)	(−22.43)	(7.64)
Lev	0.000 4	0.009 7	0.000 1	0.009 1
	(0.81)	(0.98)	(0.34)	(1.18)
FCF	−0.002 5*	−0.026 7	−0.000 5	−0.015 8
	(−1.93)	(−0.76)	(−1.48)	(−0.86)
ROA	0.000 0	0.000 0	0.000 0***	0.000 6***
	(−1.47)	(−0.26)	(6.46)	(9.53)
H	0.036 6**	0.545 0	0.016 2***	1.026 1**
	(2.46)	(0.59)	(6.97)	(2.27)
$\_Cons$	0.100 5***	−8.836 3***	0.118 3***	−2.721 4***
	(3.42)	(−5.98)	(22.86)	(−2.85)
$Year/Ind$	控制	控制	控制	控制
N	15 081	15 081	15 081	15 081
R^2_a	0.012 7	0.025 0	0.342 0	0.641 0

注：*** 为 1% 水平上的显著性、** 为 5% 水平上的显著性、* 为 10% 水平上的显著性、括号内为 T 值。

四、非激励型股权激励、企业投资方式与控制人收益

为了完整地检验本章的假设 4-3 和假设 4-5，笔者在研究非激励型股权激励与公司投资方向的选择和非激励型股权激励与控制人收益之间关系的基础上，考虑将公司投资方式的选择作为一种非激励型股权激励影响控制人收益的传导机制，分析非激励型高管人员股权激励、企业投资方式与控制人收益三者之间的关系。

表 4-12 列示了赎买型股权激励、公司外部并购投资与大股东的掏空行为之间的回归结果。如表 4-12 所示，赎买型样本的虚拟变量 $Type2$ 与外部并购投资的

代理变量 MA_TA 和 $LnMA$ 的交互项系数均显著为正。这表明,在增加大股东掏空行为方面,赎买型股权激励与公司的外部并购投资呈互补关系,即赎买型样本自实施高管人员股权激励计划后,公司的投资方式更加趋向于外部的并购活动,这样更加有利于大股东实施掏空行为。

表 4-12 赎买型股权激励、公司外部并购投资与大股东的掏空行为回归结果

	(1) Occ_TA	(2) $LnOcc$	(3) Occ_TA	(4) $LnOcc$
$Type2$	0.0021	1.8825***	0.0130*	1.0587*
	(0.32)	(3.40)	(1.82)	(1.81)
MA_TA	0.0427***	1.6164**		
	(2.91)	(2.54)		
$Type2 \times MA\_TA$	0.1704*	1.9760***		
	(1.71)	(3.89)		
$LnMA$			0.0002	0.0320***
			(1.37)	(3.43)
$Type2 \times LnMA$			0.0021***	0.0844**
			(3.46)	(2.00)
FCF	−0.00180	0.1580**	−0.0017	0.1590**
	(−1.25)	(2.57)	(−1.19)	(2.51)
ROA	0.0000***	0.0007***	0.0000***	0.0007***
	(18.10)	(18.74)	(18.31)	(19.28)
H	0.0379**	0.2020	0.0392**	0.3770
	(2.26)	(0.19)	(2.33)	(0.36)
M	−0.0047**	0.9511***	−0.0053**	0.9261***
	(−2.19)	(7.69)	(−2.46)	(7.50)
$\_Cons$	0.1595***	−12.7867***	0.1918***	−11.3071***
	(4.43)	(−6.89)	(5.33)	(−6.20)
$Year/Ind$	控制	控制	控制	控制
N	12 793	12 793	12 793	12 793
R^2_a	0.0151	0.0246	0.0139	0.0255

注:*** 为1%水平上的显著性、** 为5%水平上的显著性、* 为10%水平上的显著性、括号内为T值。

表 4-13 列示了福利型股权激励、公司内部新增投资与高管在职消费之间的回归结果。如表 4-13 所示,两种公司内部新增投资的代理变量,第(1)~(2)列中采用资产负债表法核算的 BS_TA 和第(3)~(4)列采用现金流量表法核算的 CF_TA,与福利型样本的虚拟变量 $Type3$ 的交互项回归系数均显著为正。这表明,福利型样本实施高管人员股权激励后,公司更加偏向于内部投资方式,这显著提高了高管的在职消费水平。即在提高高管在职消费方面,福利型股权激励与公

司的内部投资方式呈互补关系。公司的内部投资方式成为福利型股权激励影响高管在职消费的一种传导机制。

综上分析,笔者发现,两类非激励型股权激励的企业所选择的投资方式有助于实现企业实际控制人攫取更多的控制人收益:实施赎买型股权激励的企业倾向于通过外部并购增加控股股东的掏空行为;实施福利型股权激励的企业倾向于通过内部投资提高高管的在职消费水平,即检验了本章的假设 4-3 和假设 4-5。

表 4-13 福利型股权激励、内部新增投资与高管在职消费的回归结果

	(1) $Perks\_TA$	(2) $LnPerks$	(3) $Perks\_TA$	(4) $LnPerks$
$Type3$	0.004 4***	0.381 5**	0.002 8***	0.171 0
	(4.36)	(2.13)	(2.65)	(0.89)
BS_TA	0.003 8	0.630 0*		
	(0.33)	(1.88)		
$Type3 \times BS\_TA$	0.010 9***	0.572 0**		
	(3.74)	(2.26)		
CF_TA			0.030 0***	1.200 0
			(7.09)	(1.35)
$Type3 \times CF\_TA$			0.034 5**	4.842 7*
			(2.33)	(1.84)
$Size$	−0.007 1***	0.299 2***	−0.007 1***	0.306 4***
	(−24.19)	(5.60)	(−24.37)	(5.75)
Lev	0.000 0	0.007 2	0.000 0	0.007 2
	(0.28)	(1.33)	(0.27)	(1.32)
FCF	−0.001 3	−0.077 5	−0.001 3	−0.078 7
	(−1.57)	(−0.75)	(−1.56)	(−0.76)
ROA	0.000 0***	0.000 7***	0.000 0***	0.000 7***
	(5.76)	(13.23)	(5.83)	(13.17)
H	0.014 8***	0.373 0	0.013 6***	0.434 0
	(5.38)	(0.73)	(4.95)	(0.84)
M	0.005 8***	0.155 7**	0.006 0***	0.145 3**
	(15.52)	(2.11)	(16.04)	(1.98)
$\_Cons$	0.075 0***	−4.390 0***	0.073 7***	−4.428 9***
	(12.84)	(−4.01)	(12.73)	(−4.07)
$Year/Ind$	控制	控制	控制	控制
N	12 793	12 793	12 793	12 793
R^2_a	0.360 5	0.650 2	0.361 0	0.650 1

注:*** 为 1%水平上的显著性,** 为 5%水平上的显著性,* 为 10%水平上的显著性、括号内为 T 值。

第四节 稳健性检验

由于公司的投资决策除与高管的激励相关之外,还可能与公司的特性(如成长型、价值型)相关,因此,在研究股权激励与公司投资决策之间的关系时需要注意这些因素的影响。于是,笔者在控制变量中添加公司的成长型指标 $Growth$(定义为公司营业收入的增长率)和公司价值型指标 MB(市场价值与账面价值之比),重新对模型 3-10 进行回归分析。回归结果如表 4-14 所示,本章的假设 4-1 同样得到了证据的支持。

同时为了使本章的检验更加稳健,笔者按照 Matolcsy 等(2009)和吕长江等(2009)两种方法重新对股权激励动机进行划分,对假设 4-1 再次检验。

如第三章第一节中的表 3-6 所示,按照 Matolcsy、Riddell 和 Wright(2009)的划分方法,笔者得到 257 个激励型样本、218 个非激励型样本;按照吕长江等(2009)的划分方法,笔者得到 197 个激励型样本、278 个非激励型样本。在此基础上,笔者重新对模型 4-10 进行回归分析。回归结果如表 4-15 和 4-16 所示,上述两类划分方法下激励型动机的样本更加偏向于风险性项目投资同样获得了证据支持。

一、非效率投资的判定

由于采用 Richardson(2006)的预期投资模型回归所得残差的符号来判断公司的非效率投资存在一定的局限性,因此本文按照非效率投资特征法重新对样本进行划分。基于非效率投资的流动性特征法(Biddle 等,2009;李万福等,2011):持有更多现金的公司通常更可能出现过度投资,而公司的负债能抑制公司的过度投资行为(唐雪松等,2007;黄乾富和沈红波,2009),本文首先分别对 $Cash$(从小到大)和 Lev(从大到小)进行 10 等分排序,由此得到两者排序之和的平均数,再除以 10 得到公司非效率投资判别指数($Index$,范围为 0 到 1);然后对 $Index$ 按照大小分成 4 等分,剔除中间 2 等分;最后将最小 $Index$ 定义为投资不足组,最大 $Index$ 定义为过度投资组。将上述两种分组结果对模型进行回归,并且分别选择 $LnOcc$ 和 $LnPerks$ 作为控制人收益的代理变量,回归结果如表 4-17 和表 4-18 所示。

表 4-14 激励型股权激励与公司的风险性项目的投资 DID 回归结果

	(1) LnRD	(2) RD_TA	(3) RD_S	(4) LnLong	(5) Long_TA	(6) LnRisk	(7) Risk_TA
ESO	1.626 5***	0.006 8***	0.012 4***	2.291 6***	0.007 2***	1.512 0***	0.015 7***
	(7.70)	(10.08)	(8.88)	(7.61)	(3.33)	(7.87)	(6.71)
Type1	0.798 7***	0.001 5***	0.003 6***	0.418	0.006 6***	0.810 4***	0.007 6***
	(3.32)	(3.33)	(3.62)	(1.45)	(2.87)	(3.33)	(3.29)
ESO×Type1	0.711 6*	0.001 9**	0.007 2***	1.443 7***	0.011 2***	0.840 9***	0.014 1***
	(1.94)	(1.96)	(3.63)	(3.04)	(3.19)	(2.42)	(3.86)
Size	0.830 3***	−0.000 2**	−0.001 0***	1.276 9***	0.001 8***	1.277 4***	0.000 2
	(14.31)	(−2.14)	(−5.71)	(20.98)	(5.18)	(22.84)	(0.64)
Lev	−2.863 8***	−0.005 3***	−0.018 4***	−1.582 5***	−0.011 5***	−2.628 4***	−0.016 6***
	(−12.59)	(−13.04)	(−22.52)	(−6.99)	(−8.09)	(−11.10)	(−10.10)
Growth	0.897 4***	0.001 4***	0.001 6**	0.187 0*	0.000 8	1.003 0***	0.002 8**
	(4.84)	(4.54)	(2.17)	(1.99)	(0.70)	(4.82)	(2.07)
H	−0.276	−0.002 7**	−0.024 8***	−4.304 7***	−0.047 3***	−1.293 0***	−0.048 7***
	(−0.47)	(−2.37)	(−13.52)	(−6.21)	(−12.38)	(−2.30)	(−12.54)
MB	1.406 2***	0.004 9***	0.007 5***	1.261 9***	0.012 1***	1.588 9***	0.016 4***
	(5.30)	(11.14)	(8.49)	(4.47)	(7.11)	(6.00)	(9.41)
_Cons	−13.052 8***	0.007 0***	0.032 5***	−29.490 1***	−0.038 3***	−23.400 3***	−0.002 8
	(−11.07)	(3.87)	(9.20)	(−24.69)	(−5.84)	(−20.60)	(−0.44)
Year/Ind	控制	控制	控制	控制	控制	控制	控制
N	15 495	15 495	15 495	15 495	15 495	15 495	15 495
R^2_a	0.490 8	0.409 9	0.426 5	0.350 6	0.141 2	0.515 1	0.241 8

注：*** 为 1%水平上的显著性，** 为 5%水平上的显著性，* 为 10%水平上的显著性，括号内为 T 值。

表 4-15 Matolcsy 等方法下激励型股权激励与风险性项目投资决策的 DID 回归结果

	(1) LnRD	(2) RD_TA	(3) RD_S	(4) LnLong	(5) Long_TA	(6) LnRisk	(7) Risk_TA
ESO	1.576 6***	0.006 5***	0.011 6***	2.247 9***	0.006 2***	1.519 0***	0.014 4***
	(7.53)	(9.97)	(8.57)	(7.80)	(3.01)	(7.97)	(6.51)
Type1	0.674 2***	0.001 6***	0.003 7***	0.474	0.006 5***	0.677 3***	0.007 7***
	(2.78)	(3.61)	(3.58)	(1.61)	(2.79)	(2.73)	(3.29)
ESO×Type1	0.840 5**	0.001 1**	0.004 3**	1.154 7**	0.008 7**	1.140 5***	0.009 6**
	(2.28)	(2.13)	(2.11)	(2.40)	(2.42)	(3.32)	(2.57)
Size	0.829 7***	−0.000 2**	−0.001 0***	1.277 7***	0.001 8***	1.277 2***	0.000 2
	(14.30)	(−2.16)	(−5.72)	(20.99)	(5.18)	(22.83)	(0.63)
Lev	−2.870 3***	−0.005 3***	−0.018 4***	−1.582 9***	−0.011 5***	−2.635 5***	−0.016 6***
	(−12.62)	(−13.03)	(−22.52)	(−7.00)	(−8.10)	(−11.13)	(−10.11)
Growth	0.901 7***	0.001 4***	0.001 7**	0.185 0*	0.008 0*	1.006 8***	0.002 8**
	(4.86)	(4.54)	(2.18)	(1.98)	(1.71)	(4.84)	(2.08)
H	1.408 5***	0.004 9***	0.007 5***	1.264 7***	0.012 1***	1.591 6***	0.016 4***
	(5.31)	(11.14)	(8.50)	(4.48)	(7.13)	(6.01)	(9.43)
MB	−0.292 0	−0.002 7**	−0.024 8***	−4.297 9***	−0.047 3***	−1.307 6**	−0.048 8***
	(−0.49)	(−2.37)	(−13.54)	(−6.20)	(−12.39)	(−2.33)	(−12.54)
_Cons	−13.026 0***	0.007 0***	0.032 5***	−29.505 4***	−0.038 2***	−23.379 6***	−0.002 7
	(−11.05)	(3.89)	(9.22)	(−24.70)	(−5.83)	(−20.58)	(−0.43)
Year/Ind	控制	控制	控制	控制	控制	控制	控制
N	15 495	15 495	15 495	15 495	15 495	15 495	15 495
R^2_a	0.490 7	0.409 8	0.426 3	0.350 6	0.141 0	0.515 0	0.241 6

注：*** 为 1%水平上的显著性，** 为 5%水平上的显著性，* 为 10%水平上的显著性，括号内为 T 值。

表 4-16　吕长江等方法下激励型股权激励与公司风险性项目投资决策的 DID 回归结果

	(1) LnRD	(2) RD_TA	(3) RD_S	(4) LnLong	(5) Long_TA	(6) LnRisk	(7) Risk_TA
ESO	1.596 3***	0.006 0***	0.009 7***	2.123 5***	0.006 9***	1.575 2***	0.013 8***
	(8.20)	(11.06)	(9.04)	(8.51)	(3.85)	(9.08)	(7.34)
Type1	0.774 1***	0.001 4**	0.004 8***	0.422	0.005 5*	0.858 5***	0.006 3**
	(2.62)	(2.49)	(3.48)	(1.15)	(1.90)	(2.95)	(2.19)
ESO×Type1	0.573 6**	0.001 1**	0.002 7**	1.652 8***	0.012 6***	1.131 3***	0.012 0***
	(2.41)	(2.13)	(2.25)	(3.07)	(3.21)	(2.93)	(2.97)
Size	0.831 9***	−0.000 2**	−0.001 0***	1.270 0***	0.001 7***	1.276 5***	0.000 2
	(14.34)	(−2.04)	(−5.65)	(20.85)	(5.09)	(22.82)	(0.55)
Lev	−2.870 3***	−0.005 3***	−0.018 4***	−1.591 4***	−0.011 6***	−2.634 4***	−0.016 7***
	(−12.62)	(−13.05)	(−22.48)	(−7.03)	(−8.17)	(−11.12)	(−10.18)
Growth	0.905 4***	0.001 5***	0.001 7**	0.198	0.001 0	1.011 4***	0.003 0**
	(4.88)	(4.59)	(2.21)	(1.05)	(0.80)	(4.87)	(2.17)
H	1.422 5***	0.004 9***	0.007 6***	1.250 3***	0.012 1***	1.595 7***	0.016 5***
	(5.36)	(11.25)	(8.60)	(4.43)	(7.13)	(6.03)	(9.45)
MB	−0.298 0	−0.002 7**	−0.024 9***	−4.312 5***	−0.047 5***	−1.304 5**	−0.049 0***
	(−0.50)	(−2.43)	(−13.58)	(−6.23)	(−12.42)	(−2.32)	(−12.60)
_Cons	−13.027***	0.006 9***	0.032 6***	−29.351***	−0.037 2***	−23.337***	−0.001 8
	(−11.05)	(3.84)	(9.22)	(−24.55)	(−5.69)	(−20.55)	(−0.28)
Year/Ind	控制	控制	控制	控制	控制	控制	控制
N	15 495	15 495	15 495	15 495	15 495	15 495	15 495
R^2_a	0.490 7	0.409 9	0.426 3	0.350 6	0.141 1	0.515 0	0.241 2

注：*** 为 1% 水平上的显著性，** 为 5% 水平上的显著性，* 为 10% 水平上的显著性，括号内为 T 值。

表 4-17 赎买型股权激励、大股东掏空行为与非效率投资的稳健性检验结果

	(1) OverI_BS	(2) OverI_CF	(3) UnderI_BS	(4) UnderI_CF
Type1	0.004 6(1.58)	0.004 2*(1.69)	0.009 6**(2.10)	0.001 0(1.26)
G_inc	−0.317 3**(3.69)	−0.383 0***(−4.19)	−0.306 5***(−3.55)	−0.393 1***(−3.96)
Type1×G_inc	0.032 2***(3.62)	0.037 6***(4.38)	0.104 4***(4.82)	0.069 7***(4.24)
LnOcc	0.002 6***(1.81)	0.463 1*(1.95)	0.526 3***(2.04)	0.588 9**(2.29)
G_inc×LnOcc	−0.024 9***(−4.98)	−0.007 0(−0.63)	−0.001 5(−0.12)	−0.005 7(−0.67)
Type1×G_inc×LnOcc	0.561 3***(3.55)	0.879 9***(6.09)	0.852 1***(5.96)	0.258 7**(2.09)
Type2	0.033 2(1.25)	0.018 6(1.43)	0.028 9***(3.75)	0.014 3***(4.06)
Type2×G_inc	−0.018 3*(−1.82)	−0.035 4**(2.17)	−0.505 9**(−4.20)	−0.482 7***(−3.21)
Type2×G_inc×LnOcc	0.045 1(0.17)	0.067 4(0.77)	0.082 3(1.49)	0.654 5***(6.47)
Size	−0.006 7***(−2.61)	0.000 1(0.006)	−0.003 8**(2.19)	−0.000 2(0.22)
Lev	−0.012 7*(−1.93)	−0.016 2***(−3.75)	−0.043 2***(−5.58)	−0.003 9(−1.55)
MB	−0.005 1**(−2.37)	−0.002 6*(−1.71)	−0.005 4**(−1.88)	−0.001 8***(−2.61)
Growth	−0.002 9**(−2.24)	−0.002 3**(−2.23)	−0.001 9(−1.49)	−0.000 7(−1.29)
_Cons	0.320 4***(6.23)	0.110 6***(3.45)	0.218 7***(6.22)	0.075 0***(5.22)
Year/Ind	控制	控制	控制	控制
N	1 848	2 151	1 848	2 151
R^2_a	0.107 3	0.062 8	0.081 9	0.034 3

表 4-18 福利型股权激励、在职消费与非效率投资的稳健性检验结果

	(1) OverI_BS	(2) OverI_CF	(3) UnderI_BS	(4) UnderI_CF
Type1	0.055 1**(2.25)	0.040 5**(2.46)	0.050 3***(3.70)	0.019 1**(2.57)
G_inc	−0.433 3*(−1.70)	−0.535 3*(−1.86)	−0.454 9*(−1.77)	−0.844 2*(−1.93)
Type2×G_inc	−0.020 1***(−2.41)	−0.145 6**(−2.30)	−0.386 0*(−1.84)	−0.068 6***(−4.66)
LnPerks	0.005 5**(2.01)	0.009 2**(2.62)	0.003 7**(2.04)	0.000 9*(1.69)
G_inc×LnPerks	−0.073 1(−1.63)	0.019 3(0.43)	0.058 9(1.01)	−0.036 0(−0.64)
Type2×G_inc×LnPerks	0.707 5***(2.79)	0.541 3**(2.14)	0.086 4*(1.81)	0.086 7*(1.89)
Type1	0.000 9(0.08)	0.001 0(0.11)	0.000 6(0.05)	0.002 6(0.46)
Type1×G_inc	−0.125 3(−0.86)	0.184 1(0.92)	−0.045 2(−0.58)	−0.092 9(−1.47)
Type1×G_inc×LnPerks	0.223 3(0.81)	0.312 6(0.80)	0.929 0(0.67)	1.724 0(1.46)
Size	0.000 6(0.13)	0.005 9*(1.78)	−0.004 5(−1.18)	0.001 6(1.18)
Lev	−0.001 9(−0.19)	−0.008 2(−0.99)	0.049 9***(4.02)	0.002 2(0.62)
MB	−0.004 3(−1.51)	−0.001 8*(−1.71)	−0.005 4**(−1.88)	−0.001 8***(−2.61)
Growth	−0.004 0*(−1.98)	−0.002 6*(−1.70)	−0.001 7(−0.93)	−0.000 9(−1.12)
_Cons	0.297 2***(3.89)	0.117 4***(2.28)	0.260 0***(4.84)	0.058 1***(3.06)
Year/Ind	控制	控制	控制	控制
N	718	709	721	689
R^2_a	0.126 5	0.058 0	0.092 4	0.056 2

二、内生性检验

高管的薪酬结构与公司的预期投资水平是内生决定的(罗富碧、冉茂盛和杜家廷,2008),两者同时受到公司的融资约束、代理成本、投资机会以及投资项目的风险等因素的影响。例如,如果公司有高风险的投资项目且高管可获得较大的私人收益时,实施的高管人员股权激励可能会因高管的风险偏好不同而影响公司的投资效率。如果高管为风险追求者,股权激励往往使高管更加集中地投资于自身收益较大的项目而加重公司的过度投资;但如果高管是风险厌恶型,股权激励有可能使高管将部分资源配置于风险项目(如研发投资)而降低公司的投资不足。同时,如果公司(如高科技类公司)进行大量的研发投资,也可能会导致严重的代理问题。研发投资会因监督难度大、成本高而易被高管操纵。因此,这类公司往往授予高管更多的股权来减少代理成本。于是,笔者选择同行业高管持股的平均水平(记为MSV)作为模型4-10的外生工具变量,以控制公司所在的行业特点。笔者构建了由模型4-15与模型4-16组成的联立方程模型。

$$G\_inc_{i,t+1} = \beta_0 + \beta_1 OverI_{i,t}(UnderI_{i,t}) + \beta_2 FCF_{i,t} + \beta_3 Q_{i,t} + \beta_4 Lev_{i,t} + \beta_5 Size_{i,t} + \beta_6 MR_{i,t} + u_{i,t+1} \tag{4-15}$$

$$OverI(UnderI)_{i,t+1} = \phi_0 + \phi_1 G\_inc_{i,t} + \phi_2 FCF_{i,t} + \phi_3 Q_{i,t} + \phi_4 Lev_{i,t} + \phi_5 Size + Dir_{i,t} + \varepsilon_{i,t+1} \tag{4-16}$$

其中,G_inc和$OverI(UnderI)$为内生变量;FCF、Q、Lev和$Size$为共同的外生变量。在Hausman内生性检验的基础上,笔者运用三阶段最小二乘法(3SLS)进行分析(见表4-19)。如表4-19所示,Hausman值的显著性水平显示,股权激励与公司的投资决策不具有因果关系的内生关系,这与吕长江和张海平(2011)的结论一致。

由于上述检验模型中可能存在遗漏变量,为了使研究结论更加稳健,笔者使用DID(difference in differences)分析方法,对比股权激励的动机试验组与对照组在实施股权激励前后的差异。笔者选用变量G_inc,当G_inc为0时表示当年上市公司未实施股权激励计划,否则为上市公司当年实施了股权激励计划。则G_inc与各种动机类型$Type$、$Type1$和$Type2$之间的交互项回归系数显著为负(或正),即相比于其他对照样本前后公司非效率投资差异,试验组实施股权激励前后公司非效率投资的差异更加抑制(或加剧)。结果如表4-20、表4-21、表4-22所示。

表 4-19 内生性检验及 3SLS 估计结果

	G_inc	OverI_BS	G_inc	OverI_CF	G_inc	UnderI_BS	G_inc	UnderI_CF
BS	0.008 1					0.003 6*		
	(1.48)					(1.86)		
G_inc		0.193 5*		0.002 7	0.162 1		0.117 9	0.005 5***
		(1.68)		(0.51)	(1.56)		(1.60)	(3.66)
CF	−0.029 1							
	(−0.25)							
FCF	−0.104 7*	−0.040 5***	−0.034 8	−0.007 0	0.040 0	−0.016 7***	−0.004 8	−0.008 1***
	(−2.06)	(−2.69)	(−0.68)	(−0.96)	(1.32)	(−8.76)	(−0.11)	(−4.56)
Q	0.016 6*	0.012 2***	−0.000 1	0.004 4***	0.003 1	0.002 4***	0.008 6	0.001 1**
	(1.67)	(3.21)	(−0.09)	(2.88)	(1.05)	(8.22)	(1.39)	(2.57)
Size	0.018 9***	−0.006 8***	0.014 4**	−0.002 1	0.050 3***	0.003 9***	0.054 3***	−0.000 6
	(2.49)	(−6.89)	(2.03)	(1.61)	(7.32)	(2.96)	(8.11)	(−1.48)
Lev	−0.034 7	−0.103 8***	−0.079 0*	−0.059 1***	−0.131 2***	−0.037 6***	−0.107 8***	−0.019 2***
	(−1.09)	(−10.89)	(2.43)	(−7.95)	(−10.72)	(−3.63)	(−9.53)	(−2.97)
MSV	0.384 2***		0.415 3***		0.407 6***		0.395 3***	
	(8.56)		(9.21)		(8.97)		(8.77)	
Dir		−0.124 4***		−0.034 0***		−0.003 9		−0.004 2
		(−2.87)		(−2.61)		(−0.85)		(−0.95)
_Cons	−0.149 7	0.348 9***	0.015 8	0.173 3***	−0.772 6***	−0.611 0***	−0.897 3***	0.043 7**
	(−1.09)	(5.36)	(0.12)	(2.62)	(−8.29)	(−10.39)	(−12.22)	(2.59)
Year/Ind	控制	控制	控制	控制	控制	控制	控制	控制
N	1 848	1 848	2 151	2 151	1 848	1 848	2 151	2 151
R^2	0.097 7	0.155 3	0.084 9	0.073 5	0.106 4	0.100 0	0.025 9	0.079 5
Hausman	1.300(0.254)		5.330(0.021)		1.390(0.238)		2.490(0.114)	

表 4-20　激励型股权激励与非效率投资的 DID 回归结果

	(1) Overinv_BS	(2) Overinv_CF	(3) Underinv_BS	(4) Underinv_CF
$Type$	$-0.0131^{**}(-2.23)$	$-0.0097^{***}(-2.90)$	$-0.0106^{*}(-1.89)$	$-0.0010(-0.42)$
G_inc	$-0.0526(-1.10)$	$-0.0161(-0.60)$	$-0.1517^{**}(-2.48)$	$-0.0012(-0.03)$
$Type×G\_inc$	$-0.6030^{*}(-1.94)$	$-1.1577^{**}(-2.27)$	$-4.9691^{***}(-3.47)$	$-1.7844^{**}(-2.41)$
$Size$	$0.0074^{***}(3.48)$	$0.0014(1.09)$	$-0.0014(-0.95)$	$0.0004(0.66)$
Lev	$-0.0107^{**}(-2.25)$	$-0.0106^{***}(-3.31)$	$0.0206^{***}(3.82)$	$-0.0019(-1.16)$
Q	$-0.0023(-1.62)$	$0.0021^{*}(1.76)$	$0.0073^{***}(4.34)$	$0.0019^{***}(3.85)$
FCF	$0.0043^{***}(3.94)$	$0.0004(0.56)$	$-0.0130^{***}(-7.67)$	$-0.0014^{***}(-2.67)$
M	$-0.0184^{***}(-6.27)$	$-0.0043^{**}(-2.47)$	$-0.0062^{***}(-2.94)$	$-0.0021^{***}(-3.18)$
H	$-0.1480^{***}(-7.08)$	$-0.0385^{***}(-3.13)$	$0.0125(0.91)$	$0.0150^{**}(2.54)$
$\_Cons$	$0.2036^{***}(4.29)$	$0.0988^{***}(3.68)$	$0.1826^{***}(4.84)$	$0.0723^{***}(5.91)$
Year/Ind	控制	控制	控制	控制
N	1 848	2 151	1 848	2 151
R^2_a	0.1097	0.0612	0.1433	0.0625

表 4-21　赎买型股权激励、大股东掏空与非效率投资的 DID 回归结果

	(1) OverI_BS	(2) OverI_CF	(3) UnderI_BS	(4) UnderI_CF
$Type1$	$0.0025(0.31)$	$0.0017(0.35)$	$0.0043(0.57)$	$0.0017(0.59)$
G_inc	$0.0035(0.11)$	$0.0142(0.61)$	$0.0826^{**}(2.33)$	$0.0075(0.25)$
$Type1×G\_inc$	$0.0676(0.35)$	$0.2483^{**}(2.04)$	$0.1300(1.30)$	$0.2906^{**}(2.35)$
Occ_TA	$0.0232^{***}(2.64)$	$0.0108^{*}(1.69)$	$0.0031(0.49)$	$0.0048^{**}(2.36)$
$Type1×G\_inc×Occ\_TA$	$1.2310^{*}(1.91)$	$1.4450^{***}(2.59)$	$4.7344^{***}(3.46)$	$2.8271^{***}(2.85)$
$Size$	$0.0076^{***}(3.52)$	$0.0018(1.40)$	$-0.0019(-1.31)$	$0.0005(0.91)$
Lev	$-0.0165^{***}(-3.25)$	$-0.0111^{***}(-3.18)$	$0.0199^{***}(3.51)$	$-0.0018(-1.05)$
Q	$-0.0028^{*}(-1.85)$	$0.0014(1.16)$	$0.0073^{***}(4.27)$	$0.0019^{***}(3.66)$
FCF	$0.0045^{***}(4.02)$	$0.0004(0.50)$	$-0.0131^{***}(-7.56)$	$-0.0014^{**}(-2.56)$
M	$-0.0198^{***}(-6.73)$	$-0.0054^{***}(-3.11)$	$-0.0055^{**}(-2.55)$	$-0.0021^{***}(-3.08)$
H	$-0.1467^{***}(-6.94)$	$-0.0360^{***}(-2.93)$	$0.0183(1.34)$	$0.0160^{***}(2.68)$
$Dual$	$-0.0040(-0.80)$	$-0.0016(-0.56)$	$0.0038(0.79)$	$0.0012(0.85)$
Dir	$0.0401(1.08)$	$0.0013(0.07)$	$-0.0147(-0.61)$	$0.0057(0.61)$
$\_Cons$	$0.2213^{***}(4.64)$	$0.1081^{***}(4.03)$	$0.1801^{***}(4.75)$	$0.0686^{***}(5.55)$
Year/Ind	控制	控制	控制	控制
N	1 848	2 151	1 848	2 151
R^2_a	0.1181	0.0641	0.1422	0.0616

表 4-22 福利型股权激励、在职消费与非效率投资的 DID 回归结果

	(1) OverI_BS	(2) OverI_CF	(3) UnderI_BS	(4) UnderI_CF
Type2	0.002 2(0.19)	0.008 3(1.35)	0.008 6(1.07)	0.001 3(0.22)
G_inc	0.379 2***(5.05)	0.289 8***(2.71)	0.070 7(1.56)	0.113 1(0.68)
Type2×G_inc	0.137 0(1.24)	0.224 8*(1.68)	0.053 1(0.33)	0.086 8(0.43)
Perks_TA	0.251 7**(2.31)	0.123 8*(1.74)	0.194 1*(1.79)	0.182 0*(1.66)
Type2×G_inc×Perks_TA	5.063 9***(4.98)	2.667 1**(2.54)	1.173 3*(1.73)	2.342 2**(2.18)
Size	−0.005 8(−1.55)	−0.001 8(−0.72)	−0.000 4(−0.16)	0.000 5(0.50)
Lev	0.003 7(0.36)	−0.006 1(−0.73)	0.047 0***(3.97)	0.002 1(0.59)
Q	0.005 4*(1.88)	0.002 0(0.96)	0.007 6*(1.82)	0.002 3***(2.60)
FCF	−0.004 2**(−2.10)	−0.003 2**(−2.03)	0.001 5(0.84)	−0.000 7(−0.98)
M	−0.008 3*(−1.80)	−0.001 2(−0.41)	−0.012 3***(−3.70)	−0.001 9(−1.60)
H	−0.016 3(−0.51)	−0.022 8(−1.25)	−0.014 0(−0.66)	0.004 8(0.57)
Dual	0.003 8(0.46)	0.000 3(0.05)	−0.004 6(−0.64)	0.001 0(0.41)
Dir	0.084 0(1.45)	0.032 6(1.00)	0.018 8(0.50)	0.021 9*(1.66)
_Cons	0.318 7***(4.26)	0.124 0**(2.40)	0.224 5***(4.10)	0.063 7***(3.14)
Year/Ind	控制	控制	控制	控制
N	1 848	2 151	1 848	2 151
R^2_a	0.132 2	0.054 8	0.098 9	0.051 2

第五节 进一步分析

前文检验出,激励型股权激励的公司更加偏好于风险性项目的投资。其中,风险性项目的投资包括对内的研发投资和对外的高新技术行业的长期股权投资。因此,笔者将进一步比较激励型样本与福利型样本在对内投资中的研发投资水平上的差异,并比较激励型样本与赎买型样本在对外从众投资趋势的行业偏好上的差异。

一、股权激励的动机差异与企业内部的研发投资水平

研究开发(research and development,简称研发)投资与高管人员股权激励一直是风险战略管理和公司治理研究中的重要话题。先前的研究表明,研发投资不仅为企业的持续增长提供动力,而且为企业保持持久的竞争优势创造条件(Lev 和 Sougiannis,1996)。但是,作为风险厌恶(risk aversion)的企业高管,他们往往基

于自利动机,不愿承担过多的风险而缩减企业的研发投资(苏剑,2013)。当出现高管即将退休(Dechow 和 Sloan,1991)、企业利润下降或微亏(Baber、Fairfield 和 Haggard,1991)等情况时,企业高管更可能从事机会主义行为而降低企业的研发投资水平。随着 20 世纪美国企业成功实施高管人员股权激励计划以来,世界各国的企业都效仿实施,股权激励机制被业界形象地比喻为高管人员的"金手铐"(周嘉南和陈效东,2014),并且高管人员的股权激励能显著提高公司的研发支出水平(Cheng,2004;夏芸和唐清泉,2008;陈效东和周嘉南,2014)。

但是,自美国 AIG 奖金门事件以及我国创业板市场高管"扎堆"辞职所表现出的"套现效应"(曹廷求和张光利,2012)以来,业界开始反思股权激励机制的实施效果。郭葆春和张丹(2013)在研究中小创新型企业高管团队特征对研发投资行为的影响时,将样本组划分为离职组和非离职组后,发现离职组高管持股与研发投资水平负相关,而非离职组高管持股与研发投资支出水平正相关。Tian(2004)认为,对高管实施大量的股权激励,事实上降低了激励效果而并未实现预期目标。唐清泉、夏芸和徐欣(2011)在讨论股权激励与研发投资的内生性关系时认为,股改前股权激励与公司的研发投资之间呈现倒 U 型关系:管理层持股比例超过 23.24% 后,管理层持股比例与研发投资之间呈现显著的负相关关系。可是,考虑到现阶段高管持股数量受到一定的限制[①],于是从高管持股比例的差异来说明企业的研发支出水平的不同就缺乏一定的解释力。

吕长江等(2009)总结出我国上市公司实施的股权激励具有激励型动机和福利型动机两类,并认为正是由于两类动机的存在,导致了实施股权激励的效果存在差异。两类动机下的股权激励对公司研发投资的影响可以由最优契约理论和管理层权力理论分别加以解释。最优契约理论认为,高管人员股权激励可以降低股东与高管之间的代理成本,促使高管最大限度地为股东利益工作并减少信息不对称下的道德风险行为;可以鼓励高管投资高风险的项目,减少高管风险规避的问题。激励型动机的股权激励能够鼓励高管自愿承担个人财富下行风险(downsize risk)而加大对包括研发投资在内的风险项目投资,进而提高公司的研发投资水平。与最优契约理论不同,管理层权力理论认为高管人员股权激励非但不是降低代理成本的有效方式,反而成为增加代理成本的一种手段。由于董事会下设的薪酬委员会缺乏独立性,高管的薪酬最终受到高管意愿的支配或影响,公司实施股权激励并非

---

① 《上市公司股权激励管理办法(试行)》第 12 条规定:上市公司全部有效的股权激励计划所涉及的标的股票总累积不超过公司股本总额的 10%;其中个人获受部分不得超过股本总额的 1%,超过 1% 的需要获得股东大会的特别批准。

为了将高管的利益与股东的利益"捆绑在同一辆战车上",而是便于高管从中"提取额外的租金",提高高管的福利水平。这种福利型动机的期权计划具有行权期限短、行权条件容易实现等特点,无法激励经理人承担下行风险而增加研发投资。因此,相比于福利型,激励型样本的公司具有更高的内部研发投资水平。

高管人员股权激励与公司的研发投资之间并非呈现简单的相关关系。Wu 和 Tu(2007)试图从高管所感知的下行风险的因素出发寻求两者之间的关系,并找出了公司的富余资源和过去的业绩表现两种影响因素。富余资源产生于企业的资本预算和决策过程之中(Cyert 和 March,1963),它们作为企业的一种"战略储备资源"以备不时之需(缓解企业的融资约束)。高管在做预算决策时会将企业的富余资源维持在一定的水平上(Dunk 和 Nouri,1998)。对于高管而言,富余资源既可能被用于缓解业绩考核的压力①(或缓冲高管所感知的风险),也可能成为被攫取的对象。富余资源为公司的研发投资活动提供了一种潜在的资源,但是这种资源是否被用于研发投资活动则取决于高管自利行为的程度。在实施股权激励计划的企业中,富余资源水平对研发投资的作用受到股权激励计划动机的影响。具体而言,激励型动机的股权激励能够降低高管的自利行为,高管将更多的富余资源投入到研发投资活动中。尤其当企业存在融资约束时,富余资源可以为企业的研发投资活动提供融资。而福利型动机的股权激励原本就出于对高管先前工作的褒奖或高管的自利行为,无论未来公司业绩如何,高管的个人财富都具有向下黏性的特征(即个人财富不可能减少),这种股权激励俨然成为高管的一笔额外的或有财富。因此,富余资源如企业的自由现金流一样,成为高管进行机会主义行为的对象而损害股东的利益,对于企业而言就是一种损失。在此情形下,富余资源越多的企业并非伴有越高的研发投资水平。

既有的公司业绩影响高管对研发投资的前景预期。当既有的业绩持续比较差时,高管下调前景预期并很有可能调整公司投资决策,他们会将注意力转向短期活动,如广告和促销活动;而当既有的业绩较好时,高管增强原先对研发投资的前景预期并可能增加公司的研发投资水平。根据行为代理理论,股权激励能够调节高管所感知的下行风险并影响高管对研发投资的前景预期。但是,不同动机下的股权激励会产生不同的作用。激励型股权激励会激发高管承担风险。在既有的业绩较差的情况下,这种动机下的股权激励能够缩小高管下调前景预期的幅度;而在既有的业绩较好时,这种动机下的股权激励能够强化高管原先对研发投资的前景预期。因此,无论公司的业绩如何,激励型动机下的股权激励都能在公司业绩水平影

---

① 因为当投资项目消耗的是企业额外的资源时,即使亏损也不会对公司业绩有显著性影响。

响研发投资时起到促进作用。但是,福利型股权激励具有行权期较短以及行权条件较容易达到等特点,这种动机下的股权激励不会激发高管承担风险,更不会影响高管对研发投资的前景预期。在公司业绩较好时,福利型股权激励更加倾向于保守的投资决策而不会增加公司的研发投资;当公司业绩较差时,实施福利型股权激励的上市公司高管往往考虑怎样促使董事会做出下调股权激励的执行价的决定,而并不关心对研发投资的前景预期。因此,无论公司过去的业绩如何,福利型动机下的股权激励在公司业绩水平影响研发投资时不存在明显的加强或降低作用。

(一) 模型的构建

借鉴 Wu 和 Tu(2007),笔者构建了模型 4-17 至模型 4-20。

$$R\&D_{i,\,t+1} = \alpha + \beta_1 G\_inc_{i,\,t} + \beta_2 Controls + \varepsilon_{i,\,t+1} \tag{4-17}$$

$$R\&D_{i,\,t+1} = \alpha + \beta_1 G\_inc_{i,\,t} + \beta_2 Type4_{i,\,t} + \beta_3 G\_inc_{i,\,t} \times Type4_{i,\,t} \\ + Controls_{i,\,t} + \varepsilon_{i,\,t+1} \tag{4-18}$$

$$R\&D_{i,\,t+1} = \alpha + \beta_1 Slack_{i,\,t} + \beta_2 G\_inc_{i,\,t} \times Slack_{i,\,t} + \beta_3 G\_inc_{i,\,t} \\ + Controls_{i,\,t} + \varepsilon_{i,\,t+1} \tag{4-19}$$

$$R\&D_{i,\,t+1} = \alpha + \beta_1 ROA_{i,\,t} + \beta_2 G\_inc_{i,\,t} \times ROA_{i,\,t} + \beta_3 G\_inc_{i,\,t} \\ + Controls_{i,\,t} + \varepsilon_{i,\,t+1} \tag{4-20}$$

模型 4-17 主要用于检验高管人员股权激励的动机差异对公司研发支出水平的影响。笔者分别采用全样本数据、激励型样本数据和福利型样本数据对模型 4-17 进行回归分析,并且预期激励型样本数据下的 G_inc 的回归系数 β_1 将显著为正,福利型样本数据下的 G_inc 的回归系数不显著。模型 4-18 采用倍差法检验相比于参照组(福利型样本)公司实施高管人员股权激励前后研发投资水平的差异,实验组(激励型样本)公司实施股权激励前后的研发投资水平是否存在显著性差异。笔者预期 G_inc 与 $Type4$ 的交互项回归系数 β_3 显著为正。同时,笔者采用全样本、激励型样本和福利型样本分别对模型 4-19 和模型 4-20 进行回归分析,并预期激励型样本下的交互项系数 β_2 均显著为正。

模型 4-17 至模型 4-20 中,$R\&D$ 为公司的研发支出水平;G_inc 为高管的股权或期权的价值占薪酬总额的比重;G_inc 为 0,表明公司未实施股权激励计划;$Type4$ 为股权激励动机差异的虚拟变量,当 $Type4$ 为 1 时,为实验组的激励型样本,否则为参照组的福利型样本;$Slack$ 为公司的富余资源水平;ROA 为公司业绩。$Controls$ 为模型的控制变量,主要包括公司规模 $Size$;财务杠杆 Lev;经营活动产生的现金流量净额 FCF;薪酬总额前三位高管的货币薪酬 M;董事长和总经理两职合一情况 $Dual$;独立董事比例 Dir 以及股权集中度 H。变量的定义详见下文。

(二) 变量的定义

Ryan 和 Wiggins(2002)认为,企业的投资机会、成长性和规模等因素会促进企业的研发投入。Boyd(1995)认为,两职合一与研发投资水平呈正相关关系。Wu 和 Tu(2007)用三种方式来衡量富余资源:已吸收的富余资源(absorbed slack resources)——管理费用/销售收入、未吸收的富余资源(unabsorbed slack resources)——速动资产/流动负债和潜在的富余资源(potential slack resources)——负债总额/资产总额,并认为前两者均与公司的研发支出之间呈显著的正相关关系。对高管而言,已吸收的富余资源不再具有缓解下行风险的作用。因此,笔者选用未吸收的富余资源作为富余资源的代理变量。具体控制变量如表4-1所示。

(三) 描述性统计

图 4-1 列示了 2006—2013 年间 A 股市场的非金融类上市公司的研发支出水平的年度趋势。如图 4-1 所示,衡量公司研发水平的四种代理变量均呈现逐年增长的态势。其中,2006—2008 年间虽然上市公司研发总额增长,但研发支出所占公司的资产规模的比重 RD_TA 和销售收入的比重 RD_S 却呈现下降的趋势。为了鼓励企业增加研发投入,政府出台了一些研发投资的优惠政策①。因此,2008 年以后我国上市公司的研发投资呈明显的上涨态势,并且 2008—2009 年间我国上市公司研发密度的增速最快,这可能与高新技术企业的税收减免政策有关。

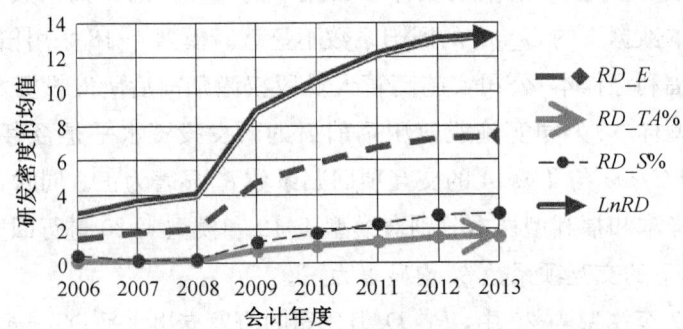

图 4-1 公司研发密度的年度分布趋势

---

① 如 2008 年 1 月 1 日开始实施的《企业所得税法》中强调,经认定为国家重点扶持的高新技术企业可以享受的企业所得税税率为 15%,并且在经济特区和上海浦东新区内设立的高新技术企业,还可以享受"两免三减半"的定期税收优惠。随后,2008 年 4 月 14 日,科技部、财政部和国家税务总局联合刊发关于印发《高新技术企业认定管理办法》的通知,进一步对高新技术企业的认定给出了指导性的意见。

表 4-23 全样本下各主要变量的描述性统计

变量	样本量	均值	标准差	最小值	P25	中值	P75	最大值
RD_E	15 495	5.127 9	4.723 2	0.000 0	0.000 0	6.919 3	9.736 2	11.695 8
RD_TA	15 495	0.009 5	0.014 6	0.000 0	0.000 0	0.001 1	0.015 6	0.070 5
RD_S	15 495	0.017 7	0.029 6	0.000 0	0.000 0	0.001 7	0.030 1	0.164 2
$LnRD$	15 495	9.608 3	8.413 9	0.000 0	0.000 0	14.806 6	17.161 1	20.500 1
G_inc	15 495	0.062 1	0.139 0	0.000 0	0.000 0	0.000 0	0.009 9	0.609 5
$Type4$	2 012	0.717 4	0.450 4	0.000 0	0.000 0	1.000 0	1.000 0	1.000 0
$Slack1$	15 495	1.891 5	2.941 4	0.090 5	0.553 0	0.931 6	1.738 5	18.945 0
$Slack2$	15 495	1.650 8	2.755 2	0.035 7	0.405 2	0.757 3	1.498 5	17.699 1
ROA	15 495	0.037 9	0.068 0	−0.314 8	0.013 4	0.037 5	0.067 4	0.227 7
$Size$	15 495	21.661 8	1.413 9	18.028 1	20.748 7	21.493 2	22.378 3	26.572 7
Lev	15 495	0.472 5	0.233 0	0.030 5	0.296 2	0.477 8	0.638 9	1.000 0
FCF	15 495	0.042 1	0.083 3	−0.226 5	0.000 0	0.041 9	0.088 7	0.277 5
M	15 495	14.701 5	0.908 0	12.082 8	14.148 3	14.731 8	15.267 1	17.040 3
$Dual$	15 495	0.219 7	0.414 1	0.000 0	0.000 0	0.000 0	0.000 0	1.000 0
Dir	15 495	0.361 4	0.066 2	0.000 0	0.333 3	0.333 3	0.384 6	0.571 4

表 4-23 列示了全样本下各主要变量的描述性统计结果。尽管我国上市公司实施高管人员股权激励计划已成为一种"时尚",但总体而言,我国大部分上市公司仍未广泛采用这一制度。$Type4$ 的样本仅为全部样本的 12%。高管人员股权激励占薪酬总额的比重较低,G_inc 的均值为 6.21%,即高管人员的股权或期权价值占薪酬总额的比重平均仅为 6.21%。即使将样本限定于激励型和福利型样本中,G_inc 的均值也仅为 17.67%。通常而言,流动比率或速动比率(酸性测试)被用来判断一个企业的短期偿债能力的指标,并且给定一个经验值加以判断(流动比率为 2,速动比率为 1)。$Slack1$ 和 $Slack2$ 的均值分别为 1.891 5 和 1.650 8,均超过 1,表明所选的样本具有较强的偿债能力,进而说明这类样本的高管掌握了较多的富余资源。ROA 的均值为 3.79%,中值为 3.74%,表明样本公司的盈利能力较弱。

表 4-24 激励型样本与福利型样本之间的研发支出水平差异及其检验结果

变量	样本量	均值	均值差异及 T 检验	中值	中值差异 Wilcoxon 秩和检验
Panel A:RD_E					
激励型	1361	8.552 3	7.04***	9.947 0	7.04***
福利型	651	7.021 5	(0.000)	9.372 4	(0.000)

(续表)

变量	样本量	均值	均值差异及T检验	中值	中值差异Wilcoxon秩和检验
Panel B:RD_TA					
激励型	1 361	0.023 9	8.25***	0.020 3	8.49***
福利型	651	0.016 0	(0.000)	0.010 8	(0.000)
Panel C:RD_S					
激励型	1 361	0.049 4	9.73***	0.039 7	10.22***
福利型	651	0.029 7	(0.000)	0.021 4	(0.000)
Panel D:LnRD					
激励型	1 361	14.669 5	5.71***	17.107 8	4.19***
福利型	651	12.527 0	(0.000)	16.674 4	(0.000)

注：*** 为1%水平上的显著性、** 为5%水平上的显著性、* 为10%水平上的显著性。

表4-24列示了激励型样本和福利型样本之间，公司的研发支出水平的均值和中值差异及检验结果。如表4-24所示，相比于福利型样本，激励型公司的研发支出水平更高，并且两者研发投资的均值差异和中值差异均具有统计学意义上的显著性。这表明，相比于福利型公司，激励型股权激励更能提高公司的研发支出水平。这也为本章的假设提供了一定的证据。

(四) 回归结果分析

表4-25、表4-26、表4-27和表4-28分别列示了选用RD_E、RD_TA、RD_S和$LnRD$作为研发投资的代理变量，对模型4-17和模型4-18进行回归的结果。如表4-25所示，第(1)~(3)列分别列示了选用全样本、福利型样本和激励型样本对模型进行回归的结果。全样本下和激励型样本下G_inc的回归系数显著为正，而福利型样本下G_inc的回归系数却为负数，并且不具有统计意义上的显著性。不仅如此，第(4)列中的G_inc与$Type4$的交互项系数为正，且具有10%的显著性水平。这表明，相比于福利型股权激励与公司研发投资呈负相关关系，激励型股权激励能显著提高公司的研发投资水平，两者之间存在显著性差异。

同样地，表4-26、表4-27和表4-28均显示出与表4-25相同的分析结果，不仅如此，G_inc与$Type4$的交互项系数的显著性水平（RD_S为5%，$LnRD$为1%）有所提高。因此，激励型股权激励能提高公司的研发投资水平，而福利型股权激励与研发投资之间不存在这种正相关关系，两种动机下的股权激励对公司研发投资存在显著性差异。

表 4-25 股权激励动机差异对公司研发投资的影响回归结果

	RD_E			
	(1)	(2)	(3)	(4)
G_inc	4.160 3***	−0.038 2	2.798 9***	1.283 0**
	(19.59)	(−0.06)	(5.86)	(2.10)
Type4				0.033 6
				(0.14)
G_inc×Type4				1.144 7*
				(1.71)
Size	0.302 2***	−0.593 7***	−0.118 0	−0.266 1***
	(11.88)	(−3.58)	(−1.12)	(−3.10)
Lev	−1.808 0***	−1.760 6*	−2.890 4***	−3.067 2***
	(−10.43)	(−1.86)	(−3.44)	(−4.46)
Growth	0.691 0***	1.145 0**	2.669 4***	1.023 0**
	(6.64)	(2.34)	(2.86)	(2.43)
MB	0.130 0	0.387 0	1.649 9***	1.239 6***
	(1.13)	(0.94)	(4.30)	(4.18)
Dir	−0.853 0**	−3.023 2**	−2.136 9*	−2.411 5**
	(−2.00)	(−2.00)	(−1.70)	(−2.46)
Dual	0.266 7***	0.006 8	−0.302 0	−0.087 2
	(3.93)	(0.03)	(−1.59)	(−0.57)
_Cons	−4.542 4***	17.013 0***	1.815	5.839 3***
	(−7.13)	(4.17)	(0.78)	(3.01)
Year/Ind	控制	控制	控制	控制
N	15 495	651	1 361	2 012
R^2_a	0.517 7	0.675 8	0.564 6	0.579 6

注：*** 为1%水平上的显著性、** 为5%水平上的显著性、* 为10%水平上的显著性、括号内为T值。

表 4-26 股权激励动机差异对公司研发投资的影响回归结果

	RD_TA			
	(1)	(2)	(3)	(4)
G_inc	0.013 9***	−0.003 0	0.009 5***	0.007 6**
	(15.23)	(−0.72)	(3.83)	(2.29)
Type4				0.000 9
				(0.7466)
G_inc×Type4				0.003 1*
				(1.80)

(续表)

	RD_TA			
	(1)	(2)	(3)	(4)
Size	−0.000 6***	−0.003 5***	−0.000 9	−0.001 8***
	(−6.48)	(−3.75)	(−1.63)	(−3.95)
Lev	−0.004 3***	0.006 4	−0.001 7	0.000 9
	(−8.43)	(1.30)	(−0.58)	(0.34)
Growth	0.001 7***	0.021 9**	0.009 9**	0.014 8***
	(5.03)	(2.18)	(2.47)	(3.71)
MB	0.003 4***	0.016 2***	0.011 1***	0.012 5***
	(7.93)	(4.98)	(6.64)	(8.29)
Dir	−0.003 2**	−0.007 2	−0.008 4	−0.006 7
	(−2.37)	(−0.66)	(−1.42)	(−1.31)
Dual	0.000 8***	0.004 3***	−0.000 7	0.001 5*
	(3.08)	(2.68)	(−0.82)	(1.93)
_Cons	−0.001 8	0.010 8	−0.009 0	−0.002 1
	(−0.91)	(0.52)	(−0.86)	(−0.22)
Year/Ind	控制	控制	控制	控制
N	15 495	651	1 361	2 012
R^2_a	0.402 9	0.431 5	0.479 9	0.445 7

注：*** 为1%水平上的显著性、** 为5%水平上的显著性、* 为10%水平上的显著性、括号内为T值。

表 4-27　股权激励动机差异对公司研发投资的影响回归结果

	RD_S			
	(1)	(2)	(3)	(4)
G_inc	0.042 6***	−0.000 3	0.027 6***	0.021 7***
	(21.14)	(−0.03)	(5.09)	(2.94)
Type4				0.001 7*
				(1.73)
G_inc×Type4				0.011 7**
				(2.48)
Size	−0.000 3*	0.004 9**	−0.000 4	0.000 6
	(−1.89)	(2.39)	(−0.44)	(0.71)
Lev	−0.021 0***	−0.087 6***	−0.027 6***	−0.041 9***
	(−21.31)	(−6.27)	(−4.91)	(−7.88)

(续表)

	RD_S			
	(1)	(2)	(3)	(4)
$Growth$	0.001 3*	0.002 8	0.004 6	0.001 5
	(1.72)	(0.11)	(0.47)	(0.16)
MB	0.003 6***	0.027 8***	0.009 3***	0.013 7***
	(4.34)	(4.52)	(2.89)	(4.63)
Dir	−0.001 1	−0.047 7**	0.006 4	−0.007 5
	(−0.44)	(−2.06)	(0.50)	(−0.71)
$Dual$	0.002 1***	0.006 9**	0.000 8	0.003 6**
	(4.25)	(2.11)	(0.44)	(2.22)
$\_Cons$	0.010 4***	−0.041 5	0.010 6	0.006 1
	(2.83)	(−1.13)	(0.59)	(0.38)
$Year/Ind$	控制	控制	控制	控制
N	15 495	651	1 361	2 012
R^2_a	0.454 9	0.543 6	0.538 0	0.521 4

注：*** 为1%水平上的显著性、** 为5%水平上的显著性、* 为10%水平上的显著性、括号内为T值。

表4-28 股权激励动机差异对公司研发投资的影响回归结果

	LnRD			
	(1)	(2)	(3)	(4)
G_inc	6.161 1***	−0.779 0	4.511 2***	2.421 9**
	(17.65)	(−0.62)	(5.31)	(2.17)
$Type4$				−0.231 0
				(−0.51)
$G\_inc \times Type4$				1.167 0***
				(2.95)
$Size$	0.961 5***	−0.469 0	0.767 9***	0.420 5**
	(17.44)	(−1.22)	(3.46)	(2.26)
Lev	−2.901 2***	−2.323 0	−5.988 8***	−5.446 6***
	(−10.39)	(−1.60)	(−5.06)	(−5.47)
$Growth$	0.985 1***	1.918 0	4.666 1***	3.893 9***
	(5.28)	(0.89)	(3.25)	(3.14)
MB	0.180 0	0.852 0	2.727 8***	2.058 8***
	(0.86)	(1.11)	(4.08)	(3.93)
Dir	−1.259 0	−3.462 0	−3.471 0	−3.251 6*
	(−1.58)	(−1.24)	(−1.42)	(−1.71)

(续表)

	LnRD			
	(1)	(2)	(3)	(4)
$Dual$	0.385 1***	−0.029 0	−0.549 0	−0.226 0
	(3.16)	(−0.08)	(−1.60)	(−0.83)
$\_Cons$	−15.831 5***	18.041 0**	−8.505 9*	−0.884 0
	(−13.12)	(2.17)	(−1.88)	(−0.23)
$Year/Ind$	控制	控制	控制	控制
N	15 495	651	1 361	2 012
R^2_a	0.491 5	0.630 0	0.528 1	0.535 1

注：*** 为 1% 水平上的显著性、** 为 5% 水平上的显著性、* 为 10% 水平上的显著性、括号内为 T 值。

笔者分别按照全样本、激励型样本和福利型样本对模型 4-19 和模型 4-20 进行了回归分析，研究不同样本下高管人员股权激励、富余资源（或业绩水平）与公司研发投资之间的关系。表 4-29 和表 4-30 中列示了全样本下高管人员股权激励与富余资源的交互项对研发投资的作用。如表 4-29 所示，高管人员股权激励与富余资源的回归系数均显著为正，但是两者的交互项回归系数却显著为负。这表明，整体而言，在公司研发投资方面，股权激励制度与富余资源之间呈替代关系，即富余资源越多的公司推行高管人员股权激励后反而越降低公司的研发投资水平。

表 4-29　全样本下股权激励、富余资源与公司的研发支出水平

全样本	(1) RD_E	(2) RD_TA	(3) RD_S	(4) LnRD
G_inc	3.989 3***	0.015 0***	0.027 0***	6.087 3***
	(6.25)	(4.56)	(4.02)	(5.37)
$Slack1$	0.160 1***	0.000 8***	0.003 2***	0.177 7***
	(4.52)	(3.45)	(4.94)	(2.91)
$G\_inc \times Slack1$	−0.313 8***	−0.001 6***	−0.000 9	−0.431 5***
	(−3.91)	(−3.15)	(−0.68)	(−3.09)
$Size$	0.087 2	0.000 8	−0.000 5	0.782 8***
	(0.74)	(1.57)	(−0.52)	(3.54)
Lev	−2.597 9***	−0.004 3	0.006 4	−5.138 6***
	(−3.06)	(−1.39)	(1.02)	(−3.53)
MB	1.502 1***	0.010 9***	0.015 2***	2.578 9***
	(4.35)	(6.63)	(4.90)	(4.27)
$Growth$	−1.188 0	−0.010 9***	−0.002 5	−4.840 8***
	(−1.31)	(−2.68)	(−0.28)	(−3.42)

（续表）

全样本	(1) RD_E	(2) RD_TA	(3) RD_S	(4) LnRD
Dir	−2.079 7*	−0.008 1	0.005 9	−3.397
	(−1.66)	(−1.40)	(0.47)	(−1.39)
Dual	−0.319 9*	−0.000 9	−0.000 3	−0.587 6*
	(−1.69)	(−1.05)	(−0.18)	(−1.71)
_Cons	1.204 0	−0.012 8	0.002 2	−9.418 7**
	(0.52)	(−1.20)	(0.12)	(−2.07)
Year/Ind	控制	控制	控制	控制
N	15 495	15 495	15 495	15 495
R^2_a	0.566 6	0.484 5	0.576 7	0.528 9

注：*** 为 1% 水平上的显著性、** 为 5% 水平上的显著性、* 为 10% 水平上的显著性、括号内为 T 值。

表 4-30　全样本下股权激励、富余资源与公司的研发支出水平

全样本	(1) RD_E	(2) RD_TA	(3) RD_S	(4) LnRD
G_inc	3.253 6***	0.012 1***	0.025 5***	4.448 5***
	(5.03)	(3.80)	(3.88)	(3.92)
Slack2	0.141 3***	0.000 7***	0.003 1***	0.137 9**
	(3.73)	(2.70)	(4.39)	(2.11)
G_inc×Slack2	−0.257 6***	−0.001 4**	−0.000 8	−0.308 9**
	(−3.04)	(−2.54)	(−0.51)	(−2.08)
Size	−0.262 6**	−0.001 6***	−0.002 5***	0.092 7
	(−2.19)	(−3.07)	(−2.71)	(0.40)
Lev	−1.954 3**	−0.000 6	0.002 0	−2.945 5**
	(−2.48)	(−0.21)	(0.34)	(−2.12)
MB	0.502 2***	0.003 7***	0.003 4***	0.896 6***
	(3.68)	(6.06)	(2.96)	(3.52)
Growth	−2.163 5*	0.008 1	−0.008 1	−2.901 0
	(−1.67)	(1.60)	(−0.89)	(−1.27)
Dir	−2.945 1**	−0.007 2	0.010 1	−4.937 2**
	(−2.31)	(−1.21)	(0.82)	(−2.00)
Dual	−0.265 0	−0.001 0	−0.000 5	−0.518 0
	(−1.42)	(−1.18)	(−0.31)	(−1.53)
_Cons	0.837 0	−0.022 6*	−0.011 2	−9.195 6**
	(0.36)	(−1.94)	(−0.57)	(−2.02)
Year/Ind	控制	控制	控制	控制
N	15 495	15 495	15 495	15 495
R^2_a	0.563 0	0.479 1	0.568 9	0.523 3

注：*** 为 1% 水平上的显著性、** 为 5% 水平上的显著性、* 为 10% 水平上的显著性、括号内为 T 值。

表 4-31　全样本下股权激励、公司绩效与研发支出水平

全样本	(1) RD_E	(2) RD_TA	(3) RD_S	(4) LnRD
G_inc	4.344 5***	0.002 90	0.046 4***	5.910 3***
	(5.38)	(0.65)	(4.45)	(4.32)
ROA	3.738	0.050 7***	−0.091 3***	8.390
	(1.14)	(3.88)	(−3.54)	(1.45)
$G\_inc \times ROA$	−18.561 5**	−0.080 6	−0.233 6**	−18.030 0
	(−2.26)	(−1.56)	(−2.19)	(−1.32)
$Size$	0.066 9	0.000 1	0.001 0	0.705 1***
	(0.56)	(0.09)	(1.02)	(3.15)
Lev	−3.392 1***	−0.005 3*	−0.035 2***	−5.490 8***
	(−5.01)	(−1.95)	(−5.92)	(−4.70)
MB	1.382 5***	0.006 9***	0.016 3***	2.254 1***
	(3.80)	(4.13)	(5.21)	(3.50)
$Growth$	−1.382 0	−0.023 4***	0.031 8***	−6.150 6***
	(−1.16)	(−4.60)	(2.76)	(−3.00)
Dir	−1.922	−0.008 9	0.008 7	−3.257 0
	(−1.51)	(−1.45)	(0.70)	(−1.32)
$Dual$	−0.278	−0.000 6	0.000 5	−0.535
	(−1.45)	(−0.69)	(0.29)	(−1.55)
$\_Cons$	1.766	0.001 10	−0.010 6	−8.017 2*
	(0.74)	(0.10)	(−0.56)	(−1.74)
Year/Ind	控制	控制	控制	控制
N	15 495	15 495	15 495	15 495
R^2_a	0.564 2	0.491 3	0.550 1	0.528 2

注：*** 为 1% 水平上的显著性、** 为 5% 水平上的显著性、* 为 10% 水平上的显著性、括号内为 T 值。

为了解释这一替代关系，笔者以公司制定高管人员股权激励的动机为视角，按照 Type4 将样本分为福利型股权激励的样本和激励型股权激励的样本，进一步研究不同动机样本下的高管人员股权激励与富余资源之间的替代或互补关系。如表 4-32、表 4-33、表 4-34 和表 4-35 所示，相比于福利型样本下的高管人员股权激励与富余资源之间的负面互补关系（两者的交互项回归系数为负且福利型股权激励的回归系数也为负），激励型样本下的高管人员股权激励与富余资源之间呈正向的互补关系（两者分别与研发投资呈正相关关系，并且两者的交互项回归系数也显著为正），即激励型样本下，富余资源越多的公司实施股权激励越能强化公司的研发

投资水平。

表 4-32 福利型股权激励、富余资源与公司的研发支出水平

福利型	(1) RD_E	(2) RD_TA	(3) RD_S	(4) LnRD
G_inc	0.5830	0.0020	0.0254**	1.177
	(0.63)	(0.34)	(2.14)	(0.71)
$Slack1$	0.144	0.0011	0.0057***	0.1020
	(1.32)	(1.25)	(2.71)	(0.54)
$G\_inc \times Slack1$	−0.0329	−0.0004	−0.0001	−0.0779
	(−0.59)	(−0.79)	(−0.02)	(−0.80)
$Size$	−0.6145***	−0.0004	0.0016	−0.482
	(−3.23)	(−0.34)	(0.79)	(−1.27)
Lev	−1.9620**	−0.0172**	−0.0609***	−2.8730*
	(−2.00)	(−2.45)	(−4.19)	(−1.64)
MB	0.2570	0.0138***	0.0238***	0.522
	(0.73)	(4.76)	(4.44)	(0.77)
$Growth$	1.229	−0.0224**	−0.0321	2.6330
	(0.94)	(−2.05)	(−1.24)	(1.13)
Dir	−2.7674*	−0.0052	−0.0370	−3.249
	(−1.81)	(−0.46)	(−1.55)	(−1.14)
$Dual$	−0.0076	0.0043***	0.0065**	−0.0467
	(−0.04)	(2.60)	(2.04)	(−0.12)
$\_Cons$	17.7638***	0.0185	0.0169	18.4431**
	(4.35)	(0.87)	(0.45)	(2.23)
$Year/Ind$	控制	控制	控制	控制
N	651	651	651	651
R^2_a	0.6758	0.4288	0.5705	0.6285

注：*** 为 1% 水平上的显著性、** 为 5% 水平上的显著性、* 为 10% 水平上的显著性、括号内为 T 值。

同样地，笔者分析了股权激励与既有公司业绩水平之间的交互项对研发投资的影响，并且按照全样本、福利型样本和激励型样本分别进行回归分析，回归结果详见表 4-33、表 4-34、表 4-35、表 4-36 与表 4-37。如表 4-33 所示，高管人员股权激励与公司业绩水平之间交互项的回归系数几乎不显著，并且符号为负。如表 4-34 所示，福利型样本下 G_inc 的回归系数符号均为负，而 ROA 的回归系数均为正，两者之间交互项的回归系数也为负。这可能说明，在福利型样本下，公司的业

绩水平可能会强化福利型股权激励对公司研发投资的负相关关系。

表 4-33 福利型股权激励、富余资源与公司的研发支出水平

福利型	(1) RD_E	(2) RD_TA	(3) RD_S	(4) LnRD
G_inc	−0.543 0	−0.001 6	−0.025 9**	−1.122 0
	(−0.59)	(−0.28)	(−2.21)	(−0.69)
$Slack2$	0.145 0	0.001 1	0.006 2***	0.097 4
	(1.29)	(1.22)	(2.86)	(0.49)
$Ginc \times Slack2$	−0.027 1	−0.000 4	−0.000 2	−0.068 9
	(−0.46)	(−0.82)	(−0.18)	(−0.67)
$Size$	−0.615 5***	−0.000 3	0.001 8	−0.492 0
	(−3.23)	(−0.31)	(0.90)	(−1.30)
Lev	−1.888 9*	−0.017 5**	−0.063 0***	−2.704 0
	(−1.95)	(−2.51)	(−4.33)	(−1.56)
MB	0.272 0	0.013 9***	0.024 4***	0.530 0
	(0.78)	(4.79)	(4.53)	(0.78)
$Growth$	1.195 0	−0.021 8**	−0.028 9	2.495 0
	(0.91)	(−2.01)	(−1.12)	(1.07)
Dir	−2.783 9*	−0.005 2	−0.037 4	−3.243 0
	(−1.82)	(−0.47)	(−1.57)	(−1.13)
$Dual$	−0.004 3	0.004 3***	0.006 7**	−0.049 0
	(−0.02)	(2.59)	(2.09)	(−0.13)
$\_Cons$	17.752 2***	0.017 9	0.014 0	18.549 3**
	(4.34)	(0.84)	(0.38)	(2.24)
Year/Ind	控制	控制	控制	控制
N	651	651	651	651
R^2_a	0.675 9	0.428 5	0.569 6	0.628 3

注：*** 为 1% 水平上的显著性，** 为 5% 水平上的显著性，* 为 10% 水平上的显著性，括号内为 T 值。

表 4-34 福利型股权激励、公司业绩与研发支出水平

福利型	(1) RD_E	(2) RD_TA	(3) RD_S	(4) LnRD
G_inc	−1.134 0	−0.006 7	−0.034 7*	−1.666 0
	(−0.88)	(−0.80)	(−1.81)	(−0.74)
ROA	15.400 0	0.132 0	0.514 8**	9.199 0
	(0.96)	(1.29)	(2.30)	(0.34)

(续表)

福利型	(1) RD_E	(2) RD_TA	(3) RD_S	(4) LnRD
$G\_inc \times ROA$	−3.094 0	−0.087 2**	−0.247 2***	−5.116 0
	(−0.60)	(−2.19)	(−3.68)	(−0.57)
$Size$	−0.592 6***	−0.003 2**	−0.000 3	−0.341 0
	(−2.68)	(−2.36)	(−0.14)	(−0.81)
Lev	−2.128 6**	−0.017 8***	−0.088 5***	−2.098
	(−2.57)	(−2.99)	(−6.27)	(−1.44)
MB	0.208 0	0.009 0***	0.024 1***	0.388
	(0.58)	(3.40)	(4.00)	(0.56)
$Growth$	1.246	−0.050 3***	0.031 6	−0.103
	(0.87)	(−4.25)	(0.99)	(−0.04)
Dir	−3.061 8**	−0.013 2	−0.042 1*	−3.758
	(−2.03)	(−1.26)	(−1.86)	(−1.36)
$Dual$	−0.036 7	0.003 8**	0.006 3**	−0.094 1
	(−0.17)	(2.45)	(1.97)	(−0.24)
$\_Cons$	18.484 0***	−0.013 1	−0.048 0	22.330 8**
	(4.10)	(−0.54)	(−1.09)	(2.54)
Year/Ind	控制	控制	控制	控制
N	651	651	651	651
R^2_a	0.674 8	0.493 2	0.556 4	0.630 0

注：*** 为1%水平上的显著性、** 为5%水平上的显著性、* 为10%水平上的显著性、括号内为T值。

表 4-35 激励型股权激励、富余资源与公司的研发支出水平

激励型	(1) RD_E	(2) RD_TA	(3) RD_S	(4) LnRD
G_inc	4.831 9***	0.016 3***	0.028 0***	7.133 0***
	(17.36)	(13.31)	(11.14)	(14.98)
$Slack1$	0.088 1***	0.000 2***	0.001 8***	0.075 6***
	(5.23)	(3.00)	(9.36)	(2.77)
$G\_inc \times Slack1$	0.169 2***	0.000 7***	0.001 3**	0.256 7***
	(4.00)	(3.31)	(2.31)	(3.79)
$Size$	0.321 9***	0.000 2*	−0.000 1	0.971 3***
	(11.13)	(1.69)	(−0.38)	(17.55)

(续表)

激励型	(1) RD_E	(2) RD_TA	(3) RD_S	(4) LnRD
Lev	−1.657 5***	−0.005 1***	−0.008 8***	−2.607 8***
	(−9.22)	(−9.06)	(−7.95)	(−8.01)
MB	0.134 0	0.003 5***	0.004 5***	0.191 0
	(1.16)	(7.99)	(5.59)	(0.91)
Growth	0.692 0***	0.001 7***	0.001 3*	0.986 4***
	(6.65)	(5.04)	(1.71)	(5.29)
Dir	−0.871 2**	−0.003 2**	−0.000 7	−1.285 0
	(−2.04)	(−2.43)	(−0.29)	(−1.61)
Dual	0.263 2***	0.000 7***	0.001 9***	0.378 3***
	(−1.42)	(−1.16)	(−0.21)	(−1.53)
_Cons	−4.780 2***	−0.003 0	−0.001 2	−16.257 5***
	(−7.45)	(−1.48)	(−0.32)	(−13.30)
Year/Ind	控制	控制	控制	控制
N	1 361	1 361	1 361	1 361
R^2_a	0.518 1	0.403 5	0.480 4	0.491 7

注：*** 为 1% 水平上的显著性、** 为 5% 水平上的显著性、* 为 10% 水平上的显著性、括号内为 T 值。

表 4-36　激励型股权激励、公司业绩与公司的研发支出水平

激励型	(1) RD_E	(2) RD_TA	(3) RD_S	(4) LnRD
G_inc	4.847 6***	0.016 6***	0.028 5***	7.160 2***
	(17.68)	(13.79)	(11.61)	(15.26)
Slack2	0.107 8***	0.000 3***	0.002 0***	0.105 4***
	(5.93)	(3.97)	(9.53)	(3.59)
G_inc×Slack2	0.202 5***	0.000 9***	0.001 2**	0.309 9***
	(4.45)	(4.03)	(1.97)	(4.27)
Size	0.323 0***	0.000 2*	−0.000 1	0.973 8***
	(11.17)	(1.77)	(−0.40)	(17.60)
Lev	−1.610 5***	−0.004 8***	−0.008 8***	−2.505 4***
	(−9.06)	(−8.60)	(−8.13)	(−7.78)
MB	0.138 0	0.003 5***	0.004 5***	0.199 0
	(1.20)	(8.04)	(5.59)	(0.95)
Growth	0.682 7***	0.001 6***	0.001 1	0.977 7***

(续表)

激励型	(1) RD_E	(2) RD_TA	(3) RD_S	(4) LnRD
	(6.55)	(4.96)	(1.47)	(5.24)
Dir	−0.865 2**	−0.003 2**	−0.000 5	−1.282
	(−2.03)	(−2.42)	(−0.22)	(−1.61)
Dual	0.261 4***	0.000 7***	0.001 8***	0.375 5***
	(3.86)	(2.97)	(3.76)	(3.08)
_Cons	−4.817 2***	−0.003 3	−0.000 9	−16.355 7***
	(−7.51)	(−1.64)	(−0.25)	(−13.40)
Year/Ind	控制	控制	控制	控制
N	1 361	1 361	1 361	1 361
R^2_a	0.518 9	0.411 1	0.482 2	0.492 9

注：*** 为 1% 水平上的显著性、** 为 5% 水平上的显著性、* 为 10% 水平上的显著性、括号内为 T 值。

表 4-37 列示了激励型样本下高管人员股权激励与业绩水平之间的关系。激励型股权激励与公司业绩水平之间的交互项的回归系数为 5% 水平下的显著为正，即与富余资源的关系相同，在公司研发投资方面，激励型股权激励与公司业绩水平之间呈互补关系。

具体解释为，较差的公司业绩可能使高管下调研发投资的前景预期，而激励型动机下的股权激励会激发高管承担风险的能力，从而缩小高管下调前景预期的幅度；好的公司业绩下，激励型动机的股权激励能够使高管坚信研发投资的前景预期。因此，激励型动机下的股权激励与业绩水平成为互补关系，而福利型动机下的股权激励不具有这种关系。

表 4-37 激励型股权激励、公司业绩与公司的研发支出水平

激励型	(1) RD_E	(2) RD_TA	(3) RD_S	(4) LnRD
G_inc	5.824 8***	0.010 0***	0.050 6***	8.392 1***
	(16.89)	(5.51)	(11.88)	(14.61)
ROA	0.006 4**	0.008 0***	0.018 9***	0.010 5**
	(2.01)	(4.82)	(6.10)	(2.01)
G_inc×ROA	20.155 8***	0.049 5**	0.103 0**	30.773 4***
	(5.14)	(2.07)	(1.97)	(4.69)
Size	0.323 9***	0.000 1	−0.000 1	0.982 9***
	(11.06)	(0.272 4)	(−0.463 8)	(17.565 5)

(续表)

激励型	(1) RD_E	(2) RD_TA	(3) RD_S	(4) LnRD
Lev	−2.112 8***	−0.005 2***	−0.022 6***	−2.936 1***
	(−13.18)	(−10.14)	(−22.23)	(−10.16)
MB	0.213 1*	0.002 9***	0.004 9***	0.339 0
	(1.81)	(6.57)	(5.68)	(1.59)
$Growth$	0.730 4***	0.000 9**	0.003 2***	1.046 5***
	(6.59)	(2.44)	(4.10)	(5.24)
Dir	−0.855 6**	−0.002 9**	−0.001 7	−1.255
	(−2.00)	(−2.17)	(−0.67)	(−1.57)
$Dual$	0.269 7***	0.000 8***	0.002 1***	0.379 9***
	(3.98)	(3.17)	(4.16)	(3.12)
_Cons	−4.512 4***	−0.000 4	0.007 4**	−16.221 0***
	(−7.06)	(−0.22)	(1.98)	(−13.36)
Year/Ind	控制	控制	控制	控制
N	1 361	1 361	1 361	1 361
R^2_a	0.518 0	0.404 5	0.456 8	0.491 9

注：*** 为1%水平上的显著性、** 为5%水平上的显著性、* 为10%水平上的显著性、括号内为T值。

（五）稳健性检验

为了使上述结论更加可靠，笔者从两个方面考虑稳健性检验。第一，可能存在的内生性问题。笔者借鉴 Lev 和 Sougiannis（1996）、Palia（2001）以及唐清泉、夏芸和徐欣（2011）的做法，选择企业的风险系数（$Betay$）和同行业高管持股比例的平均数（MSV）作为股权激励的工具变量，并采用广义矩估计（GMM）检验股权激励对公司研发投资水平的影响，如表4-38和表4-39所示。第二，对于微观企业而言，股东诱使高管承担更高风险水平的机制并不仅限于股权激励，还包括副手高管的职位晋升（Kini 和 Williams，2012；徐细雄，2012；陈效东、周嘉南和黄登仕，2014）和聘任过度自信的高管（江伟，2010；Hirshleifer、Low 和 Teoh，2012；余明桂、李文贵和潘红波，2013；陈效东、周嘉南和黄登仕，2014）等在内的激励机制，均可增加高管的风险承担能力，并且分别采用高管正副手薪酬总额之差（记为 Gap_M）和高管公告的盈利水平与实际盈余水平的差异程度（记为 NI）。因此，笔者在讨论股权激励动机差异与研发投资水平时，有必要将这两种风险投资激励因素考虑进来，如表4-40和表4-41所示。进行上述稳健性检验后，笔者得出的基本结论不变。

表 4-38　工具变量法(GMM 法)估计

Betay/MSV	RD_E			LnRD		
	全样本	福利型	激励型	全样本	福利型	激励型
G_inc	-6.679 0	-0.913 0	59.443 4***	-8.572 0	-1.947 0	96.310 3***
	(-1.52)	(-0.31)	(11.50)	(-1.19)	(-0.38)	(10.84)
$Size$	-0.252 0	-0.746 6***	1.118 0***	0.360 0	-0.887 9*	2.301 5***
	(-1.33)	(-3.12)	(11.17)	(1.08)	(-1.93)	(13.33)
Lev	-4.889 1***	-2.012 1**	-5.439 2***	-8.049 1***	-1.797 0	-9.441 3***
	(-5.34)	(-2.33)	(-7.24)	(-5.31)	(-1.18)	(-7.32)
MB	1.040 7***	0.575 0	0.908 1**	2.046 6***	0.971 0	1.585 0**
	(2.61)	(1.21)	(2.46)	(3.07)	(1.10)	(2.45)
$Growth$	2.325 0	1.998 0	1.625 4***	-0.393 0	2.879 0	2.838 7***
	(1.19)	(1.05)	(5.85)	(-0.13)	(0.87)	(5.91)
Dir	-1.088 0	-2.877 2*	-5.068 0***	-1.748 0	-3.453 0	-8.107 1***
	(-0.73)	(-1.85)	(-5.19)	(-0.65)	(-1.17)	(-4.88)
$Dual$	0.221 0	0.032 4	-2.247 5***	0.118 0	-0.034 5	-3.744 4***
	(0.65)	(0.13)	(-7.46)	(0.21)	(-0.08)	(-7.32)
$\_Cons$	15.354 5***	28.243 6***	-21.854 0***	10.750 0	39.456 6***	-44.578 5***
	(3.62)	(5.21)	(-8.81)	(1.43)	(3.76)	(-10.44)
Year/Ind	控制	控制	控制	控制	控制	控制
N	15 495	651	1 361	15 495	651	1 361
R^2_a	0.591 6	0.591 2	0.476 4	0.601 2	0.660 0	0.482 9

注：*** 为 1% 水平上的显著性，** 为 5% 水平上的显著性，* 为 10% 水平上的显著性，括号内为 T 值。

表 4-39　工具变量法(GMM 法)估计股权激励与研发投资水平的回归结果

Betay/MSV	RD_TA			RD_S		
	全样本	福利型	激励型	全样本	福利型	激励型
G_inc	14.440 0	-0.438 0	1.210 0***	42.040 0	-0.056 2	3.768 5***
	(0.21)	(-0.60)	(8.56)	(0.21)	(-0.04)	(9.01)
$Size$	0.021 0	-0.001 2	0.000 8***	0.058 5	0.004 4	0.002 0***
	(0.21)	(-0.67)	(3.16)	(0.20)	(1.44)	(2.68)
Lev	0.048 3	-0.019 3**	0.003 0*	0.140 0	-0.087 6***	0.006 7
	(0.17)	(-2.37)	(1.69)	(0.16)	(-5.50)	(1.26)
MB	0.017 9	0.013 3***	0.003 1***	0.031 0	0.023 1***	0.005 1***
	(0.35)	(3.88)	(4.18)	(0.21)	(4.15)	(2.79)

(续表)

Betay/MSV	RD_TA			RD_S		
	全样本	福利型	激励型	全样本	福利型	激励型
Growth	0.165 0	−0.023 0**	0.003 6***	0.512 0	0.004 6	0.007 3**
	(0.20)	(−2.02)	(3.86)	(0.21)	(0.18)	(2.52)
Dir	−0.182 0	−0.004 7	−0.000 8	−0.500 0	−0.046 9**	0.006 5
	(−0.21)	(−0.38)	(−0.26)	(−0.20)	(−1.99)	(0.66)
Dual	−0.005 0	0.005 0***	−0.000 5	−0.011 7	0.007 0**	−0.001 8
	(−0.18)	(2.72)	(−0.95)	(−0.14)	(2.03)	(−1.09)
_Cons	−2.226 0	0.117 0	−0.154 5***	−6.469 0	0.012 5	−0.486 5***
	(−0.21)	(0.91)	(−7.35)	(−0.21)	(0.05)	(−7.82)
Year/Ind	控制	控制	控制	控制	控制	控制
N	15 495	651	1 361	15 495	651	1 361
R^2_a	0.341 2	0.451 0	0.414 4	0.447 6	0.568 1	0.523 2

注:*、**、***分别表示10%、5%和1%水平下显著;括号内为T值。

表4-40 控制副手高管晋升激励下股权激励对企业研发水平的回归结果

项目	RD_TA			RD_S		
	全样本	福利型	激励型	全样本	福利型	激励型
ESO	0.001 1	−0.000 4	0.002 9***	0.000 4	0.000 1	0.002 0***
	(1.60)	(−1.41)	(7.71)	(1.18)	(0.91)	(4.30)
Gap_M	0.000 7***	0.001 3***	0.001 7***	0.000 1***	0.006 0***	0.005 9**
	(2.59)	(9.16)	(11.59)	(4.94)	(6.93)	(2.42)
Cash	−0.000 3	−0.000 5	−0.000 5	−0.002 3***	−0.000 7	−0.000 2
	(−0.50)	(−0.87)	(−0.84)	(−3.18)	(−1.21)	(−0.36)
Size	0.000 1	−0.000 3***	−0.000 2**	0.043 1***	−0.000 1	0.000 2
	(1.26)	(−2.69)	(−1.97)	(17.06)	(−0.96)	(0.15)
Lev	−0.004 1***	−0.003 5***	−0.003 5***	0.006 1***	−0.003 5***	−0.003 9***
	(−7.14)	(−6.18)	(−6.13)	(8.20)	(−6.22)	(−6.84)
Q	0.000 3**	0.000 3**	0.000 3**	0.013 6***	0.000 2*	0.000 3**
	(2.53)	(2.02)	(2.45)	(3.78)	(1.73)	(2.29)
EPS	−0.001 0***	−0.001 5***	−0.001 3***	−0.093 2***	−0.001 2**	−0.001 0***
	(−3.65)	(−5.43)	(−5.11)	(−5.91)	(−4.49)	(−3.62)
_Cons	−0.002 5	−0.009 1***	−0.015 1***	0.023 6***	−0.004 5*	−0.000 2
	(−0.97)	(−3.42)	(−5.71)	(4.60)	(−1.77)	(−0.09)
Year/Ind	控制	控制	控制	控制	控制	控制
N	2 012	651	1 361	2 012	651	1 361
R^2_a	0.338 0	0.228 5	0.337 8	0.332 3	0.262 1	0.345 8

注:***为1%水平上的显著性、**为5%水平上的显著性、*为10%水平上的显著性、括号内为T值。

表 4-41　控制高管过度自信下股权激励与研发投资水平的回归结果

项目	RD_TA			RD_S		
	全样本	激励型	福利型	全样本	激励型	福利型
ESO	0.0001	0.0008***	0.0001	0.0007*	0.0007***	0.0001
	(0.75)	(4.04)	(0.86)	(1.67)	(3.29)	(0.71)
NI	0.0002*	0.0009*	0.0001	0.0014***	0.0003***	0.0007*
	(1.84)	(1.93)	(1.00)	(3.09)	(2.64)	(1.80)
Q	0.0001**	0.0001**	0.0001**	0.0001**	0.0001**	0.0001**
	(2.37)	(2.41)	(2.41)	(2.21)	(2.16)	(2.18)
EPS	0.0001***	0.0001***	0.0001***	0.0001***	0.0001***	0.0001***
	(4.14)	(3.89)	(3.77)	(2.34)	(2.82)	(2.62)
Size	0.0001*	0.0001**	0.0001**	0.0001	0.0001	0.0001
	(1.92)	(2.11)	(2.08)	(1.37)	(1.44)	(1.61)
Lev	−0.0004***	−0.0004***	−0.0004***	−0.0004***	−0.0004***	−0.0004***
	(−3.21)	(−3.24)	(−3.23)	(−2.98)	(−3.10)	(−3.09)
Dual	−0.0003**	−0.0003***	−0.0003***	−0.0003**	−0.0003***	−0.0003***
	(−2.56)	(−2.61)	(−2.61)	(−2.73)	(−2.73)	(−2.76)
Dir	0.0014**	0.0014**	0.0014**	0.0014**	0.0014**	0.0013**
	(2.02)	(2.02)	(2.02)	(1.98)	(1.98)	(1.98)
_Cons	−0.0036***	−0.0036***	−0.0036***	−0.0027***	−0.0027***	−0.0028***
	(−4.53)	(−4.60)	(−4.53)	(−3.13)	(−3.45)	(−3.52)
Year/Ind	控制	控制	控制	控制	控制	控制
R^2_a	0.0803	0.0801	0.0801	0.0840	0.0837	0.0832
N	2012	651	1361	2012	651	1361

注：*** 为1%水平上的显著性、** 为5%水平上的显著性、* 为10%水平上的显著性、括号内为T值。

二、股权激励的动机差异与企业外部的从众投资趋势

现代企业中所有权和经营权的分离导致了股东与高管之间的委托代理问题。高管做出的投资决策，并非以公司价值最大化为前提条件，而是出于最大化的私人收益。支持委托代理理论的学者认为，高管的薪酬应与公司的业绩挂钩。例如，授予高管一定数额股票（或一定份额期权）的股权激励机制，能将高管的个人目标与股东的目标趋于一致，从而降低代理成本。基于这一思路，在实际应用中高管的一系列薪酬设计采用了相对或绝对的业绩考核指标。尽管公司的股票收益率可能成为股东识别和衡量公司绩效的一个便捷指标，但这并不意味着公司具有较好的绩效、高管具有较高的经营能力，因为股东无法鉴别较高的公司业绩得益于高管干练的经营能力还是非经营性偶然事件。为了降低非经营性偶然事件的影响，股东选择一个相对的业绩薪酬设计，即如果公司的业绩表现确实高于同行业中对照组公

司的业绩（more than average），高管将获得额外的奖励。但是，这样会引发另外一个问题，如果同行业中的企业均采用相对薪酬，则企业的高管更加倾向于次优的从众投资决策（Chen 和 Pelger，2013）。

行为经济学认为，由于行为主体普遍存有的从众心理、过度自信等认知偏差，高管很可能做出次优的投资决策（Baker 和 Wurgler，2012）。企业的从众投资行为，通常指在不确定的环境或者信息识别能力的差异下，高管受其他众多企业投资的影响，模仿其投资决策的行为（Banerjee，1992）。当面临更多不确定时，人们往往做出与众多人相同的决策。如人们往往去热闹的餐馆就餐，因为他们认为人多的饭馆的食物肯定可口。对于经营环境处于更多不确定性的微观企业而言，若高管获得（或捕捉到）未来较差业绩的信号时，基于规避风险的目的，企业很可能发生从众投资行为（Effinger 和 Polborn，2001）。具体而言，公司的从众投资趋势主要指公司新增的投资规模与同行业投资规模的中位数的偏离程度较小，或者公司倾向于选择与行业内大多数企业相同的其他行业。

为了分散个人财富的风险，高管选择模仿其他企业的投资决策。因为对于高管来说，相比于其他投资决策，自身职业生涯的人力资本投资更加重要。从众投资的基本假定为：在大多数情况下，高管的相对薪酬不仅取决于预期的未来经营业绩而且需要考虑高管个人在职业经理人市场中的声誉。例如，如果高管在当期经理人市场中的声誉有所下降，那么高管的下期相对薪酬将随之减少。

然而，我国职业经理人市场的培育机制远未形成和完善，国有企业高管的货币薪酬具有一定的黏性（方军雄，2009），并且往往同一行政级别的高管无论经营能力的强弱都具有相同的货币薪酬。因此，我国职业经理人市场的供求情况或高管的货币薪酬均无法作为高管声誉机制的衡量指标。幸运的是，自2005年12月31日证监会颁布《上市公司实施股权激励计划管理办法（试行）》以来，管理人员的股权激励机制在我国上市公司中被逐渐推广。当高管人员通过努力提升公司绩效后，他们将通过行使股票期权或限制性股票获得大量的私人收益。高管人员股权激励中的行权条件同时考虑了企业过去的业绩和同行业企业的业绩条件。股权激励机制能够帮助股东有效识别管理者的经营能力。能力较强的高管会努力工作，提高公司的业绩，并且他们的私人收益将随着公司股价的上升而增加。这样，高管的声誉机制就转向高管持有一定份额的股票或期权的股权激励机制。

我国高管人员股权激励计划普遍存在激励型和非激励型动机，不同动机的股权激励在企业从众投资决策中是否存有差异？尤其是大股东和高管合谋的赎买型动机，能否影响企业的从众投资规模及其投资方向？

Bo（2006）将高管的职业生涯关注引入新古典投资框架，构建了一个高管的声誉机制对企业从众投资影响的模型,并以英国1994—2003年非金融业上市公司为样本,检验出声誉越高的高管越倾向于依据行业平均数额的从众投资规模。由于普遍存在"法不责众"的心理效应以及为了维护自身的声誉,高管很可能选择追随同行业大多数公司步伐而做出相同的投资决策。Bo(2006)的研究结果建立在两种前提假设下:一是高管在职业经理人市场上的声誉情况反映了高管经营的能力。高管的声誉越高,高管的经营能力越强。二是从众投资的强弱主要体现在投资规模上。公司的投资规模与同行业平均水平之差的绝对值越大,公司的从众投资越小。由于我国职业经理人市场机制的缺乏,高管的职业市场声誉机制不能作为高管的经营能力的有效代理变量;投资决策包括投资时机、投资方向和投资规模,从众投资决策更应从投资方向趋同和投资规模水平两个角度来反映公司从众投资程度的强弱。

为了传递自身优异的经营能力以及良好的职业关注,高管会尽可能地建立和维持其较高的声誉。影响高管声誉的因素有很多,如投资机会、高管任期内有利可图的投资项目、高管做出的投资决策、高管的风险偏好以及高管的经营能力与自我评估等。为了避免更高的风险,高管往往会选择投资风险较低的项目,提前或延迟投资不确定性项目,并模仿他人的投资决策。高管的这种"不求有功,但求无过"的心理,往往使企业失去了创新和发展机会,减少了股东的潜在利益。特别是,在技术和市场环境瞬息万变的情况下,企业从众投资的负面影响是显然的。

自我国上市公司正式实施股权激励计划以来,股权激励的非激励型动机逐渐被人们所认识。激励型股权激励使高管首要考虑承担更多的风险,然后考虑在同行业中的声誉。因此,这类激励型股权激励使高管将公司更多的资本投向风险性项目,从而增加公司风险性项目的投资规模。而赎买型股权激励下的高管,为了掩盖大股东的掏空行为导致的公司业绩下降,这有损其自身在所处行业中的声誉,高管会加大公司的从众投资规模,尤其是选择与大股东所在行业相关的从众投资行业。因此,不同动机下高管人员股权激励对公司从众投资方向不同:激励型股权激励与高新技术行业的从众投资正相关;赎买型股权激励与大股东相关行业的从众投资正相关。

(一) 模型的构建

笔者根据Bo(2006)构建的高管声誉机制与公司从众投资之间关系的理论模型,重新构建了DID回归检验模型4-21。其中,被解释变量BS_TA或CF_TA分别表示采用资产负债表法和现金流量表法衡量公司的从众投资规模;$Equtiy$为高管人员股权激励的代理变量,具体的代理有高管股权价值(或期权价值)占薪酬总额的比重G_inc和高管持股比例MR;$Type1$和$Type2$分别表示激励型样本的虚拟变量和赎买型样本的虚拟变量；$Controls$ 为控制变量，主要包括公司规模 $Size$、资产负债率 Lev、前十大股东持股比例的平方和 H、公司现金持有量 $Cash$、独立董事比例 Dir、董事长与总经理的两职合一情况 $Dual$，以及行业虚拟变量 Ind 和年度虚拟变量 $Year$。笔者预期 $Equtiy$ 与股权激励动机分类变量 $Type1$（或 $Type2$）交互项的回归系数 β_1 显著为负。

$$BS(CF)\_TA_{i,t+1} = \beta_0 + \beta_1 Equtiy_{i,t} + \beta_2 Type1 \times Equity_{i,t} \\ + \beta_3 Type1(Type2)_{i,t} + Controls_{i,t} + \varepsilon_{i,t+1} \quad (4-21)$$

$$Long(Link)\_TA_{i,t+1} = \beta_0 + \beta_1 BS(CF)\_TA_{i,t} + \beta_3 Type1(Type2)_{i,t} + Controls_{i,t} \\ + \beta_2 Type1(Type2)_{i,t} \times BS(CF)\_TA_{i,t} + \varepsilon_{i,t+1} \quad (4-22)$$

$$Long(Link)\_TA_{i,t+1} = \beta_0 + \beta_1 BS(CF)\_TA_{i,t} + \beta_2 Type5_{i,t} \times BS(CF)\_TA_{i,t} \\ + \beta_3 Type5_{i,t} + Controls_{i,t} + \varepsilon_{i,t+1} \quad (4-23)$$

考虑到股权激励的动机因素，笔者同时构建了模型 4-22 和模型 4-23。其中，$Long\_TA$ 代表公司投资于高新技术行业的长期股权投资新增额占期初资产总额的比重；$Link\_TA$ 代表公司投资于母、子公司或其他营业单位新增投资额占期初资产总额的比重；$Type5$ 代表股权激励的激励型动机或赎买型动机的虚拟变量。笔者预期模型 4-22 中交互项的回归系数 β_2 显著为正，而模型 4-23 中交互项的系数 β_2 显著不为 0，当被解释变量为 $Long\_TA$（$Link\_TA$）时，β_2 显著为正（负）。

（二）变量的衡量

（1）从众投资的度量。在 Bo(2006)模型的基础上，笔者分别用资产负债表法和现金流量表法两种方法核算公司的新增投资比例，并且运用公司所在行业新增投资比例的中值作为公司从众投资规模的标杆，即公司的从众投资规模为本年度公司新增的投资额占资产总额的比例与其行业中值之差的绝对值。若绝对值越小，公司从众投资的程度越大。其中，资产负债表法下的公司新增投资额比例为以下项目之和除以期初资产总额（记为 BS_TA）：长期股权投资新增额、工程物资的新增额、固定资产的新增额、无形资产的新增额和其他长期投资的新增额；现金流量表法下公司新增投资额为以下项目之差除以期初资产总额（记为 CF_TA）：购建固定资产、无形资产和其他长期资产所支付的现金，处置固定资产、无形资产和其他长期资产收到的现金净额，固定资产折旧，无形资产摊销，长期待摊费用。

除了从投资规模衡量公司的从众投资程度外，笔者也以股权激励计划的动机为视角考察公司投资行业的选择。具体而言，笔者重点考虑公司投资于高新技术行业的长期股权投资和投资于母、子公司或其他营业单位的投资两种，并且分别用公司投资于高新技术行业的长期股权投资新增额除以期初资产总额（记为

Long_TA)和现金流量表中"取得子公司及其他营业单位支付的现金净额"减去"处置子公司及其他营业单位收到的现金净额"的净额除以期初资产总额（记为 Link_TA）。其中，高新技术行业的界定详见前文中风险性项目投资的衡量。

（2）高管声誉的度量。高管的能力水平无法直接度量，先前的学者大多选择高管的声誉（Bo，2006）间接度量高管的能力水平。笔者定义高管的声誉为高管在职业经理人市场上被外部需求者（股东或潜在股东）所感知高管经营能力的评价情况。如果存在有效的职业经理人市场时，高管的薪酬水平既能反映其声誉又能体现其经营能力。考虑到公司的任何决策的制定或执行者主要集中于较高职位的公司高管中，因此，笔者选用公司前三名高管的薪酬总额自然对数（记为 M）作为高管声誉的代理变量。同时，考虑到国有企业高管的货币薪酬具有一定的黏性，于是笔者将高管的声誉代理变量，由前三名高管的薪酬总额进一步缩小为前三名高管的股权（或期权）价值（记为 Equtiy），具体采用前三名高管持有的股权价值（包括股票或期权）占其薪酬总额的比重（记为 G_inc）和前三名高管持有公司股票的比例（记为 MR）来度量。

（3）高管人员股权激励动机的划分。参照前文中有关股权激励动机的划分方法，笔者将股权激励的动机划分为激励型、赎买型和福利型三类动机的同时，定义股权激励动机的两种虚拟变量 Type1 和 Type2，分别表示激励型动机的虚拟变量和赎买型动机的虚拟变量。为了比较激励型和赎买型两类样本下公司的从众投资规模或投资方向，本章定义 Type5 为两类样本的虚拟变量，Type5 为 1 时是激励型样本，否则为赎买型样本。

（三）描述性统计

表 4-42 列示了各变量的描述性统计和对比两类样本下公司从众投资规模的差异及其检验。其中，Panel A 列示了各变量之间的描述性统计，Panel B、Panel C 和 Panel D 分别列示了激励型与对照组、赎买型与对照组以及激励型与赎买型之间的两两从众投资规模程度的差异比较及其检验结果。

如表 4-42 的 Panel A 所示，衡量公司从众投资规模的两个变量 BS_TA 和 CF_TA 的均值分别为 7.12% 和 4.08%，中值分别为 4.62% 和 3.01%。这表明我国上市公司存在较强的从众投资现象。这种投资上的"潮涌现象"导致了严重的产能过剩[1]（林毅夫、巫和懋和刑亦青，2010；方军雄，2012）。衡量公司的股权激励程度的变量 G_inc 和 MR 的均值和中值均偏低，前三位高管的股权价值占薪酬总额的比重中值

---

[1] 《中国与世界经济发展报告（2013）》的数据显示，我国的钢铁业、电解铝业、煤炭、电力、铜矿冶炼，以及纺织业均存在不同程度的产能过剩现象。

仅为 0.3‰（均值也不到 6.4％），持股比例的中值仅为 0.1‰左右，这表明股权激励制度在我国上市公司的应用仍处于发展阶段，并且股权激励的程度受到一定的限制。

如表 4-42 的 Panel B 所示，两类样本下公司的从众投资规模存在显著性差异。无论是 BS_TA 还是 CF_TA，无论是均值还是中值，对照组的从众投资程度均低于激励型样本组，两者均有 1％水平上差异的显著性。这表明，相比于其他类型，激励型股权激励更易加重公司的从众投资程度。同样地，如 Panel C 所示，赎买型样本与对照组样本之间公司的从众投资程度也存在显著性差异。相比于对照组，赎买型样本的公司从众投资程度更高，两组样本存在 1％的显著性水平差异。

表 4-42　各变量的描述性统计和两类样本下公司从众投资趋势的差异及检验

变量	样本量	均值	标准差	最小值	中值	最大值
Panel A：变量间的描述性统计						
BS_TA	15 495	0.071 2	0.080 1	0.000 0	0.046 2	0.645 3
CF_TA	15 495	0.040 8	0.038 7	0.000 0	0.030 1	0.238 5
$Link\_TA$	15 495	0.001 7	0.015 8	−0.061 0	0.000 0	0.087 1
$Long\_TA$	15 495	0.018 1	0.051 3	−0.097 6	0.000 0	0.274 2
M	15 495	14.680 9	0.859 0	12.175 6	14.719 7	16.740 4
MR	15 495	0.085 2	0.181 3	0.000 0	0.000 1	0.682 2
G_inc	15 495	0.063 7	0.140 5	0.000 0	0.000 3	0.611 6
Panel B：激励型与对照组样本之间公司从众投资规模的均值或中值差异比较						
	BS_TA			CF_TA		
	样本量	均值	中值	样本量	均值	中值
激励型	1 361	0.054 7	0.036 3	1 361	0.035 5	0.025 4
对照组	14 134	0.072 8	0.047 3	14 134	0.041 3	0.030 6
差异检验		−7.98***	−8.39***		−5.35***	−7.03***
(T/Z)		(0.000)	(0.000)		(0.000)	(0.000)
PanelC：赎买型与对照组样本之间公司从众投资规模的均值或中值差异比较						
赎买型	765	0.057 3	0.035 8	765	0.036 2	0.023 3
对照组	14 730	0.072 0	0.046 8	14 730	0.041 1	0.030 4
差异检验		−4.92***	−6.84***		−3.39***	−5.38***
(T/Z)		(0.000)	(0.000)		(0.000)	(0.000)
PanelD：激励型与赎买型样本之间公司从众投资规模的均值或中值差异比较						
激励型	1 361	0.057 3	0.035 8	1 361	0.036 2	0.023 3
赎买型	765	0.054 7	0.036 3	765	0.035 5	0.025 4
差异检验		0.91	−0.27		0.43	−0.18
(T/Z)		(0.364)	(0.789)		(0.671)	(0.856)

注：*** 为 1％水平上的显著性、** 为 5％水平上的显著性、* 为 10％水平上的显著性。

另外，为了深入研究高管人员股权激励动机差异对公司从众投资方向选择的影响，笔者按照前文中股权激励动机的划分方法，将股权激励样本划分为激励型样本、赎买型样本和福利型样本三类。并且由前文中的研究结果发现，激励型样本倾向于内部的研发投资和外部风险性项目的长期股权投资，而赎买型样本更加倾向于外部并购投资。因此，笔者进一步比较了激励型与赎买型两类样本在公司从众投资趋势上的差异。与 Panel B 和 Panel C 的结果不同，激励型与赎买型两类样本之间的从众投资趋势不存在显著性均值差异或中值差异。

上述分析结果表明，实施高管人员股权激励计划的上市公司，更易加快公司的从众投资趋势。但股权激励动机差异的两类样本在公司从众投资程度并不存有差异。尽管如此，由于公司的从众投资决策表现在投资规模和投资方向两个方面，并且两类动机下高管人员股权激励可能激发高管做出差异化的投资决策，因此，两类公司从众投资的方向可能存在显著性差异。

（四）实证检验

（1）高管人员股权激励与公司从众投资规模的关系。为了检验高管人员股权激励能加快公司的从众投资趋势，笔者对模型 4-21 进行了回归分析。

表 4-43 激励型股权激励与公司从众投资趋势的 DID 回归结果

	BS_TA		CF_TA	
	(1)	(2)	(3)	(4)
G_inc	−0.000 4		−0.002 5*	
	(−0.06)		(−1.80)	
$G\_inc \times Type1$	−0.006 1**		−0.017 3**	
	(−2.04)		(−2.56)	
$Type1$	−0.015 7***	−0.015 5***	−0.007 0***	−0.007 6***
	(−7.61)	(−7.27)	(−6.07)	(−6.48)
MR		−0.001 8		−0.000 2
		(−0.38)		(−0.10)
$MR \times Type1$		−0.015 1**		−0.016 2***
		(−2.46)		(−3.08)
$Size$	−0.003 5***	−0.003 5***	−0.002 2***	−0.002 2***
	(−4.68)	(−4.67)	(−6.66)	(−6.62)
Lev	0.014 5***	0.014 2***	0.010 6***	0.010 3***
	(4.72)	(4.60)	(7.50)	(7.36)
MB	−0.022 2***	−0.022 1***	−0.008 7***	−0.008 7***
	(−6.48)	(−6.32)	(−6.52)	(−6.46)

(续表)

	BS_TA		CF_TA	
	(1)	(2)	(3)	(4)
Growth	−0.020 8***	−0.020 7***	−0.005 3***	−0.005 2***
	(−6.23)	(−6.23)	(−3.83)	(−3.77)
H	−0.076 8***	−0.077 6***	−0.015 8***	−0.016 3***
	(−11.34)	(−11.64)	(−4.70)	(−4.83)
Dual	0.003 8**	0.003 9**	0.001 7**	0.001 8**
	(2.37)	(2.46)	(2.18)	(2.30)
Dir	0.004 4	0.004 6	0.005 0	0.005 1
	(0.40)	(0.42)	(1.03)	(1.05)
_Cons	0.294 4***	0.295 4***	0.120 7***	0.120 8***
	(7.91)	(7.89)	(7.30)	(7.29)
Year/Ind	控制	控制	控制	控制
N	15 495	15 495	15 495	15 495
R^2_a	0.108 3	0.108 2	0.096 1	0.096 2

注：*** 为1%水平上的显著性、** 为5%水平上的显著性、* 为10%水平上的显著性、括号内为T值。

表 4-44 赎买型股权激励与公司从众投资规模的 DID 回归结果

	BS_TA		CF_TA	
	(1)	(2)	(3)	(4)
G_inc	−0.000 7		−0.010 4***	
	(−0.12)		(−3.39)	
Type2×G_inc	−0.002 3**		−0.002 0**	
	(−2.14)		(−2.24)	
Type2	−0.006 1**	−0.006 9**	−0.001 3	−0.001 9
	(−2.04)	(−2.32)	(−0.80)	(−1.19)
MR		−0.008 8*		−0.003 7*
		(−1.74)		(−1.67)
Type2×MR		−0.011 1***		−0.007 8*
		(−2.74)		(−1.77)
Size	−0.003 7***	−0.003 8***	−0.002 3***	−0.002 3***
	(−4.99)	(−5.00)	(−6.96)	(−6.95)
Lev	0.015 0***	0.014 7***	0.010 8***	0.010 6***
	(4.87)	(4.77)	(7.67)	(7.57)

(续表)

	BS_TA		CF_TA	
	(1)	(2)	(3)	(4)
MB	−0.021 5***	−0.021 3***	−0.008 5***	−0.008 5***
	(−6.29)	(−6.11)	(−6.39)	(−6.32)
$Growth$	−0.021 0***	−0.020 9***	−0.005 4***	−0.005 3***
	(−6.29)	(−6.29)	(−3.93)	(−3.86)
H	−0.075 2***	−0.076 1***	−0.015 0***	−0.015 5***
	(−11.13)	(−11.43)	(−4.46)	(−4.61)
$Dual$	0.003 6**	0.003 7**	0.001 6**	0.001 7**
	(2.23)	(2.32)	(2.07)	(2.19)
Dir	0.003 8	0.004 0	0.004 6	0.004 7
	(0.35)	(0.37)	(0.96)	(0.98)
$\_Cons$	0.300 0***	0.301 4***	0.123 0***	0.123 1***
	(8.04)	(8.03)	(7.45)	(7.44)
$Year/Ind$	控制	控制	控制	控制
N	15 495	15 495	15 495	15 495
R^2_a	0.106 2	0.106 3	0.094 5	0.094 4

注：*** 为1%水平上的显著性、** 为5%水平上的显著性、* 为10%水平上的显著性、括号内为T值。

表4-43、表4-44中第(1)~(2)列显示了被解释变量采用资产负债表法核算的公司从众投资规模，第(3)~(4)列显示了采用现金流量表法核算的公司从众投资规模。DID的回归结果见表4-43和表4-44。如表4-43所示，两种股权激励代理变量与$Type1$交互项的回归系数基本显著为负数，即第(1)、第(2)列中的回归系数具有弱显著性，显著性水平为5%，高管人员股权激励与公司和同行业投资规模的离差之间呈显著的负相关关系，而公司与同行业投资离差越小，表明公司的从众投资规模更严重。这表明，相比于其他类型的样本，激励型样本实施股权激励前后公司的从众投资程度越严重。因此，激励型股权激励能加大公司的从众投资规模。

笔者进一步考察了赎买型股权激励与公司从众投资趋势的行业偏好关系。表4-44列示了赎买型股权激励与公司从众投资规模的DID回归结果。同样地，无论是G_inc还是MR，是BS_TA还是CF_TA，$Type2$与两个股权激励代理变量交互项的回归系数均显著为负，即相比于其他样本公司，赎买型样本实施股权激励激励前后,公司的从众投资规模程度加重。因此,赎买型股权激励能加重公司的从众投资规模。结合激励型股权激励与公司从众投资规模的关系,笔者认为,相比于未实施股权激励的样本,高管人员股权激励能显著加快公司的从众投资趋势。

(2)两类动机下高管人员股权激励与公司的从众投资方向的关系。基于不同动机所制定的高管人员股权激励计划,对公司的从众投资决策的影响存有差异。为了进一步研究高管人员股权激励动机差异对公司从众投资行业的影响,笔者对模型4-22和模型4-23进行了DID回归分析。

表4-45和表4-46分别列示了两类样本下的股权激励与公司的高科技行业投资和与公司关联方有关的投资DID回归结果。如表4-45所示,第(1)列显示,G_inc的回归系数显著为正,这表明总体而言,实施股权激励程度越大,公司越会加大对高科技行业的投资。第(2)列显示了相比于其他样本,赎买型股权激励的公司从众投资方向选择高科技行业的情况。$Type2$与BS_TA的交互项系数为正,但不具有统计学意义上的显著性。这表明,相比于其他类型的样本,赎买型公司并未显著提高公司的高科技行业从众投资规模。第(3)列显示了相比于其他样本类型,激励型股权激励公司投资高科技行业的从众投资规模的变化情况。$Type1$的回归系数、BS_TA的回归系数以及两者交互项的回归系数均显著为正。这表明,相比于其他类型的样本,激励型股权激励的公司显著提高了高科技行业的从众投资规模。第(4)列对比了赎买型样本和激励型样本在公司高新技术行业的从众投资规模的差异。$Type5$与BS_TA交互项的回归系数显著为正。这表明,相比于赎买型样本,激励型股权激励更能增加高新技术行业的从众投资规模。同样地,表4-46也列示了两类动机下的股权激励与公司的高科技行业从众投资的关系。表4-46改用现金流量表法核算的从众投资规模CF_TA,列示的结果与表4-45的分析结果并未产生差异。

表4-45 两类动机下的股权激励与公司的高科技行业从众投资的DID回归结果

	$Long\_TA$			
	(1)	(2)	(3)	(4)
G_inc	0.032 2***			
	(8.06)			
$Type2$		0.004 4		
		(1.64)		
$Type2 \times BS\_TA$		0.048 5		
		(1.25)		

（续表）

	\multicolumn{4}{c}{$Long\_TA$}			
	(1)	(2)	(3)	(4)
$Type1$			0.005 1**	
			(2.39)	
$Type1 \times BS\_TA$			0.054 0***	
			(3.34)	
$Type5$				0.000 4
				(0.11)
$Type5 \times BS\_TA$				0.053 7***
				(4.58)
BS_TA	0.027 0***	0.025 4***	0.028 0***	0.072 3*
	(3.97)	(3.69)	(4.04)	(1.84)
$Size$	0.002 3***	0.001 7***	0.001 7***	0.002 3*
	(6.32)	(4.74)	(4.69)	(1.84)
Lev	−0.012 9***	−0.016 5***	−0.016 3***	−0.017 2**
	(−6.99)	(−9.09)	(−8.96)	(−2.25)
MB	0.002 60	0.004 5***	0.004 5***	0.006 60
	(1.53)	(2.59)	(2.60)	(1.24)
$Growth$	0.004 5**	0.005 9***	0.006 0***	0.017 7*
	(2.57)	(3.32)	(3.39)	(1.65)
H	−0.035 5***	−0.044 6***	−0.043 7***	−0.061 5***
	(−8.72)	(−11.12)	(−10.88)	(−4.81)
$Dual$	0.001 6	0.002 9***	0.002 8***	−0.005 8**
	(1.48)	(2.74)	(2.64)	(−2.01)
Dir	−0.004 9	−0.002 5	−0.002 8	0.007 4
	(−0.79)	(−0.40)	(−0.44)	(0.33)
$\_Cons$	−0.051 3***	−0.047 8***	−0.047 8***	−0.076 7***
	(−5.64)	(−5.33)	(−5.30)	(−3.35)
Year/Ind	控制	控制	控制	控制
N	15 495	15 495	15 495	2 226
R^2_a	0.125 5	0.121 0	0.120 6	0.144 2

注：*** 为1%水平上的显著性、** 为5%水平上的显著性、* 为10%水平上的显著性、括号内为T值。

表 4-46　两类动机下的股权激励与公司高新技术行业从众投资的 DID 回归结果

	Long_TA			
	(1)	(2)	(3)	(4)
G_inc	0.032 0***			
	(8.02)			
$Type2$		0.001 2		
		(1.49)		
$Type2 \times CF\_TA$		0.009 8		
		(0.84)		
$Type1$			0.002 2***	
			(3.54)	
$Type1 \times CF\_TA$			0.019 2**	
			(2.29)	
$Type5$				0.001 3
				(1.28)
$Type5 \times CF\_TA$				0.021 6***
				(3.72)
CF_TA	0.032 3***	0.033 7***	0.036 4***	0.037 8
	(2.61)	(2.65)	(2.82)	(0.73)
$Size$	0.002 3***	0.001 7***	0.001 7***	0.001 8
	(6.25)	(4.62)	(4.64)	(1.50)
Lev	−0.012 9***	−0.016 4***	−0.016 2***	−0.016 0**
	(−6.95)	(−9.05)	(−8.92)	(−2.14)
MB	0.002 3	0.004 2**	0.004 2**	0.006 4
	(1.37)	(2.45)	(2.44)	(1.22)
$Growth$	0.004 1**	0.005 5***	0.005 6***	0.018 9*
	(2.36)	(3.17)	(3.18)	(1.82)
H	−0.037 0***	−0.046 0***	−0.045 3***	−0.062 6***
	(−9.01)	(−11.36)	(−11.15)	(−4.90)
$Dual$	0.001 6	0.002 9***	0.002 9***	−0.006 0**
	(1.52)	(2.74)	(2.68)	(−2.09)
Dir	−0.005 0	−0.002 6	−0.002 9	0.008 4
	(−0.79)	(−0.41)	(−0.45)	(0.37)
$\_Cons$	−0.038 6***	−0.028 1***	−0.028 4***	−0.031 1
	(−4.20)	(−3.05)	(−3.08)	(−1.33)
Year/Ind	控制	控制	控制	控制
N	15 495	15 495	15 495	2 226
R^2_a	0.124 4	0.119 7	0.119 5	0.141 6

注：*** 为 1% 水平上的显著性、** 为 5% 水平上的显著性、* 为 10% 水平上的显著性、括号内为 T 值。

表 4-47 和表 4-48 分别列示了采用 BS 和 CF 核算公司的从众投资规模后,相比于其他样本,激励型(或赎买型)股权激励与公司关联方有关行业的从众投资规模情况。

表 4-47 赎买型股权激励与公司关联方有关行业的从众投资规模的 DID 回归结果

	Link_TA			
	(1)	(2)	(3)	(4)
G_inc	0.006 9***			
	(6.71)			
$Type2$		0.001 9**		
		(2.34)		
$Type2 \times BS\_TA$		0.004 4**		
		(2.57)		
$Type1$			0.001 6***	
			(2.58)	
$Type1 \times BS\_TA$			−0.000 1	
			(−0.01)	
$Type5$				0.000 2
				(0.17)
$Type5 \times BS\_TA$				0.008 0*
				(1.66)
BS_TA	0.004 7**	0.005 0**	0.005 0**	0.002 6
	(2.22)	(2.28)	(2.30)	(0.32)
$Size$	0.000 7***	0.000 6***	0.000 6***	0.000 3
	(5.74)	(4.78)	(4.72)	(0.84)
Lev	−0.000 1	−0.000 8	−0.000 7	−0.003 4
	(−0.11)	(−1.54)	(−1.37)	(−1.49)
MB	0.000 2	0.000 6	0.000 7	−0.002 3
	(0.39)	(1.12)	(1.17)	(−1.57)
$Growth$	0.003 7***	0.004 0***	0.004 0***	0.002 8
	(6.19)	(6.69)	(6.66)	(0.75)
H	−0.004 2***	−0.006 2***	−0.005 9***	0.000 8
	(−2.92)	(−4.34)	(−4.12)	(0.15)
$Dual$	−0.000 2	0.000 1	0.000 1	−0.000 9
	(−0.50)	(0.40)	(0.30)	(−1.10)
Dir	0.001 6	0.002 2	0.002 1	0.005 8
	(0.84)	(1.10)	(1.06)	(0.92)
$\_Cons$	−0.018 2***	−0.015 8***	−0.015 7***	−0.005 5
	(−6.43)	(−5.75)	(−5.68)	(−0.73)
Year/Ind	控制	控制	控制	控制
N	15 495	15 495	15 495	2 226
R^2_a	0.022 0	0.019 7	0.020 0	0.026 9

注:*** 为 1%水平上的显著性、** 为 5%水平上的显著性、* 为 10%水平上的显著性、括号内为 T 值。

表 4-48　赎买型股权激励与公司关联方有关行业的从众投资规模的 DID 回归结果

	Link_TA			
	(1)	(2)	(3)	(4)
G_inc	0.006 9***			
	(6.71)			
$Type2$		0.002 2***		
		(3.54)		
$Type2 \times CF\_TA$		0.019 2**		
		(2.29)		
$Type1$			0.001 2	
			(1.49)	
$Type1 \times CF\_TA$			−0.009 8	
			(−0.84)	
$Type5$				0.001 3
				(1.28)
$Type5 \times CF\_TA$				0.021 6***
				(3.72)
CF_TA	0.029 1**	0.032 7**	0.035 2***	0.030 9
	(2.33)	(2.55)	(2.70)	(0.59)
$Size$	0.000 7***	0.000 6***	0.000 6***	0.000 2
	(5.56)	(4.62)	(4.55)	(0.70)
Lev	0.000 1	−0.000 7	−0.000 6	−0.003 2
	(0.10)	(−1.31)	(−1.20)	(−1.40)
MB	0.000 1	0.000 5	0.000 5	−0.002 3
	(0.15)	(0.89)	(0.94)	(−1.60)
$Growth$	0.003 6***	0.003 9***	0.003 9***	0.002 9
	(5.98)	(6.47)	(6.47)	(0.78)
H	−0.004 7***	−0.006 6***	−0.006 3***	0.000 4
	(−3.21)	(−4.64)	(−4.44)	(0.08)
$Dual$	−0.000 1	0.000 2	0.000 1	−0.000 8
	(−0.42)	(0.49)	(0.38)	(−1.07)
Dir	0.001 7	0.002 2	0.002 1	0.005 7
	(0.86)	(1.13)	(1.06)	(0.89)
$\_Cons$	−0.016 2***	−0.013 9***	−0.013 9***	−0.004 1
	(−5.92)	(−5.20)	(−5.18)	(−0.56)
Year/Ind	控制	控制	控制	控制
N	15 495	15 495	15 495	2 226
R^2_a	0.021 5	0.019 2	0.019 6	0.026 7

注：*** 为 1% 水平上的显著性、** 为 5% 水平上的显著性、* 为 10% 水平上的显著性、括号内为 T 值。

如表4-47的第(1)列，G_inc 的回归系数显著为正，这表明股权激励程度越大，公司与关联方有关的投资规模会越大。第(2)列显示了相比于其他类型样本，赎买型股权激励与公司关联方有关的从众投资规模的变化情况。$Type2$ 的回归系数、BS 的回归系数以及两者之间的交互项回归系数均显著为正。这表明，赎买型股权激励的公司也具有从众投资的行业偏好，更加倾向于与关联方有关的行业。即相比于其他类型的样本，赎买型股权激励使公司从众投资的资本更加倾向于关联方有关的行业。第(3)列中虽然 $Type1$ 的回归系数和 BS 的回归系数均显著为正，但两者的交互项系数却不显著。这表明相比于其他样本，激励型样本中公司与关联方有关的行业从众投资规模并没有显著性差异。第(4)列中的 $Type5$ 与 BS 的交互项系数弱显著为正，这表明两种样本与公司关联方有关行业的从众投资方面存在显著性差异。

笔者结合表4-48分析得出，不同动机下高管人员股权激励使公司的从众投资具有行业倾向，激励型股权激励增加公司的高新技术行业从众投资偏好，赎买型股权激励加重与大股东相关行业的从众投资偏好。

第六节 小 结

本章以高管人员股权激励的动机为视角，在区分2006—2013年A股非金融类上市公司首次实施股权激励计划的激励型动机、赎买型动机和福利型动机的基础上，首先，分别研究了激励型、赎买型和福利型三类企业的投资方式偏好；其次，检验了两类非激励型动机下的股权激励引致企业的投资方式对控制人收益的影响差异；最后，分别对比了激励型与福利型样本之间内部研发投资的差异和激励型与赎买型样本外部从众投资趋势的行业偏好差异。

研究发现：第一，基于不同动机而实施股权激励计划的企业具有不同的投资方式偏好：激励型股权激励的企业更加倾向于风险性项目的投资；赎买型股权激励的企业更加倾向于外部并购；福利型股权激励的企业则更加倾向于内部投资。第二，两种非激励型股权激励的企业通过影响企业投资方式而实现提高控制人收益的目的：赎买型股权激励所引发的企业外部并购最终加剧了控制性大股东的掏空行为，而福利型股权激励引发的企业内部投资提高了高管人员的在职消费水平。第三，相比于非激励型样本，激励型股权激励提高了公司的风险承担水平；相比于福利型样本，激励型样本公司内部的研发水平更高；相比于赎买型样本，激励型样本公司外部的从众投资趋势更加偏向于高新技术行业。

第五章 股权激励的动机差异与投资决策的经济后果

自我国上市公司"正式"引入股权激励制度以来,高管人员股权激励计划如何影响公司的投资决策已成为现代公司金融研究的热点话题,并形成了具有广泛争议的研究成果。吕长江和张海平(2011)在检验股权激励对公司投资行为的影响时发现,授予高管人员一定数量的股权(或一定份额的期权)的股权激励计划能够抑制上市公司的非效率投资问题。但是,汪健、卢煜和朱兆珍(2013)以中小板上市公司为例,发现股权激励计划非但不能降低代理成本,反而更易导致公司的过度投资。不恰当的股权激励模式也很可能会加大公司的非效率投资(罗富碧、冉茂盛和杜家廷,2008)。也有学者发现,高管人员股权激励与公司的投资决策之间并没有显著关系(简建辉、余忠福和何平林,2011)。

然而,当前的研究仅止步于讨论股权激励与公司非效率投资之间的关系,缺乏深入研究股权激励影响公司非效率投资的作用机理。因此,笔者认为应从上市公司推出高管人员股权激励计划的动机这一源头出发,探寻基于不同动机的高管人员股权激励如何影响公司投资决策以及表现在经济后果方面的差异。从广义上看,投资决策的直接经济后果表现在资本配置效率方面,并且最终反映在公司未来的业绩上。因此,本章所指的经济后果主要包括资本的配置效率与公司未来的业绩。

自吕长江等(2009)首次引发对"我国上市公司股权激励制度设计:是激励还是福利"的思考以及陈仕华和李维安(2012)发现我国上市公司股票期权实质成为大股东"赎买"高管的一个合法性工具后,高管人员股权激励计划的非激励型动机以及由此带来的后果已逐渐被人们所关注。吕长江等(2009)发现,我国上市公司实施的高管人员股权激励计划大多旨在为高管谋福利:具有激励期限短、行权价格较低、行权条件容易实现等特点。高管谋取越多的私利,越容易导致公司的过度投资问题(刘怀珍和欧阳令南,2004)。2011年12月16日,东凌粮油(上市股票代码000893)的大股东(东凌实业集团),以向高管折价售股的方式对东凌粮油的4名高管实施股权激励。而东凌粮油披露的 2012 年年报中"关联方交易的资金往来"的信息显示,公司应收关联方的其他应收款由上期的 5 935.31 元增加到本期的 1 亿多元。大股东这种向高管折价售股的股权激励方式,可能为了便于其侵占上市公司的资金(陈仕华和李维安,2012)。

尽管如此,但据笔者所知,目前尚没有文献以股权激励计划的动机为视角,研究高管人员股权激励与公司的资本配置效率之间的关系。以往研究高管人员股权激励影响公司投资决策的文献,主要争论股权激励与投资决策的内生关系(罗富碧、冉茂盛和杜家廷,2008)、两者无显著相关关系(简建辉、余忠福和何平林,2011)以及股权激励抑制(吕长江和张海平,2011)或加剧(汪健、卢煜和朱兆珍,2013)公司的非效率投资。不仅如此,高管人员股权激励的动机差异对公司资本配置效率的影响怎样?不同动机下的高管人员股权激励如何造成公司资本配置效率的差异?这些问题都没有引起足够的重视。因此,笔者在参照前文中有关识别和区分高管人员股权激励计划的激励型动机、赎买型动机和福利型动机的基础上,重点研究三类动机下高管人员股权激励如何导致公司的资本配置效率的差异。

当前,我国上市公司制定的高管人员股权激励计划同时存在激励型动机和非激励型动机已是不争的事实。公司制定激励型高管人员股权激励计划,为了激发风险厌恶型的高管人员承担更高水平的风险,提高公司风险性项目的投资规模,从而使高管的个人私利与股东的利益趋于一致,降低了股东与高管之间的代理成本。因此,激励型股权激励能抑制公司的投资不足或过度投资的非效率投资(吕长江和张海平,2011)。但是,公司制定股权激励计划的非激励型动机往往基于公司实际控制人的意愿。例如,当公司被内部人所掌控时,公司实施的高管人员股权激励计划具有激励期限短、行权价格较低、行权条件容易实现等福利型特点(吕长江等,2009;吴育辉和吴世农,2010;王烨、叶玲和盛明泉,2012),这时公司的资本配置效率目标让位于高管人员的福利。控制性大股东为了占有更多的控制权私利,对掌握公司实际投资信息的高管进行"赎买",公司实施的高管人员股权激励成为大股东"赎买"高管的一种工具(陈仕华和李维安,2012)。此时,公司的资本投向可能是为了增加大股东的掏空行为(郝颖、李晓欧和刘星,2012),而导致公司的资本配置趋于非效率。鉴于我国股权相对集中的"混合型"公司治理模式(陈仕华和郑文全,2010;陈仕华和李维安,2012),公司的代理问题同时存在于高管与股东之间和大股东与中小股东之间,上市公司实施的高管人员股权激励计划同时存有福利性和赎买性两类非激励型动机。同时,在我国的制度环境下,大股东控制权与股权激励之间冲突(夏纪军和张晏,2008)应该是通过大股东的掏空行为这一机制发挥作用(陈仕华和李维安,2012)。

于是,笔者产生如下思考:不同动机下的股权激励对公司投资决策的经济后果影响是否有差异?激励型高管人员股权激励是否会通过高管的风险承担提高公司的资本配置效率?非激励型高管人员股权激励是否通过高管的在职消费或大股东的掏空行为引致公司的非效率投资?笔者以上市公司实施股权激励的动机为视角,重点研究三种动机下的高管人员股权激励通过各自途径对公司资本的配置效率以及公司未来绩效的影响。

第一节 研究假设的提出

一、激励型股权激励、风险项目投资与资本配置效率

据前文的研究结果,相比于其他类型样本,激励型样本实施股权激励后公司的风险性项目投资显著增加,即公司制定的激励型股权激励计划,促使高管承担更高的风险,提高了公司的风险性项目投资规模。吕长江和张海平(2011)在对比股权激励与非股权激励样本时,发现股权激励机制不仅具有抑制公司过度投资的作用,还能缓解公司的投资不足。

对于效率而言,萨缪尔森和诺德豪斯(2012)在《经济学》一书中用生产可能性边界来定义生产效率:"当经济在不减少一种要素的投入的情况下,就不能增加另一种要素投入的生产,它的运行是有效率的。"资源的配置效率①,即资源有效利用的程度。

而财务学上的投资效率主要从投入和产出的视角来定义,即在不存在信息不对称以及委托代理冲突的情况下,公司的边际资本投入等于边际产出,公司的投资规模最终达到净现值为0的最优投资水平。当公司所投资项目带来的未来现金流量的现值不低于公司投入的资本时(即 $NPV \geqslant 0$),公司的投资决策被认为是有效率的。然而,在现实经济中,信息不对称和委托代理冲突的现象随处可见,尤其是在所有权和经营权相分离的现代公司中更为突出。因此,现实中的公司资本配置状态普遍出现低于(或高于)最优投资水平的投资不足(或过度投资)的非效率投资。

---

① 经济学中另一个非常著名的资源配置效率——帕累托效率,它是一种资源分配的理想状态。假定固有的一群人和可分配的资源,如果从一种分配状态变化到另一种状态中,在没有使任何人境况变坏的前提下,使得至少一个人变得更好,这就是帕累托改善。帕累托最优的状态是不可能有更多的帕累托改善的状态。

公司基于激励型动机而授予高管人员的股权激励,能激发高管承担更高的风险水平,增加公司风险性项目的投资水平(Ryan和Wiggins, 2002; Lazear, 2004; 吕长江和张海平,2011)。高风险项目一旦获得成功,将为公司带来更高的收益。这样在获得竞争优势的同时,能有效缓解公司的投资不足问题,从而可能缓解公司的投资不足问题,提高公司的资本配置效率。

不仅如此,激励型高管人员股权激励也能有效降低公司的过度投资问题。Jensen(1986)认为,在自利动机的驱使下,高管将更多的自由现金流留由自己掌控,去构建自身的"帝国大厦"(empire building),这样使那些原本净现值为负值的项目也获得资金支持,最终使公司的资本配置效率出现过度投资问题。然而,公司对高管人员实施激励型的股权激励后,高管可能将更多的自由现金流投入风险性项目中,增加风险性项目成功的概率,实现公司价值的增长,从而可能缓解高管过度投资的冲动。基于此,笔者提出如下假设:

假设5-1:相比于其他样本,激励型股权激励提高高管的风险承担而抑制公司的非效率投资。

二、赎买型股权激励、大股东掏空与资本配置效率

自吕长江等(2009)发现我国上市公司股权激励计划大多旨在为高管人员谋福利以及陈仕华和李维安(2012)发现股票期权实质为大股东"赎买"高管的合法性工具以来,非激励型动机下的股权激励通常成为公司实际控制人自利行为的一种手段而备受指责。

大股东掏空动机的强烈程度与其现金流权和控制权(以下简称两权)的分离情况有关。一是对于两权合一的公司,大股东的控制权不仅具有掏空倾向而且存在支持和监督作用。一方面,大股东利用其所掌握的控制权牟取私利,掏空上市公司的资源。另一方面,为了获得长期的控制权收益,大股东也存在对上市公司的支持行为(Friedman、Johnson和Mitton,2002),并且大股东可能会监督高管人员的机会主义行为。综合来看,这类公司实施的非激励型高管人员股权激励倾向于增加大股东掏空行为的可能性较弱。二是两权分离度越大的控制性大股东,越有动机实施掏空行为。并且随着两权分离度的增加,大股东的掏空行为加重而使企业的非效率投资更为严重(王鹏和周黎安,2006)。然而,控制性股东要想便利地实施掏空行为,就很可能与高管合谋(潘泽清和张维,2004)而对其加以"赎买"(陈仕华和李维安,2012)。于是,这类公司实施高管人员股权激励更加突显控制性大股东的掏空目的。如果大股东为了掏空目的而实施高管人员股权激励,那么可以预见,相

比于其他样本,上市公司实施赎买型股权激励后,大股东的掏空行为增加①。

股权集中下由两权分离所产生的控制权私有收益是推动企业非效率投资行为的内在动因,并且两权分离度越大,企业非效率投资问题越严重(Claessens、Djankov 和 Lang,2000)。两权分离的控制性大股东越有可能要求企业进行专用性资产(或项目)的投资。这些资产(或项目)很可能被要求提供给控制性大股东(或由大股东指定的客户)生产或服务。尽管大股东的利益很可能会随着公司的这项投资面临被套牢的风险而部分受损,但专用性资产的占用会让大股东获取更大收益。可是,这类投资无疑将成为公司无效率的过度投资。

控制性大股东对控制权私有收益的攫取不仅导致企业的过度投资,而且引发企业的投资不足问题(Morellec,2004)。企业的投资不足主要表现为融资渠道变窄。为了维持对公司的控制性地位,控制性大股东尽可能地放弃企业外部股权融资而选择债务融资(Poutziouris,2001),这将引致债务融资成本的上升,进一步加剧了企业的投资不足问题。在我国"混合型"公司治理模式下,企业资源配置通常处于控制性大股东及其内部代理人交替的超强控制中,这样的股权制度安排客观上为控制性大股东获取控制性资源以及通过上市公司的各种非效率投资行为攫取控制人收益提供了可能。

为了进一步研究大股东的掏空行为作为一种传导途径,使赎买型高管人员股权激励加剧公司的非效率投资问题,笔者在窦炜、刘星和安灵(2010)的企业投资行为分析模型的基础上,加入赎买型股权激励和控股股东的两权分离度两个变量构建了一个简易的模型。具体分析如下。

笔者假设:

(1) 控制性大股东的现金流水平为 a,相应的控制权水平为 ta。其中,t 表示两权分离度,且 $t \geqslant 1$。

(2) 企业在 t_1 期拥有一个投资机会,其初始投资额为 I,投资收益的净现金流量为 R,企业可用于实施该项目的融资松弛资金为 $S(S \leqslant I)$,项目所需其他资金通过实施高管人员股权激励而定向增发新股来筹集,新股的发行额为 $E = I - S + g$。其中 g 为定向增发新股的股权激励的价值。

(3) 企业在 t_0 期的公司价值为 $V_0 (V_0 \geqslant 0)$,新股发行时股权价值为 P ($P >$

---

① 根据"动机激发行为,行为影响结果"的行为学逻辑,增加的掏空行为作为一种结果受到多种因素的影响。因此,实施赎买型股权激励并非一定会增加大股东的掏空行为。但是,对于这类问题的解释,经济学中有个经典的"显示偏好"原理。人们无法观测到消费者的偏好,只能通过对比消费者最终的消费结果"显示"出消费者的偏好。笔者从中得到启发:如果大股东确实是为了掏空的目的而实施赎买型高管人员股权激励,那么可以预见,相比于其他类型,大股东增加的掏空行为则更加显示出股权激励的赎买型动机。

S)。

(4) 实施该项目后,大股东的掏空行为可获得控制权私人收益为 $d(g, t)$ ($\partial d/\partial g > 0$ 且 $d > g$,$\partial d/\partial t > 0$)。

由上述假设可知,在 t_1 时刻,控制性大股东实施该项目可获得的收益为:

$$V_c = \frac{\alpha P}{P+E} \times (V_0 + S + E - g) + \frac{\alpha P}{P+E} \times [R - d(g, t)] + d(g, t) \quad (5-1)$$

若控制性大股东放弃投资该项目可获得的收益为:

$$V_c^* = \alpha \times (V_0 + S) \quad (5-2)$$

因此,控制性大股东选择实施该项目必须满足 $V_c \geqslant V_c^*$,即:

$$\frac{\alpha P}{P+E} \times (V_0 + S + E - g) + \frac{\alpha P}{P+E} \times [R - d(g, t)] + d(g, t) \geqslant \alpha \times (V_0 + S) \quad (5-3)$$

由该式可以得到一个控制性股东是否选择股权激励再融资并实施该项投资的无差异曲线的 $R - V_0$ 二维平面。

$$R = \frac{E}{P} \times V_0 + E\left(\frac{S}{P} - 1\right) + d(g, t) \times \left(1 - \frac{P+E}{\alpha P}\right) + g \quad (5-4)$$
$$< \frac{E}{P} \times V_0 + E\left(\frac{S}{P} - 1\right) + d(g, t) \times \left(1 - \frac{P+E}{\alpha P}\right) + d(g, t)$$

若 $\alpha \frac{P+E}{2P}$,且 $S < P$,则无差异曲线如图 5-1 中的实线所示。控制性股东投资决策与完美市场中公司投资决策形成四个区域的决策组合。具体而言,如图 5-1 所示,斜实线以上(下)的部分属于控制性大股东实施(取消)该项目的区域,而 V_0 轴以上(下)部分属于公司价值增加(减少)的投资决策区域。因此,区域 Ⅰ 和区域 Ⅲ 属于公司非效率投资区域。

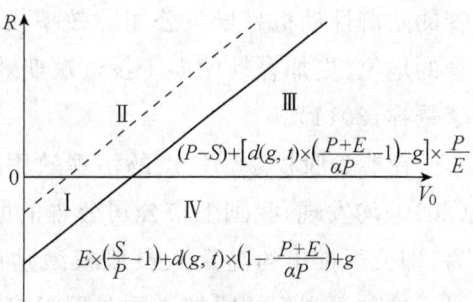

图 5-1 投资效率的无差异曲线

控制性大股东采用股权激励对公司高管"赎买",以便于他们实施掏空行为而获得更多的控制权私人收益。将上述曲线 R 轴的截距对股权激励 g 求偏导数,得到:

$$\partial\left[E\left(\frac{S}{P} - 1\right) + d(g, t) \times \left(1 - \frac{P+E}{\alpha P}\right) + g\right]/\partial g = \frac{\partial d}{\partial g} \times \left(1 - \frac{P+E}{\alpha P}\right) + 1 \quad (5-5)$$

$$\alpha^* = (1+E/P)/\left(1+1/\frac{\partial d}{\partial g}\right) \tag{5-6}$$

若 $0 < \partial d/\partial g < 1$，即 $\alpha^* \leqslant \alpha \leqslant (P+E)/2P$，偏导数大于 0，图 5-1 中的曲线向左上方平移（如图 5-1 中的虚线所示）。此时的区域Ⅰ变小，区域Ⅲ变大，即公司的过度投资得到缓解，而加剧了公司的投资不足。若 $\partial d/\partial g > 1$ 时，偏导数小于 0，图 5-1 中的曲线向右下方平移，此时的区域Ⅰ变大，区域Ⅲ变小，即实施赎买型股权激励加剧了公司的过度投资，并且缓解了公司的投资不足。由此，笔者提出以下假设：

假设 5-2a：赎买型股权激励下的大股东掏空行为加剧了公司的投资不足。

假设 5-2b：赎买型股权激励下的大股东掏空行为加剧了公司的过度投资。

三、福利型股权激励、在职消费与资本配置效率

当高管成为公司内部控制人时，高管有实力影响或决定自身的薪酬。管理层权力理论认为，高管成为公司的实际控制人后，具有强烈的获取控制人收益（表现为在职消费水平）的潜在诉求。尤其在我国国有企业中，高管的货币薪酬受到强行行政"限薪令"的约束，高管的在职消费水平普遍较高且难以控制。但是高管为了维护自身的控制人地位，存在防范公司内外部各种压力的防御性动机。在总结高管防御下公司财务政策的选择时，袁春生和杨淑娥（2006）认为，高管的防御性动机是导致公司非效率投资的深层次原因。例如，高管为了巩固自身的地位，更加容易偏向于投资短期效益好以及在职消费水平高的项目（郝艳和李秉祥，2011）。

在检验股权激励制度的治理效用时，吕长江等（2009）以及吴育辉和吴世农（2010）均发现，我国上市公司公告的股权激励计划草案存在明显的高管自利行为，即公司推出的高管人员股权激励计划，变相地成为为高管谋福利的一种手段。这种福利型的股权激励非但没有缓解公司的代理冲突问题，反而增加了公司的代理成本。这种福利型股权激励根本不具有实质上的约束能力。高管选择（或放弃）短期效益好（差）和在职消费高（低）的投资项目时，即使这类项目很可能有损（益）于公司价值，但对于高管而言，在职消费以及无需经过努力经营而轻易地满足行权条件的股权激励价值将能获得更多的个人财富。因此，笔者提出如下假设：

假设 5-3a：福利型股权激励通过高管的在职消费而恶化公司的过度投资。

假设 5-3b：福利型股权激励通过高管的在职消费而加重公司的投资不足。

第二节 研究设计

一、样本选取与数据来源

笔者选择 2006 年 1 月 1 日至 2013 年 12 月 31 日期间,首次宣告实施股权激励计划的 475 家 A 股非金融类上市公司为股权激励动机研究的初始样本。在此基础上按照前文股权激励计划动机的识别及划分方法,将样本划分为 234 家激励型样本、127 家赎买型样本和 114 家福利型样本。控制性大股东的现金流权和控制权及其两权分离度的数据通过查询 CSMAR 中的股东数据和手工搜集沪深 A 股上市公司公布的 2006—2013 年年报中"公司与实际控制人之间的产权及控制关系"获得。控制性大股东占款的数据,来自手工整理年报附注中"关联方关系及其交易"的控制性大股东与上市公司之间的关联交易所产生的应收、应付款项的年末余额数据。

实施股权激励首次宣告日的市场反应数据来自 CSMAR 的上市公司股票交易数据库;上市公司的行权价格以及行权条件数据来自巨潮资讯网上的上市公司公告的股权激励计划草案;其他相关的财务数据、公司治理数据均来自CSMAR数据库。

二、变量的衡量

(1)控制人收益。与前文相同,本章所指的控制人收益包括大股东的掏空程度和高管的在职消费水平。参照同行做法,笔者将大股东的掏空程度定义为应收款项总额减去应付款项总额后的控制性大股东对上市公司的净资金占用额(记为 Occ);并且采用剔除管理费用中不属于在职消费的高管薪酬、计提资产价值准备和无形资产摊销,作为高管在职消费的代理变量(记为 $Perks$)。控制人收益的详细度量详见前文中的变量定义部分。

(2)非效率投资的度量。公司进行有效的投资活动是未来现金流增长和公司价值提高的基础。如何准确地度量公司的投资效率成为公司投资决策的关键。当前,学者大多采用 Richardson(2006)的预期投资模型来度量公司的投资效率。尽管这种方法在学术界应用最为广泛,但它的缺陷也显而易见。第一,这种模型所得出公司的投资效率存在非过度投资(残差大于 0),即投资不足(残差小于 0)的问题。为了弥补这种缺陷,国内学者大多将 Richardson(2006)模型的残差按照分位数排序分成4组,并将中间的两组定为有效率的投资组(辛清泉等,2007)。第二,公司的新增投资仅包含内部投资而缺少广泛存在的外部投资(如公司的并购活动、对外的长期投资等)。第三,未考虑公司的特质风险和系统性风险。公司的风险包括特质风险和系统性风险。如何合理规避公司的特质风险并转嫁系统性风险将成为公司投资决策的重要目标之一。

充分考虑到上述不足,并借鉴Panousi和Papanikolaou(2012)在检验公司特质风险对投资的影响时所构建的公司预期投资决策模型,笔者构建了模型5-7:

$$\frac{I_{i,t}}{K_{i,t-1}} = \gamma_0 + \gamma_1 Idio\_risk_{i,t-1} + \gamma_2 Sys\_risk_{i,t-1} + \gamma_3 Z_{i,t-1} + \eta_i + g_t + v_{i,t} \quad (5-7)$$

其中,I为公司的新增投资,包括内部投资和外部投资。参照先前文献的做法,笔者分别从资产负债表(记为BS)和现金流量表(记为CF)度量新增投资,具体度量方法详见表5-1。$Idio\_risk$为公司的特质风险;Sys_risk为系统性风险,具体度量方法详见下文。$Z_{i,t-1}$表示为一系列控制变量,主要包括公司的托宾$Q_{i,t-1}$(定义为公司的市场价值与重置价值之比)、现金流量$CF_{i,t-1}$(定义为公司的经营活动产生的现金流量处于公司上期的存量资产)、公司规模$Size_{i,t-1}$、财务杠杆Lev,以及两职合一的虚拟变量$Dual$(若公司的董事长和总经理是同一人则为1,否则为0)。η表示行业个体效应,g表示年度效应。

参照辛清泉、林斌和王彦超(2007)的做法,将由模型5-7得到的残差按照分位数排序分成4组,并将中间的两组定义为有效率的投资组,最大的残差组为过度投资组,并将残差表示为$Overinv$;最小的定义为投资不足组,并将残差的绝对值表示为$Underinv$。

(3)特质风险水平的度量。笔者借鉴了Panousi和Papanikolaou(2012)在分析公司的特质风险和公司投资决策之间的关系时衡量公司特质风险水平的方法。具体做法为:首先选用日个股回报率对市场回报率和行业回报率进行回归;然后将所得的残差的平方累积成年度残差的平方根;最后对其取自然对数得到公司的年度特质风险。具体如模型5-8、模型5-9和模型5-10所示。

$$R_{i,\tau} = \alpha_{1,i} + \alpha_2, {}_iR_{MKT,\tau} + \alpha_3, {}_iR_{IND,\tau} + \varepsilon_{i,\tau} \quad (5-8)$$

$$\log\sigma_{i,t} = \log\sqrt{\sum_{\tau \in t}\varepsilon_{i,\tau}^2} \quad (5-9)$$

$$\log\sigma_{i,t-1}^{sys} \equiv \log\sqrt{(\sigma_{i,t-1}^{total})^2 - \sigma_{i,t-1}^2} \quad (5-10)$$

其中，$R_{i,\tau}$、$R_{MKT,\tau}$以及$R_{IND,\tau}$分别为公司个股日回报率、综合市场日回报率以及行业日回报率；$\sigma_{i,t}$的自然对数为公司的年度特质风险；$\varepsilon_{i,\tau}$为公式5-8的残差的平方和。

（4）高管人员股权激励程度的度量。笔者选用公司薪酬总额前三名高管人员的股权激励价值（包括持有的股票和期权）占高管总薪酬的比例（Core和Guay，2002；Bergstresser和Philippon，2006；苏冬蔚和林大庞，2010），作为高管人员股权激励程度的度量（记为G_inc）。具体核算公式见公式4-14。

三、检验模型

为了检验假设5-1、假设5-2和假设5-3，笔者构建了相应的检验模型。模型5-11是为了检验假设5-1，笔者预期模型5-11中$Type1$、G_inc和$Risk\_TA$三者交互项的回归系数ϕ_5显著为负。模型5-12至模型5-14是为了检验假设5-2和假设5-3。笔者预期模型5-12中回归系数ϕ_2显著为正；模型5-13中回归系数β_1显著为正；模型5-14中的回归系数ϕ_4显著为正。

$$\begin{aligned}OverI(UnderI)_{i,t+1} = & \phi_0 + \phi_1 Type1_{i,t} + \phi_2 G\_inc_{i,t} + \phi_3 Type1_{i,t} \times G\_inc_{i,t} \\ & + \phi_4 Risk_{i,t} + \phi_5 Type1_{i,t} \times G\_inc_{i,t} \times Risk\_TA_{i,t} \\ & + \phi_6 Controls + \varepsilon_{i,t+1}\end{aligned} \quad (5-11)$$

$$\begin{aligned}Occ(Perks)\_TA_{i,t+1} = & \phi_0 + \phi_1 G\_Inc_{i,t} + \phi_2 Type2(Type3)_{i,t} \times G\_Inc_{i,t} \\ & + \phi_3 Type2(Type3)_{i,t} + \phi_4 Controls + \varepsilon_{i,t+1}\end{aligned} \quad (5-12)$$

$$OverI(UnderI)_{i,t+1} = \beta_0 + \beta_1 Occ(Perks)_{i,t} + \beta_2 Controls + \varepsilon_{i,t+1} \quad (5-13)$$

$$\begin{aligned}OverI(UnderI)_{i,t+1} = & \phi_0 + \phi_1 Type2(Type3)_{i,t} + \phi_2 G\_Inc_{i,t} + \phi_3 Type2(Type3)_{i,t} \\ & \times G\_Inc_{i,t} + \phi_4 Type2(Type3)_{i,t} \times G\_Inc_{i,t} \times Occ(Perks)_{i,t} \\ & + \phi_5 Occ(Perks)_{i,t} + \phi_6 Controls + \varepsilon_{i,t+1}\end{aligned} \quad (5-14)$$

其中，上述模型中的变量$OverI(UnderI)$表示公司的非效率投资程度；$Type1$、$Type2$和$Type3$分别为激励型、赎买型和福利型样本的虚拟变量；$Controls$为模型5-7中预期投资模型的控制变量。变量的具体定义如表5-1所示。

表 5-1 变量名称、符号及描述性定义

变量名称	符号	变量描述
新增投资1	BS_TA	△(固定资产净额+在建工程净额+工程物资+无形资产净额)/期初资产总额;其中,△表示期末数与期初数的差额
新增投资2	CF_TA	(总投资-维持性投资)/期初资产总额
股权激励	G_inc	股权(或期权)价值占薪酬总额的比重
风险项目投资	Risk_TA	公司的研发投资和高新技术行业长期投资之和
两权分离度	C_C	控制权与现金流权的比值
托宾Q	Q	股权市值与负债账面价值的总和除以期初资产总额
公司特质风险	Idio_risk	公司的特质风险
系统性风险	Sys_risk	公司的系统性风险,公司股票日个股回报率的年度方差
现金持有量1	FCF	经营活动现金流净额/期初资产总额
现金持有量2	Cash	期初现金余额/期初资产总额
企业规模	Size	期初资产总额的自然对数
盈利能力	ROA	总资产回报率
增长率	Growth	营业收入增长率
财务杠杆	Lev	总资产负债率
上市年限	Age	截止到当年年末,公司的上市年限
股票回报率	Return	考虑现金红利再投资的年个股回报率
两职合一	Dual	董事长和总经理两职合一虚拟变量
独立董事比例	Dir	独立董事人数占董事会规模的比例
行业/年度	Ind(Year)	行业(年度)虚拟变量

第三节 实证检验

一、描述性统计分析

(1)全样本下变量的描述性统计分析。表 5-2 列示了变量的描述性统计。按照模型 5-7 的预期投资回归方法,笔者将非效率投资分为过度投资和投资不足,并且按照资产负债表法和现金流量表法分别进行了描述性统计。

表 5-2 变量的描述性统计

变量		样本量	均值	均方差	中值	最小值	最大值
$Overinv$	BS_TA	1 848	0.104 6	0.079 5	0.074 7	0.030 2	0.432 9
	CF_TA	2 151	0.067 8	0.048 3	0.051 9	0.018 2	0.247 0
$Underinv$	BS_TA	1 848	0.089 4	0.061 9	0.067 3	0.040 2	0.400 8
	CF_TA	2 151	0.052 6	0.021 7	0.046 0	0.029 6	0.167 0
Risk_TA		15 495	0.027 3	0.051 7	0.003 4	0.000 0	0.286 7
Occ_TA		15 495	0.116 1	0.162 3	0.051 0	0.000 0	0.599 9
Perks_TA		15 495	0.043 9	0.032 2	0.037 1	0.000 0	0.206 0
G_inc		15 495	0.055 3	0.131 4	0.000 0	0.000 0	0.613 8

如表 5-2 所示，相比于现金流量表法，资产负债表法衡量公司的非效率投资程度更高。公司风险项目投资 $Risk$ 的均值占资产总额的 2.73%，大股东的掏空程度 Occ 的均值为 11.61%，高管的在职消费程度 $Perks$ 的均值为 4.39%。

（2）激励型股权激励与非效率投资。为了对比三类动机下高管人员股权激励对公司配置效率的影响，笔者分别按照 $Type1$、$Type2$ 和 $Type3$ 对样本进行划分。表 5-3、表 5-4 和表 5-5 分别列示了激励型、赎买型和福利型与其相应的对照组在非效率投资的均值差异或中值差异及检验。如表 5-3 所示，无论是 Panel A 中公司的过度投资，还是 Panel B 中公司的投资不足，相比于其他样本，激励型样本下公司的非效率投资程度的均值或中值均显著偏小。尽管如此，BS_TA 与 CF_TA 相比，两类样本在 BS_TA 中非效率投资的差异更加明显，显著性水平为 1%（CF_TA 中非效率投资均值或中值差异的显著性水平为 10%）。上述描述性统计分析结果表明，相比于其他样本，激励型股权激励下公司的非效率投资程度较低。这为假设 5-1 提供了部分证据。

表 5-3 激励型与对照组两类样本下非效率投资均值差异和中值差异及检验

变量	样本类型	样本量	均值	差异 T 检验	中值	Wilcoxon 秩和检验
Panel A：$Overinv$						
BS_TA	激励型	137	0.082 3	−3.43***	0.065 3	−2.66***
	其他类	1 711	0.106 4	(0.001)	0.075 3	(0.008)
CF_TA	激励型	181	0.061 7	−1.75*	0.048 8	−1.74*
	其他类	1 970	0.068 4	(0.080)	0.051 9	(0.083)
Panel B：$Underinv$						
BS_TA	激励型	83	0.068 6	−3.14***	0.054 6	−3.68***
	其他类	1 765	0.090 4	(0.002)	0.067 8	(0.000)
CF_TA	激励型	92	0.049 2	−2.52**	0.044 0	−1.65*
	其他类	2 058	0.052 7	(0.029)	0.046 0	(0.095)

注：*** 为 1% 水平上的显著性、** 为 5% 水平上的显著性、* 为 10% 水平上的显著性。

表 5-4 赎买型与对照组两类样本下非效率投资的均值差异及中值差异检验

Panel A: Overinv

变量	样本类型	样本量	均值	T检验	中值	Wilcoxon 秩和检验
BS_TA	赎买型	100	0.105 7	2.46**	0.075 6	2.44**
	其他类	1 748	0.085 6	(0.014)	0.059 0	(0.015)
CF_TA	赎买型	109	0.068 0	1.88*	0.051 9	1.66*
	其他类	2 042	0.063 8	(0.079)	0.051 7	(0.092)

Panel B: Underinv

变量	样本类型	样本量	均值		中值	
BS_TA	赎买型	52	0.089 9	1.91*	0.067 7	2.45**
	其他类	1 796	0.073 3	(0.057)	0.058 5	(0.014)
CF_TA	赎买型	48	0.052 7	2.01**	0.046 2	2.88***
	其他类	2 103	0.046 3	(0.045)	0.039 5	(0.004)

注：*** 为1%水平上的显著性，** 为5%水平上的显著性，* 为10%水平上的显著性。

(3) 两类非激励型股权激励与非效率投资。如表 5-4 和表 5-5 所示，相比于其他样本，两类非激励型股权激励均具有较高的非效率投资额，两类非激励型与各自对应样本的非效率投资额均值差异和中值差异均显著。相比于其他类型的样本，两类非激励型股本激励的公司非效率投资程度较高。这很可能表明，两类非激励型股权激励与公司的非效率投资正相关。

表 5-5 福利型与对照组两类样本下非效率投资的均值差异及中值差异检验

Panel A: Overinv

变量	样本类型	样本量	均值	差异检验	中值	Wilcoxon 秩和检验
BS_TA	福利型	154	0.106 5	3.39***	0.075 5	2.76***
	其他类	1 694	0.083 9	(0.001)	0.064 0	(0.006)
CF_TA	福利型	209	0.068 2	1.64*	0.051 9	1.66*
	其他类	1 942	0.063 5	(0.098)	0.051 8	(0.099)

Panel B: Underinv

变量	样本类型	样本量	均值		中值	
BS_TA	福利型	95	0.090 6	3.70***	0.068 2	4.53***
	其他类	1 753	0.066 6	(0.000)	0.054 1	(0.000)
CF_TA	福利型	103	0.052 7	1.67*	0.046 2	1.69*
	其他类	2 048	0.049 1	(0.096)	0.043 5	(0.091)

注：*** 为1%水平上的显著性，** 为5%水平上的显著性，* 为10%水平上的显著性。

二、回归分析

为了检验本章的假设 5-1，笔者对模型 5-11 进行了 DID 回归分析，表 5-6 列示模型 5-11 的回归结果。

如表 5-6 所示,在控制其他变量后,$Type1$ 的回归系数仍基本上显著为负,这与描述性统计分析中的表 5-3 中得出的结论一致。尽管如此,$Type1$ 与 G_inc 交互项的回归系数为负,但不具有统计学意义上的显著性。这表明,相比于其他类型样本,激励型样本实施高管人员股权激励计划前后不存在显著地改善公司的非效率投资。但笔者发现,无论被解释变量为表 5-6 中第(1)~(2)列中的过度投资额,还是第(3)~(4)列中的公司投资不足额,$Type1$、G_inc 与 $Risk\_TA$ 三者之间的回归系数均显著为负。这表明,相比于其他样本,激励型样本实施高管人员股权激励后,能激发高管承担更高的风险,并将更多的资本投向风险性项目,从而有效抑制了公司的非效率投资,也为本章的假设 5-1 提供了经验性证据。

如表 5-7 所示,在公司的非效率投资中,大股东的掏空恶化了公司的过度投资(Occ_TA 的回归系数分别为 0.023 2 和 0.010 8)。这说明即使公司存在较好的投资项目,但大股东的掏空行为却影响了公司的投资决策,大股东掏空程度越大,公司的过度投资越严重。可是,在影响公司过度投资方面,大股东掏空加重公司过度投资的证据在 BS_TA 和 CF_TA 的显著性不同。

表 5-6 激励型股权激励、风险项目投资与非效率投资的回归结果

	(1) $Overinv\_BS$	(2) $Overinv\_CF$	(3) $Underinv\_BS$	(4) $Underinv\_CF$
$Type1$	−0.013 1**	−0.009 7***	−0.010 6*	−0.001 0
	(−2.23)	(−2.90)	(−1.89)	(−0.42)
G_inc	−0.052 6	−0.016 1	−0.151 7**	−0.001 2
	(−1.10)	(−0.60)	(−2.48)	(−0.03)
$Type1 \times G\_inc$	−0.054 3	−0.076 3	−0.133 4*	−0.048 7
	(−0.96)	(−1.52)	(−1.86)	(−0.93)
$Risk\_TA$	−0.382 0	−0.342 0	−0.344 4	−0.271 1
	(−0.71)	(−1.39)	(−1.36)	(−1.63)
$Type1 \times G\_inc \times Risk\_TA$	−0.603 0*	−1.157 7**	−4.969 1***	−1.784 4**
	(−1.94)	(−2.27)	(−3.47)	(−2.41)
$Size$	0.007 4***	0.001 4	−0.001 4	0.000 4
	(3.48)	(1.09)	(−0.95)	(0.66)
Lev	−0.010 7**	−0.010 6***	0.020 6***	−0.001 9
	(−2.25)	(−3.31)	(3.82)	(−1.16)
Q	−0.002 3	0.002 1*	0.007 3***	0.001 9***
	(−1.62)	(1.76)	(4.34)	(3.85)

(续表)

	(1) $Overinv\_BS$	(2) $Overinv\_CF$	(3) $Underinv\_BS$	(4) $Underinv\_CF$
FCF	0.004 3***	0.000 4	−0.013 0***	−0.001 4***
	(3.94)	(0.56)	(−7.67)	(−2.67)
M	−0.018 4***	−0.004 3**	−0.006 2***	−0.002 1***
	(−6.27)	(−2.47)	(−2.94)	(−3.18)
H	−0.148 0***	−0.038 5***	0.012 5	0.015 0**
	(−7.08)	(−3.13)	(0.91)	(2.54)
$Dual$	−0.005 4	−0.001 7	0.002 8	0.000 9
	(−1.11)	(−0.57)	(0.58)	(0.68)
Dir	0.046 1	−0.001 3	−0.016 0	0.007 0
	(1.27)	(−0.07)	(−0.68)	(0.77)
$\_Cons$	0.203 6***	0.098 8***	0.182 6***	0.072 3***
	(4.29)	(3.68)	(4.84)	(5.91)
$Year/Ind$	控制	控制	控制	控制
N	1 848	2 151	1 848	2 151
R^2_a	0.109 7	0.061 2	0.143 3	0.062 5

注：*** 为1%水平上的显著性、** 为5%水平上的显著性、* 为10%水平上的显著性、括号内为T值。

这表明，作为赎买型样本的对照组样本，大股东的掏空行为并非为公司过度投资的主要原因。从赎买型样本来看，$Type2$ 与 G_inc 之间交互项的回归系数均为正，但也存在回归系数不显著的情况，即相比于其他公司，赎买型样本实施股权激励前后，公司的非效率投资并未发生显著性变化。但是，同时考虑样本类型、股权激励与大股东的掏空行为后，赎买型股权激励通过大股东的掏空行为显著加重公司的非效率投资。

如表5-7所示，$Type2$、G_inc 以及 Occ_TA 三者之间的交互项回归系数均为正（分别为1.231 0、1.445 0、4.734 4 和 2.827 1），均具有10%水平上的显著性。这表明，相比于其他样本，赎买型样本实施股权激励后，大股东的掏空行为不但恶化了公司的过度投资，而且加重了公司的投资不足，即赎买型股权激励通过大股东的掏空行为加重了公司的非效率投资。这为本章的假设5-2a和假设5-2b提供了经验性证据。

表 5-7　赎买型股权激励、大股东掏空与非效率投资的回归结果

	(1) $Overinv\_BS$	(2) $Overinv\_CF$	(3) $Underinv\_BS$	(4) $Underinv\_CF$
$Type2$	0.002 5	0.001 7	0.004 3	0.001 7
	(0.31)	(0.35)	(0.57)	(0.59)
G_inc	0.003 5	0.014 2	0.082 6**	0.007 5
	(0.11)	(0.61)	(2.33)	(0.25)
$Type2 \times G\_inc$	0.067 6	0.248 3**	0.130 0	0.290 6**
	(0.35)	(2.04)	(1.30)	(2.35)
Occ_TA	0.023 2***	0.010 8*	0.003 1	0.004 8**
	(2.64)	(1.69)	(0.49)	(2.36)
$Type2 \times G\_inc \times Occ\_TA$	1.231 0*	1.445 0***	4.734 4***	2.827 1***
	(1.91)	(2.59)	(3.46)	(2.85)
$Size$	0.007 6***	0.001 8	−0.001 9	0.000 5
	(3.52)	(1.40)	(−1.31)	(0.91)
Lev	−0.016 5***	−0.011 1***	0.019 9***	−0.001 8
	(−3.25)	(−3.18)	(3.51)	(−1.05)
Q	−0.002 8*	0.001 4	0.007 3***	0.001 9***
	(−1.85)	(1.16)	(4.27)	(3.66)
FCF	0.004 5***	0.000 4	−0.013 1***	−0.001 4**
	(4.02)	(0.50)	(−7.56)	(−2.56)
M	−0.019 8***	−0.005 4***	−0.005 5**	−0.002 1***
	(−6.73)	(−3.11)	(−2.55)	(−3.08)
H	−0.146 7***	−0.036 0***	0.018 3	0.016 0***
	(−6.94)	(−2.93)	(1.34)	(2.68)
$Dual$	−0.004 0	−0.001 6	0.003 8	0.001 2
	(−0.80)	(−0.56)	(0.79)	(0.85)
Dir	0.040 1	0.001 3	−0.014 7	0.005 7
	(1.08)	(0.07)	(−0.61)	(0.61)
$\_Cons$	0.221 3***	0.108 1***	0.180 1***	0.068 6***
	(4.64)	(4.03)	(4.75)	(5.55)
Year/Ind	控制	控制	控制	控制
N	1 848	2 151	1 848	2 151
R^2_a	0.118 1	0.064 1	0.142 2	0.061 6

注：*** 为 1% 水平上的显著性、** 为 5% 水平上的显著性、* 为 10% 水平上的显著性、括号内为 T 值。

表 5-8 福利型股权激励、在职消费与非效率投资的回归结果

	(1) Overinv_BS	(2) Overinv_CF	(3) Underinv_BS	(4) Underinv_CF
$Type3$	0.002 2	0.008 3	0.008 6	0.001 3
	(0.19)	(1.35)	(1.07)	(0.22)
G_inc	0.379 2***	0.289 8***	0.070 7	0.113 1
	(5.05)	(2.71)	(1.56)	(0.68)
$Type3 \times G\_inc$	0.137 0	0.224 8*	0.053 1	0.086 8
	(1.24)	(1.68)	(0.33)	(0.43)
$Perks\_TA$	0.251 7**	0.123 8*	0.194 1*	0.182 0*
	(2.31)	(1.74)	(1.79)	(1.66)
$Type3 \times G\_inc \times Perks\_TA$	5.063 9***	2.667 1**	1.173 3*	2.342 2**
	(4.98)	(2.54)	(1.73)	(2.18)
$Size$	−0.005 8	−0.001 8	−0.000 4	0.000 5
	(−1.55)	(−0.72)	(−0.16)	(0.50)
Lev	0.003 7	−0.006 1	0.047 0***	0.002 1
	(0.36)	(−0.73)	(3.97)	(0.59)
Q	0.005 4*	0.002 0	0.007 6*	0.002 3***
	(1.88)	(0.96)	(1.82)	(2.60)
FCF	−0.004 2**	−0.003 2**	0.001 5	−0.000 7
	(−2.10)	(−2.03)	(0.84)	(−0.98)
M	−0.008 3*	−0.001 2	−0.012 3***	−0.001 9
	(−1.80)	(−0.41)	(−3.70)	(−1.60)
H	−0.016 3	−0.022 8	−0.014 0	0.004 8
	(−0.51)	(−1.25)	(−0.66)	(0.57)
$Dual$	0.003 8	0.000 3	−0.004 6	0.001 0
	(0.46)	(0.05)	(−0.64)	(0.41)
Dir	0.084 0	0.032 6	0.018 8	0.021 9*
	(1.45)	(1.00)	(0.50)	(1.66)
$\_Cons$	0.318 7***	0.124 0**	0.224 5***	0.063 7***
	(4.26)	(2.40)	(4.10)	(3.14)
Year/Ind	控制	控制	控制	控制
N	1 848	2 151	1 848	2 151
R^2_a	0.132 2	0.054 8	0.098 9	0.051 2

注：*** 为 1%水平上的显著性、** 为 5%水平上的显著性、* 为 10%水平上的显著性、括号内为 T 值。

表 5-8 列示了福利型股权激励、高管在职消费与非效率投资的回归结果。如表 5-8 所示，Perks_TA 的回归系数分别为 0.251 7、0.123 8、0.194 1 和 0.182 0，且均具有 10% 水平上的显著性。这表明，高管的在职消费水平能显著恶化公司的非效率投资。但从股权激励制度的效应来看，Type3 与 G_inc 交互项的回归系数为正，但几乎不显著（除了第 2 列）。这表明，相比于其他样本，福利型样本实施股权激励后，并未显著加重公司的非效率投资。综合考虑股权激励制度、高管在职消费以及福利型动机后，Type3、G_inc 和 Perks_TA 三者交互项的回归系数显著为正。这表明，相比于其他样本，福利型样本实施高管人员股权激励后，高管的在职消费显著加剧了公司的非效率投资，即福利型股权激励通过高管的在职消费水平加重了公司的过度投资和投资不足。这为本章的假设 5-3a 和假设 5-3b 提供了经验性证据。

第四节　稳健性检验

为了使上述结论更加可靠，笔者进行了如下的稳健性测试。

一、非效率投资的判定

由于采用 Richardson(2006) 的预期投资模型回归所得残差的符号来判断公司的非效率投资存在一定的局限性，因此笔者按照非效率投资特征法重新对样本进行划分。基于非效率投资的流动性特征法（Biddle、Hilary 和 Verdi，2009；李万福、林斌和宋璐，2011）：持有更多现金的公司通常更可能出现过度投资，而公司的负债能抑制公司的过度投资行为（唐雪松、周晓苏和马如静，2007；黄乾富和沈红波，2009），笔者分别对 $Cash$（从小到大）和 Lev（从大到小）进行 10 等分排序，由此得到两者排序之和的平均数，再除以 10 得到公司非效率投资判别指数（$Index$，范围为 0 到 1）；对 $Index$ 按照大小分成 4 等分，剔除中间 2 等分；将最小 $Index$ 定义为投资不足组，最大 $Index$ 定义为过度投资组。将上述两种分组结果对模型 5-14 进行回归。回归结果如表 5-9 所示。

表 5-9　赎买型股权激励、大股东掏空行为与非效率投资的稳健性检验结果

	(1) Overinv_BS	(2) Overinv_CF	(3) Underinv_BS	(4) Underinv_CF
Type2	0.042 1	0.031 4*	0.176 0	0.174 8**
	(1.62)	(1.93)	(1.64)	(1.99)

(续表)

	(1) Overinv_BS	(2) Overinv_CF	(3) Underinv_BS	(4) Underinv_CF
G_inc	0.000 2	0.015 8	0.090 0*	0.092 3**
	(0.05)	(0.83)	(0.84)	(2.13)
$Type2 \times G\_inc$	0.061 7**	0.048 1*	0.009 1**	0.017 9**
	(2.35)	(1.93)	(1.99)	(1.97)
Occ_TA	0.539 4*	0.463 1*	0.526 3**	0.588 9**
	(1.81)	(1.95)	(2.04)	(2.29)
$Type2 \times G\_inc \times Occ\_TA$	0.600 4*	0.499 6*	0.285 1**	0.574 1***
	(1.90)	(1.90)	(2.10)	(3.61)
$Size$	−0.020 3*	0.017 1	0.051 1	0.033 9
	(−1.64)	(1.12)	(0.89)	(0.99)
Lev	−0.541 0*	−0.045 1*	−0.241 6	−0.167 2
	(−1.64)	(−1.88)	(−1.24)	(−1.42)
MB	−0.090 1**	−0.048 5	−0.198 8*	−0.341 5
	(−2.29)	(−0.96)	(−1.88)	(−1.45)
$Growth$	−0.006 7	0.055 9	−0.115 5	0.004 0
	(−0.16)	(1.26)	(−0.51)	(1.08)
Dir	−0.001 0	0.191 8	0.253 3	0.111 6
	(−0.04)	(1.06)	(0.98)	(0.21)
$\_Cons$	0.367 0*	−0.370 0	0.936 2	0.989 3
	(1.67)	(−1.23)	(1.59)	(1.63)
$Year/Ind$	控制	控制	控制	控制
N	1 848	2 151	1 848	2 151
R^2_a	0.261 8	0.320 5	0.184 9	0.117 9

注：*** 为1%水平上的显著性、** 为5%水平上的显著性、* 为10%水平上的显著性、括号内为T值。

二、内生性检验

高管的薪酬结构与公司的预期投资水平是内生决定的(罗富碧、冉茂盛和杜家廷，2008)，两者同时受到公司的融资约束、代理成本、投资机会以及投资项目的风险等因素的影响。例如，如果公司有高风险的投资项目且高管可获得较大的私人收益时，实施的高管人员股权激励可能会因高管的风险偏好不同而影响公司的投资效率。如果高管为风险追求者，股权激励往往使高管更加集中地投资于自身较大收益的项目而加重公司的过度投资；但如果高管是风险厌恶型，股权激励有可能使高管将部分资源配置于风险项目(如研发投资)而降低公司的投资不足。企业投

表 5-10 内生性检验及 3SLS 估计结果

	G_inc	Over_BS	G_inc	Over_CF	G_inc	UnderBS	G_inc	UnderCF
BS	0.008 1					0.003 6*		0.005 5***
	(1.48)					(1.86)		(3.66)
G_inc		0.193 5*		0.002 7	0.162 1		0.117 9	
		(1.68)		(0.51)	(1.56)		(1.60)	
CF			−0.029 1					
			(−0.25)					
FCF		−0.040 5***	−0.034 8	−0.007 0	0.040 0	−0.016 7***	−0.004 8	−0.008 1***
		(−2.69)	(−0.68)	(−0.96)	(1.32)	(−8.76)	(−0.11)	(−4.56)
Q	0.016 6*	0.012 2***	−0.000 1	0.004 4***	0.003 1	0.002 4***	0.008 6	0.001 1**
	(1.67)	(3.21)	(−0.09)	(2.88)	(1.05)	(8.22)	(1.39)	(2.57)
Size	0.018 9**	−0.006 8***	0.014 4**	−0.002 1	0.050 3***	0.003 9***	0.054 3***	−0.000 6
	(2.49)	(−6.89)	(2.03)	(1.61)	(7.32)	(2.96)	(8.11)	(−1.48)
Lev	−0.034 7	−0.103 8***	−0.079 0***	−0.059 1***	−0.131 2***	−0.037 6***	−0.107 8***	−0.019 2***
	(−1.09)	(−10.89)	(2.43)	(−7.95)	(−10.72)	(−3.63)	(−9.53)	(−2.97)
MSV	0.384 2***		0.415 3***		0.407 6***		0.395 3***	
	(8.56)		(9.21)		(8.97)		(8.77)	
Dir		−0.124 4***	0.015 8	−0.034 0***		−0.003 9		−0.004 2
		(−2.87)	(0.12)	(−2.61)		(−0.85)		(−0.95)
_Cons	−0.149 7	0.348 9***		0.173 3***	−0.772 6***	−0.611 0***	−0.897 3***	0.043 7***
	(−1.09)	(5.36)		(2.62)	(−8.29)	(−10.39)	(−12.22)	(2.59)
Year	控制	控制	控制	控制	控制	控制	控制	控制
Ind	控制	控制	控制	控制	控制	控制	控制	控制
N	1848	1848	2151	2151	1848	1848	2151	2151
R^2	0.097 7	0.155 3	0.084 9	0.073 5	0.106 4	0.100 0	0.025 9	0.079 5
Haus.	1.300(0.254)		5.330(0.021)		1.390(0.238)		2.490(0.114)	

注：*** 为 1% 水平上的显著性，** 为 5% 水平上的显著性，* 为 10% 水平上的显著性，括号内为 T 值。

资效率是体现企业未来发展前景和公司业绩以及经理层的代理人问题的重要前瞻性指标。投资效率可能成为股东或董事会在公司治理中的考核指标,从而影响高管变更,公司投资效率越低,其 CEO 变更的可能性越高;同时,良好的公司治理水平能够增强投资效率对 CEO 变更的敏感性(岑维和童娜琼,2015)。

同时,如果公司(如高科技类公司)进行大量的研发投资,也可能会导致严重的代理问题。研发投资会因监督难度更大、成本更高而易被高管操纵。因此,这类公司往往授予高管更多的股权来减少代理成本。因此,笔者选择同行业高管持股的平均水平(记为 MSV)作为模型 5-15 的外生工具变量,以控制公司所在的行业特点。

$$G\_inc_{i,\,t+1} = \beta_0 + \beta_1 OverI_{i,\,t}(UnderI_{i,\,t}) + \beta_2 FCF_{i,\,t} + \beta_3 Q_{i,\,t}$$
$$+ \beta_4 Lev_{i,\,t} + \beta_5 Size_{i,\,t} + \beta_6 MR_{i,\,t} + u_{i,\,t+1} \tag{5-15}$$

$$OverI(UnderI)_{i,\,t} = \varphi_0 + \varphi_1 G\_inc_{i,\,t} + \varphi_2 FCF_{i,\,t} + \varphi_3 Q_{i,\,t}$$
$$+ \varphi_4 Lev_{i,\,t} + \varphi_5 Size + Dir_{i,\,t} + \varepsilon_{i,\,t+1} \tag{5-16}$$

笔者构建了由模型 5-15 与模型 5-16 组成的联立方程模型。其中,G_inc 和 $Overinv(Underinv)$ 为内生变量;FCF、Q、Lev 和 $Size$ 为共同的外生变量。在 $Hausman$ 内生性检验的基础上,笔者运用三阶段最小二乘法(3SLS)进行分析,如表 5-10 所示。

如表 5-10 所示,$Hausman$ 值几乎都不显著,表明股权激励与公司的投资决策不具有内生关系。同时,与吕长江和张海平(2011)的结论一致,笔者也没有发现非效率投资对股权激励产生影响。

第五节 进一步研究:股权激励的动机差异与公司未来业绩

国内外的经验表明,被市场誉为"金手铐"的管理层股权激励,并不总能给公司带来高业绩。据已实施股权激励的上市公司的年报显示,2010 年华菱钢铁亏损 27 亿元、2009 年和 2011 年绿大地分别亏损 1.5 亿元和 4 000 万元、2010 年华星化工亏损 1.3 亿元;但也存在另一番景象:2010 年中集集团盈利超过 28.5 亿元、2010 年和 2011 年青岛海尔分别盈利超过 28.2 亿元和 36.4 亿元,尤其是格力电器自 2005 年实施股权激励以来,2007 年至 2011 年的净利润平均增长率为 45%(由 2007 年盈利超过 12 亿元发展到 2011 年的接近 50 亿元)。这一现象引发了如下思考:为何同为实施股权激励,公司间的业绩却大相径庭?

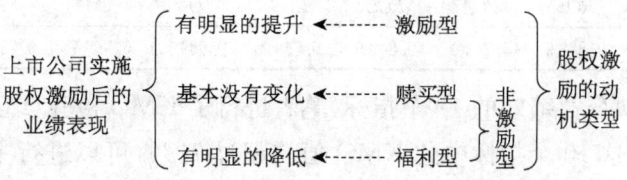

图 5-2 股权激励动机划分的检验

鉴于股权激励计划在实践中的表现(公司业绩的差异),周嘉南和陈效东(2014)从股权激励动机的视角,试图通过分析高管人员股权激励动机差异对公司绩效影响来加以解释。他们研究发现,两类动机下的高管人员股权激励与公司之间的关系显著不同:相比于非激励型股权激励与公司未来的业绩呈不显著的负相关关系,激励型高管人员股权激励却能显著提高公司业绩。基于此,笔者对实施股权激励后公司的绩效表现进行实证检验。研究思路如图5-2所示。

笔者在 Hanlon、Rajgopal 和 Shevlin(2003)模型的基础上,加入高管人员股权激励程度的变量(G_inc)以及股权激励动机($Type1$、$Type2$ 和 $Type3$)的关键解释变量,并且选用公司规模($Size$)、财务杠杆(记为 Lev)、董事长和总经理的两职分离情况($Dual$)、独立董事比例(Dir)以及年度($Year$)和行业控制变量(Ind),研究不同动机下的股权激励与公司业绩的关系。为了消除可能的内生性影响,模型中的解释变量均滞后一期。具体如模型 5-17 所示。

$$Performance_{i,\ t+1} = \alpha_0 + \alpha_1 R\&D_{i,\ t} + \alpha_2 Type + \alpha_3 Type \times G\_inc_{i,\ t} \\ + \alpha_4 G\_inc_{i,\ t} + \alpha_5 Controls + \varepsilon_{i,\ t+1} \quad (5-17)$$

其中,$Performance$ 为公司的业绩指标,主要包括总资产收益率(ROA)、净资产收益率(ROE)、稀释的每股收益(EPS)、市账比(MB)以及销售净利率(ROS)、营业利润率(OI)、每股营业收入(SP)、每股未分配利润(NNI)、扣除非经常性损益的净利润增长率(NP)提取的主成分(记为 PP)。G_inc 为高管人员股权激励程度的代理变量,即薪酬总额前三名高管的股权或期权价值占高管薪酬总额的比重;$Type$ 为股权激励动机的虚拟变量,包括 $Type1$、$Type2$ 和 $Type3$,分别代表激励型样本、赎买型样本和福利型样本的虚拟变量;$Type1$ 等于 1 为激励型样本,0 为其他类型样本;$Type2$ 等于 1 为赎买型样本,0 为其他类型样本;$Type3$ 等于 1 为福利型样本,0 为其他类型样本。

表 5-11　公司绩效指标的 KMO 检验值

全部	OI	ROS	ROA	ROE	EPS	Q	BM	SP	NNI	NP
0.849 3	0.841 9	0.838 9	0.784 1	0.849 5	0.769 2	0.999 7	0.999 7	0.735 9	0.751 4	0.922 2

对上述反映公司绩效的 10 个指标,笔者进行了 KMO 检验,结果如表 5-11 所示。总体而言,这 10 个指标中的 KMO 值均超过 70%,可以进行主成分分析。在此基础上,笔者共提取了三个主成分,荷载矩阵如表 5-12 所示,并且综合指标与三个主成分之间的关系如模型 5-18 所示:

$$PP = 0.379\,4F_1 + 0.218\,3F_2 + 0.126\,6F_3 \tag{5-18}$$

表 5-12　提取的主成分荷载矩阵

业绩衡量指标	F_1	F_2	F_3
OI	0.349 2	−0.009 2	−0.055 6
SNI	0.389 3	0.092 7	−0.086 0
ROA	0.467 6	0.097 2	−0.071 5
ROE	0.428 4	0.035 9	−0.062 6
EPS	0.440 7	−0.072 9	0.027 0
Q	0.043 1	0.641 1	0.077 0
BM	0.042 7	0.641 0	0.077 5
SP	0.117 6	−0.298 6	0.614 7
NNI	0.328 5	−0.252 5	0.052 7
NP	0.068 1	0.021 5	0.259 0

如表 5-12 所示的荷载矩阵中,第一个主成分与 ROA、EPS、ROE、ROS、OI 以及 NNI 的相关系数均超过 30%;第二个主成分与 Q 和 BM 的相关系数较高,超过 60%;第三个主成分与 SP 和 NP 较相关。这表明第一个和第三个主成分主要用于会计业绩指标衡量公司绩效,而第二类主成分主要与市场价值指标有较高的相关性。

表 5-13 对比了不同动机的股权激励样本之间,未来公司业绩的均值差异和中值差异。Panel A 和 Panel B 分别比较了激励型与非激励型、福利型与赎买型,未来公司业绩的均值差异和中值差异。如表 5-13 的 Panel A 所示,激励型样本的未来公司业绩的均值和中值均显著高于非激励型样本,但在非激励型样本中,福利型与赎买型的均值和中值差异均不明显。上述结论在表 5-13 的 Panel B、Panel C 和 Panel D 中得到了进一步的检验,并在使用市场指标的表 5-14 的 Panel A 和 Panel B 中获得部分证据。

表 5-13 不同动机下公司业绩的均值和中值差异比较

项目	样本量	均值	均值差异及 T 检验	中值	中值差异 Wilcoxon 秩和检验
Panel A：PP					
非激励型	1 047	0.244 8	−0.109 1***	0.154 4	−0.122 0***
激励型	1 120	0.353 9	(−3.69)	0.276 4	(−4.30)
福利型	419	0.237 3	−0.041 4	0.158 0	−0.031 3
赎买型	628	0.278 7	(−0.96)	0.189 3	(−1.15)
Panel B：ROA					
非激励型	1 047	0.056 8	−0.007 8***	0.050 8	−0.008 7***
激励型	1 120	0.064 6	(−3.61)	0.059 5	(−4.41)
福利型	419	0.050 4	−0.010 4***	0.044 4	−0.013 3***
赎买型	628	0.060 8	(−3.35)	0.057 7	(−4.21)
Panel C：ROE					
非激励型	1 047	0.095 8	−0.013 6***	0.090 7	−0.012 3***
激励型	1 120	0.109 4	(−3.30)	0.103 0	(−4.00)
福利型	419	0.096 3	−0.005 1	0.094 9	−0.005 0
赎买型	628	0.101 4	(−0.91)	0.099 9	(−0.94)
Panel D：EPS					
非激励型	1 047	0.434 7	−0.083 0***	0.377 7	−0.072 3***
激励型	1 120	0.517 7	(−4.77)	0.450 0	(−5.23)
福利型	419	0.411 3	−0.016 0	0.345 4	−0.004 6
赎买型	628	0.427 3	(−0.62)	0.450 0	(−0.89)

注：*** 为 1% 水平上的显著性、** 为 5% 水平上的显著性、* 为 10% 水平上的显著性、括号内为 T 或 Z 值。

表 5-14 不同动机下公司业绩的均值和中值差异比较

项目	样本量	均值	均值差异及 T 检验	中值	中值差异 Wilcoxon 秩和检验
Panel A：Q					
非激励型	1 047	1.898 7	−0.083 7	1.564 7	−0.009 3*
激励型	1 120	1.982 4	(−1.58)	1.574 0	(−1.65)
福利型	419	1.871 9	−0.030 5	0.156 2	−0.021 3
赎买型	628	1.902 4	(−0.21)	0.175 5	(−0.28)
Panel B：MB					
非激励型	1 047	1.898 7	−0.083 7	1.564 7	−0.009 3*
激励型	1 120	1.982 5	(−1.58)	1.574 0	(−1.65)
福利型	419	1.871 9	−0.037 4	1.562 0	−0.007 6
赎买型	628	1.909 5	(−0.21)	1.575 6	(−0.28)

注：*** 为 1% 水平上的显著性、** 为 5% 水平上的显著性、* 为 10% 水平上的显著性、括号内为 T 或 Z 值。

表 5-15　激励型与非激励型的动机差异对公司未来业绩的影响

项目	PP			ROA		
	全样本	激励型	非激励型	全样本	激励型	非激励型
RD_TA	0.681 3***	0.709 2***	0.645 6***	0.406 1***	0.421 5***	0.390 0***
	(4.53)	(5.02)	(4.29)	(3.11)	(3.23)	(3.06)
G_inc	−0.065 9	0.154 0***	−0.103 4**	−0.000 3	0.009 1***	−0.010 2***
	(−1.13)	(2.93)	(−2.35)	(−0.31)	(2.83)	(−2.94)
$Type1$	0.117 0**			0.004 8		
	(2.49)			(1.59)		
$Type1 \times G\_inc$	0.102 8***			0.009 8***		
	(2.76)			(2.63)		
$Size$	0.165 2***	0.145 4***	0.190 0***	0.012 2***	0.011 1***	0.014 5***
	(3.23)	(3.09)	(3.45)	(4.12)	(3.96)	(4.55)
Lev	−0.135 4***	−0.149 4***	−0.124 7***	−0.137 0***	−0.150 2***	−0.129 1***
	(−5.12)	(−5.26)	(−5.09)	(−5.19)	(−5.56)	(−5.11)
$Dual$	0.061 5**	0.096 4**	0.060 4	0.001 7	0.003 9	0.001 9
	(2.01)	(2.39)	(1.59)	(1.42)	(1.47)	(1.43)
Dir	−0.311 8	−0.192 9	−0.633 8*	−0.023 8	−0.017 9	−0.038 4*
	(−1.51)	(−0.96)	(−1.75)	(−1.29)	(−1.53)	(−1.69)
$\_Cons$	−2.354 1***	−2.013 7***	−2.890 0***	−0.133 6***	−0.124 3***	−0.161 9***
	(−10.92)	(−10.09)	(−12.39)	(−5.22)	(−5.03)	(−5.85)
$Year/Ind$	控制	控制	控制	控制	控制	控制
N	2 167	1 120	1 047	2 167	1 120	1 047
R^2_a	0.289 1	0.311 8	0.308 0	0.296 5	0.329 6	0.316 5

注：*** 为 1% 水平上的显著性、** 为 5% 水平上的显著性、* 为 10% 水平上的显著性、括号内为 T 值。

表 5-16　激励型与非激励型动机差异对公司未来业绩的影响

项目	EPS			Q		
	全样本	激励型	非激励型	全样本	激励型	非激励型
RD_TA	0.271 5***	0.316 8***	0.192 1***	0.114 2***	0.101 5***	0.130 7***
	(6.53)	(7.22)	(4.23)	(3.86)	(3.56)	(3.99)
$Type1$	0.139 5***			0.104 4*		
	(4.28)			(1.95)		
$Type1 \times G\_inc$	0.082 8**			0.070 7**		
	(2.13)			(1.96)		
$Size$	0.167 8***	0.161 4***	0.173 4***	−0.092 5***	−0.158 3***	−0.015 7
	(4.89)	(4.19)	(4.99)	(−3.35)	(−4.29)	(−1.02)
Lev	−0.816 8***	−0.962 7***	−0.672 9***	−0.748 4***	−0.534 2***	−1.008 6***
	(−9.13)	(−10.52)	(−7.46)	(−9.04)	(−6.88)	(−13.11)

(续表)

项目	EPS			Q		
	全样本	激励型	非激励型	全样本	激励型	非激励型
Dual	0.062 0***	0.074 5***	0.065 8**	0.037 8	0.068 6**	0.045 0*
	(2.86)	(2.99)	(2.55)	(1.62)	(2.11)	(1.75)
Dir	−0.287 2*	−0.424 8**	−0.248 1	−0.022 1	0.666 3	−1.095 2**
	(−1.92)	(−1.99)	(−1.06)	(−0.08)	(1.62)	(−2.04)
_Cons	−2.687 3***	−2.576 7***	−2.892 6***	5.215 0***	6.500 7***	3.597 1***
	(−16.33)	(−14.98)	(−19.54)	(26.28)	(28.16)	(20.17)
Year/Ind	控制	控制	控制	控制	控制	控制
N	2 167	1 120	1 047	2 167	1 120	1 047
R^2_a	0.233 7	0.292 7	0.224 5	0.330 3	0.322 2	0.362 8

注：*** 为 1% 水平上的显著性、** 为 5% 水平上的显著性、* 为 10% 水平上的显著性、括号内为 T 值。

这表明，公司实施股权激励计划后，若公司业绩获得较大提高则公司之前实施的股权激励很可能为激励型动机；如果相反，公司业绩大幅下降则无法准确识别公司实施的股权激励是基于哪类非激励型动机。

当然，尽管表 5-16 中的结果显示非激励型股权激励与公司未来业绩之间的负相关关系并不显著，但有一点可以明确，激励型与非激励型股权激励在公司未来业绩的影响存在显著差异。Type1 与 G_inc 的交互项系数均显著为正。

为了探究非激励型股权激励与公司未来绩效之间可能存在的负相关关系，笔者按照前文划分方法，将非激励型样本划分为赎买型样本与福利型样本，得到 628 个赎买型样本观测值和 419 个福利型样本观测值。表 5-17 和表 5-18 均列示了两类非激励型动机差异对公司未来业绩的影响。

表 5-17 两类非激励型动机差异对未来公司业绩的影响

项目	PP			ROA		
	非激励型	福利型	赎买型	非激励型	福利型	赎买型
RD_TA	0.651 2***	0.558 2***	0.723 8***	0.385 1***	0.369 8***	0.428 8***
	(4.29)	(4.02)	(4.73)	(4.12)	(3.69)	(4.99)
G_inc	−0.216 7*	−0.386 5***	−0.119 8	−0.012 0**	−0.014 3***	−0.006 9
	(−1.81)	(−2.91)	(−1.14)	(−2.14)	(−2.99)	(−1.55)
Type2	0.076 5			0.000 3		
	(1.06)			(0.02)		
Type2×G_inc	−0.045 9			−0.003 5		
	(−0.84)			(−0.98)		
Size	0.188 7***	0.070 2*	0.235 5***	0.014 6***	0.008 3***	0.017 1***
	(4.10)	(1.70)	(4.63)	(3.22)	(2.79)	(3.88)

(续表)

项目	PP			ROA		
	非激励型	福利型	赎买型	非激励型	福利型	赎买型
Lev	−0.125 3***	−0.814 6***	−0.143 8***	−0.128 3***	−0.099 2***	−0.139 9***
	(−3.59)	(−6.29)	(−3.81)	(−5.23)	(−3.64)	(−5.45)
Dual	0.061 3	0.083 1	0.009 0	0.001 8	0.009 0**	−0.005 4
	(1.50)	(0.98)	(0.84)	(0.63)	(2.20)	(−0.97)
Dir	−0.630 7*	0.554 7	−0.851 2**	−0.038 9*	0.043 2	−0.060 3**
	(1.90)	(1.26)	(−1.98)	(−1.76)	(0.88)	(−1.99)
_Cons	−2.847 8***	−1.259 5	−3.761 7***	−0.165 2***	−0.068 3	−0.237 0***
	(−3.28)	(−1.23)	(−3.87)	(−3.33)	(−1.35)	(−4.02)
Year/Ind	控制	控制	控制	控制	控制	控制
N	1 047	419	628	1 047	419	628
R^2_a	0.308 3	0.451 6	0.299 7	0.317 0	0.471 9	0.302 0

注：*** 为 1% 水平上的显著性、** 为 5% 水平上的显著性、* 为 10% 水平上的显著性、括号内为 T 值。

如表 5-17 所示，福利型股权激励与公司未来业绩呈显著的负相关关系，而赎买型的负相关关系不具有统计学意义上的显著性；同时，$Type2$ 与 G_inc 之间的交互项系数不具有显著性差异。这表明，两种非激励型股权激励对公司未来收益的影响不存在显著性差异。表 5-18 的结果也显示，两类非激励型股权激励对公司未来业绩的影响不存在显著性差异。

通过上述分别讨论不同动机下的高管人员股权激励与公司绩效之间关系的差异，笔者认为：激励型动机下的高管人员股权激励与公司未来绩效之间呈显著的正相关关系；福利型动机下的高管人员股权激励与公司未来绩效之间呈显著的负相关关系；福利型动机下的高管人员股权激励与公司未来绩效之间呈不显著的负相关关系。

表 5-18 两类非激励型动机差异对未来公司业绩的影响

项目	EPS			Q		
	非激励型	福利型	赎买型	非激励型	福利型	赎买型
RD_TA	0.194 8***	0.130 2	0.300 6***	0.132 2***	0.128 3***	0.115 9***
	(2.97)	(1.62)	(2.97)	(3.52)	(3.08)	(2.92)
G_inc	−0.068 5	−0.187 0*	−0.002 4	−0.012 9	−0.012 7*	−0.095 9
	(−1.08)	(−1.75)	(−0.14)	(−0.44)	(−1.84)	(−1.58)
$Type2$	−0.102 5*			−0.259 6**		
	(−1.67)			(−1.98)		
$Type2 \times G\_inc$	−0.089 3			−0.085 1		
	(−1.29)			(−0.86)		

(续表)

项目	EPS			Q		
	非激励型	福利型	赎买型	非激励型	福利型	赎买型
Size	0.172 1***	0.128 2***	0.177 7***	−0.017 1	−0.159 8**	0.058 7
	(3.14)	(2.99)	(3.36)	(−0.35)	(−2.29)	(1.10)
Lev	−0.659 3***	−0.713 9***	−0.543 4***	−1.077 8***	−0.026 8	−1.774 1***
	(−9.11)	(−9.23)	(−8.88)	(−10.12)	(−0.04)	(−13.86)
Dual	0.064 5**	0.120 3***	0.028 5	0.052 9	−0.071 5	0.032 5
	(2.24)	(2.83)	(1.27)	(1.15)	(−1.26)	(0.53)
Dir	−0.279 1	0.385 1	−0.485 3*	−0.988 2*	0.159 6	−0.901 5
	(−1.35)	(1.08)	(−1.66)	(−1.80)	(0.76)	(−1.49)
_Cons	−2.826 9***	−2.122 9***	−3.130 1***	3.569 2***	4.831 5***	2.936 5**
	(−3.58)	(−2.98)	(−4.01)	(4.22)	(4.89)	(2.34)
Year/Ind	控制	控制	控制	控制	控制	控制
N	1 047	419	628	1 047	419	628
R^2_a	0.227 3	0.380 1	0.256 2	0.365 9	0.504 9	0.321 4

注：*** 为1%水平上的显著性、** 为5%水平上的显著性、* 为10%水平上的显著性、括号内为T值。

第六节 小结与政策建议

笔者选择了2006—2013年首次宣告实施股权激励计划草案的A股非金融类上市公司为试验样本组，按照前文的划分方法将其划分为激励型、赎买型和福利型样本，并以上市公司实施股权激励计划的动机为视角，重点研究了三类动机下高管人员股权激励通过各自的途径影响公司的非效率投资。研究发现，激励型股权激励通过激发高管承担更高的风险而抑制公司的非效率投资并提高未来业绩；而两类非激励型股权激励通过控制人收益的获取而加剧公司的非效率投资，赎买型股权激励通过大股东的掏空行为恶化公司的非效率投资；福利型股权激励通过高管的在职消费而加大公司的非效率投资。上述结果表明：一是高管人员股权激励制度与公司投资决策之间关系受到公司制定股权激励计划的动机影响。二是不同动机下的高管人员股权激励通过各自的作用路径影响公司的资本配置效率。

自我国的股权激励制度步入正规化轨道以来，实施高管人员股权激励计划的上市公司数量迅速增长。如何使我国的股权激励制度走向因地制宜的健康发展之路，这不仅需要学者不断地攻克相关难题，还需要政策制定者或监管者、投资者以及已实施或拟实施股权激励的公司等利益相关方不懈的努力。结合本章的研究结论,笔者分别对以下对象给出相应的建议。

一、政策制定者或监管者

股权激励制度的有效运行,其中一个重要的因素是资本市场的有效监管,只有有效的监管才能使股票价格的波动更加趋于正常。监管者可以对公司发行股票时所披露信息的真实性予以甄别,对于公司的虚假陈述、内幕交易和操纵股票价格的行为予以遏制。建议监管者从完善上市公司股权激励计划的信息披露制度与提高证券市场监管的有效性以及建立民事赔偿制度等方面,发挥资本市场的市场约束机制的作用,制定一些便于上市公司实施激励型动机的股权激励计划指导性文件。

第一,建议监管部门进一步完善上市公司股权激励的信息披露制度。监管者不仅需要加强对信息披露内容的真实性的控制(包括公司董事、监事和高级管理人员享有的股票或期权和被授予的股票或期权的授予和行使情况),而且还需管控公司推出股权激励计划所处的市场环境。正如笔者所搜集的样本分布所示,当资本市场处于相对牛市(如2007年)的环境下,新增上市公司实施股权激励计划的样本很少,这可能与股权激励的行权价格偏高而无法行权有关;而资本市场处于相对熊市的环境下,公司的股价大多处于下跌的状态。此时,若公司推出股权激励计划,高管的行权价格将会很低,从而有助于为高管谋福利。因此,在资本市场处于熊市的环境时,建议监管部门严格控制公司实施股权激励计划的数量。

第二,建议监管部门在规范上市公司实施股权激励计划的过程中,制定一些便于上市公司实施激励型动机的股权激励计划指导性文件(如税收优惠措施等),积极引导上市公司实施激励型的股权激励计划。同时,考虑将上市公司的风险项目投资方面也纳入到上市公司实施股权激励计划的行权条件中,并且衡量风险性项目投资的变量最好选用相对指标和绝对指标相结合的综合指标。比如,单位员工的研发支出水平、同行业研发支出水平、研发的投入与产出比、高新技术行业长期投资等。在满足其他行权条件(通常是业绩指标)的同时,笔者建议监管者在股权激励的行权条件中加大对公司风险性项目投资的约束,并且制定一些风险性项目投资的优惠政策。比如,当公司的风险性项目达到一定数量后,可以减免公司的税收。上市公司的风险性项目投资达到一定水平后,高管方能行权。风险性项目的投资对于企业而言是一项长期性的战略投资,将企业的风险性项目投资水平纳入行权条件有助于降低高管为了追求短期业绩而放弃企业长期发展的可能性。风险性项目的投资,具有双刃剑的作用,一旦研发成功,企业将迅速占领市场并获得巨大的收益,而研发失败则可能导致公司陷入困境。风险性项目投资水平的约束,可以诱导公司实施股权激励计划基于激励型动机。笔者的研究表明,激励型动机下的股权激励能够激发高管承担更多的风险而增加公司风险性项目的投资,并抑制了公司的非效率投资。

第三,建议监管部门在监管上市公司实施股权激励计划的过程中,更加关注上市公司的治理模式。笔者的研究表明,赎买型股权激励可能通过外部投资方式实现大股东的掏空行为,最终表现为恶化公司的非效率投资。监管部门可以在提高股权激励的行权门槛(提高行权价格和行权条件)、加大控制性大股东掏空行为的处罚力度、培育具有强声誉机制的职业经理人市场以及制定一些增加大股东与高管之间合谋成本的法规或行为准则四个方面,实现对上市公司与控制性大股东及其附属公司之间的关联方交易的有效监控,增加上市公司实施赎买型高管人员股权激励的难度。

第四,建议监管部门提高资本市场监管的有效性并建立民事赔偿制度,发挥投资者监督作用。通过由受到侵害的投资人向高管提起民事诉讼的方法来获得充分的补救,一方面可以有效地保障投资者的合法权益;另一方面也可以发现高管或大股东的违规或违法行为。笔者的研究表明,上市公司基于非激励型动机而实施的高管人员股权激励计划,通过控制人收益的获取而加大公司的非效率投资,这样往往有损投资者的利益。只有控制高管收益的攫取,有效保护中小投资者的利益,才能管控公司实际控制人通过股权激励制度这一新兴"合法"方式获取控制人收益。

二、投资者

如何识别上市公司实施的股权激励动机,已成为投资者做出相关决策的关键。"动机促发途径,途径引致结果",根据前文中的结论笔者提出如下建议:

第一,建议投资者更加关注公司实施股权激励计划的动机。在识别上市公司实施的股权激励计划的动机时,投资者要综合考虑公司推出股权激励计划草案中行权价格、行权条件以及公司的治理情况。对于那些推出股权激励计划草案前公司股价呈下降趋势、行权条件容易实现、存有实际控制人的上市公司,投资者应谨慎做出投资决策。笔者的研究表明,这类公司实施的高管人员股权激励计划往往基于非激励型动机,公司做出的投资决策很可能使公司的投资缺乏效率,而非效率的投资往往给公司带来价值的损失。

第二,建议投资者在识别上市公司实施的股权激励的动机时,更加关注公司风险性项目的投资、大股东的掏空行为以及高管的在职消费水平。笔者的研究表明,激励型股权激励通过公司的风险性项目的投资而抑制公司的非效率投资;而两类非激励型股权激励通过控制人收益的获取而加剧公司的非效率投资。因此,投资者应追加对实施激励型股权激励计划公司的投资,而且更加关注这类公司的风险性项目的投资水平；而对于那些赎买型股权激励或福利型股权激励，投资者应降低对这类公司的投资，并且关注这类公司的大股东的掏空行为或高管的在职消费水平。

三、已实施或拟实施股权激励的公司

公司制定或准备制定包括股权激励计划在内的重要决策，需要结合公司自身的情况，因地制宜，制订出适合自身发展的股权激励计划。笔者提出如下建议：

第一，建议公司在实施激励型股权激励计划时，维持一定水平的富余资源，以及保持一个良好的业绩水平。笔者的研究表明，在实施激励型股权激励的公司中，富余资源越多，公司的研发支出水平越高。激励型动机的股权激励能够降低高管的自利行为，高管将更多的富余资源投入到风险性项目的投资中。尤其当公司存在融资约束时，富余资源可以为企业的研发活动提供一定的融资。

第二，在全球经济低迷时，微观企业实施激励型高管人员股权激励计划显得尤为重要。笔者的研究表明，激励型股权激励通过促发高管承担公司更多的风险而增加对一些风险性项目的投资。这样一方面可能会向市场传递出高管对公司未来的经营业绩持有较为乐观的信心，缓解了公司的非效率投资问题；另一方面，这种熊市低迷的市场环境，可能为那些拟实施股权激励计划的公司提供了较为有利的行权价格优势。

第三，被誉为"金手铐"的高管人员股权激励制度并非一定能为股东带来价值，笔者研究发现，激励型股权激励能增加公司未来业绩水平，而非激励型股权激励却损害公司未来的业绩。若为了降低股东与高管之间的代理成本，提高公司未来业绩而授予高管人员一定的股权或期权，建议公司在拟定股权激励方案时更加关注行权价格和行权条件的确定。建议公司选择资本市场环境波动较小时公告股权激励计划草案，并在证监会所规定最低行权价格的基础上适当地上浮行权价格。同时，建议采用与公司的横向指标（前三年的平均指标）或横向加权指标（前三年行业地位为权重的加权平均指标）相对比，并结合公司的实际情况来制定相对适中可行的行权条件。笔者研究发现，具有行权价格较高、高于纵向指标或横向指标的股权激励方案更加倾向于激励型动机，而激励型股权激励很可能通过增加公司的风险项目投资而抑制非效率投资并提高未来收益。

第六章 结 论

笔者选择了 2006 年 1 月 1 日至 2013 年 12 月 31 日期间首次推出股权激励计划草案的 475 家非金融类上市公司为基础样本。综合考虑草案中的行权价格、行权条件以及公司的治理结构,根据股权激励动机的最优契约理论、管理层权力理论以及大股东赎买理论,并按照股权激励计划的动机划分方法,笔者最终将这 475 家样本划分为 234 家激励型样本、127 家赎买型样本和 114 家福利型样本。在此基础上,笔者采用单变量比较分析法、DID 回归分析法以及 PSM 分析法,比较了不同动机下高管人员股权激励对公司投资决策的影响差异,并试图寻找不同动机下的高管人员股权激励影响公司投资决策的中介路径,最后解释高管人员股权激励的动机差异对公司资本配置效率的影响。主要研究结论如下:

第一,针对我国企业普遍的扩张性投资行为,笔者以上市公司投资方式的选择为切入点,在识别并区分高管人员股权激励三类动机的基础上,对比三类企业的投资方式偏好,检验两类动机的非激励型股权激励引致企业的投资方式对控制人收益的影响差异。研究发现,一是基于不同动机而实施股权激励计划的企业具有不同的投资方式偏好:激励型股权激励的企业更加倾向于风险性项目的投资;赎买型股权激励的企业更加倾向于外部并购;福利型股权激励的企业则更加倾向于内部投资。二是两种非激励型股权激励的企业通过影响企业投资方式而实现提高控制人收益的目的:赎买型股权激励所引发企业的外部并购最终增加了控制性大股东的掏空行为,而福利型股权激励引发企业的内部投资提高了高管人员的在职消费水平。

第二,笔者分别对比了内部投资中激励型与福利型样本对公司研发投资的影响差异和在外部长期股权投资方面激励型与赎买型样本对公司从众投资方向偏好的影响差异。通过实证检验,笔者得出如下结论:一是在同样实施股权激励计划的公司中,不同动机下的股权激励与公司研发投资的关系不同:激励型高管人员股权激励能够激发高管承担风险而增加研发投资水平,即激励型高管人员股权激励与公司研发投资之间呈正相关关系;而福利型股权激励与研发投资之间并没有显著的相关关系;二是公司富余资源水平与业绩水平正向影响研发投资,公司业绩水平正向影响研发投资时,激励型动机的股权激励均能起到加强作用,而福利型动机下的股权激励不存在这种作用;三是不同动机下的高管人员股权激励使公司的从众投资规模具有行业倾向:激励型股权激励能增加公司的高新技术行业从众投资偏好,而赎买型股权激励却会加大与关联方有关行业的从众投资规模。

第三,笔者检验了三类动机下高管人员股权激励通过各自的中介路径最终引致公司资本配置效率的差异。笔者研究发现:激励型股权激励通过激发高管承担风险而抑制公司的非效率投资;赎买型股权激励通过大股东掏空行为而恶化公司的非效率投资;福利型股权激励通过提高高管的在职消费而加大了非效率投资。

当然,笔者的研究也可能存在以下不足:

第一,笔者对股权激励计划动机的划分也存在一些不足。根据前人的研究,我国上市公司实施的股权激励计划已经存在激励型、福利型和赎买型动机,那么是否还存在其他类型的动机?如果存在,这些动机与已有的动机之间存在何种关系?笔者的划分方法能否再适用?如果不再适用,如何找出一个更为合理的划分方法?这些问题都需要今后学者做进一步的研究。

第二,笔者对控制人收益的度量存在一定的缺陷。尽管先前的研究已经较为完善地给出了间接衡量控制人收益的方法,但由于控制人收益较为隐蔽,无法直接观察和度量,因此,如何较为准确地度量控制人收益需要做进一步的研究。

第三,对于长期处于新兴加转轨的我国经济而言,企业的产权性质可能会影响高管人员股权激励与公司投资决策之间的关系,也可能会影响股权激励动机的识别和划分,而笔者并没有进行这方面的研究。这需要笔者日后做进一步的思考和更加深入的研究。

附　　录

附录1　上市公司股权激励管理办法(试行)

第一章　总　　则

第一条　为进一步促进上市公司建立、健全激励与约束机制,依据《中华人民共和国公司法》《中华人民共和国证券法》及其他有关法律、行政法规的规定,制定本办法。

第二条　本办法所称股权激励是指上市公司以本公司股票为标的,对其董事、监事、高级管理人员及其他员工进行的长期性激励。

上市公司以限制性股票、股票期权及法律、行政法规允许的其他方式实行股权激励计划的,适用本办法的规定。

第三条　上市公司实行的股权激励计划,应当符合法律、行政法规、本办法和公司章程的规定,有利于上市公司的持续发展,不得损害上市公司利益。

上市公司的董事、监事和高级管理人员在实行股权激励计划中应当诚实守信,勤勉尽责,维护公司和全体股东的利益。

第四条　上市公司实行股权激励计划,应当严格按照有关规定和本办法的要求履行信息披露义务。

第五条　为上市公司股权激励计划出具意见的专业机构,应当诚实守信、勤勉尽责,保证所出具的文件真实、准确、完整。

第六条　任何人不得利用股权激励计划进行内幕交易、操纵证券交易价格和进行证券欺诈活动。

第二章　一　般　规　定

第七条　上市公司具有下列情形之一的,不得实行股权激励计划:

(一)最近一个会计年度财务会计报告被注册会计师出具否定意见或者无法表示意见的审计报告;

(二)最近一年内因重大违法违规行为被中国证监会予以行政处罚;

(三)中国证监会认定的其他情形。

第八条 股权激励计划的激励对象可以包括上市公司的董事、监事、高级管理人员、核心技术(业务)人员,以及公司认为应当激励的其他员工,但不应当包括独立董事。

下列人员不得成为激励对象:

(一)最近3年内被证券交易所公开谴责或宣布为不适当人选的;

(二)最近3年内因重大违法违规行为被中国证监会予以行政处罚的;

(三)具有《中华人民共和国公司法》规定的不得担任公司董事、监事、高级管理人员情形的。

股权激励计划经董事会审议通过后,上市公司监事会应当对激励对象名单予以核实,并将核实情况在股东大会上予以说明。

第九条 激励对象为董事、监事、高级管理人员的,上市公司应当建立绩效考核体系和考核办法,以绩效考核指标为实施股权激励计划的条件。

第十条 上市公司不得为激励对象依股权激励计划获取有关权益提供贷款以及其他任何形式的财务资助,包括为其贷款提供担保。

第十一条 拟实行股权激励计划的上市公司,可以根据本公司实际情况,通过以下方式解决标的股票来源:

(一)向激励对象发行股份;

(二)回购本公司股份;

(三)法律、行政法规允许的其他方式。

第十二条 上市公司全部有效的股权激励计划所涉及的标的股票总数累计不得超过公司股本总额的10%。

非经股东大会特别决议批准,任何一名激励对象通过全部有效的股权激励计划获授的本公司股票累计不得超过公司股本总额的1%。

本条第一款、第二款所称股本总额是指股东大会批准最近一次股权激励计划时公司已发行的股本总额。

第十三条 上市公司应当在股权激励计划中对下列事项做出明确规定或说明:

(一)股权激励计划的目的;

(二)激励对象的确定依据和范围;

(三)股权激励计划拟授予的权益数量、所涉及的标的股票种类、来源、数量及占上市公司股本总额的百分比;若分次实施的,每次拟授予的权益数量、所涉及的标的股票种类、来源、数量及占上市公司股本总额的百分比;

（四）激励对象为董事、监事、高级管理人员的，其各自可获授的权益数量、占股权激励计划拟授予权益总量的百分比；其他激励对象（各自或按适当分类）可获授的权益数量及占股权激励计划拟授予权益总量的百分比；

（五）股权激励计划的有效期、授权日、可行权日、标的股票的禁售期；

（六）限制性股票的授予价格或授予价格的确定方法，股票期权的行权价格或行权价格的确定方法；

（七）激励对象获授权益、行权的条件，如绩效考核体系和考核办法，以绩效考核指标为实施股权激励计划的条件；

（八）股权激励计划所涉及的权益数量、标的股票数量、授予价格或行权价格的调整方法和程序；

（九）公司授予权益及激励对象行权的程序；

（十）公司与激励对象各自的权利义务；

（十一）公司发生控制权变更、合并、分立、激励对象发生职务变更、离职、死亡等事项时如何实施股权激励计划；

（十二）股权激励计划的变更、终止；

（十三）其他重要事项。

第十四条 上市公司发生本办法第七条规定的情形之一时，应当终止实施股权激励计划，不得向激励对象继续授予新的权益，激励对象根据股权激励计划已获授但尚未行使的权益应当终止行使。

在股权激励计划实施过程中，激励对象出现本办法第八条规定的不得成为激励对象的情形的，上市公司不得继续授予其权益，其已获授但尚未行使的权益应当终止行使。

第十五条 激励对象转让其通过股权激励计划所得股票的，应当符合有关法律、行政法规及本办法的规定。

第三章 限制性股票

第十六条 本办法所称限制性股票是指激励对象按照股权激励计划规定的条件，从上市公司获得的一定数量的本公司股票。

第十七条 上市公司授予激励对象限制性股票，应当在股权激励计划中规定激励对象获授股票的业绩条件、禁售期限。

第十八条 上市公司以股票市价为基准确定限制性股票授予价格的，在下列期间内不得向激励对象授予股票：

（一）定期报告公布前30日；

（二）重大交易或重大事项决定过程中至该事项公告后2个交易日；

（三）其他可能影响股价的重大事件发生之日起至公告后2个交易日。

第四章 股票期权

第十九条 本办法所称股票期权是指上市公司授予激励对象在未来一定期限内以预先确定的价格和条件购买本公司一定数量股份的权利。

激励对象可以其获授的股票期权在规定的期间内以预先确定的价格和条件购买上市公司一定数量的股份，也可以放弃该种权利。

第二十条 激励对象获授的股票期权不得转让、用于担保或偿还债务。

第二十一条 上市公司董事会可以根据股东大会审议批准的股票期权计划，决定一次性授出或分次授出股票期权，但累计授出的股票期权涉及的标的股票总额不得超过股票期权计划所涉及的标的股票总额。

第二十二条 股票期权授权日与获授股票期权首次可以行权日之间的间隔不得少于1年。

股票期权的有效期从授权日计算不得超过10年。

第二十三条 在股票期权有效期内，上市公司应当规定激励对象分期行权。

股票期权有效期过后，已授出但尚未行权的股票期权不得行权。

第二十四条 上市公司在授予激励对象股票期权时，应当确定行权价格或行权价格的确定方法。行权价格不应低于下列价格较高者：

（一）股权激励计划草案摘要公布前一个交易日的公司标的股票收盘价；

（二）股权激励计划草案摘要公布前30个交易日内的公司标的股票平均收盘价。

第二十五条 上市公司因标的股票除权、除息或其他原因需要调整行权价格或股票期权数量的，可以按照股票期权计划规定的原则和方式进行调整。

上市公司依据前款调整行权价格或股票期权数量的，应当由董事会做出决议并经股东大会审议批准，或者由股东大会授权董事会决定。

律师应当就上述调整是否符合本办法、公司章程和股票期权计划的规定向董事会出具专业意见。

第二十六条 上市公司在下列期间内不得向激励对象授予股票期权：

（一）定期报告公布前30日；

（二）重大交易或重大事项决定过程中至该事项公告后2个交易日；

（三）其他可能影响股价的重大事件发生之日起至公告后2个交易日。

第二十七条 激励对象应当在上市公司定期报告公布后第2个交易日，至下

一次定期报告公布前10个交易日内行权,但不得在下列期间内行权:

(一) 重大交易或重大事项决定过程中至该事项公告后2个交易日;

(二) 其他可能影响股价的重大事件发生之日起至公告后2个交易日。

第五章 实施程序和信息披露

第二十八条 上市公司董事会下设的薪酬与考核委员会负责拟定股权激励计划草案。薪酬与考核委员会应当建立完善的议事规则,其拟订的股权激励计划草案应当提交董事会审议。

第二十九条 独立董事应当就股权激励计划是否有利于上市公司的持续发展、是否存在明显损害上市公司及全体股东利益发表独立意见。

第三十条 上市公司应当在董事会审议通过股权激励计划草案后的2个交易日内,公告董事会决议、股权激励计划草案摘要、独立董事意见。

股权激励计划草案摘要至少应当包括本办法第十三条第(一)至(八)项、第(十二)项的内容。

第三十一条 上市公司应当聘请律师对股权激励计划出具法律意见书,至少对以下事项发表专业意见:

(一) 股权激励计划是否符合本办法的规定;

(二) 股权激励计划是否已经履行了法定程序;

(三) 上市公司是否已经履行了信息披露义务;

(四) 股权激励计划是否存在明显损害上市公司及全体股东利益和违反有关法律、行政法规的情形;

(五) 其他应当说明的事项。

第三十二条 上市公司董事会下设的薪酬与考核委员会认为必要时,可以要求上市公司聘请独立财务顾问,对股权激励计划的可行性、是否有利于上市公司的持续发展、是否损害上市公司利益以及对股东利益的影响发表专业意见。

独立财务顾问应当出具独立财务顾问报告,至少对以下事项发表专业意见:

(一) 股权激励计划是否符合本办法的规定;

(二) 公司实行股权激励计划的可行性;

(三) 对激励对象范围和资格的核查意见;

(四) 对股权激励计划权益授出额度的核查意见;

(五) 公司实施股权激励计划的财务测算;

(六) 公司实施股权激励计划对上市公司持续经营能力、股东权益的影响;

(七) 对上市公司是否为激励对象提供任何形式的财务资助的核查意见;

（八）股权激励计划是否存在明显损害上市公司及全体股东利益的情形；

（九）上市公司绩效考核体系和考核办法的合理性；

（十）其他应当说明的事项。

第三十三条 董事会审议通过股权激励计划后，上市公司应将有关材料报中国证监会备案，同时抄报证券交易所及公司所在地证监局。

上市公司股权激励计划备案材料应当包括以下文件：

（一）董事会决议；

（二）股权激励计划；

（三）法律意见书；

（四）聘请独立财务顾问的，独立财务顾问报告；

（五）上市公司实行股权激励计划依照规定需要取得有关部门批准的，有关批复文件；

（六）中国证监会要求报送的其他文件。

第三十四条 中国证监会自收到完整的股权激励计划备案申请材料之日起20个工作日内未提出异议的，上市公司可以发出召开股东大会的通知，审议并实施股权激励计划。在上述期限内，中国证监会提出异议的，上市公司不得发出召开股东大会的通知审议及实施该计划。

第三十五条 上市公司在发出召开股东大会通知时，应当同时公告法律意见书；聘请独立财务顾问的，还应当同时公告独立财务顾问报告。

第三十六条 独立董事应当就股权激励计划向所有的股东征集委托投票权。

第三十七条 股东大会应当对股权激励计划中的如下内容进行表决：

（一）股权激励计划所涉及的权益数量、所涉及的标的股票种类、来源和数量；

（二）激励对象的确定依据和范围；

（三）股权激励计划中董事、监事各自被授予的权益数额或权益数额的确定方法；高级管理人员和其他激励对象（各自或按适当分类）被授予的权益数额或权益数额的确定方法；

（四）股权激励计划的有效期、标的股票禁售期；

（五）激励对象获授权益、行权的条件；

（六）限制性股票的授予价格或授予价格的确定方法，股票期权的行权价格或行权价格的确定方法；

（七）股权激励计划涉及的权益数量、标的股票数量、授予价格及行权价格的调整方法和程序；

（八）股权激励计划的变更、终止；

（九）对董事会办理有关股权激励计划相关事宜的授权；

（十）其他需要股东大会表决的事项。

股东大会就上述事项做出决议，必须经出席会议的股东所持表决权的 2/3 以上通过。

第三十八条 股权激励计划经股东大会审议通过后，上市公司应当持相关文件到证券交易所办理信息披露事宜，到证券登记结算机构办理有关登记结算事宜。

第三十九条 上市公司应当按照证券登记结算机构的业务规则，在证券登记结算机构开设证券账户，用于股权激励计划的实施。

尚未行权的股票期权，以及不得转让的标的股票，应当予以锁定。

第四十条 激励对象的股票期权的行权申请以及限制性股票的锁定和解锁，经董事会或董事会授权的机构确认后，上市公司应当向证券交易所提出行权申请，经证券交易所确认后，由证券登记结算机构办理登记结算事宜。

已行权的股票期权应当及时注销。

第四十一条 除非得到股东大会明确授权，上市公司变更股权激励计划中本办法第三十七条所列事项的，应当提交股东大会审议批准。

第四十二条 上市公司应在定期报告中披露报告期内股权激励计划的实施情况，包括：

（一）报告期内激励对象的范围；

（二）报告期内授出、行使和失效的权益总额；

（三）至报告期末累计已授出但尚未行使的权益总额；

（四）报告期内授予价格与行权价格历次调整的情况以及经调整后的最新授予价格与行权价格；

（五）董事、监事、高级管理人员各自的姓名、职务以及在报告期内历次获授和行使权益的情况；

（六）因激励对象行权所引起的股本变动情况；

（七）股权激励的会计处理方法。

第四十三条 上市公司应当按照有关规定在财务报告中披露股权激励的会计处理。

第四十四条 证券交易所应当在其业务规则中明确股权激励计划所涉及的信息披露要求。

第四十五条 证券登记结算机构应当在其业务规则中明确股权激励计划所涉及的登记结算业务的办理要求。

第六章　监管和处罚

第四十六条　上市公司的财务会计文件有虚假记载的，负有责任的激励对象自该财务会计文件公告之日起 12 个月内由股权激励计划所获得的全部利益应当返还给公司。

第四十七条　上市公司不符合本办法的规定实行股权激励计划的，中国证监会责令其改正，对公司及相关责任人依法予以处罚；在责令改正期间，中国证监会不受理该公司的申请文件。

第四十八条　上市公司未按照本办法及其他相关规定披露股权激励计划相关信息或者所披露的信息有虚假记载、误导性陈述或者重大遗漏的，中国证监会责令其改正，对公司及相关责任人依法予以处罚。

第四十九条　利用股权激励计划虚构业绩、操纵市场或者进行内幕交易，获取不正当利益的，中国证监会依法没收违法所得，对相关责任人员采取市场禁入等措施；构成犯罪的，移交司法机关依法查处。

第五十条　为上市公司股权激励计划出具意见的相关专业机构未履行勤勉尽责义务，所发表的专业意见存在虚假记载、误导性陈述或者重大遗漏的，中国证监会对相关专业机构及签字人员采取监管谈话、出具警示函、责令整改等措施，并移交相关专业机构主管部门处理；情节严重的，处以警告、罚款等处罚；构成证券违法行为的，依法追究法律责任。

第七章　附　　则

第五十一条　本办法下列用语具有如下含义：

高级管理人员：指上市公司经理、副经理、财务负责人、董事会秘书和公司章程规定的其他人员。

标的股票：指根据股权激励计划，激励对象有权获授或购买的上市公司股票。

权益：指激励对象根据股权激励计划获得的上市公司股票、股票期权。

授权日：指上市公司向激励对象授予股票期权的日期。授权日必须为交易日。

行权：指激励对象根据股票期权激励计划，在规定的期间内以预先确定的价格和条件购买上市公司股份的行为。

可行权日：指激励对象可以开始行权的日期。可行权日必须为交易日。

行权价格：上市公司向激励对象授予股票期权时所确定的、激励对象购买上市公司股份的价格。

授予价格：上市公司向激励对象授予限制性股票时所确定的、激励对象获得上市公司股份的价格。

本办法所称的"超过""少于"不含本数。

第五十二条 本办法适用于股票在上海、深圳证券交易所上市的公司。

第五十三条 本办法自 2006 年 1 月 1 日起施行。

附录 2　上市公司股权激励管理办法

第一章　总　　则

第一条　为进一步促进上市公司建立健全激励与约束机制,依据《中华人民共和国公司法》(以下简称《公司法》)、《中华人民共和国证券法》(以下简称《证券法》)及其他法律、行政法规的规定,制定本办法。

第二条　本办法所称股权激励是指上市公司以本公司股票为标的,对其董事、高级管理人员及其他员工进行的长期性激励。

上市公司以限制性股票、股票期权实行股权激励的,适用本办法;以法律、行政法规允许的其他方式实行股权激励的,参照本办法有关规定执行。

第三条　上市公司实行股权激励,应当符合法律、行政法规、本办法和公司章程的规定,有利于上市公司的持续发展,不得损害上市公司利益。

上市公司的董事、监事和高级管理人员在实行股权激励中应当诚实守信,勤勉尽责,维护公司和全体股东的利益。

第四条　上市公司实行股权激励,应当严格按照本办法和其他相关规定的要求履行信息披露义务。

第五条　为上市公司股权激励计划出具意见的证券中介机构和人员,应当诚实守信、勤勉尽责,保证所出具的文件真实、准确、完整。

第六条　任何人不得利用股权激励进行内幕交易、操纵证券市场等违法活动。

第二章　一般规定

第七条　上市公司具有下列情形之一的,不得实行股权激励:

(一) 最近一个会计年度财务会计报告被注册会计师出具否定意见或者无法表示意见的审计报告;

(二) 最近一个会计年度财务报告内部控制被注册会计师出具否定意见或无法表示意见的审计报告;

(三) 上市后最近 36 个月内出现过未按法律法规、公司章程、公开承诺进行利润分配的情形;

(四) 法律法规规定不得实行股权激励的;

（五）中国证监会认定的其他情形。

第八条 激励对象可以包括上市公司的董事、高级管理人员、核心技术人员或者核心业务人员，以及公司认为应当激励的对公司经营业绩和未来发展有直接影响的其他员工，但不应当包括独立董事和监事。在境内工作的外籍员工任职上市公司董事、高级管理人员、核心技术人员或者核心业务人员的，可以成为激励对象。

单独或合计持有上市公司5%以上股份的股东或实际控制人及其配偶、父母、子女，不得成为激励对象。下列人员也不得成为激励对象：

（一）最近12个月内被证券交易所认定为不适当人选；

（二）最近12个月内被中国证监会及其派出机构认定为不适当人选；

（三）最近12个月内因重大违法违规行为被中国证监会及其派出机构行政处罚或者采取市场禁入措施；

（四）具有《公司法》规定的不得担任公司董事、高级管理人员情形的；

（五）法律法规规定不得参与上市公司股权激励的；

（六）中国证监会认定的其他情形。

第九条 上市公司依照本办法制定股权激励计划的，应当在股权激励计划中载明下列事项：

（一）股权激励的目的；

（二）激励对象的确定依据和范围；

（三）拟授出的权益数量，拟授出权益涉及的标的股票种类、来源、数量及占上市公司股本总额的百分比；分次授出的，每次拟授出的权益数量、涉及的标的股票数量及占股权激励计划涉及的标的股票总额的百分比、占上市公司股本总额的百分比；设置预留权益的，拟预留权益的数量、涉及标的股票数量及占股权激励计划的标的股票总额的百分比；

（四）激励对象为董事、高级管理人员的，其各自可获授的权益数量、占股权激励计划拟授出权益总量的百分比；其他激励对象（各自或者按适当分类）的姓名、职务、可获授的权益数量及占股权激励计划拟授出权益总量的百分比；

（五）股权激励计划的有效期，限制性股票的授予日、限售期和解除限售安排，股票期权的授权日、可行权日、行权有效期和行权安排；

（六）限制性股票的授予价格或者授予价格的确定方法，股票期权的行权价格或者行权价格的确定方法；

（七）激励对象获授权益、行使权益的条件；

（八）上市公司授出权益、激励对象行使权益的程序；

（九）调整权益数量、标的股票数量、授予价格或行权价格的方法和程序；

(十) 股权激励会计处理方法、限制性股票或股票期权公允价值的确定方法、涉及估值模型重要参数取值合理性、实施股权激励应当计提费用及对上市公司经营业绩的影响；

(十一) 股权激励计划的变更、终止；

(十二) 上市公司发生控制权变更、合并、分立以及激励对象发生职务变更、离职、死亡等事项时股权激励计划的执行；

(十三) 上市公司与激励对象之间相关纠纷或争端解决机制；

(十四) 上市公司与激励对象的其他权利义务。

第十条 上市公司应当设立激励对象获授权益、行使权益的条件。拟分次授出权益的，应当就每次激励对象获授权益分别设立条件；分期行权的，应当就每次激励对象行使权益分别设立条件。

激励对象为董事、高级管理人员的，上市公司应当设立绩效考核指标作为激励对象行使权益的条件。

第十一条 绩效考核指标应当包括公司业绩指标和激励对象个人绩效指标。相关指标应当客观公开、清晰透明，符合公司的实际情况，有利于促进公司竞争力的提升。

上市公司可以公司历史业绩或同行业可比公司相关指标作为公司业绩指标对照依据，公司选取的业绩指标可以包括净资产收益率、每股收益、每股分红等能够反映股东回报和公司价值创造的综合性指标，以及净利润增长率、主营业务收入增长率等能够反映公司盈利能力和市场价值的成长性指标。以同行业可比公司相关指标作为对照依据的，选取的对照公司不少于3家。

激励对象个人绩效指标由上市公司自行确定。

上市公司应当在公告股权激励计划草案的同时披露所设定指标的科学性和合理性。

第十二条 拟实行股权激励的上市公司，可以下列方式作为标的股票来源：

(一) 向激励对象发行股份；

(二) 回购本公司股份；

(三) 法律、行政法规允许的其他方式。

第十三条 股权激励计划的有效期从首次授予权益日起不得超过10年。

第十四条 上市公司可以同时实行多期股权激励计划。同时实行多期股权激励计划的，各期激励计划设立的公司业绩指标应当保持可比性，后期激励计划的公司业绩指标低于前期激励计划的，上市公司应当充分说明其原因与合理性。

上市公司全部在有效期内的股权激励计划所涉及的标的股票总数累计不得超

过公司股本总额的10%。非经股东大会特别决议批准，任何一名激励对象通过全部在有效期内的股权激励计划获授的本公司股票，累计不得超过公司股本总额的1%。

本条第二款所称股本总额是指股东大会批准最近一次股权激励计划时公司已发行的股本总额。

第十五条 上市公司在推出股权激励计划时，可以设置预留权益，预留比例不得超过本次股权激励计划拟授予权益数量的20%。

上市公司应当在股权激励计划经股东大会审议通过后12个月内明确预留权益的授予对象；超过12个月未明确激励对象的，预留权益失效。

第十六条 相关法律、行政法规、部门规章对上市公司董事、高级管理人员买卖本公司股票的期间有限制的，上市公司不得在相关限制期间内向激励对象授出限制性股票，激励对象也不得行使权益。

第十七条 上市公司启动及实施增发新股、并购重组、资产注入、发行可转债、发行公司债券等重大事项期间，可以实行股权激励计划。

第十八条 上市公司发生本办法第七条规定的情形之一的，应当终止实施股权激励计划，不得向激励对象继续授予新的权益，激励对象根据股权激励计划已获授但尚未行使的权益应当终止行使。

在股权激励计划实施过程中，出现本办法第八条规定的不得成为激励对象情形的，上市公司不得继续授予其权益，其已获授但尚未行使的权益应当终止行使。

第十九条 激励对象在获授限制性股票或者对获授的股票期权行使权益前后买卖股票的行为，应当遵守《证券法》《公司法》等相关规定。

上市公司应当在本办法第二十条规定的协议中，就前述义务向激励对象做出特别提示。

第二十条 上市公司应当与激励对象签订协议，确认股权激励计划的内容，并依照本办法约定双方的其他权利义务。

上市公司应当承诺，股权激励计划相关信息披露文件不存在虚假记载、误导性陈述或者重大遗漏。

所有激励对象应当承诺，上市公司因信息披露文件中有虚假记载、误导性陈述或者重大遗漏，导致不符合授予权益或行使权益安排的，激励对象应当自相关信息披露文件被确认存在虚假记载、误导性陈述或者重大遗漏后，将由股权激励计划所获得的全部利益返还公司。

第二十一条 激励对象参与股权激励计划的资金来源应当合法合规，不得违反法律、行政法规及中国证监会的相关规定。

上市公司不得为激励对象依股权激励计划获取有关权益提供贷款以及其他任何形式的财务资助，包括为其贷款提供担保。

第三章 限制性股票

第二十二条 本办法所称限制性股票是指激励对象按照股权激励计划规定的条件，获得的转让等部分权利受到限制的本公司股票。

限制性股票在解除限售前不得转让、用于担保或偿还债务。

第二十三条 上市公司在授予激励对象限制性股票时，应当确定授予价格或授予价格的确定方法。授予价格不得低于股票票面金额，且原则上不得低于下列价格较高者：

（一）股权激励计划草案公布前1个交易日的公司股票交易均价的50%；

（二）股权激励计划草案公布前20个交易日、60个交易日或者120个交易日的公司股票交易均价之一的50%。

上市公司采用其他方法确定限制性股票授予价格的，应当在股权激励计划中对定价依据及定价方式做出说明。

第二十四条 限制性股票授予日与首次解除限售日之间的间隔不得少于12个月。

第二十五条 在限制性股票有效期内，上市公司应当规定分期解除限售，每期时限不得少于12个月，各期解除限售的比例不得超过激励对象获授限制性股票总额的50%。

当期解除限售的条件未成就的，限制性股票不得解除限售或递延至下期解除限售，应当按照本办法第二十六条规定处理。

第二十六条 出现本办法第十八条、第二十五条规定情形，或者其他终止实施股权激励计划的情形或激励对象未达到解除限售条件的，上市公司应当回购尚未解除限售的限制性股票，并按照《公司法》的规定进行处理。

对出现本办法第十八条第一款情形负有个人责任的，或出现本办法第十八条第二款情形的，回购价格不得高于授予价格；出现其他情形的，回购价格不得高于授予价格加上银行同期存款利息之和。

第二十七条 上市公司应当在本办法第二十六条规定的情形出现后及时召开董事会审议回购股份方案，并依法将回购股份方案提交股东大会批准。回购股份方案包括但不限于以下内容：

（一）回购股份的原因；

（二）回购股份的价格及定价依据；

（三）拟回购股份的种类、数量及占股权激励计划所涉及的标的股票的比例、占总股本的比例；

（四）拟用于回购的资金总额及资金来源；

（五）回购后公司股本结构的变动情况及对公司业绩的影响。

律师事务所应当就回购股份方案是否符合法律、行政法规、本办法的规定和股权激励计划的安排出具专业意见。

第四章　股票期权

第二十八条　本办法所称股票期权是指上市公司授予激励对象在未来一定期限内以预先确定的条件购买本公司一定数量股份的权利。

激励对象获授的股票期权不得转让、用于担保或偿还债务。

第二十九条　上市公司在授予激励对象股票期权时，应当确定行权价格或者行权价格的确定方法。行权价格不得低于股票票面金额，且原则上不得低于下列价格较高者：

（一）股权激励计划草案公布前1个交易日的公司股票交易均价；

（二）股权激励计划草案公布前20个交易日、60个交易日或者120个交易日的公司股票交易均价之一。

上市公司采用其他方法确定行权价格的，应当在股权激励计划中对定价依据及定价方式做出说明。

第三十条　股票期权授权日与获授股票期权首次可行权日之间的间隔不得少于12个月。

第三十一条　在股票期权有效期内，上市公司应当规定激励对象分期行权，每期时限不得少于12个月，后一行权期的起算日不得早于前一行权期的届满日。每期可行权的股票期权比例不得超过激励对象获授股票期权总额的50%。

当期行权条件未成就的，股票期权不得行权或递延至下期行权，并应当按照本办法第三十二条第二款规定处理。

第三十二条　股票期权各行权期结束后，激励对象未行权的当期股票期权应当终止行权，上市公司应当及时注销。

出现本办法第十八条、第三十一条规定情形，或者其他终止实施股权激励计划的情形或激励对象不符合行权条件的，上市公司应当注销对应的股票期权。

第五章　实施程序

第三十三条　上市公司董事会下设的薪酬与考核委员会负责拟订股权激励计

划草案。

第三十四条 上市公司实行股权激励,董事会应当依法对股权激励计划草案做出决议,拟作为激励对象的董事或与其存在关联关系的董事应当回避表决。

董事会审议本办法第四十六条、第四十七条、第四十八条、第四十九条、第五十条、第五十一条规定中有关股权激励计划实施的事项时,拟作为激励对象的董事或与其存在关联关系的董事应当回避表决。

董事会应当在依照本办法第三十七条、第五十四条的规定履行公示、公告程序后,将股权激励计划提交股东大会审议。

第三十五条 独立董事及监事会应当就股权激励计划草案是否有利于上市公司的持续发展,是否存在明显损害上市公司及全体股东利益的情形发表意见。

独立董事或监事会认为有必要的,可以建议上市公司聘请独立财务顾问,对股权激励计划的可行性、是否有利于上市公司的持续发展、是否损害上市公司利益以及对股东利益的影响发表专业意见。上市公司未按照建议聘请独立财务顾问的,应当就此事项作特别说明。

第三十六条 上市公司未按照本办法第二十三条、第二十九条定价原则,而采用其他方法确定限制性股票授予价格或股票期权行权价格的,应当聘请独立财务顾问,对股权激励计划的可行性、是否有利于上市公司的持续发展、相关定价依据和定价方法的合理性、是否损害上市公司利益以及对股东利益的影响发表专业意见。

第三十七条 上市公司应当在召开股东大会前,通过公司网站或者其他途径,在公司内部公示激励对象的姓名和职务,公示期不少于10天。

监事会应当对股权激励名单进行审核,充分听取公示意见。上市公司应当在股东大会审议股权激励计划前5日披露监事会对激励名单审核及公示情况的说明。

第三十八条 上市公司应当对内幕信息知情人在股权激励计划草案公告前6个月内买卖本公司股票及其衍生品种的情况进行自查,说明是否存在内幕交易行为。

知悉内幕信息而买卖本公司股票的,不得成为激励对象,法律、行政法规及相关司法解释规定不属于内幕交易的情形除外。

泄露内幕信息而导致内幕交易发生的,不得成为激励对象。

第三十九条 上市公司应当聘请律师事务所对股权激励计划出具法律意见书,至少对以下事项发表专业意见:

(一)上市公司是否符合本办法规定的实行股权激励的条件;

（二）股权激励计划的内容是否符合本办法的规定；

（三）股权激励计划的拟订、审议、公示等程序是否符合本办法的规定；

（四）股权激励对象的确定是否符合本办法及相关法律法规的规定；

（五）上市公司是否已按照中国证监会的相关要求履行信息披露义务；

（六）上市公司是否为激励对象提供财务资助；

（七）股权激励计划是否存在明显损害上市公司及全体股东利益和违反有关法律、行政法规的情形；

（八）拟作为激励对象的董事或与其存在关联关系的董事是否根据本办法的规定进行了回避；

（九）其他应当说明的事项。

第四十条 上市公司召开股东大会审议股权激励计划时，独立董事应当就股权激励计划向所有的股东征集委托投票权。

第四十一条 股东大会应当对本办法第九条规定的股权激励计划内容进行表决，并经出席会议的股东所持表决权的2/3以上通过。除上市公司董事、监事、高级管理人员、单独或合计持有上市公司5％以上股份的股东以外，其他股东的投票情况应当单独统计并予以披露。

上市公司股东大会审议股权激励计划时，拟为激励对象的股东或者与激励对象存在关联关系的股东，应当回避表决。

第四十二条 上市公司董事会应当根据股东大会决议，负责实施限制性股票的授予、解除限售和回购以及股票期权的授权、行权和注销。

上市公司监事会应当对限制性股票授予日及期权授予日激励对象名单进行核实并发表意见。

第四十三条 上市公司授予权益与回购限制性股票、激励对象行使权益前，上市公司应当向证券交易所提出申请，经证券交易所确认后，由证券登记结算机构办理登记结算事宜。

第四十四条 股权激励计划经股东大会审议通过后，上市公司应当在60日内授予权益并完成公告、登记；有获授权益条件的，应当在条件成就后60日内授出权益并完成公告、登记。上市公司未能在60日内完成上述工作的，应当及时披露未完成的原因，并宣告终止实施股权激励，自公告之日起3个月内不得再次审议股权激励计划。根据本办法规定上市公司不得授出权益的期间不计算在60日内。

第四十五条 上市公司应当按照证券登记结算机构的业务规则，在证券登记结算机构开设证券账户，用于股权激励的实施。

激励对象为境内工作的外籍员工的，可以向证券登记结算机构申请开立证券账户,用于持有或卖出因股权激励获得的权益,但不得使用该证券账户从事其他证券交易活动。

尚未行权的股票期权,以及不得转让的标的股票,应当予以锁定。

第四十六条 上市公司在向激励对象授出权益前,董事会应当就股权激励计划设定的激励对象获授权益的条件是否成就进行审议,独立董事及监事会应当同时发表明确意见。律师事务所应当对激励对象获授权益的条件是否成就出具法律意见。

上市公司向激励对象授出权益与股权激励计划的安排存在差异时,独立董事、监事会(当激励对象发生变化时)、律师事务所、独立财务顾问(如有)应当同时发表明确意见。

第四十七条 激励对象在行使权益前,董事会应当就股权激励计划设定的激励对象行使权益的条件是否成就进行审议,独立董事及监事会应当同时发表明确意见。律师事务所应当对激励对象行使权益的条件是否成就出具法律意见。

第四十八条 因标的股票除权、除息或者其他原因需要调整权益价格或者数量的,上市公司董事会应当按照股权激励计划规定的原则、方式和程序进行调整。

律师事务所应当就上述调整是否符合本办法、公司章程的规定和股权激励计划的安排出具专业意见。

第四十九条 分次授出权益的,在每次授出权益前,上市公司应当召开董事会,按照股权激励计划的内容及首次授出权益时确定的原则,决定授出的权益价格、行使权益安排等内容。

当次授予权益的条件未成就时,上市公司不得向激励对象授予权益,未授予的权益也不得递延下期授予。

第五十条 上市公司在股东大会审议通过股权激励方案之前可对其进行变更。变更需经董事会审议通过。

上市公司对已通过股东大会审议的股权激励方案进行变更的,应当及时公告并提交股东大会审议,且不得包括下列情形:

(一)导致加速行权或提前解除限售的情形;

(二)降低行权价格或授予价格的情形。

独立董事、监事会应当就变更后的方案是否有利于上市公司的持续发展,是否存在明显损害上市公司及全体股东利益的情形发表独立意见。律师事务所应当就变更后的方案是否符合本办法及相关法律法规的规定、是否存在明显损害上市公司及全体股东利益的情形发表专业意见。

第五十一条 上市公司在股东大会审议股权激励计划之前拟终止实施股权激

励的,需经董事会审议通过。

上市公司在股东大会审议通过股权激励计划之后终止实施股权激励的,应当由股东大会审议决定。

律师事务所应当就上市公司终止实施激励是否符合本办法及相关法律法规的规定、是否存在明显损害上市公司及全体股东利益的情形发表专业意见。

第五十二条 上市公司股东大会或董事会审议通过终止实施股权激励计划决议,或者股东大会审议未通过股权激励计划的,自决议公告之日起3个月内,上市公司不得再次审议股权激励计划。

第六章 信息披露

第五十三条 上市公司实行股权激励,应当真实、准确、完整、及时、公平地披露或者提供信息,不得有虚假记载、误导性陈述或者重大遗漏。

第五十四条 上市公司应当在董事会审议通过股权激励计划草案后,及时公告董事会决议、股权激励计划草案、独立董事意见及监事会意见。

上市公司实行股权激励计划依照规定需要取得有关部门批准的,应当在取得有关批复文件后的2个交易日内进行公告。

第五十五条 股东大会审议股权激励计划前,上市公司拟对股权激励方案进行变更的,变更议案经董事会审议通过后,上市公司应当及时披露董事会决议公告,同时披露变更原因、变更内容及独立董事、监事会、律师事务所意见。

第五十六条 上市公司在发出召开股东大会审议股权激励计划的通知时,应当同时公告法律意见书;聘请独立财务顾问的,还应当同时公告独立财务顾问报告。

第五十七条 股东大会审议通过股权激励计划及相关议案后,上市公司应当及时披露股东大会决议公告、经股东大会审议通过的股权激励计划以及内幕信息知情人买卖本公司股票情况的自查报告。股东大会决议公告中应当包括中小投资者单独计票结果。

第五十八条 上市公司分次授出权益的,分次授出权益的议案经董事会审议通过后,上市公司应当及时披露董事会决议公告,对拟授出的权益价格、行使权益安排、是否符合股权激励计划的安排等内容进行说明。

第五十九条 因标的股票除权、除息或者其他原因调整权益价格或者数量的,调整议案经董事会审议通过后,上市公司应当及时披露董事会决议公告,同时公告律师事务所意见。

第六十条 上市公司董事会应当在授予权益及股票期权行权登记完成后、限制性股票解除限售前,及时披露相关实施情况的公告。

第六十一条 上市公司向激励对象授出权益时,应当按照本办法第四十四条规定履行信息披露义务,并再次披露股权激励会计处理方法、公允价值确定方法、涉及估值模型重要参数取值的合理性、实施股权激励应当计提的费用及对上市公司业绩的影响。

第六十二条 上市公司董事会按照本办法第四十六条、第四十七条规定对激励对象获授权益、行使权益的条件是否成就进行审议的,上市公司应当及时披露董事会决议公告,同时公告独立董事、监事会、律师事务所意见以及独立财务顾问意见(如有)。

第六十三条 上市公司董事会按照本办法第二十七条规定审议限制性股票回购方案的,应当及时公告回购股份方案及律师事务所意见。回购股份方案经股东大会批准后,上市公司应当及时公告股东大会决议。

第六十四条 上市公司终止实施股权激励的,终止实施议案经股东大会或董事会审议通过后,上市公司应当及时披露股东大会决议公告或董事会决议公告,并对终止实施股权激励的原因、股权激励已筹划及实施进展、终止实施股权激励对上市公司的可能影响等做出说明,并披露律师事务所意见。

第六十五条 上市公司应当在定期报告中披露报告期内股权激励的实施情况,包括:

(一)报告期内激励对象的范围;

(二)报告期内授出、行使和失效的权益总额;

(三)至报告期末累计已授出但尚未行使的权益总额;

(四)报告期内权益价格、权益数量历次调整的情况以及经调整后的最新权益价格与权益数量;

(五)董事、高级管理人员各自的姓名、职务以及在报告期内历次获授、行使权益的情况和失效的权益数量;

(六)因激励对象行使权益所引起的股本变动情况;

(七)股权激励的会计处理方法及股权激励费用对公司业绩的影响;

(八)报告期内激励对象获授权益、行使权益的条件是否成就的说明;

(九)报告期内终止实施股权激励的情况及原因。

第七章 监 督 管 理

第六十六条 上市公司股权激励不符合法律、行政法规和本办法规定,或者上市公司未按照本办法、股权激励计划的规定实施股权激励的,上市公司应当终止实施股权激励,中国证监会及其派出机构责令改正,并书面通报证券交易所和证券登记结算机构。

第六十七条 上市公司未按照本办法及其他相关规定披露股权激励相关信息或者所披露的信息有虚假记载、误导性陈述或者重大遗漏的,中国证监会及其派出机构对公司及相关责任人员采取责令改正、监管谈话、出具警示函等监管措施;情节严重的,依照《证券法》予以处罚;涉嫌犯罪的,依法移交司法机关追究刑事责任。

第六十八条 上市公司因信息披露文件有虚假记载、误导性陈述或者重大遗漏,导致不符合授予权益或行使权益安排的,未行使权益应当统一回购注销,已经行使权益的,所有激励对象应当返还已获授权益。对上述事宜不负有责任的激励对象因返还已获授权益而遭受损失的,可按照股权激励计划相关安排,向上市公司或负有责任的对象进行追偿。

董事会应当按照前款规定和股权激励计划相关安排收回激励对象所得收益。

第六十九条 上市公司实施股权激励过程中,上市公司独立董事及监事未按照本办法及相关规定履行勤勉尽责义务的,中国证监会及其派出机构采取责令改正、监管谈话、出具警示函、认定为不适当人选等措施;情节严重的,依照《证券法》予以处罚;涉嫌犯罪的,依法移交司法机关追究刑事责任。

第七十条 利用股权激励进行内幕交易或者操纵证券市场的,中国证监会及其派出机构依照《证券法》予以处罚;

情节严重的,对相关责任人员实施市场禁入等措施;涉嫌犯罪的,依法移交司法机关追究刑事责任。

第七十一条 为上市公司股权激励计划出具专业意见的证券服务机构和人员未履行勤勉尽责义务,所发表的专业意见存在虚假记载、误导性陈述或者重大遗漏的,中国证监会及其派出机构对相关机构及签字人员采取责令改正、监管谈话、出具警示函等措施;情节严重的,依照《证券法》予以处罚;涉嫌犯罪的,依法移交司法机关追究刑事责任。

第八章 附 则

第七十二条 本办法下列用语具有如下含义:

标的股票:指根据股权激励计划,激励对象有权获授或者购买的上市公司股票。

权益:指激励对象根据股权激励计划获得的上市公司股票、股票期权。

授出权益(授予权益、授权):指上市公司根据股权激励计划的安排,授予激励对象限制性股票、股票期权的行为。

行使权益(行权):指激励对象根据股权激励计划的规定,解除限制性股票的限售、行使股票期权购买上市公司股份的行为。

分次授出权益(分次授权):指上市公司根据股权激励计划的安排,向已确定的激励对象分次授予限制性股票、股票期权的行为。

分期行使权益(分期行权):指根据股权激励计划的安排,激励对象已获授的限制性股票分期解除限售、已获授的股票期权分期行权的行为。

预留权益:指股权激励计划推出时未明确激励对象、股权激励计划实施过程中确定激励对象的权益。

授予日或者授权日:指上市公司向激励对象授予限制性股票、股票期权的日期。授予日、授权日必须为交易日。

限售期:指股权激励计划设定的激励对象行使权益的条件尚未成就,限制性股票不得转让、用于担保或偿还债务的期间,自激励对象获授限制性股票完成登记之日起算。

可行权日:指激励对象可以开始行权的日期。可行权日必须为交易日。

授予价格:上市公司向激励对象授予限制性股票时所确定的、激励对象获得上市公司股份的价格。

行权价格:上市公司向激励对象授予股票期权时所确定的、激励对象购买上市公司股份的价格。

标的股票交易均价:标的股票交易总额/标的股票交易总量。

本办法所称的"以上""以下"含本数,"超过""低于""少于"不含本数。

第七十三条 国有控股上市公司实施股权激励,国家有关部门对其有特别规定的,应当同时遵守其规定。

第七十四条 本办法适用于股票在上海、深圳证券交易所上市的公司。

第七十五条 本办法自2016年8月13日起施行。原《上市公司股权激励管理办法(试行)》(证监公司字〔2005〕151号)及相关配套制度同时废止。

附录3 国有控股上市公司(境内)实施股权激励试行办法

第一章 总　则

第一条 为指导国有控股上市公司(境内)规范实施股权激励制度,建立健全激励与约束相结合的中长期激励机制,进一步完善公司法人治理结构,依据《中华人民共和国公司法》《中华人民共和国证券法》《企业国有资产监督管理暂行条例》等有关法律、行政法规的规定,制定本办法。

第二条 本办法适用于股票在中华人民共和国境内上市的国有控股上市公司(以下简称上市公司)。

第三条 本办法主要用于指导上市公司国有控股股东依法履行相关职责,按本办法要求申报上市公司股权激励计划,并按履行国有资产出资人职责的机构或部门意见,审议表决上市公司股权激励计划。

第四条 本办法所称股权激励,主要是指上市公司以本公司股票为标的,对公司高级管理等人员实施的中长期激励。

第五条 实施股权激励的上市公司应具备以下条件:

(一) 公司治理结构规范,股东会、董事会、经理层组织健全,职责明确。外部董事(含独立董事,下同)占董事会成员半数以上;

(二) 薪酬委员会由外部董事构成,且薪酬委员会制度健全,议事规则完善,运行规范;

(三) 内部控制制度和绩效考核体系健全,基础管理制度规范,建立了符合市场经济和现代企业制度要求的劳动用工、薪酬福利制度及绩效考核体系;

(四) 发展战略明确,资产质量和财务状况良好,经营业绩稳健;近三年无财务违法违规行为和不良记录;

(五) 证券监管部门规定的其他条件。

第六条 实施股权激励应遵循以下原则:

(一) 坚持激励与约束相结合,风险与收益相对称,强化对上市公司管理层的激励力度;

(二) 坚持股东利益、公司利益和管理层利益相一致,有利于促进国有资本保

值增值,有利于维护中小股东利益,有利于上市公司的可持续发展;

(三)坚持依法规范,公开透明,遵循相关法律法规和公司章程规定;

(四)坚持从实际出发,审慎起步,循序渐进,不断完善。

第二章 股权激励计划的拟订

第七条 股权激励计划应包括股权激励方式、激励对象、激励条件、授予数量、授予价格及其确定的方式、行权时间限制或解锁期限等主要内容。

第八条 股权激励的方式包括股票期权、限制性股票以及法律、行政法规允许的其他方式。上市公司应以期权激励机制为导向,根据实施股权激励的目的,结合本行业及本公司的特点确定股权激励的方式。

第九条 实施股权激励计划所需标的股票来源,可以根据本公司实际情况,通过向激励对象发行股份、回购本公司股份及法律、行政法规允许的其他方式确定,不得由单一国有股股东支付或擅自无偿量化国有股权。

第十条 实施股权激励计划应当以绩效考核指标完成情况为条件,建立健全绩效考核体系和考核办法。绩效考核目标应由股东大会确定。

第十一条 股权激励对象原则上限于上市公司董事、高级管理人员以及对上市公司整体业绩和持续发展有直接影响的核心技术人员和管理骨干。

上市公司监事、独立董事以及由上市公司控股公司以外的人员担任的外部董事,暂不纳入股权激励计划。

证券监管部门规定的不得成为激励对象的人员,不得参与股权激励计划。

第十二条 实施股权激励的核心技术人员和管理骨干,应根据上市公司发展的需要及各类人员的岗位职责、绩效考核等相关情况综合确定,并须在股权激励计划中就确定依据、激励条件、授予范围及数量等情况做出说明。

第十三条 上市公司母公司(控股公司)的负责人在上市公司担任职务的,可参加股权激励计划,但只能参与一家上市公司的股权激励计划。

在股权授予日,任何持有上市公司5%以上有表决权的股份的人员,未经股东大会批准,不得参加股权激励计划。

第十四条 在股权激励计划有效期内授予的股权总量,应结合上市公司股本规模的大小和股权激励对象的范围、股权激励水平等因素,在0.1%～10%之间合理确定。但上市公司全部有效的股权激励计划所涉及的标的股票总数累计不得超过公司股本总额的10%。

上市公司首次实施股权激励计划授予的股权数量原则上应控制在上市公司股本总额的1%以内。

第十五条 上市公司任何一名激励对象通过全部有效的股权激励计划获授的本公司股权,累计不得超过公司股本总额的1%,经股东大会特别决议批准的除外。

第十六条 授予高级管理人员的股权数量按下列办法确定:

(一) 在股权激励计划有效期内,高级管理人员个人股权激励预期收益水平,应控制在其薪酬总水平(含预期的期权或股权收益)的30%以内。高级管理人员薪酬总水平应参照国有资产监督管理机构或部门的原则规定,依据上市公司绩效考核与薪酬管理办法确定。

(二) 参照国际通行的期权定价模型或股票公平市场价,科学合理测算股票期权的预期价值或限制性股票的预期收益。

按照上述办法预测的股权激励收益和股权授予价格(行权价格),确定高级管理人员股权授予数量。

第十七条 授予董事、核心技术人员和管理骨干的股权数量比照高级管理人员的办法确定。各激励对象薪酬总水平和预期股权激励收益占薪酬总水平的比例应根据上市公司岗位分析、岗位测评和岗位职责按岗位序列确定。

第十八条 根据公平市场价原则,确定股权的授予价格(行权价格)。

(一) 上市公司股权的授予价格应不低于下列价格较高者:

1. 股权激励计划草案摘要公布前一个交易日的公司标的股票收盘价;

2. 股权激励计划草案摘要公布前30个交易日内的公司标的股票平均收盘价。

(二) 上市公司首次公开发行股票时拟实施的股权激励计划,其股权的授予价格在上市公司首次公开发行上市满30个交易日以后,依据上述原则规定的市场价格确定。

第十九条 股权激励计划的有效期自股东大会通过之日起计算,一般不超过10年。股权激励计划有效期满,上市公司不得依据此计划再授予任何股权。

第二十条 在股权激励计划有效期内,应采取分次实施的方式,每期股权授予方案的间隔期应在一个完整的会计年度以上。

第二十一条 在股权激励计划有效期内,每期授予的股票期权,均应设置行权限制期和行权有效期,并按设定的时间表分批行权:

(一) 行权限制期为股权自授予日(授权日)至股权生效日(可行权日)止的期限。行权限制期原则上不得少于2年,在限制期内不可以行权。

(二) 行权有效期为股权生效日至股权失效日止的期限,由上市公司根据实际确定,但不得低于3年。在行权有效期内原则上采取匀速分批行权办法。超过行权有效期的,其权利自动失效,并不可追溯行使。

第二十二条 在股权激励计划有效期内,每期授予的限制性股票,其禁售期不得低于2年。禁售期满,根据股权激励计划和业绩目标完成情况确定激励对象可解锁(转让、出售)的股票数量。解锁期不得低于3年,在解锁期内原则上采取匀速解锁办法。

第二十三条 高级管理人员转让、出售其通过股权激励计划所得的股票,应符合有关法律、行政法规的相关规定。

第二十四条 在董事会讨论审批或公告公司定期业绩报告等影响股票价格的敏感事项发生时不得授予股权或行权。

第三章 股权激励计划的申报

第二十五条 上市公司国有控股股东在股东大会审议批准股权激励计划之前,应将上市公司拟实施的股权激励计划报履行国有资产出资人职责的机构或部门审核(控股股东为集团公司的由集团公司申报),经审核同意后提请股东大会审议。

第二十六条 国有控股股东申报的股权激励报告应包括以下内容:

(一)上市公司简要情况,包括公司薪酬管理制度、薪酬水平等情况;

(二)股权激励计划和股权激励管理办法等应由股东大会审议的事项及其相关说明;

(三)选择的期权定价模型及股票期权的公平市场价值的测算、限制性股票的预期收益等情况的说明;

(四)上市公司绩效考核评价制度及发展战略和实施计划的说明等。绩效考核评价制度应当包括岗位职责核定、绩效考核评价指标和标准、年度及任期绩效考核目标、考核评价程序以及根据绩效考核评价办法对高管人员股权的授予和行权的相关规定。

第二十七条 国有控股股东应将上市公司按股权激励计划实施的分期股权激励方案,事前报履行国有资产出资人职责的机构或部门备案。

第二十八条 国有控股股东在下列情况下应按本办法规定重新履行申报审核程序:

(一)上市公司终止股权激励计划并实施新计划或变更股权激励计划相关事项的;

(二)上市公司因发行新股、转增股本、合并、分立、回购等原因导致总股本发生变动或其他原因需要调整股权激励对象范围、授予数量等股权激励计划主要内容的。

第二十九条 股权激励计划应就公司控制权变更、合并、分立,以及激励对象辞职、调动、被解雇、退休、死亡、丧失民事行为能力等事项发生时的股权处理依法做出行权加速、终止等相应规定。

第四章 股权激励计划的考核、管理

第三十条 国有控股股东应依法行使股东权利,要求和督促上市公司制定严格的股权激励管理办法,并建立与之相适应的绩效考核评价制度,以绩效考核指标完成情况为基础对股权激励计划实施动态管理。

第三十一条 按照上市公司股权激励管理办法和绩效考核评价办法确定对激励对象股权的授予、行权或解锁。

对已经授予的股票期权,在行权时可根据年度绩效考核情况进行动态调整。

对已经授予的限制性股票,在解锁时可根据年度绩效考核情况确定可解锁的股票数量,在设定的解锁期内未能解锁,上市公司应收回或以激励对象购买时的价格回购已授予的限制性股票。

第三十二条 参与上市公司股权激励计划的上市公司母公司(控股公司)的负责人,其股权激励计划的实施应符合《中央企业负责人经营业绩考核暂行办法》或相应国有资产监管机构或部门的有关规定。

第三十三条 授予董事、高级管理人员的股权,应根据任期考核或经济责任审计结果行权或兑现。授予的股票期权,应有不低于授予总量的20%留至任职(或任期)考核合格后行权;授予的限制性股票,应将不低于20%的部分锁定至任职(或任期)期满后兑现。

第三十四条 国有控股股东应依法行使股东权利,要求上市公司在发生以下情形之一时,中止实施股权激励计划,自发生之日起一年内不得向激励对象授予新的股权,激励对象也不得根据股权激励计划行使权利或获得收益:

(一) 企业年度绩效考核达不到股权激励计划规定的绩效考核标准;

(二) 国有资产监督管理机构或部门、监事会或审计部门对上市公司业绩或年度财务会计报告提出重大异议;

(三) 发生重大违规行为,受到证券监管及其他有关部门处罚。

第三十五条 股权激励对象有以下情形之一的,上市公司国有控股股东应依法行使股东权利,提出终止授予新的股权并取消其行权资格:

(一) 违反国家有关法律法规、上市公司章程规定的;

(二) 任职期间,由于受贿索贿、贪污盗窃、泄露上市公司经营和技术秘密、实施关联交易损害上市公司利益、声誉和对上市公司形象有重大负面影响等违法违纪行为,给上市公司造成损失的。

第三十六条 实施股权激励计划的财务、会计处理及其税收等问题,按国家有关法律、行政法规、财务制度、会计准则、税务制度规定执行。

上市公司不得为激励对象按照股权激励计划获取有关权益提供贷款以及其他任何形式的财务资助,包括为其贷款提供担保。

第三十七条 国有控股股东应按照有关规定和本办法的要求,督促和要求上市公司严格履行信息披露义务,及时披露股权激励计划及董事、高级管理人员薪酬管理等相关信息。

第三十八条 国有控股股东应在上市公司年度报告披露后5个工作日内将以下情况报履行国有资产出资人职责的机构或部门备案:

(一)公司股权激励计划的授予、行权或解锁等情况;

(二)公司董事、高级管理等人员持有股权的数量、期限、本年度已经行权(或解锁)和未行权(或解锁)的情况及其所持股权数量与期初所持数量的变动情况;

(三)公司实施股权激励绩效考核情况、实施股权激励对公司费用及利润的影响等。

第五章 附 则

第三十九条 上市公司股权激励的实施程序和信息披露、监管和处罚应符合中国证监会《上市公司股权激励管理办法》(试行)的有关规定。上市公司股权激励计划应经履行国有资产出资人职责的机构或部门审核同意后,报中国证监会备案以及在相关机构办理信息披露、登记结算等事宜。

第四十条 本办法下列用语的含义:

(一)国有控股上市公司,是指政府或国有企业(单位)拥有50%以上股本,以及持有股份的比例虽然不足50%,但拥有实际控制权或依其持有的股份已足以对股东大会的决议产生重大影响的上市公司。

其中控制权,是指根据公司章程或协议,能够控制企业的财务和经营决策。

(二)股票期权,是指上市公司授予激励对象在未来一定期限内以预先确定的价格和条件购买本公司一定数量股票的权利。激励对象有权行使这种权利,也有权放弃这种权利,但不得用于转让、质押或者偿还债务。

(三)限制性股票,是指上市公司按照预先确定的条件授予激励对象一定数量的本公司股票,激励对象只有在工作年限或业绩目标符合股权激励计划规定条件的,才可出售限制性股票并从中获益。

（四）高级管理人员，是指对公司决策、经营、管理负有领导职责的人员，包括经理、副经理、财务负责人（或其他履行上述职责的人员）、董事会秘书和公司章程规定的其他人员。

（五）外部董事，是指由国有控股股东依法提名推荐、由任职公司或控股公司以外的人员（非本公司或控股公司员工的外部人员）担任的董事。对主体业务全部或大部分进入上市公司的企业，其外部董事应为任职公司或控股公司以外的人员；对非主业部分进入上市公司或只有一部分主业进入上市公司的子公司，以及二级以下的上市公司，其外部董事应为任职公司以外的人员。

外部董事不在公司担任除董事和董事会专门委员会有关职务外的其他职务，不负责执行层的事务，与其担任董事的公司不存在可能影响其公正履行外部董事职务的关系。

外部董事含独立董事。独立董事是指与所受聘的公司及其主要股东没有任何经济上的利益关系且不在上市公司担任除独立董事外的其他任何职务。

（六）股权激励预期收益，是指实行股票期权的预期收益为股票期权的预期价值，单位期权的预期价值参照国际通行的期权定价模型进行测算；实行限制性股票的预期收益为获授的限制性股票的价值，单位限制性股票的价值为其授予价格扣除激励对象的购买价格。

第四十一条 本办法自印发之日起施行。

附录4　国有控股上市公司(境外)实施股权激励试行办法

第一章　总　　则

第一条　为指导国有控股上市公司(境外)依法实施股权激励,建立中长期激励机制,根据《中华人民共和国公司法》《企业国有资产监督管理暂行条例》等法律、行政法规,制定本办法。

第二条　本办法适用于中央非金融企业改制重组境外上市的国有控股上市公司(以下简称上市公司)。

第三条　本办法所称股权激励主要指股票期权、股票增值权等股权激励方式。

股票期权是指上市公司授予激励对象在未来一定期限内以预先确定的价格和条件购买本公司一定数量股票的权利。股票期权原则上适用于境外注册、国有控股的境外上市公司。股权激励对象有权行使该项权利,也有权放弃该项权利。股票期权不得转让和用于担保、偿还债务等。

股票增值权是指上市公司授予激励对象在一定的时期和条件下,获得规定数量的股票价格上升所带来的收益的权利。股票增值权主要适用于发行境外上市外资股的公司。股权激励对象不拥有这些股票的所有权,也不拥有股东表决权、配股权。股票增值权不能转让和用于担保、偿还债务等。

上市公司还可根据本行业和企业特点,借鉴国际通行做法,探索实行其他中长期激励方式,如限制性股票、业绩股票等。

第四条　实施股权激励应具备以下条件:

(一)公司治理结构规范,股东会、董事会、监事会、经理层各负其责,协调运转,有效制衡。董事会中有3名以上独立董事并能有效履行职责;

(二)公司发展战略目标和实施计划明确,持续发展能力良好;

(三)公司业绩考核体系健全、基础管理制度规范,进行了劳动、用工、薪酬制度改革。

第五条　实施股权激励应遵循以下原则:

(一)坚持股东利益、公司利益和管理层利益相一致,有利于促进国有资本保值增值和上市公司的可持续发展;

（二）坚持激励与约束相结合，风险与收益相对称，适度强化对管理层的激励力度；

（三）坚持依法规范，公开透明，遵循境内外相关法律法规和境外上市地上市规则要求；

（四）坚持从实际出发，循序渐进，逐步完善。

第二章　股权激励计划的拟订

第六条　股权激励计划应包括激励方式、激励对象、授予数量、行权价格及行权价格的确定方式、行权期限等内容。

第七条　股权激励对象原则上限于上市公司董事、高级管理人员（以下简称高管人员）以及对上市公司整体业绩和持续发展有直接影响的核心技术人才和管理骨干，股权激励的重点是上市公司的高管人员。

本办法所称上市公司董事包括执行董事、非执行董事。独立非执行董事不参与上市公司股权激励计划。

本办法所称上市公司高管人员是指对公司决策、经营、管理负有领导职责的人员，包括总经理、副总经理、公司财务负责人（包括其他履行上述职责的人员）、董事会秘书和公司章程规定的其他人员。

上市公司核心技术人才、管理骨干由公司董事会根据其对上市公司发展的重要性和贡献等情况确定。高新技术企业可结合行业特点和高科技人才构成情况界定核心技术人才的激励范围，但须就确定依据、授予范围及数量等情况做出说明。在股权授予日，任何持有上市公司5％以上有表决权的股份的人员，未经股东大会批准，不得参加股权激励计划。

第八条　上市公司母公司（控股公司）负责人在上市公司任职的，可参与股权激励计划，但只能参与一家上市公司的股权激励计划。

第九条　在股权激励计划有效期内授予的股权总量，应结合上市公司股本规模和股权激励对象的范围、薪酬结构及中长期激励预期收益水平合理确定。

（一）在股权激励计划有效期内授予的股权总量累计不得超过公司股本总额的10％；

（二）首次股权授予数量应控制在上市公司股本总额的1％以内。

第十条　在股权激励计划有效期内任何12个月期间授予任一人员的股权（包括已行使的和未行使的股权）超过上市公司发行总股本1％的，上市公司不再授予其股权。

第十一条　授予高管人员的股权数量按下列办法确定：

（一）在股权激励计划有效期内，高管人员预期股权激励收益水平原则上应控制在其薪酬总水平的40％以内。高管人员薪酬总水平应根据本公司业绩考核与薪酬管理办法，并参考境内外同类人员薪酬市场价位、本公司员工平均收入水平等因素综合确定。各高管人员薪酬总水平和预期股权收益占薪酬总水平的比例应根据上市公司岗位分析、岗位测评、岗位职责按岗位序列确定；

（二）按照国际通行的期权定价模型，计算股票期权或股票增值权的公平市场价值，确定每股股权激励预期收益；

（三）按照上述原则和股权授予价格（行权价格），确定高管人员股权授予的数量。

第十二条 股权的授予价格根据公平市场价原则，按境外上市规则及本办法的有关规定确定。

上市公司首次公开发行上市时实施股权激励计划的，其股权的授予价格按上市公司首次公开发行上市满30个交易日以后，依据境外上市规则规定的公平市场价格确定。

上市公司上市后实施的股权激励计划，其股权的授予价格不得低于授予日的收盘价或前5个交易日的平均收盘价，并不再予以折扣。

第十三条 上市公司因发行新股、转增股本、合并、分立等原因导致总股本发生变动或其他原因需要调整行权价格或股权授予数量的，可以按照股权激励计划规定的原则和方式进行调整，但应由公司董事会做出决议并经公司股东大会审议批准。

第十四条 股权激励计划有效期一般不超过10年，自股东大会通过股权激励计划之日起计算。

第十五条 在股权激励计划有效期内，每一次股权激励计划的授予间隔期应在一个完整的会计年度以上，原则上每两年授予一次。

第十六条 行权限制期为股权授予日至股权生效日的期限。股权限制期原则上定为两年，在限制期内不得行权。

第十七条 行权有效期为股权限制期满后至股权终止日的时间，由上市公司根据实际情况确定，原则上不得低于3年。在行权有效期内原则上采取匀速分批行权办法，或按照符合境外上市规则要求的办法行权。超过行权有效期的，其权利自动失效，并不可追溯行使。

第十八条 上市公司不得在董事会讨论审批或公告公司年度、半年度、季度业绩报告等影响股票价格的敏感事项发生时授予股权或行权。

第三章　股权激励计划的审核

第十九条　国有控股股东代表在股东大会审议批准上市公司拟实施的股权激励计划之前,应将拟实施的股权激励计划及管理办法报履行国有资产出资人职责的机构或部门审核,并根据其审核意见在股东大会行使表决权。

第二十条　国有控股股东代表申报的股权激励计划报告应包括以下内容:

(一)上市公司的简要情况;

(二)上市公司股权激励计划方案和股权激励管理办法。主要应载明以下内容:股权授予的人员范围、授予数量、授予价格和行权时间的确定、权利的变更及丧失,以及股权激励计划的管理、监督等;选择的期权定价模型及股票期权或股票增值权预期收益的测算等情况的说明。

(三)上市公司绩效考核评价制度和股权激励计划实施的说明。绩效考核评价制度应当包括岗位职责核定、绩效考核评价指标和标准、年度及任期绩效责任目标、考核评价程序等内容。

(四)上市公司实施股权激励计划的组织领导和工作方案。

第二十一条　上市公司按批准的股权激励计划实施的分期股权授予方案,国有控股股东代表应当报履行国有资产出资人职责的机构或部门备案。其中因实施股权激励计划而增发股票及调整股权授予范围、超出首次股权授予规模等,应按本办法规定履行相应申报程序。

第二十二条　上市公司终止股权激励计划并实施新计划,国有控股股东代表应按照本办法规定重新履行申报程序。原股权激励计划终止后,不得根据已终止的计划再授予股权。

第四章　股权激励计划的管理

第二十三条　国有控股股东代表应要求和督促上市公司制定严格的股权激励管理办法,建立规范的绩效考核评价制度;按照上市公司股权激励管理办法和绩效考核评价办法确定对高管人员股权的授予和行权;对已经授予的股权数量在行权时可根据年度业绩考核情况进行动态调整。

第二十四条　股权激励对象应承担行权时所发生的费用,并依法纳税。上市公司不得对股权激励对象行权提供任何财务资助。

第二十五条　股权激励对象因辞职、调动、被解雇、退休、死亡、丧失行为能力等原因终止服务时,其股权的行使应作相应调整,采取行权加速、终止等处理方式。

第二十六条　参与上市公司股权激励计划的上市公司母公司(控股公司)的负

责人,其股权激励计划的实施应符合《中央企业负责人经营业绩考核暂行办法》(国资委令第2号)的有关规定。上市公司或其母公司(控股公司)为中央金融企业的,企业负责人股权激励计划的实施应符合财政部有关国有金融企业绩效考核的规定。

第二十七条 上市公司高管人员的股票期权应保留一定比例在任职期满后根据任期考核结果行权,任职(或任期)期满后的行权比例不得低于授权总量的20%;对授予的股票增值权,其行权所获得的现金收益需进入上市公司为股权激励对象开设的账户,账户中的现金收益应有不低于20%的部分至任职(或任期)期满考核合格后方可提取。

第二十八条 有以下情形之一的,当年年度可行权部分应予取消:
(一)上市公司年度绩效考核达不到股权激励计划规定的业绩考核标准的;
(二)年度财务报告被注册会计师出具否定意见或无法表示意见的;
(三)监事会或审计部门对上市公司业绩或年度财务报告提出重大异议的。

第二十九条 股权激励对象有以下情形之一的,应取消其行权资格:
(一)严重失职、渎职的;
(二)违反国家有关法律法规、上市公司章程规定的;
(三)上市公司有足够的证据证明股权持有者在任职期间,由于受贿索贿、贪污盗窃、泄露上市公司经营和技术秘密、实施关联交易损害上市公司利益、声誉和对上市公司形象有重大负面影响的行为,给上市公司造成损失的。

第三十条 国有控股股东代表应要求和督促上市公司在实施股权激励计划的财务、会计处理及其税收等方面严格执行境内外有关法律法规、财务制度、会计准则、税务制度和上市规则。

第三十一条 国有控股股东代表应将下列事项在上市公司年度报告披露后10日内报履行国有资产出资人职责的机构或部门备案:
(一)公司股权激励计划的授予和行使情况;
(二)公司董事、高管人员持有股权的数量、期限、本年度已经行权和未行权的情况及其所持股权数量与期初所持数量的对比情况;
(三)公司实施股权激励绩效考核情况及实施股权激励对公司费用及利润的影响情况等。

第五章 附 则

第三十二条 中央金融企业、地方国有或国有控股企业改制重组境外上市的公司比照本办法执行。

第三十三条 原经批准已实施股权激励计划的上市公司,在按原计划分期实施或拟订新计划时应按照本办法的规定执行。

第三十四条 本办法自2006年3月1日起施行。

附录 5　国有控股上市公司实施股权激励制度有关问题

关于规范国有控股上市公司实施股权激励制度有关问题的通知

国资发分配〔2008〕171 号

各省、自治区、直辖市及计划单列市和新疆生产建设兵团国资委、财政厅（局），各中央企业：

国资委、财政部《关于印发〈国有控股上市公司（境外）实施股权激励试行办法〉的通知》（国资发分配〔2006〕8 号）和《关于印发〈国有控股上市公司（境内）实施股权激励试行办法〉的通知》（国资发分配〔2006〕175 号）印发后，境内、外国有控股上市公司（以下简称上市公司）积极探索试行股权激励制度。由于上市公司外部市场环境和内部运行机制尚不健全，公司治理结构有待完善，股权激励制度尚处于试点阶段，为进一步规范实施股权激励，现就有关问题通知如下：

一、严格股权激励的实施条件，加快完善公司法人治理结构

上市公司国有控股股东必须切实履行出资人职责，并按照国资发分配〔2006〕8 号、国资发分配〔2006〕175 号文件的要求，建立规范的法人治理结构。上市公司在达到外部董事（包括独立董事）占董事会成员一半以上、薪酬委员会全部由外部董事组成的要求之后，要进一步优化董事会的结构，健全通过股东大会选举和更换董事的制度，按专业化、职业化、市场化的原则确定董事会成员人选，逐步减少国有控股股东的负责人、高级管理人员及其他人员担任上市公司董事的数量，增加董事会中由国有资产出资人代表提名的、由公司控股股东以外人员任职的外部董事或独立董事数量，督促董事提高履职能力，恪守职业操守，使董事会真正成为各类股东利益的代表和重大决策的主体，董事会选聘、考核、激励高级管理人员的职能必须到位。

二、完善股权激励业绩考核体系，科学设置业绩指标和水平

（一）上市公司实施股权激励，应建立完善的业绩考核体系和考核办法。业绩考核指标应包含反映股东回报和公司价值创造等综合性指标，如净资产收益率（ROE）、经济增加值（EVA）、每股收益等；反映公司赢利能力及市场价值等成长性

指标,如净利润增长率、主营业务收入增长率、公司总市值增长率等;反映企业收益质量的指标,如主营业务利润占利润总额比重、现金营运指数等。上述三类业绩考核指标原则上至少各选一个。相关业绩考核指标的计算应符合现行会计准则等相关要求。

(二)上市公司实施股权激励,其授予和行使(指股票期权和股票增值权的行权或限制性股票的解锁,下同)环节均应设置应达到的业绩目标,业绩目标的设定应具有前瞻性和挑战性,并切实以业绩考核指标完成情况作为股权激励实施的条件。

1. 上市公司授予激励对象股权时的业绩目标水平,应不低于公司近3年平均业绩水平及同行业(或选取的同行业境内、外对标企业,行业参照证券监管部门的行业分类标准确定,下同)平均业绩(或对标企业50分位值)水平。

2. 上市公司激励对象行使权利时的业绩目标水平,应结合上市公司所处行业特点和自身战略发展定位,在授予时业绩水平的基础上有所提高,并不得低于公司同行业平均业绩(或对标企业75分位值)水平。凡低于同行业平均业绩(或对标企业75分位值)水平以下的不得行使。

(三)完善上市公司股权激励对象业绩考核体系,切实将股权的授予、行使与激励对象业绩考核结果紧密挂钩,并根据业绩考核结果分档确定不同的股权行使比例。

(四)对科技类上市公司实施股权激励的业绩指标,可以根据企业所处行业的特点及成长规律等实际情况,确定授予和行使的业绩指标及其目标水平。

(五)对国有经济占控制地位的、关系国民经济命脉和国家安全的行业以及依法实行专营专卖的行业,相关企业的业绩指标,应通过设定经营难度系数等方式,剔除价格调整、宏观调控等政策因素对业绩的影响。

三、合理控制股权激励收益水平,实行股权激励收益与业绩指标增长挂钩浮动

按照上市公司股价与其经营业绩相关联、激励对象股权激励收益增长与公司经营业绩增长相匹配的原则,实行股权激励收益兑现与业绩考核指标完成情况挂钩的办法。即在达到实施股权激励业绩考核目标要求的基础上,以期初计划核定的股权激励预期收益为基础,按照股权行使时间限制表,综合上市公司业绩和股票价格增长情况,对股权激励收益增幅进行合理调控。具体方法如下:

(一)对股权激励收益在计划期初核定收益水平以内且达到考核标准的,可按计划予以行权。

(二)对行权有效期内股票价格偏高,致使股票期权(或股票增值权)的实际行权收益超出计划核定的预期收益水平的上市公司,根据业绩考核指标完成情况和股票价格增长情况合理控制股权激励实际收益水平。即在行权有效期内,激励对象股权激励收益占本期股票期权(或股票增值权)授予时薪酬总水平(含股权激励收益,下同)的最高比重,境内上市公司及境外H股公司原则上不得超过40%,境外红筹股公司原则上不得超过50%。股权激励实际收益超出上述比重的,尚未行权的股票期权(或股票增值权)不再行使或将行权收益上交公司。

(三)上述条款应在上市公司股权激励管理办法或股权授予协议上予以载明。随着资本市场的逐步完善以及上市公司市场化程度和竞争性的不断提高,将逐步取消股权激励收益水平限制。

四、进一步强化股权激励计划的管理,科学规范实施股权激励

(一)完善限制性股票授予方式,以业绩考核结果确定限制性股票的授予水平。

1. 上市公司应以严格的业绩考核作为实施限制性股票激励计划的前提条件。上市公司授予限制性股票时的业绩目标应不低于下列业绩水平的高者:公司前3年平均业绩水平;公司上一年度实际业绩水平;公司同行业平均业绩(或对标企业50分位值)水平。

2. 强化对限制性股票激励对象的约束。限制性股票激励的重点应限于对公司未来发展有直接影响的高级管理人员。限制性股票的来源及价格的确定应符合证券监管部门的相关规定,且股权激励对象个人出资水平不得低于按证券监管规定确定的限制性股票价格的50%。

3. 限制性股票收益(不含个人出资部分的收益)的增长幅度不得高于业绩指标的增长幅度(以业绩目标为基础)。

(二)严格股权激励对象范围,规范股权激励对象离职、退休等行为的处理方法。

上市公司股权激励的重点应是对公司经营业绩和未来发展有直接影响的高级管理人员和核心技术骨干,不得随意扩大范围。未在上市公司任职、不属于上市公司的人员(包括控股股东公司的员工)不得参与上市公司股权激励计划。境内、境外上市公司监事不得成为股权激励的对象。

股权激励对象正常调动、退休、死亡、丧失民事行为能力时,授予的股权当年已达到可行使时间限制和业绩考核条件的,可行使的部分可在离职之日起的半年内行使,尚未达到可行使时间限制和业绩考核条件的不再行使。股权激励对象辞职、被解雇时,尚未行使的股权不再行使。

(三)规范股权激励公允价值计算参数,合理确定股权激励预期收益。

对实行股票期权(或股票增值权)激励方式的,上市公司应根据企业会计准则等有关规定,结合国际通行做法,选取适当的期权定价模型进行合理估值。其相关参数的选择或计算应科学合理。

对实行限制性股票激励方式的,在核定股权激励预期收益时,除考虑限制性股票赠与部分价值外,还应参考期权估值办法考虑赠与部分未来增值收益。

(四) 规范上市公司配股、送股、分红后股权激励授予数量的处理。

上市公司因发行新股、转增股本、合并、分立、回购等原因导致总股本发生变动或其他原因需要调整股权授予数量或行权价格的,应重新报国有资产监管机构备案后由股东大会或授权董事会决定。对于其他原因调整股票期权(或股票增值权)授予数量、行权价格或其他条款的,应由董事会审议后经股东大会批准;同时,上市公司应聘请律师就上述调整是否符合国家相关法律法规、公司章程以及股权激励计划规定出具专业意见。

(五) 规范履行相应程序,建立社会监督和专家评审工作机制。

建立上市公司国有控股股东与国有资产监管机构沟通协调机制。上市公司国有控股股东在上市公司董事会审议其股权激励计划之前,应与国有资产监管机构进行沟通协调,并应在上市公司股东大会审议公司股权激励计划之前,将上市公司董事会审议通过的股权激励计划及相应的管理考核办法等材料报国有资产监管机构审核,经股东大会审议通过后实施。

建立社会监督和专家评审工作机制。上市公司董事会审议通过的股权激励计划草案除按证券监管部门的要求予以公告外,同时还应在国有资产监管机构网站上予以公告,接受社会公众的监督和评议。同时国有资产监管机构将组织有关专家对上市公司股权激励方案进行评审。社会公众的监督、评议意见与专家的评审意见,将作为国有资产监管机构审核股权激励计划的重要依据。

建立中介服务机构专业监督机制。为上市公司拟订股权激励计划的中介咨询机构,应对股权激励计划的规范性、合规性、是否有利于上市公司的持续发展以及对股东利益的影响发表专业意见。

(六) 规范国有控股股东行为,完善股权激励报告、监督制度。

国有控股股东应增强法制观念和诚信意识,带头遵守法律法规,规范执行国家政策,维护出资人利益。

国有控股股东应按照国资发分配〔2006〕8号、国资发分配〔2006〕175号文件及本通知的要求,完善股权激励报告制度。国有控股股东向国有资产监管机构报送上市公司股东大会审议通过的股权激励计划时,应同时抄送财政部门。国有控股股东应当及时将股权激励计划的实施进展情况以及激励对象年度行使情况等报国有资产监管机构备案；国有控股股东有监事会的，应同时报送公司控股企业监事会。

国有控股股东应监督上市公司按照《企业财务通则》和企业会计准则的规定，为股权激励的实施提供良好的财务管理和会计核算基础。

国有资产监管机构将对上市公司股权激励的实施进展情况，包括公司的改革发展、业绩指标完成情况以及激励对象薪酬水平、股权行使及其股权激励收益、绩效考核等信息实行动态管理和对外披露。

在境外和境内同时上市的公司，原则上应当执行国资发分配〔2006〕175号文件。公司高级管理人员和管理技术骨干应在同一个资本市场（境外或境内）实施股权激励。

对本通知印发之前已经实施股权激励的国有控股上市公司，其国有控股股东应按照本通知要求，督促和要求上市公司对股权激励计划进行修订完善并报国资委备案，经股东大会（或董事会）审议通过后实施。

国务院国有资产监督管理委员会
中华人民共和国财政部
2008年10月21日

附录6　关于完善股权激励和技术入股有关所得税政策的通知

财税〔2016〕101号

各省、自治区、直辖市、计划单列市财政厅(局)、国家税务局、地方税务局，新疆生产建设兵团财务局：

为支持国家大众创业、万众创新战略的实施，促进我国经济结构转型升级，经国务院批准，现就完善股权激励和技术入股有关所得税政策通知如下：

一、对符合条件的非上市公司股票期权、股权期权、限制性股票和股权奖励实行递延纳税政策

（一）非上市公司授予本公司员工的股票期权、股权期权、限制性股票和股权奖励，符合规定条件的，经向主管税务机关备案，可实行递延纳税政策，即员工在取得股权激励时可暂不纳税，递延至转让该股权时纳税；股权转让时，按照股权转让收入减除股权取得成本以及合理税费后的差额，适用"财产转让所得"项目，按照20%的税率计算缴纳个人所得税。

股权转让时，股票（权）期权取得成本按行权价确定，限制性股票取得成本按实际出资额确定，股权奖励取得成本为零。

（二）享受递延纳税政策的非上市公司股权激励（包括股票期权、股权期权、限制性股票和股权奖励，下同）须同时满足以下条件：

1. 属于境内居民企业的股权激励计划。

2. 股权激励计划经公司董事会、股东（大）会审议通过。未设股东（大）会的国有单位，经上级主管部门审核批准。股权激励计划应列明激励目的、对象、标的、有效期、各类价格的确定方法、激励对象获取权益的条件、程序等。

3. 激励标的应为境内居民企业的本公司股权。股权奖励的标的可以是技术成果投资入股到其他境内居民企业所取得的股权。激励标的股票（权）包括通过增发、大股东直接让渡以及法律法规允许的其他合理方式授予激励对象的股票（权）。

4. 激励对象应为公司董事会或股东（大）会决定的技术骨干和高级管理人员，激励对象人数累计不得超过本公司最近6个月在职职工平均人数的30%。

5. 股票（权）期权自授予日起应持有满3年，且自行权日起持有满1年；限制性股票自授予日起应持有满3年，且解禁后持有满1年；股权奖励自获得奖励之日起应持有满3年。上述时间条件须在股权激励计划中列明。

6. 股票（权）期权自授予日至行权日的时间不得超过10年。

7. 实施股权奖励的公司及其奖励股权标的公司所属行业均不属于《股权奖励税收优惠政策限制性行业目录》范围（见附件）。公司所属行业按公司上一纳税年度主营业务收入占比最高的行业确定。

（三）本通知所称股票（权）期权是指公司给予激励对象在一定期限内以事先约定的价格购买本公司股票（权）的权利；所称限制性股票是指公司按照预先确定的条件授予激励对象一定数量的本公司股权，激励对象只有工作年限或业绩目标符合股权激励计划规定条件的才可以处置该股权；所称股权奖励是指企业无偿授予激励对象一定份额的股权或一定数量的股份。

（四）股权激励计划所列内容不同时满足第一条第（二）款规定的全部条件，或递延纳税期间公司情况发生变化，不再符合第一条第（二）款第4至6项条件的，不得享受递延纳税优惠，应按规定计算缴纳个人所得税。

二、对上市公司股票期权、限制性股票和股权奖励适当延长纳税期限

（一）上市公司授予个人的股票期权、限制性股票和股权奖励，经向主管税务机关备案，个人可自股票期权行权、限制性股票解禁或取得股权奖励之日起，在不超过12个月的期限内缴纳个人所得税。《财政部 国家税务总局关于上市公司高管人员股票期权所得缴纳个人所得税有关问题的通知》（财税〔2009〕40号）自本通知施行之日起废止。

（二）上市公司股票期权、限制性股票应纳税款的计算，继续按照《财政部 国家税务总局关于个人股票期权所得征收个人所得税问题的通知》（财税〔2005〕35号）、《财政部 国家税务总局关于股票增值权所得和限制性股票所得征收个人所得税有关问题的通知》（财税〔2009〕5号）、《国家税务总局关于股权激励有关个人所得税问题的通知》（国税函〔2009〕461号）等相关规定执行。股权奖励应纳税款的计算比照上述规定执行。

三、对技术成果投资入股实施选择性税收优惠政策

（一）企业或个人以技术成果投资入股到境内居民企业，被投资企业支付的对价全部为股票（权）的，企业或个人可选择继续按现行有关税收政策执行，也可选择适用递延纳税优惠政策。

选择技术成果投资入股递延纳税政策的，经向主管税务机关备案，投资入股当期可暂不纳税，允许递延至转让股权时，按股权转让收入减去技术成果原值和合理税费后的差额计算缴纳所得税。

（二）企业或个人选择适用上述任一项政策，均允许被投资企业按技术成果投资入股时的评估值入账并在企业所得税前摊销扣除。

（三）技术成果是指专利技术（含国防专利）、计算机软件著作权、集成电路布图设计专有权、植物新品种权、生物医药新品种，以及科技部、财政部、国家税务总局确定的其他技术成果。

（四）技术成果投资入股，是指纳税人将技术成果所有权让渡给被投资企业、取得该企业股票（权）的行为。

四、相关政策

（一）个人从任职受雇企业以低于公平市场价格取得股票（权）的，凡不符合递延纳税条件，应在获得股票（权）时，对实际出资额低于公平市场价格的差额，按照"工资、薪金所得"项目，参照《财政部 国家税务总局关于个人股票期权所得征收个人所得税问题的通知》（财税〔2005〕35号）有关规定计算缴纳个人所得税。

（二）个人因股权激励、技术成果投资入股取得股权后，非上市公司在境内上市的，处置递延纳税的股权时，按照现行限售股有关征税规定执行。

（三）个人转让股权时，视同享受递延纳税优惠政策的股权优先转让。递延纳税的股权成本按照加权平均法计算，不与其他方式取得的股权成本合并计算。

（四）持有递延纳税的股权期间，因该股权产生的转增股本收入，以及以该递延纳税的股权再进行非货币性资产投资的，应在当期缴纳税款。

（五）全国中小企业股份转让系统挂牌公司按照本通知第一条规定执行。

适用本通知第二条规定的上市公司是指其股票在上海证券交易所、深圳证券交易所上市交易的股份有限公司。

五、配套管理措施

（一）对股权激励或技术成果投资入股选择适用递延纳税政策的，企业应在规定期限内到主管税务机关办理备案手续。未办理备案手续的，不得享受本通知规定的递延纳税优惠政策。

（二）企业实施股权激励或个人以技术成果投资入股，以实施股权激励或取得技术成果的企业为个人所得税扣缴义务人。递延纳税期间，扣缴义务人应在每个纳税年度终了后向主管税务机关报告递延纳税有关情况。

（三）工商部门应将企业股权变更信息及时与税务部门共享，暂不具备联网实时共享信息条件的，工商部门应在股权变更登记3个工作日内将信息与税务部门共享。

六、本通知自2016年9月1日起施行

中关村国家自主创新示范区2016年1月1日至8月31日之间发生的尚未纳税的股权奖励事项，符合本通知规定的相关条件的，可按本通知有关政策执行。

财政部 国家税务总局
2016年9月20日

参 考 文 献

[1] ABOODY D, KASZNIK R. CEO stock option awards and the timing of corporate voluntary disclosure [J]. Journal of Accounting and Economics, 2000, 29 (1): 73-100.

[2] ACEMOGLU D, ZILIBOTTI F. Was Prometheus unbound by chance? risk, diversification and growth [J]. Journal of Political Economy, 1997, 105 (4): 709-751.

[3] ACHARYA A V, VOLPIN P F. Corporate governance externalities [J]. Review of Finance, 2010, 14 (1): 1-33.

[4] ACHARYA V V, AMIHUD Y, LITOV L. Creditor rights and corporate risk-taking [J]. Journal of Financial Economics, 2011, 102 (1): 150-166.

[5] ACHARYA V V, AMIHUD Y, LITOV L. Creditor rights and corporate risk-taking [J]. Journal of Financial Economics, 2011, 102 (1): 150-166.

[6] AMIHUD Y, LEV B. Risk reduction as a managerial motive for conglomerate mergers [J]. The Bell Journal of Economics, 1981, 12 (2): 605-617.

[7] ARMSTRONG C S, LARCKER D F, ORMAZABAL G, TAYLOR D J. The relation between equity incentives and misreporting: the role of risk-taking incentives [J]. Journal of Financial Economics, 2013, 109 (2): 327-350.

[8] ARYA A, MITTENDORF B. Offering stock options to gauge managerial talent [J]. Journal of Accounting and Economics, 2005, 40 (1-3): 189-210.

[9] BABER W, FAIRFIELD P, HAGGARD J. The effect of concern about reported income on discretionary spending decisions: the case of research and development [J]. The Accounting Review, 1991, (66): 818-829.

[10] BAKER M, WURGLER J. Behavioral corporate finance: an updated survey [M]. Handbook of the Economics of Finance, Edited by G. M. Constantinides, M. Harris, R. M. Stulz. Elsevier Press, 2012.

[11] BAKER T, COLLINS D, REITENGA A. Stock option compensation and earnings management incentives [J]. Journal of Accounting, Auditing & Finance, 2003, 18 (4): 557-582.

[12] BALSAM S, MIHARJO S. The effect of equity compensation on voluntary executive turnover [J]. Journal of Accounting and Economics, 2007, 43(1): 95-119.

[13] BANERJEE A V. A simple model of herd behavior [J]. The Quarterly Journal of

Economics, 1992, 107 (3): 797-817.

[14] BARGERON L L, LEHN K, ZUTTER C. Sarbanes-oxley and corporate risk-taking [J]. Journal of Accounting and Economics, 2010, 49 (1-2): 34-52.

[15] BARKER V L, MUELLER G C. CEO characteristics and firm R&D spending [J]. Management Science, 2002(48): 782-801.

[16] BEBCHUK L A, FRIED J M. Executive compensation as an agency problem [J]. Journal of Economic Perspectives, 2003(17): 71-92.

[17] BEBCHUK L A, FRIED J M. Paying for long-term performance [J]. University of Pennsylvania Law Review, 2010(158): 1915-1959.

[18] BEBCHUK L, FRIED J. Pay without performance: The unfulfilled promise of executive compensation [M]. Harvard University Press, 2004.

[19] BENABOU R, TIROLE J. Self-confidence and personal motivation [J]. Quarterly Journal of Economics, 2002, 117 (3): 871-915.

[20] BENABOU R, TIROLE J. Self-confidence and personal motivation [J]. Quarterly Journal of Economics, 2002, 117 (3): 871-915.

[21] BENS D, NAGAR V, WONG F. Real investment implications of employee stock option exercise [J]. Journal of Accounting Research (Supplement), 2002, 40: 359-399.

[22] BERGSTRESSER D T, et al. CEO incentives and earnings management [J]. Journal of Financial Economics, 2006(80): 511-791.

[23] BHAGAT S, ROMANO R. Reforming executive compensation: simplicity, transparency and committing to the long-term [J]. European Company and Financial Law Review, 2010, 7 (2): 273-296.

[24] BIDDLE G C, HILARY G, VERDI R S. How does financial reporting quality relate to investment efficiency? [J]. Journal of Accounting and Economics, 2009, 48(2): 112-131.

[25] BO H. Herding in corporate investment: UK evidence [W]. Working Paper, SOAS University of London, 2006.

[26] BOUBAKRI N, COSSET J, SAFFAR W. Corporate risk-taking in privatized firms: international evidence on the role of state and foreign owners [W]. Working paper, 2011.

[27] BOYD B. CEO duality and firm performance: a contingency model [J]. Strategic Management Journal, 1995, 16 (4): 301-312.

[28] BROOKS R, DON CHANCE M, CLINE B. Private information and the exercise of executive stock options [J]. Financial Management, 2012, 41 (3): 733-764.

[29] BURKART M, PANUNZI F, SHLEIFER A. Family firms [J]. The Journal of Finance, 2003, 58 (5): 2167-2202.

[30] BURNS N, KEDIA S. The impact of performance based compensation on misreporting [J]. Journal of Financial Economics, 2006, 79 (1): 431-468.

[31] CARTER M E, LYNCH L J. The effect of stock option repricing and executive turnover [J]. Journal of Accounting and Economics, 2004, 37(1): 91-112.

[32] CHAVA S, PURNANANDAM A. CEOs versus CFOs: incentives and corporate policies [J]. Journal of Financial Economics, 2010 (97): 263-278.

[33] CHEN A, PELGER M. How relative compensation can lead to herding behavior [Z]. http://papers.ssrn.com/sol3/papers.cfm? abstract_id=2217715, 2013.

[34] CHENG SHIJUN. R&D expenditures and CEO compensation [J]. The Accounting Review, 2004, 79(2): 305-328.

[35] CHENG Q, FARBER D B. Earnings restatement, changes in CEO compensation, and firm performance [J]. The Accounting Review, 2008, 83 (5): 1217-1250.

[36] CHENG Q, WARFIELD T D, YE M. Equity incentives and earnings management: evidence from the banking industry [J]. Journal of Accounting, Auditing & Finance. 2011, 26 (2): 317-349.

[37] CHENG Q, WARFIELD T D. Equity incentives and earnings management [J]. The Accounting Review, 2005, 80 (2): 441-476.

[38] CLAESSENSS, DJANKOV S, LANG L. The Separation of ownership and control in east Asian corporations [J]. Journal of Financial Economics, 2000 (58): 81-112.

[39] COLES J L, DANIEL N D, NAVEEN L. Managerial incentives and risk-taking [J]. Journal of Financial Economics, 2006(79) 431-468.

[40] COLLINS D W, GONG G J, LI H D. Corporate governance and backdating of executive stock options [J]. Contemporary Accounting Research, 2009, 26 (2): 403-445.

[41] CORE J, GUAY W. Estimating the value of employee stock option portfolios and their sensitivities to price and volatility [J]. Journal of Accounting Research, 2002 (40): 613-630.

[42] CORNETT M M, MARCUS A J, TEHRANIAN H. Corporate governance and pay for performance: the impact of earnings management [J]. Journal of Financial and Economics, 2008, 87 (2): 357-373.

[43] CRESSY R, OLOFSSON C. The financial conditions for Swedish SMEs: survey and research agenda [J]. Small Business Economics, 1997, 9 (2): 179-194.

[44] CRONQVIST H, FAHLENBRACH R. CEO contract design: how do strong principals do it? [J]. Journal of Financial Economics, 2013, 108 (3): 659-674.

[45] CUI H, MAK Y T. The Relationship between managerial ownership and firm performance in high R&D firms [J]. Journal of Corporate Finance, 2002, 8 (4): 313-336.

[46] CYERT R M, MARCH J G, A behavior theory of the firm [M]. New Jersey: Prentice-Hall Inc, 1963.

[47] DECHOW P, SLOAN R. Executive incentives and horizon problem [J]. Journal of Accounting and Economics, 1991(14): 51-89.

[48] DENCKER J C. Relative bargaining power, corporate restricting, and managerial incentive [J]. Administrative Science Quarterly, 2009(54): 453-485.

[49] DEUTSCH Y, KEIL T, LAAMANEN T. A dual agency view of board compensation: the joint effects of outside director and CEO stock options on firm risk [J]. Strategic Management Journal, 2011, 32 (2): 212-227.

[50] DICKS D L. Executive compensation, incentives, and the role for corporate governance regulation [W]. Working Paper, University of North Carolina, 2010.

[51] DUNK A S, NOURI H, Antecedents of budgetary slack: a literature review and synthesis [J]. Journal of Accounting Literature, 1998 (17): 72-96.

[52] EFFINGER M R, POLBORN M K, Herding and anti-herding: a model of reputational differentiation [J]. European Economic Review, 2001 (45): 385-403.

[53] ERKENS D H. Do firms use time-vested stock-based pay to keep research and development investments secret? [J]. Journal of Accounting Research, 2011, 49 (4): 861-894.

[54] ERTIMUR Y, FERRI F, MABER D. Reputation penalties poor monitoring of executive pay: evidence from option backdating [J]. Journal of Financial Economics, 2012, 104 (1): 118-144.

[55] FACCIO M, MARCHICS M, MURA R. CEO gender, corporate risk-taking, and the efficiency of capital allocation [W]. Working paper, Purdue University, 2011b.

[56] FACCIO M, MARCHICS M, MURA R. Large shareholder diversification and corporate risk-taking [J]. Review of Financial Studies, 2011a, 11 (11): 3601-3641.

[57] FENG M, LUO W GE S, SHEVLIN T. Why do CFO become involved in material accounting manipulations? [J]. Journal of Accounting and Economics, 2011, 51 (1-2): 21-36.

[58] FRIEDMAN E, JOHNSON S, MITTON T. Propping and tunneling [J]. Journal of Comparative Economics, 2003, 31 (4): 732-750.

[59] GERVAIS S, HEATON J B, ODEAN T. Overconfidence, compensation contracts, and capital budgeting [J]. Journal of Finance, 2010, 66 (5): 1735-1777.

[60] GERVAIS S, HEATON J B, ODEAN T. Overconfidence, investment policy and executive stock options [W]. Working paper, Rodney L. White Center for Financial Research, 2003.

[61] GIBBONS R, MURPHY K J. Optimal incentive contracts in the presence of career

concerns: theory and evidence [J]. Journal of Political Economy, 1992, 100 (3): 468-505.

[62] GOEL A M, THAKOR A V. Overconfidence, CEO selection, and corporate governance [J]. The Journal of Finance, 2008(63): 2737-2787.

[63] GRIFFIN D, TVERSKY A. The weighing of evidence and the determinants of confidence [J]. Cognitive Psychology, 1992, 24 (3): 411-435.

[64] HACKBARTH D. Determinants of corporate borrowing: a behavioral perspective [J]. Journal of Corporate Finance, 2009, 15 (2): 389-411.

[65] HACKBARTH D. Managerial traits and capital structure decisions [J]. Journal of Financial and Quantitative Analysis, 2008, 43 (4): 843-881.

[66] HACKBARTH D. Managerial traits and capital structure decisions [J]. Journal of Financial and Quantitative Analysis, 2008, 43 (4): 843-881.

[67] HALL B J, MURPHY K. Stock options for undiversified executives [J]. Journal of Accounting and Economics, 2002, 33 (1): 3-42.

[68] HANLON M, RAJGOPAL S, SHEVLIN T. Are executive stock options associated with future earnings? [J]. Journal of Accounting and Economics, 2003 (36): 3-43.

[69] HEATON B. Managerial optimism and corporate finance [J]. Financial Management, 2002, 30 (2): 33-45.

[70] HILARY G, HUI K W. Does religion matter in corporate decision making in America [J]. Journal of Financial Economics, 2009, 93 (3): 455-473.

[71] HIRSHLEIFER D, LOW A, TEOH S H. Are overconfident CEOs better innovators? [J]. The Journal of Finance, 2012, 67 (4): 1457-1498.

[72] JENSEN M C. Agency costs of free-cash-flow, corporate finance, and takeovers [J]. American Economic Review, 1986, 76(3): 323-329.

[73] JENSEN M, MURPHY K J. Performance pay and top management incentives [J]. Journal of Political Economy, 1990, 98 (2): 225-263.

[74] JENSEN M, MECKLING W. Theory of the firm: managerial behavior, agency costs and ownership structure [J]. Journal of Financial Economics, 1976 (3): 305-360.

[75] JIANG F, STONE G R, SUN J, ZHANG M. Managerial hubris, firm expansion and firm performance: evidence from China [J]. The Social Science Journal, 2011, 48 (1): 489-499.

[76] JIANG G C, LEE M C, YUE H. Tunneling through intercorporate loans: the China experience [J]. Journal of Financial Economics, 2010, 98(1): 1-20.

[77] JIANG J, PETRONI K R, WANG I Y. CFOs and CEOs: who have the most influence on earnings management? [J]. The Journal of Financial Economics, 2010, 96 (1):513-526.

[78] JOHN K, LITOV L, YEUNG B. Corporate governance and risk taking [J]. The Journal of Finance, 2008, 63 (4): 1679-1728.

[79] JOHN K, LITOV L, YEUNG B. Corporate governance and risk taking [J]. The Journal of Finance, 2008, 63 (4): 1679-1728.

[80] JOHNSON S A, TIAN Y. The value and incentive effects of nontraditional executive stock option plans [J]. Journal of Financial and Economics, 2000, 57 (1): 3-34.

[81] KAHNEMAN D, TVERSKY A. Prospect theory: an analysis of decision under risk [J]. Econometrica, 1979(47): 263-292.

[82] KALE J R, REIS E, VENKATESWARAN A. Rank-order tournaments and managerial alignment: the effect on firm performance [J]. The Journal of Finance, 2009, 64 (3): 1479-1512.

[83] KINI O, WILLIAMS R. Tournament incentives, firm risk, and corporate policies [J]. Journal of Financial Economics, 2012, 103 (2): 350-376.

[84] KUHNEN C M, ZWIEBEL J. Executive pay, hidden compensation and managerial entrenchment [W]. Working Paper, Northwest University, 2009

[85] LAUX V. Stock option vesting conditions, CEO turnover, and myopic investment [J]. Journal of Financial Economics, 2012, 106 (3): 513-526.

[86] LAZEAR E. Output-based pay: incentives, retention or sorting? [J]. Research in Labor Economics, 2004 (23): 1-25.

[87] LEE K T, LEE S C, CHOI S. Relationship between executive stock option exercises and earnings management [J]. Asia-Pacific Journal of Financial Studies, 2011, 40 (6): 856-888.

[88] LEV B, SOUGIANNIS T. The capitalization, amortization, and value-relevance of R&D [J]. Journal of Accounting and Economics, 1996, 21 (1): 107-138.

[89] LI Z, RYAN H E, WANG L. Family firms and top management compensation incentives [DB]. http://papers.ssrn.com/sol3/papers.cfm?abstract_id=2023965, 2012(3).

[90] LI X, ZHAO X. Propensity score matching and abnormal performance after seasoned equity offerings [J]. Journal of Empirical Finance, 2006 (13): 351-370.

[91] MAK Y T, LI Y. Determinants of corporate ownership and board structure: evidence from Singapore [J]. Journal of Corporate Finance, 2001, 7 (3): 235-256.

[92] MALMENDIER U, TATE G, YAN J. Overconfidence and early-life experiences: the effect of managerial traits on corporate financial policies [J]. The Journal of Finance, 2011, 66 (5): 1687-1733.

[93] MALMENDIER U, TATE G. CEO overconfidence and corporate investment [J]. The Journal of Finance, 2005, 60 (6): 2661-2700.

[94] MALMENDIER U, TATE G. Who makes acquisitions? CEO overconfidence and the

market's reaction [J]. Journal of Financial Economics, 2008, 89 (1): 20-43.

[95] MATOLCSY R W. Alternative explanations for the association between market values and stock-based compensation expenditure [J]. Journal of Contemporary Accounting and Economics, 2009 (5): 95-107.

[96] MOBBS H S, RAHEJA C G. Internal managerial promotions: insider incentives and CEO succession [J]. Journal of Corporate Finance, 2012 (5): 1337-1353.

[97] MORELLEC E. Can managerial discretion explain observed leverage ratios? [J]. Review of Financial Studies, 2004, 17 (1): 257-294.

[98] MUELLER E. Benefits of controls, capital structure and company growth [J]. Applied Economics, 2008, 40 (21): 2721-2734.

[99] MURPHY K J. Executive compensation [M]. Handbook of Labor Economics, Amsterdam: North Holland, 1999.

[100] MURPHY K J, ZIMMERMAN J L. Financial performance surrounding CEO turnover [J]. Journal of accounting and Economics, 1993, 16 (1-3): 273-315.

[101] NASTASESCU R G. Stock option and managerial turnover [J]. Review of International Comparartive Management, 2009, 10 (2): 1-15.

[102] NOHEL T, TODD S. Compensation for managers with career concerns: the role of stock options in optimal contracts [J]. Journal of Corporate Finance, 2005, 11 (1-2): 229-251.

[103] PALIA D. The endogeneity of managerial compensation in firm valuation: a solution [J]. Review of Financial Studies, 2001, 14 (3): 735-764.

[104] PANOUSI V, PAPANIKOLAOU D. Investment, idiosyncratic risk and ownership [J]. The Journal of Finance, 2012, 67 (3): 1113-1148.

[105] PENG W Q, WEI K C J, ZHANG Z. Tunneling or propping: evidence from connected transactions in China [J]. Journal of Corporate Finance, 2011, 17 (2): 306-325.

[106] PINTRICH P R. An achievement goal theory perspective on issues in motivation terminology, theory and research [J]. Contemporary Educational Psychology, 2000 (25): 92-104.

[107] POUTZIOURIS P. The views of family companies on venture capital: empirical evidence from the UK small to medium size enterprising economy [J]. Family Business Review, 2001, 14(3): 225-239.

[108] RAJGOPAL S, SHEVLIN T. Empirical evidence on the relation between stock option compensation and risk taking [J]. Journal of Accounting and Economics, 2002 (33): 145-171.

[109] RICHARDSON S. Over-investment of free cash flow [J]. Review of Accounting

Studies, 2006 (11): 159-189.

[110] ROBINSON S L. Trust and breach of the psychological contract [J]. Administrative Science Quarterly, 1996, 41 (4): 574-599.

[111] ROGERS D A. Managerial risk-taking incentives and executive stock option repricing: a study of US casino executives [J]. Financial Management, 2005, 34 (1): 95-121.

[112] RYAN H E, WIGGINS R A. The interaction between R&D investment decisions and compensation policy [J]. Financial Management, 2002 (31): 5-29.

[113] SANGERS W G. Behavioral responses of CEOs to stock ownership and stock option pay [J]. Academy Management Journal, 2001 (44): 477-492.

[114] SHEN C H, ZHANG H. CEO risk incentives and firm performance following R&D increases [J]. Journal of Banking & Finance, 2013, 4(37): 1176-1194.

[115] TAKAO K, LONG C. Tournaments and managerial incentives in China's listed firms: new evidence [J]. China Economic Review, 2011 (22): 1-10.

[116] TCHISTYI A, YERMACK D, YUN H. Negative hedging: performance sensitive debt and CEOs' equity incentives [J]. Journal of Financial and Quantitative Analysis. 2011 (46): 657-686.

[117] TIAN Y. Too much of a good incentive? the case of executive stock options [J]. Journal Bank of Finance, 2004 (28): 1225-12245.

[118] VEENMAN D, HODGSON A, PRAAG B V, ZHANG W. Decomposing executive stock option exercises: relative information and incentives to manage earnings [J]. Journal of Business Finance and Accounting, 2011, 38 (5-6): 536-573.

[119] WANG K, XIAO X. Controlling shareholders' tunneling and executive compensation: evidence from China [J]. Journal of Accounting and Public Policy, 2011, 30 (1): 89-100.

[120] WILLIAMS M A, RAO R P. CEO stock options and equity risk incentives [J]. Journal of Business Finance & Accounting, 2006, 33 (1-2): 26-44.

[121] WISEMAN R M, GOMEZ-MEJIA L R. A behavioral agency model of managerial risk taking [J]. Academy of Management Review, 1998 (23): 133-153.

[122] WU J, TU R. CEO stock option pay and R&D spending: a behavioral agency explanation [J]. Journal of Business Research, 2007 (60): 482-492.

[123] ZHANG W, CAHAN S F. Nonrecurring accounting transactions and stock option grants [J]. Journal of Business Finance and Accounting, 2010, 37 (1-2): 93-129.

[124] 曹廷求,张光利. 上市公司高管辞职的动机和效果检验[J]. 经济研究,2012(6):73-87.

[125] 岑维,童娜琼. 投资效率、公司治理和CEO变更[J]. 投资研究,2015(7):46-64.

[126] 陈德球,李思飞,雷光勇. 政府治理、控制权结构与投资决策[J]. 金融研究,2012 (3):124-138.

[127] 陈冬华,陈信元,万华林. 国有企业中薪酬管制与在职消费[J]. 经济研究,2005(2):92-101.

[128] 陈健,席酉民,贾隽. 上市公司控制权制衡与关联并购的关系研究[J]. 管理评论,2009,21(5):3-12.

[129] 陈骏,徐玉德. 并购重组是掏空还是支持——基于资产评估视角的经验研究[J]. 财贸经济,2012(9):76-84.

[130] 陈胜蓝,王琨,马慧. 集团内部资金配置能够减少公司过度投资吗?[J]. 会计研究,2014(3):49-55.

[131] 陈仕华,李维安. 中国上市公司股票期权:大股东的一个合法性"赎买"工具[J]. 经济管理,2012(3):50-59.

[132] 陈仕华,郑文全. 公司治理的最新进展:一个新的分析框架[J]. 管理世界,2010(2):156-166.

[133] 陈效东,周嘉南. 高管股权激励与公司R&D支出水平关系研究——来自A股市场的经验证据[J]. 证券市场导报,2014(2):33-41.

[134] 陈效东,周嘉南、黄登仕. 高管人员股权激励与公司非效率投资:抑制或者加剧?[J]. 会计研究,2016(7):42-49.

[135] 陈效东,周嘉南. 非激励型高管人员股权激励、企业投资方式与控制人收益[Z]. 管理评论,2016(5):161-174.

[136] 陈效东. 管理层股权激励与审计监督:利益权衡还是信号传递?[J]. 审计与经济研究,2017(4):39-50.

[137] 陈艳,李鑫,李孟顺. 现金股利迎合、再融资需求与企业投资[J]. 会计研究,2015(11):69-75.

[138] 陈艳艳,罗党论. 地方官员更替与企业投资[J]. 经济研究,2012(4):18-30.

[139] 陈运森,谢德仁. 网络位置、独立董事治理与投资效率[J]. 管理世界,2011(7):113-127.

[140] 陈运森. 社会网络与企业效率:基于结构洞位置的证据[J]. 会计研究,2015(1):42-55.

[141] 谌新民,刘善敏. 上市公司经营者报酬结构性差异的实证研究[J]. 经济研究,2003(8):55-63.

[142] 程新生,谭有超,刘建梅. 非财务信息、外部融资与投资效率——基于外部制度约束的研究[J]. 管理世界,2012(7):137-150.

[143] 窦炜,刘星,安灵. 股权集中、控制权配置与公司非效率投资行为——兼论大股东的监督抑或合谋?[J]. 管理科学学报,2010,14(11):81-96.

[144] 方军雄. 企业投资决策趋同:羊群效应抑或"潮涌现象"?[J]. 财经研究,2012,38(11):92-102.

[145] 方军雄. 我国上市公司高管的薪酬存在粘性吗?[J]. 经济研究,2009(3):110-124.

[146] 冯根福,赵珏航. 管理者薪酬、在职消费与公司绩效——基于合作博弈的分析视角[J]. 中国工业经济,2012(6):147-158.

[147] 高雷,何少华,黄志忠.公司治理与掏空[J].经济学(季刊),2006,5(4):1157-1178.

[148] 高明华,朱松,杜雯翠.财务治理、投资效率与企业经营绩效[J].财经研究,2012(4):123-133.

[149] 巩娜.上市公司股权激励制度及其影响因素[Z].中国会计学会财务管理专业委员会学术年会,2009.

[150] 顾斌,周立烨.我国上市公司股权激励实施效果研究[J].会计研究,2007(3):79-84.

[151] 郭葆春,张丹.中小创新型企业高管特征与R&D投入行为研究——基于高阶管理理论的分析[J].证券市场导报,2013(1):16-22.

[152] 韩静,陈志红,杨晓星.高管团队背景特征视角下的会计稳健性与投资效率关系研究[J].会计研究,2014(12):25-31.

[153] 郝艳,李秉祥.基于信号传递模型的企业投资短视与敲竹杠长期投资行为分析[J].管理工程学报,2011,25(3):19-23.

[154] 郝颖,李晓欧,刘星.终极控制、资本投向与配置绩效[J].管理科学学报,2012,15(3):83-96.

[155] 郝颖,刘星,林朝南.上市公司高管人员过度自信与投资决策的实证研究[J].中国管理科学,2005(5):144-150.

[156] 胡国柳,孙楠.管理者过度自信研究最新进展.财经论丛,2011(4):111-115.

[157] 胡国强,彭家生.股权激励与财务重述[J].财经科学,2009(11):39-46.

[158] 黄波,李湛,顾孟迪.基于风险偏好资产定价模型的公司特质风险研究[J].管理世界,2006(11):119-127.

[159] 黄淙淙.产权性质、股权激励与企业技术创新[J].财政研究,2011(9):71-74.

[160] 黄海杰,昌长江,Lee E."四万亿投资"政策对企业投资效率的影响[J].会计研究(2):51-57.

[161] 黄乾富,沈红波.债务来源、债务期限结构与现金流的过度投资——基于中国制造业上市公司的实证研究[J].金融研究,2009(9):143-155.

[162] 简建辉,余忠福,何平林.经理人激励与公司过度投资——来自A股的经验证据[J].经济管理,2011(4):87-95.

[163] 江伟.管理者过度自信、融资偏好与公司投资[J].财贸研究,2010(1):130-138.

[164] 蒋弘,刘星.股权制衡对并购中合谋行为经济后果的影响[J].管理科学,2012,25(3):34-44.

[165] 焦豪,焦捷,刘瑞明.政府质量、公司治理结构与投资决策——基于世界银行企业调查数据的经验研究[J].管理世界,2017(10):66-78.

[166] 金宇超,靳庆鲁,宣扬."不作为"或"急于表现":企业投资中的政治动机[J].经济研究,2016(10):126-139.

[167] 金智,宋顺林,阳雪.女性董事在公司投资中的角色[J].会计研究,2015(5):80-86.

[168] 靳庆鲁,孔祥,侯青川.货币政策、民营企业投资效率与公司期权价值[J].经济研究,2012

(5):96-106.

[169] 乐琦,蓝海林,蒋峦.企业集团高管人员股权激励与绩效[J].科学学与科学技术管理,2009(4):171-175.

[170] 黎文靖,李耀淘.产业政策激励了公司投资吗[J].中国工业经济,2014(5):122-134.

[171] 李善民,毛雅娟,赵晶晶.高管持股、高管的私有收益与公司的并购行为[J].管理科学,2009(3):2-12.

[172] 李万福,林斌,宋璐.内部控制在公司投资中的角色:效率促进还是抑制?[J].管理世界,2011(2):81-99.

[173] 李维安,李汉军.股权结构、高管持股与公司绩效[J].南开管理评论,2006(5):4-10.

[174] 李维安,马超."实业+金融"的产融结合模式与企业投资效率[J].金融研究,2014(11):109-126.

[175] 李延喜,曾伟强,马壮,等.外部治理环境、产权性质与上市公司投资效率[J].南开管理评论,2015(1):25-36.

[176] 廖理,廖冠民,沈洪波.经营风险、晋升激励与公司绩效[J].中国工业经济,2009(8):119-130.

[177] 林毅夫,巫和懋,邢亦青."潮涌现象"与产能过剩的形成机制[J].经济研究,2010(10):4-19.

[178] 刘海明,曹廷求.信贷供给周期对企业投资效率的影响研究——兼论宏观经济不确定条件下的异质性[J].金融研究,2017(12):80-94.

[179] 刘行.政府干预的新度量——基于最终控制人投资组合的视角[J].金融研究,2016(9):145-160.

[180] 刘怀珍,欧阳令南.经理私人收益与过度投资[J].系统工程理论与实践,2004(10):44-48.

[181] 刘慧龙,王成方,吴联生.决策权配置、盈余管理与投资效率[J].经济研究,2014(8):93-106.

[182] 柳建华,卢锐,孙亮.公司章程中董事会对外投资权限的设置与企业投资效率——基于公司章程自治的视角[J].管理世界,2015(7):130-142.

[183] 娄贺统,郑慧莲,张海平,等.上市公司高管人员股权激励所得税规定与激励效用冲突分析[J].财经研究,2010(9):37-47.

[184] 卢闯,刘俊勇,孙健,等.控股股东掏空动机与多元化的盈余波动效应[J].南开管理评论,2011,14(5):68-73.

[185] 卢闯,唐斯圆,廖冠民.劳动保护、劳动密集度与企业投资效率[J].会计研究,2015(6):42-47.

[186] 卢锐,魏明海,黎文靖.管理层权力、在职消费与产权效率——来自中国上市公司的证据[J].南开管理评论,2008,11(5):85-92.

[187] 罗付岩,沈中华.股权激励、代理成本与企业投资效率[J].财贸研究,2013(2):146-156.

[188] 罗富碧,冉茂盛,杜家廷.高管人员股权激励与投资决策关系的实证研究[J].会计研究,2008(8):69-76.

[189] 吕萍,郭晨曦.治理结构如何影响海外市场进入模式决策——基于中国上市公司对欧盟

主要发达国家对外直接投资的数据[J].财经研究,2015(3):88-99.

[190] 吕长江,郑慧莲,严明珠,等.上市公司股权激励制度设计:是激励还是福利?管理世界,2009(9):133-147.

[191] 吕长江,巩娜.股权激励会计处理及其经济后果分析——以伊利股份为例[J].会计研究,2009(5):53-61.

[192] 吕长江,严明珠,郑慧莲,等.为什么上市公司选择股权激励计划?[J].会计研究,2011(1):68-75.

[193] 吕长江,张海平.股权激励计划对公司投资行为的影响[J].管理世界,2011(11):118-126.

[194] 吕长江,赵宇恒.国有企业管理者激励效应研究[J].管理世界,2008(11):99-109.

[195] 宁向东.公司治理理论[M].北京:中国发展出版社,2006.

[196] 潘泽清,张维.大股东与经营者合谋行为及法律约束措施[J].中国管理科学,2004,12(6):118-121.

[197] 齐寅峰,王曼舒,黄福广,等.中国企业投融资行为研究——基于问卷调查结果的分析[J].管理世界,2005(3):94-114.

[198] 曲亮,任国良.高管薪酬激励、股权激励与企业价值相关性的实证检验[J].当代经济科学,2010(5):73-79.

[199] 冉茂盛,钟海燕,文守逊,等.大股东控制影响上市公司投资效率的路径研究[J].中国管理科学,2010(4):165-172.

[200] 萨缪尔森,诺德豪斯.微观经济学[M].萧琛,译.北京:人民邮电出版社,2012.

[201] 申慧慧,于鹏,吴联生.国有股权、环境不确定性与投资效率[J].经济研究,2012(7):113-126.

[202] 申宇,赵静梅.吃喝费用的"得"与"失"——基于上市公司投融资效率的研究[J].金融研究,2016(3):140-156.

[203] 树友林.高管权力、货币报酬与在职消费关系实证研究[J].经济学动态,2011(5):86-89.

[204] 宋德舜.国有控股、经营者晋升和公司绩效[J].南开经济评论,2006(3):102-115.

[205] 苏冬蔚,林大庞.股权激励、盈余管理与公司治理[J].经济研究,2010(11):88-100.

[206] 苏剑.日本上市公司研发投资与公司治理结构探讨[J].证券市场导报,2013(3):31-35.

[207] 唐清泉,夏芸,徐欣.我国企业高管人员股权激励与研发投资——基于内生性视角的研究[J].中国会计评论,2011,9(1):22-42.

[208] 唐雪松,周晓苏,马如静.上市公司过度投资行为及其制约机制的实证研究[J].会计研究,2007(7):44-54.

[209] 陶然,苏福兵,陆曦.经济增长能够带来晋升吗?——对晋升锦标竞赛理论的逻辑挑战与省级实证重估[J].管理世界,2010(12):23-36.

[210] 汪健,卢煜,朱兆珍.股权激励导致过度投资吗?——来自中小板制造业上市公司的经验证据[J].审计与经济研究,2013(5):70-79.

[211] 王兵,鲍圣婴,阚京华.国家审计能抑制国有企业过度投资吗?[J].会计研究,2017

(9):83-89.

[212] 王华,黄之骏.经营者股权激励、董事会组成与企业价值——基于内生性视角的经验分析[J].管理世界,2006(9):101-116.

[213] 王克敏,刘静,李晓溪.产业政策、政府支持与公司投资效率研究[J].管理世界,2017(3):113-145.

[214] 王克敏,王志超.高管控制权、报酬与盈余管理[J].管理世界,2007(7):111-119.

[215] 王鹏,周黎安.控股股东的控制权、所有权与公司绩效——基于中国上市公司的证据[J].金融研究,2006(2):88-98.

[216] 王贤彬,黄亮雄,董一军.反腐败的投资效应——基于地区与企业双重维度的实证分析[J].金融研究,2017(9):67-82.

[217] 王烨,叶玲,盛明泉.管理层权力、机会主义动机与股权激励计划设计[J].会计研究,2012(10):35-41.

[218] 吴育辉,吴世农.企业高管自利行为及其影响因素研究[J].管理世界,2010(5):141-149.

[219] 夏纪军,张晏.控制权与激励的冲突——兼对股权激励有效性的实证分析[J].经济研究,2008(3):87-98.

[220] 夏芸,唐清泉.我国高科技企业的股权激励与研发支出分析[J].证券市场导报,2008(10):29-34.

[221] 肖淑芳,张晨宇,张超,等.股权激励计划公告前的盈余管理[J].南开管理评论,2009(4):113-119.

[222] 辛清泉,林斌,王彦超.政府控制、经理薪酬与资本投资[J].经济研究,2007(8):110-122.

[223] 辛清泉,郑国坚,杨德明.企业集团、政府控制与投资效率[J].金融研究,2007(10):123-142.

[224] 熊家财,苏冬蔚.股票流动性与企业资本配置效率[J].会计研究,2014(11):54-60.

[225] 徐细雄.晋升与薪酬的治理效应:产权性质的影响[J].经济科学,2012(2):104-118.

[226] 许为宾,周建.董事会资本影响企业投资效率的机制——监督效应还是资源效应?[J].经济管理,2017(5):69-84.

[227] 杨华,陈晓升.上市公司股权激励理论、法规与实务[M].北京:中国经济出版社,2009.

[228] 杨瑞龙,王元,聂辉华."准官员"的晋升机制:来自中国央企的证据[J].管理世界,2013(3):29-39.

[229] 杨涛,黄健柏.基于过度自信的股权激励模型[J].系统工程,2007(10):27-32.

[230] 杨兴全,吴昊旻.成长性、代理冲突与公司财务政策[J].会计研究,2011(8):40-45.

[231] 杨筝,刘放,李茫茫.利率市场化、非效率投资与资本配置——基于中国人民银行取消贷款利率上下限的自然实验[J].金融研究,2017(5):81-96.

[232] 余明桂,李文贵,潘红波.管理者过度自信与企业风险承担[J].金融研究,2013(1):149-163.

[233] 喻坤,李治国,张晓蓉,等.企业投资效率之谜:融资约束假说与货币政策冲击[J].经济研

究,2014(5):106-120.

[234] 袁春生,杨淑娥.经理管理防御下的公司财务政策选择研究综述[J].会计研究,2006(7):77-83.

[235] 袁建国,范文林,程晨,等.CFO兼任董事能促进公司提高投资效率吗?——来自中国上市公司的经验证据[J].管理评论,2017(3):62-73.

[236] 翟胜宝,等.银企关系与企业投资效率——基于我国民营上市公司的经验证据[J].会计研究,2014(4):74-80.

[237] 张会丽,陆正飞.现金分布、公司治理与过度投资[J].管理世界,2012(3):141-150.

[238] 张建勇,葛少静,赵经纬.媒体报道与投资效率[J].会计研究,2014(10):59-65.

[239] 张鸣,郭思永.高管薪酬利益驱动下的企业并购——来自中国上市公司的经验证据[J].财经研究,2007,33(12):103-113.

[240] 张伟华,郭盈良,张昕.纵向一体化、产权性质与企业投资效率[J].会计研究,2016(7):35-41.

[241] 张新民,张婷婷,陈德球.产业政策、融资约束与企业投资效率[J].会计研究,2017(04):12-18.

[242] 张新民,张婷婷,陈德球.产业政策、融资约束与企业投资效率[J].会计研究,2017(4):12-18.

[243] 张亦春,李晚春,彭江.债权治理对企业投资效率的作用研究——来自中国上市公司的经验证据[J].金融研究,2015(7):19-32.

[244] 张悦玫,张芳,李延喜.会计稳健性、融资约束与投资效率[J].会计研究,2017(9):35-40.

[245] 张兆国,刘亚伟,亓小林.管理者背景特征、晋升激励与过度投资研究[J].南开管理评论,2013,16(4):32-42.

[246] 张治理,肖星.我国上市公司股权激励计划择时问题研究[J].管理世界,2012(7):180-181.

[247] 赵西卜,王放,李哲.央企高管的职业生涯关注与投资效率——来自反腐风暴背景下的经验证据[J].经济理论与经济管理,2015(12):78-93.

[248] 郑国坚,林东杰,张飞达.大股东财务困境、掏空与公司治理的有效性——来自大股东财务数据的证据[J].管理世界,2013(5):157-168.

[249] 周嘉南,陈效东.高管人员股权激励动机差异对公司绩效的影响研究[J].财经理论与实践,2014,35(2):84-90.

[250] 周建波,孙菊生.经营者股权激励治理效应研究——来自中国上市公司的经验数据[J].经济研究,2003(5):74-82.

[251] 周中胜,罗正英,周秀园,等.内部控制、企业投资与公司期权价值[J].会计研究,2017(12):38-44.

[252] 宗文龙,王玉涛,魏紫.股权激励能留住高管吗?——基于中国证券市场的经验证据[J].会计研究,2013(9):58-63.

后　　记

　　本书是在博士论文的基础上修改而成的。

　　我早就想好,要在后记的致谢中认真地写上一笔,以一颗感恩的心留做记忆。时至今日,从 6 岁入学算起,我的求学之路已走过 24 个春秋有余。在这漫长的求学期间,有过欢乐也有过痛苦,有过笑声也有过泪水,有过挫折也有过幸运。然而,每每念及家人时,尤其是想到常年漂泊在外的父亲和忙于家事的母亲,我更多地感到痛苦和自责。自我踏上求学之路以来,父亲的岁月大都在福建晋江的瓷砖窑炉上度过,冒着严寒酷暑,和母亲一同维持着家庭的生计。我想在此,首先感谢生我、养我、育我的父母。为了支持我的求学与生活,他们 30 多年如一日,含辛茹苦,起早贪黑,四处奔波。当前,他们本应接受儿子的孝敬,却不顾年事已高,依然远赴他乡打工。每每想起"莫等子欲养而亲不待"的忠告时,心酸与愧疚早已深埋于心中。感谢我的弟弟,他放弃自己的学业而多年来无私地付出,在我遇到困难时,第一时间鼓励和支持我,这种"不是兄长却胜似兄长"的所为,令我永远珍惜这份天赐的同胞亲情。

　　有幸能成为周嘉南副教授的弟子,而且在恩师的雕琢下逐渐形成了自己的论文写作风格。恩师治学严谨,学术造诣深厚,逻辑思维缜密。她那开阔的学术视野、特有的学术敏感性、独具慧眼的见解、鞭辟入里的分析常常使我茅塞顿开。恩师为人和善,性情豁达开朗,深受学生们的爱戴。她治学态度严谨,为人和善,是我一生学习和追随的楷模。恩师不仅在学习方面给予我许多宝贵的意见和细心的指导,成为我学术上的引路人,而且在生活方面也给予了诸多关照。写到这,脑海中不禁想起恩师审阅并修改我首篇学术论文的画面。针对我论文中存在的语句晦涩难懂、可读性不强以及逻辑混乱等问题,她总是反复斟酌修改,大到论文的构思和框架,小到论文的遣词造句。结果反馈的修改稿已经是"血染的风采"了。这篇论文的修改稿,我将永远存于案头,作为一生的鞭策与珍藏。

　　总之,对恩师的感激之情,实在是难以用语言能够表达,唯有通过今后不懈的努力和奋斗,争取为经世济民的目标贡献一点绵薄之力,以谢恩师的知遇与栽培之情。

　　在我求学的道路上,我还要感谢黄登仕教授和西南财经大学的硕士恩师陈旭东教授。黄老师桃李满天下,受他教益的弟子大都已成为优秀的商界精英或学界

后 记

知名教授。他所倾注的心血可以从头发颜色的变化过程中(黑—灰白—花白—全白)窥见一斑。在西南财大读硕士期间,陈老师身上所体现的人格魅力非常感染人。他这种严谨的治学态度、身教重于言传的风格使我受益匪浅。承蒙两位恩师的教导、严谨的治学态度以及为人处世的高尚品德,这值得我用一生去铭记与实践。

时光犹如轨道上疾驰的列车,永不停息地驶向前方。在上海交通大学的4年时光,是我人生中一笔宝贵的财富。在这里我不仅学到了学术界的前沿知识,而且我还收获了亲情、友情和爱情。在读博士期间,我认识了既年轻漂亮又温柔善良的爱人李珍女士。我们在一起挤公交车、打球、逛商场、做饭、镜湖边散步、田径场上跑步等。有了她的陪伴,我在整理枯燥的数据时并未感到乏味;有了她的陪伴,我的平淡生活增添了不少颜色。如今,我们的爱情已经开花结果。感谢你无怨无悔地陪伴着我,并且暂时放弃了自己喜爱的工作来悉心照顾我们的女儿。有妻如此,夫复何求!感谢我的岳父、岳母谅解我的处境,在我们最需要帮助时伸出了援助之手。

感谢浙江财经大学会计学院的李连华教授、汪祥耀教授、邓川教授、张红英书记、李文贵副教授、王会娟副教授、赵惠芳副教授、鲍宗客副教授、温日光博士、路军博士,感谢你们对我的鼓励和帮助。感谢财富证券证券部经理胡善国研究员、西南财经大学邓博夫博士、湖南师范大学张子健博士以及瑞华会计师事务所分所高级项目经理陈伟军会计师。

感谢立信会计出版社的张巧玲编辑老师,本书的出版得到了立信会计出版社的大力支持。

陈效东
2018年5月于杭州